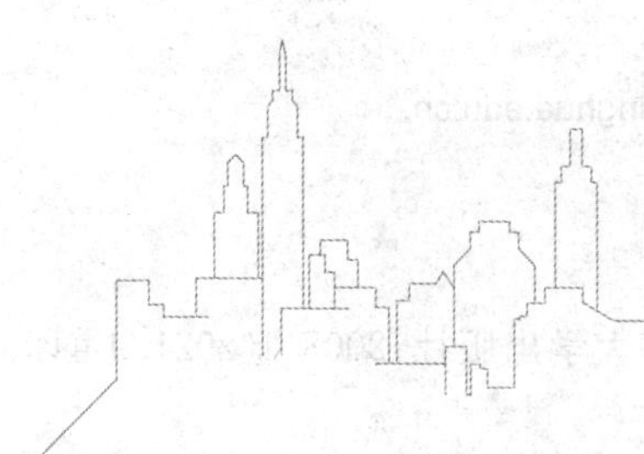

城市经济学

（第二版） 谢文蕙　邓卫　编著

清华大学出版社

北京

内 容 简 介

本书较全面地论述了城市经济的基本理论、实践中的新问题及其对策。其主要特点是根据社会主义市场经济的基本理论和现代西方经济学、计量经济学的理论与方法，在定性研究的基础上加强定量分析与论证，密切结合改革开放以来我国城市经济发展中的具体矛盾进行对策性研究，有较强的科学性、实用性与时效性，适合于教学与科研参考。

本书对于从事城市经济管理与研究、城市规划和建设的人员、大专院校有关专业的本科生与研究生是一本较适用的教科书和参考书。

图书在版编目（CIP）数据

城市经济学（第二版）/谢文蕙，邓卫编著．—北京：清华大学出版社，2008.1（2021.9重印）
ISBN 978-7-302-16519-4

Ⅰ．城…　Ⅱ．①谢…　②邓…　Ⅲ．城市经济　Ⅳ．F290

中国版本图书馆 CIP 数据核字（2007）第 180140 号

责任编辑：王　青　王荣静
责任校对：王凤芝
责任印制：杨　艳

出版发行：清华大学出版社
　网　　址：http://www.tup.com.cn，http://www.wqbook.com
　地　　址：北京清华大学学研大厦 A 座　　邮　　编：100084
　社 总 机：010-62770175　　邮　　购：010-62786544
　投稿与读者服务：010-62776969，c-service@tup.tsinghua.edu.cn
　质 量 反 馈：010-62772015，zhiliang@tup.tsinghua.edu.cn
印 装 者：三河市君旺印务有限公司
经　　销：全国新华书店
开　　本：185mm×230mm　　印　张：22　　字　　数：445 千字
版　　次：2008 年 1 月第 2 版　　印　　次：2021 年 9 月第 19 次印刷
印　　数：37001～37500
定　　价：55.00 元

产品编号：024175-02

第二版前言

读者现在看到的这本《城市经济学》第二版，是我和邓卫编著，于1996年出版的《城市经济学》的修订本。

11年前面世的《城市经济学》，被清华等多所大学选为研究生、本科生的教材，先后14次印刷，共4万多册；于2002年被教育部评为"教育部推荐研究生教学用书"，为此，作者受到清华大学教材建设项目的奖励。本次修订《城市经济学》又被列入清华大学"985工程"二期本科教材专题建设项目，并给予资助。

1996年出版的《城市经济学》编著的时代背景是20世纪90年代中期我国城市经济发展的大形势。很显然，上版的一些内容已不可能完全适应当前我国蓬勃发展的城市经济新形势。因此，必须与时俱进地修订和增加新的内容。

近10多年来，随着我国国民经济的快速发展，城市化的进程日益加快，城市在我国经济建设和社会发展中起着经济、政治、科学、文化、教育中心的主导作用，越来越重要了。据统计，我国工业生产和国内生产总值的70%、税收的80%都来自城市。在我国城市经济发展和大量实践的基础上，积累了丰富的经验和教训；同时，也提出了很多需要从理论上深入研究的新问题。我国的城市经济形势为尚处在新兴阶段的城市经济学提供了理论探索和政策研究的广阔平台。我们认为应当进一步探索在市场经济条件下城市发展的内在规律，进行科学论证，担负起城市经济研究者的神圣使命。这正是作者编著本版《城市经济学》的动力。

本次修订，仍坚持原著三个方面的特性。

第一，坚持科学发展观，注重学科的科学性。《城市经济学》是经济学科领域中的一门新兴的交叉科学，是在20世纪60年代初创于美国，之后在英国、日本等国相继得以发展。我国是从80年代初开始城市经济学的研究，发展较快，但学科本身尚不成熟，还有许多理论问题需要深入研究。本次修订的《城市经济学》，是根据我国社会主义市场经济发展的需要，运用现代市场经济运行的客观规律和基本原理，以及西方经济学与计量经济学中的普遍理论和方法，在定性研究问题的基础上，加强量化分析与论证；在描述一般经济现象的基础上，加强国内外纵向与横向的比较研究；探求城市经济持续、稳定发展的普遍规律，进一步提高城市经济学科的科学性。

第二，坚持理论联系实际，注重教科书的实用性。在修订中，本书运用邓小平关于建设具有中国特色社会主义基本理论，研究了我国城市经济的各个方面，从宏观到微观进行了多层次的剖析；对与城市经济密切相关的社会与环境问题，也从经济角度进行了综合分析。将我国各类城市进入21世纪以来经济发展中的经验和教训作为案例，大量引入实证分析之中，达到信息量大、论证充实、图文并茂、深入浅出、实用性高之目的。

第三，坚持与时俱进，注重教材的时效性。本书的修订是在认真学习党的十六大报告和《中华人民共和国关于国民经济和社会发展第十一个五年规划纲要》的基础上，及时地研究我国深化城市经济体制改革中的有关理论、方针政策与热点问题。本版对1996年出版的《城市经济学》中的章节进行了较大的调整与增减，大量引用了最新的数据和图表；所选用的主要参考文献，基本上都是近几年国内外出版的新书和新资料，从而显著地提高了本书的时效性。

本书各章节的修订主要由谢文蕙和邓卫分工进行。书中的第十章城市环境经济是邀请清华大学环境工程系杜鹏飞副教授修订的；第十一章城市财政与金融是邀请清华大学经济管理学院的刘玲玲副教授修订的；在此再次感谢二位老师对提高本书质量所作的贡献。

结合我国社会主义市场经济的城市经济学尚在成长的过程中，从研究对象到理论体系还需要不断探索、充实和提高。因此，本书虽力求正确无误，但不成熟和值得商榷之处肯定存在，恳请读者批评指正。

清华大学经济管理学院

谢文蕙

2007年9月

目录

第一章 城市与城市经济学

第一节 城市的定义及其产生

城市，在地球上星罗棋布，是现代世界各国创造和传承文明、集聚和享用财富以及人口定居和繁衍的最主要地域。作为一种客观存在，城市至少已有五千多年的历史，它给人类带来了无尽的繁荣和梦想，也带来了许多问题和困惑。自工业化和城市化浪潮席卷全球以来，各国政府日益重视对城市的研究，力求找出驾驭城市发展、克服城市问题的妙方良策。越来越多的自然科学与社会科学领域的专家学者以及各行各业的社会活动人士，纷纷投入到研究城市的行列中来，可谓成果迭现、论著颇丰。但是，关于城市的本质和特征的识别与描述，迄今仍然是各抒己见，未有定论。

一、城市的多种定义

虽然城市是我们司空见惯的一种现象和实体，可是要想对它下一个准确的定义却并不容易。国内外各个学科的学者，从经济、社会、地理、历史、生态、文化……甚至军事等不同的角度，对城市提出过各种各样的定义，它们有的大同小异，有的却大相径庭。

- 《简明不列颠百科全书》指出：城市是一个相对永久性的高度组合起来的人口集中的地方，比城镇和村庄规模大，也更重要；
- 《韦氏大字典》(第三版)指出：城市是一个团体的人构成一个在政治上有组织的共同体……一个比较有永久性和高度有组织的中心，包括有各种技能的一个人口集团，在粮食的生产方面缺少自足，而通常主要地依赖着制造工业和商业以满足其居民的需要；
- 《中国大百科全书·建筑、园林、城市规划》(1988)指出：城市是依一定的生产方式和生活方式把一定地域组织起来的居民点，是该地域或更大腹地的经济、政治和文化生活的中心；
- 《经济大辞典》(1992)指出：城市是人口集中、工商业比较发达的地区；
- 《现代汉语词典》(1996)指出：城市是人口集中、工商业发达、居民以非农业人口为主的地区，通常是周围地区的政治、经济、文化中心；

- 由中国城市规划学会和全国市长培训中心所编著的《城市规划读本》指出：城市是一定数量的非农业人口和非农产业的集聚地，是一种有别于乡村的居住和社会组织形式。

比起上述这些措辞严谨的工具书，许多学者的论述更加丰富多彩而又独具匠心。美国经济学家沃纳·赫希说："城市是具有相当面积，经济活动和住户集中，以至于在私人企业和公共部门产生规模经济的连片地理区域。"[①]美国社会学家斯若别克说："什么是城市？它是有相当大的面积和相当高的人口密度的一个地域共同体，其中住着各种非农业的专门人员，包括专家。"[②]而法国地理学家潘什梅尔对城市的看法则别出心裁，他说："城市既是一个景观，一片经济空间，一种人口密度；也是一个生活中心和劳动中心。更具体点说，也可能是一种气氛，一种特征或者一个灵魂。"[③]英国经济学家巴顿认为："城市是一个在有限空间地区内的各种经济市场——住房、劳动力、土地、运输等等——相互交织在一起的网状系统。"[④]我国著名科学家钱学森认为："所谓城市，就是一个以人为主体，以空间利用和自然环境利用为特点，以集聚经济效益、社会效益为目的，集约人口、经济、科学、技术和文化的空间地域大系统。"[⑤]

此外，关于城市的定义还有："城市是人群的生态系统"、"城市是物质生产的分配空间"、"城市是独特的历史进程"等，以至于美国著名学者芒福德在其编纂的《国际社会科学百科全书》中，干脆说城市的定义尚在争论之中。他还指出："人类用了五千多年的时间，才对城市的本质和演变过程获得了一个局部的认识，也许要用更长的时间才能完全弄清它那些尚未被认识的潜在特性。"[⑥]"城市从其起源时代开始便是一种特殊的构造，它专门用来储存并流传人类文明的成果。"[⑦]

马克思主义的经典作家对于城市及城市问题也都做了精辟的阐述。马克思和恩格斯在《德意志意识形态》一文中指出："城市本身表明了人口、生产、工具、资本、享乐和需求的集中；而在乡村里所看到的却是完全相反的情况：孤立和分散。"[⑧]列宁指出："城市是经济、政治和人民精神生活的中心，是前进的主要动力。"[⑨]

我国对于城市本质和特征的最权威提法，已经写入 1984 年党的十二届三中全会上通过的《中共中央关于经济体制改革的决定》之中："城市是我国经济、政治、科学技术、文化

---

① [美]沃纳·赫希.城市经济学.刘世庆等译.北京：中国社会科学出版社，1990，24

② 郑云斌.中国城市发展若干问题研究.厦门：厦门大学出版社，2006，2

③ 郑云斌.中国城市发展若干问题研究.厦门：厦门大学出版社，2006，2

④ 王放.中国城市化与可持续发展.北京：科学出版社，2000，11

⑤ 王放.中国城市化与可持续发展.北京：科学出版社，2000，11

⑥ [美]刘易斯·芒福德.城市发展史——起源、演变和前景.倪文彦、宋俊岭译.北京：中国建筑工业出版社，2005，2

⑦ [美]刘易斯·芒福德.城市发展史——起源、演变和前景.倪文彦、宋俊岭译.北京：中国建筑工业出版社，2005，2，33

⑧ 马克思恩格斯选集.第 1 卷.北京：人民出版社，1977，56

⑨ 列宁全集.第 19 卷.北京：人民出版社，1959，264

教育的中心，是现代工业和工人阶级集中的地方，在社会主义现代化建设中起主导作用。”

综上所述，关于城市的定义可以这样表达：现代的城市是一定地域范围内经济、政治和文化的中心，是现代工业、第三产业以及非农业人口集中的地方，在国民经济和社会发展中起着主导作用。

二、城市产生的经济与社会基础

城市的兴起和成长，是人类社会的巨大进步。把它放到历史的范畴里去考察，就可以看出：城市是生产力发展、社会分工细化和生产关系变革的结果，是社会经济发展到一定历史阶段的必然产物。

1. 城市产生的经济基础——从生产力角度分析

城市并非伴随人类与生俱来。在原始社会数十万年的漫长岁月里，生产力极其低下，生产工具十分简陋，原始人类过着依附于自然的狩猎采集和穴居巢栖生活，为谋取生存而四处游动、居无定所。

在新石器时代中期，经过与自然界的长期斗争和经验积累，先民们学会了耕种植物、驯养动物，不再完全被动地凭借自然界的“恩赐”来获取食物，从而诞生了农业。随着生产技术的逐渐提高、组织能力的不断发展，促使农业与畜牧业分离，产生了第一次社会大分工。这次农业革命为人们提供了比较可靠的食物来源和积存，并且导致人类为方便生产活动而形成了以农业为主的永久性群居聚落——村庄。它们主要分布在非洲的尼罗河、中东的底格里斯河和幼发拉底河、亚洲的恒河、黄河和长江等大江大河流域的冲积平原上，距今大约一万至一万两千年。

随着生产力进一步发展，人们产生了对生产工具和劳动技术更多、更高的需要，这就导致了金属工具对石器的全面替代和工具制造技术的不断改善，从而促使手工业与农业分离，产生了第二次社会大分工。其结果是以交换为目的的生产——商品生产，以及交换的媒介物——货币也随之出现。于是一个不从事物质生产而只从事商品交换的阶层——商人应运而生了，商业也随之分离出来，产生了第三次社会大分工。

由于商人和手工业者摆脱了对土地的依赖，自然地趋向有利于加工和交易的交通便利之处进行聚集，产生了固定的商品生产与交换的居民点，这就逐渐形成了城市的最初雏形。对此，马克思概括为：“一切发达的、以商品交换为媒介的分工的基础，都是城乡的分离。”[①]历史学家考证，第一批城市诞生于距今约五千年至六千年间，如古埃及的孟菲斯城和中国的殷墟、商城。从考古发掘的物证来看，我国山东省章丘县境内城子崖的龙山文化

① 马克思．资本论．第1卷．北京：人民出版社，1975，390

遗址曾经是殷代古谭国的一个城池，它的城墙南北长约 530 米、东西宽约 430 米，城内有序地分布着住宅民居。据测定，其存在年代大约是公元前 2405 年到公元前 2035 年，居住人口在 3 000 人以上。对此，沈玉麟评价为："这是人类社会继农业革命之后的又一伟大革命——城市革命，它对传播人类文明的贡献，仅次于文字的发明。"①

2. 城市产生的社会基础——从生产关系角度分析

城市的产生不仅得益于人类生产力水平的提高，也与生产关系的变革密切相关。在原始社会后期，随着生产范围的扩大、剩余产品的增多，部落与部落之间的交换大多转为个人与个人之间的交换，土地和工具等生产资料逐渐被个人占有，于是私有制开始出现。氏族成员的平等关系就此演变为依附关系，分化出奴隶主与奴隶两个阶级，从而拉开了国家和城市的序幕。

奴隶主为了保护自身利益，便在统治的中心囤兵防御、构筑城池。而国家的出现进一步强化了城市的存在，赋予它更多的政治色彩。由此可见，城市孕育于原始社会向奴隶社会过渡的时期，形成于奴隶制时代，它伴随着私有制、阶级和国家的发端而产生。城市是奴隶社会物质载体形式之一，私有制则是城市诞生的经济因素，二者相辅相成。

三、城市是"城"与"市"的有机结合

"城"和"市"在最初本是两个不同的概念、指不同的对象，正是它们的有机结合，才产生了完整意义上的城市。

古汉语中，"城"是指在一定地域上用作防卫而围起来的墙垣。如《吴越春秋》中指出："鲧筑城以卫君，造郭以守民，此城郭之始也。"《墨子・七患》中说："城者，所以自守也"；而《管子・度地》亦云："地之守在城……"可见"城"是当时的军事设施和统治中心。

不仅古代的中国如此，其他地区早期的城市也是这样，所以芒福德说："城市的另一个特征是城墙封围的城堡，四周有一个或数个聚居区。……直到 18 世纪，在大多数国家中，城墙仍然是城市最显著的特征之一……"②

而古时的"市"则是指进行交易的场所，是商品流通的中心。如《管子・小匡》曰："处商必就市井。"《孟子・公孙丑》中说："古之市也，以其所有，易其所无，有司者治之耳。"《周易・系辞下》对此更有生动详尽的记载："日中为市，致天下之民，聚天下之货，交易而退，各得其所。"这是"中市"，以一般消费者的购买为主；另外还有"朝市"和"夕市"，总称"三市"。"朝市"清晨进行，以商贾间的买卖为主；"夕市"傍晚进行，以小贩间的买卖为主；市的影响范围约为方圆五十华里。为了方便交易，商贾小贩们自然倾向于在那些天天皆往、

---

① 沈玉麟. 外国城市建设史. 北京：中国建筑工业出版社，1989，3

② [美]刘易斯・芒福德. 城市发展史——起源、演变和前景. 倪文彦、宋俊岭译. 北京：中国建筑工业出版社，2005，69

人人可达的地方摆摊设点，而这样的地方首选莫过于水源地；于是市设在水井旁边便是常见的现象，以至于出现了一个新词汇“市井”。

在生产力发展的驱动下，商品生产日渐发达，商品交换日趋频繁，成为日常生活之必需。客观上要求为这种交换提供一个安全、通达而又相对固定的环境，于是促进了“城”与“市”的相互结合，并最终走向统一，形成了“市因城安”、“城因市兴”的局面。

在我国西周时期，城市形态已很完备，城市建设也已经礼仪化和制度化，反映在城市规划上，就是产生了一套十分严谨的规划理论。如《周礼·考工记》中记述的“王城图”的格局为：“匠人营国，方九里，旁三门，国中九经九纬，经涂九轨，左祖右社，面朝后市，市朝一夫[①]。”《管子》则说：“凡立国都，非于大山之下，必于广川之上，高毋近旱而水用足，下毋近水而沟防省。因天时，就地利，故城郭不必中规矩，道路不必中准绳。”

城市一经诞生，就成为促进经济发展与社会进步的巨大推动力，并且伴随生产力的发展与生产关系的变革，逐步成为一个国家或地区的政治、经济、文化中心。芒福德曾写道：“许多社会功能在此之前是处于自发的分散、无组织状态中的，城市的兴起才逐渐将其聚拢到一个有限的地域环境之内……就在这种复合体环境中开始发展、壮大，并且在结构组成上发生进一步分化，最后各自形成为城市文化的各种组成成分的雏形。”[②]

第二节 城市的界定及其特征

城市作为一种和乡村对立的社会形式与物质形态，似乎众所周知；但要准确地把二者区分开来，却又并非易事。因此，有必要对城市的界定、城市的特征及其构成进行研究，以便对城市从感性认识过渡为理性认识。

一、城市的界定

对城市的定义争议较大，主要是因为划分城市的标准不同，目前国际上亦无统一口径。概括起来，从官方立法到学术界对于城市的界定，主要有以下几种标准。

1. 人口规模的标准

即以人口的集聚程度和绝对数量为标准——当某个居民点的人口达到某种规模时，就定为城市，其余为乡村。由于世界各国依其国家大小、人口多寡而对设市标准的规定不

① 在此，“夫”是古时的计量单位，“一夫”等于一百步。

② [美]刘易斯·芒福德. 城市发展史——起源、演变和前景. 倪文彦、宋俊岭译. 北京：中国建筑工业出版社，2005，33

同，因此关于城市人口规模的下限相差悬殊，如表 1-1：规模最少的只有 200 人，最多的高达6 万人，后者是前者的 300 倍！为了便于各国进行对比研究，联合国区域开发中心规定："市"(city)的人口数量最低标准为 2 万人。世界上大多数国家的设市标准一般为 2 000～20 000 人。

表 1-1　部分国家设市人口标准最低限额比较　　人

设市人口最低限	国　家	设市人口最低限	国　家
200	丹麦、瑞典、冰岛	3 500	英国
500	南非、巴布亚新几内亚	5 000	印度、伊朗、奥地利
1 000	澳大利亚、新西兰	10 000	马来西亚、瑞士
1 500	加拿大	20 000	挪威、芬兰
2 000	法国、捷克、古巴	30 000	日本
2 500	美国、墨西哥	50 000	朝鲜
3 000	荷兰、塞尔维亚	60 000	中国*

* 表中所列 60 000 人的标准，是指该市政府所在地从事非农产业且具有非农业户口的人口数量。

由此可知，以人口规模的绝对值来区别城乡、界定城市，实际上会造成国与国之间的不可比——人口众多的国家往往标准定得高，人口稀少的国家当然定得低，在这种情况下，进行城市化水平的国际比较时就会缺乏比较的基础。

2. 人口密度的标准

即以单位地域空间内聚居人口的密度高低来确定城市——反映在空间上，就是连绵不断的建成区，因而比人口规模标准更能直观地体现城市的特征。

该标准多为经济发达国家所采用，因为它们的城乡之间在生活水平、公共服务和市政设施等方面的差别通常不大，以至于难以据此来区分城乡。人口密度标准因国情不同也存在较大的反差，例如美国规定只有达到 400 人/平方公里的地区方为城市；而日本定为 4 000 人/平方公里以上；澳大利亚则是 190 人/平方公里的标准。所以在进行城市化水平的国际比较时同样缺乏比较的基础。

3. 行政区划的标准

如果说人口规模标准和人口密度标准主要是从"经济意义"上界定城市，那么行政区划标准则是从"政治意义"上界定城市。它是以政府的规定或立法宣布的结果作为划分城市的标准，为世界上许多国家广泛采用。例如我国 1989 年 12 月制定通过的《城市规划法》第三条规定："本法所称城市，是指国家按行政建制设立的直辖市、市、镇。"建制镇也属于城市的范畴，因为它们除了人口数量和经济规模比城市较小以外，其余并无不同。世界各国对于镇的划分标准同样五花八门，国际统计协会建议："镇"(town)的人口数量最低标准为2 000人。

与之类似的是以某一人口聚居区域的特定地位作为是否设市的依据。不少国家规定：某级政府(或相当于某级政府的机构)所在地可以设市，重要的边境口岸、历史名胜地等亦可设市。例如我国的边境口岸城市二连浩特市的人口，在2005年年底只有2.38万人。

4. 职业和产业构成的标准

职业和产业构成的标准，即把人口职业的构成，尤其是从事非农产业的人口在总人口中所占比例，以及非农产业占地区生产总值①的比例作为划分城市的标准。顾名思义，既然城市是与乡村相对应的一种生活和生产方式的载体，那么把是否从事非农产业活动作为划分城乡的参照系之一，也就是顺理成章的事情，如表1-2所示。

5. 有关城市的若干概念辨析

在讨论城市问题时，有几个概念比较容易发生混淆，因此有必要进行理清。

(1) 城市。在中国，城市分为设区的市、不设区的市和建制镇，所以也可以笼统地叫做"城镇"。在美国，城市则是指一级地方政府行使政治权力的区域，也称为"自治市"(municipality)，它设有一个市政机关来发挥地方政府的职能。较大的城市在其行政界线内，一般有市区、郊区和乡村三种聚落形式和空间景观，它们在布局上大致形成三个圈层的同心圆。

(2) 市区。从法律的角度看，它是那些较大的城市管辖的下一层次组成单元，是在城市范围内明确设立了区级政府的行政单位，例如北京市的西城区、上海市的虹桥区、济南市的历下区等。需要指出的是：某些市区的主体面积虽然是城市的建成区，但是也不排除有部分乡村地域的存在，例如北京市的海淀区就仍有几个乡的建制，属于郊区性质。

(3) 城区。也叫做"城市建成区"，是指经过成片的建设开发、具有比较完善的市政公用设施和公共服务设施的那部分市区面积。

(4) 郊区。从地理的角度看，郊区是与城区相对应的概念，指环绕城区的城乡结合部，具有半城市、半乡村的特征，与城区之间具有十分紧密的经济、交通、历史、文化等联系，一般为城市提供副食供应、园林绿地以及开发建设的后备用地(即今日之郊区为明日之城区)。从法律的角度看，有些城市下辖的区一级行政单位在名称上就叫做郊区。对于那些处于郊区以外，但仍在城市影响范围之内的地区，则称为"远郊"(exurbia area)，有些人在城里工作，在远郊居住，两地之间有较频繁的通勤往来。

(5) 中心区。中心区不是一个法律概念，甚至很难明确地划分其界线，只能根据市民

---

① "地区生产总值"即是原先的"国内生产总值"，现在统计年鉴中只有国家层面才用国内生产总值；香港称"本地生产总值"，台湾称"本地居民生产总值"。

们约定俗成的看法，把在地理上位于城区相对核心位置、商业比较发达、历史比较久远的一个区域叫做中心区，且多与旧城相联系。

(6) 城市化地区(urbanized area)。在美国，它是指至少要包括一个大的中心城市(自治市)和人口密度超过1 000人/平方英里的周边地区，且总人口至少超过5万人。在我国，对此没有明确的法律界定，但是通常可以把一个较大城市的城区和郊区合在一起，视为一个城市化地区。

(7) 大都市区(metropolitan area，简称MA)。在美国，它是指一个拥有大量人口的核心城区和附近在经济上与之连在一起的地区，至少要包括一个超过5万人口的中心城市(自治市)、一个围绕此中心的城市化地区，整体的总人口在10万人(新英格兰地区在7.5万人)以上。在我国，可以把以北京、天津以及环绕这两个特大城市的河北省北部地区，或者把上海以及与之毗连的江苏省苏锡常地区和浙江省杭嘉湖地区，各自视为一个大都市区。

二、我国设市及镇的标准

截止到2005年年底，我国共有设市城市661个(未包括台湾省、香港特别行政区、澳门特别行政区，下同)。目前执行的设市标准是1993年发布的《国务院批转民政部关于调整设市标准报告的通知》(国发[1993]38号)，主要内容如下。

1. 设立地级市的标准

市区从事非农产业的人口25万人以上，其中市政府驻地具有非农业户口且从事非农产业的人口20万人以上；工农业总产值30亿元以上，其中工业产值占80%以上；国内生产总值在25亿元以上；第三产业发达，产值超过了第一产业，在国内生产总值中的比例达35%以上；地方本级预算内财政收入2亿元以上；已经成为若干市县范围内中心城市的县级市，方可升格为地级市。

1999年，《中共中央、国务院关于地方政府机构改革的意见》(中发[1999]2号)指出："要调整地区建制，减少行政层次，避免重复设置。与地级市并存一地的地区，实行地市合并；与县级市并存一地的地区、所在市(县)达到设立地级市标准的，撤销地区建制，设立地级市，实行市领导县体制；其余地区建制也要逐步撤销，原地区所辖县改由附近地级市领导或由省直辖，县级市由省委托地级市代管。"根据这一精神，民政部发布了《关于调整地区建制有关问题的通知》(民发[1999]105号)，对于在"地改市"的工作中设立地级市的标准调整为：地区所在的县级市从事非农产业的人口不低于15万人(人口密度为50人/平方公里以下的不低于12万人)，市政府驻地具有非农业户口的人口不低于12万人(人口密度为50人/平方公里以下的不低于10万人)；国内生产总值不低于25亿元，其中第三产业在国内生产总值中的比重不低于30%；财政总收入不低于1.5亿元。

2. 设立县级市的标准

截止到 2005 年年底，我国共有 2 862 个县级行政单位。随着经济社会的发展和城市化水平的提高，在条件合适的地方撤县建市、升镇为市已成为我国行政管理体制改革的一个必然趋势。然而，由于我国疆域辽阔、地形复杂、不同地区经济和社会发展极不平衡，各县的差别很大，故撤县建市的标准需分类处理(按照县域人口密度划分为 3 类)，详见表 1-2。

表 1-2　设立县级市的主要标准(下限指标)

标　准	一类市	二类市	三类市
县域人口密度/人/平方公里	＞400	100～400	＜100
县政府所在镇从事非农产业的人口数量/万人	12	10	8
其中：具有非农业户口的人口数量/万人	8	7	6
全县总人口中从事非农产业的人口比例/%	30	25	20
全县总人口中从事非农产业的人口数量/万人	15	12	10
全县乡镇以上工业总产值占工农业总产值比例/%	80	70	60
全县乡镇以上工业总产值(1990 年价格)/亿元	15	12	8
国内生产总值(1990 年价格)/亿元	10	8	6
第三产业占国内生产总值比例/%	20	20	20
人均地方本级预算内财政收入/元	100	80	60
地方本级预算内财政总收入/万元	6 000	5 000	4 000
城区自来水普及率/%	65	60	55
城区道路铺装率/%	60	55	50

注：表中“从事非农产业的人口”包括县属企事业单位聘用的农民合同工、长年临时工，经工商行政管理部门批准登记的有固定经营场所的镇、街、村和农民集资或独资兴办的第二、第三产业从业人员，城镇中等以上学校招收的农村学生，以及驻镇部队等单位的人员；表中的“工业总产值”和“国内生产总值”均为按年度统计。

资料来源：《国务院批转民政部关于调整设市标准报告的通知》(国发[1993]38 号文)

此外，有些地方设市时的标准可适当放宽，例如，自治区人民政府或地区(盟)行政公署驻地；乡镇以上工业产值超过 40 亿元、国内生产总值不低于 25 亿元(均为 1990 年价格)，地方本级预算内财政收入超过 1 亿元，且上解支出超过 50%，经济发达、布局合理的县；沿海、沿江、沿边境重要的港口和贸易口岸，以及国家重点骨干工程所在地；具有政治、军事、外交等特殊需要的地方。具备上述条件的地方设市时，州(盟、县)驻地镇非农业人口不低于 6 万，其中具有非农业户口的从事非农产业的人口不低于 4 万。

还有，少数经济发达、已成为该地区经济中心的镇，如确有必要也可撤镇建市。设市的标准为：非农业人口不低于10万，其中具有非农业户口的不低于8万；地方本级预算内财政收入不低于人均500元，且上解支出不低于财政收入的60%；工农业总产值中工业产值所占比例高于90%。

3. 设立建制镇的标准

我国设镇的标准经历了几次较大的变化。根据1984年民政部公布的调整后的设镇标准为：凡县政府所在地，一般均可设镇；总人口在2万人左右的乡，其乡政府驻地非农业人口占全乡人口比重为10%以上，即非农业人口最低限度为2 000人的可设镇；对非农业人口不足2 000人，确有必要的小型工矿区、小港口、风景旅游区、边境商埠口岸等地亦可设镇；少数民族地区、人口稀少的边远地区和山区，条件可适当放宽。

4. 城市的行政层级

尽管我国市场经济体制的确立已历经十几年，但在行政力量对于经济和社会活动依然起着强有力(有时甚至是决定性)作用的今天，研究中国的城市问题，不可避免地要涉及城市的层级问题，因为不同层级的城市具有不同的行政资源，在城市发展中也就具有不同的主观能动性。我国大陆地区的城市按照行政级别划分，可以分成五个层级，分别如下。

(1) 直辖市。即直属中央政府管辖的城市，与省(自治区)属于同一行政级别。现有北京、天津、上海、重庆4个直辖市。

(2) 副省级市。即在不改变省辖市的行政隶属关系的前提下，被赋予相当于省一级的经济管理权限，其经济和社会发展计划在中央单列的城市，行政地位界于省和地级市之间。截至2007年7月，共有15个副省级市，它们是：哈尔滨、长春、沈阳、大连、济南、青岛、南京、杭州、宁波、武汉、厦门、广州、深圳、成都、西安。

(3) 地级市。即直属省(自治区)管理的城市，与地区(盟、自治州)处于同一行政级别，一般下辖有若干个区、县等县级单位。截至2005年年底，我国共有268个地级市。

(4) 县级市。即由省直辖，但由地区(盟、自治州)或地级市代管的城市，与县(自治县、旗)处于同一行政级别。截至2005年年底，我国共有374个县级市。

(5) 建制镇。即直属于城市的区、县(自治县、旗)、县级市管理，明确设立镇的行政单位。截至2005年年底，我国共有19 522个建制镇。

以上的直辖市、副省级市、地级市为设区的市，县级市为不设区的市。

5. 城市的规模等级

不同的城市规模，在城市的经济结构、用地结构、住宅和基础设施的需求及配置等诸多方面都有较大的差异。对于城市规模，过去主要是指其人口规模。尽管人口因素是确定城市规模极为重要的因素，但是仅仅考察人口，难以真正体现出一个城市的规模及其实力，而应该由综合人口、土地、经济三个要素来确定规模。因为在人口、土地和经济要素之间，客观上存在着紧密的联系：一定的人口需要一定的生活和生产空间，对应一定的土地面积；一定的土地面积承载一定的经济活动，且作为要素投入而获得一定的经济回报；一定的经济能力又创造一定的就业需求、吸纳一定的城市人口……如此环环相扣、互为因果，三个要素共同组成了城市规模。

为了简单起见，人们在分析城市规模时，往往用人口规模来划分城市的等级。按照《中华人民共和国城市规划法》第四条的规定：以市区和近郊区非农业人口计，不满二十万的，为小城市；二十万以上、不满五十万的，为中等城市；五十万以上的，为大城市。而在习惯上，人们还把市区和近郊区非农业人口在一百万以上的，称为特大城市。

但是，以户籍在本地的非农业人口作为划分城市规模等级的依据，无形中忽略了定居于城市、工作于城市，也奉献于城市的大量外来人口，以至于不能反映城市的真实人口数量。在改革开放不断深化、市场经济体制逐步确立、劳动力跨区域流动日益频繁和大量出现的今天，究竟什么人算是城市人口？这是一个学术界和城市管理部门都未能很好解答的问题。一般来说，以城市地域内的普查人口作为城市的实际居住人口是比较客观、可信的方法。

普查人口基本上以人口的居住地为准，包括离开户籍所在地半年以上的外来人口，减去离开户籍所在地半年以上的本地人口。2000 年 11 月 1 日进行的我国第五次人口普查，对城镇地域和城镇人口试行了新的统计标准。[①]

(1) 对于设区的市。其人口统计的市区范围是指：①市辖区人口密度在 1 500 人/平方公里以上的区辖全部行政地域；②市辖区人口密度在 1 500 人/平方公里以下的区政府驻地和区辖其他街道办事处地域，以及驻地的城市建设已延伸到的周边乡镇的全部行政地域。

(2) 对于不设区的市。其人口统计的市区范围是指：①市政府驻地和市辖其他街道办事处地域；②市政府驻地的城市建设已延伸到的周边乡镇的全部行政地域。

(3) 对于建制镇。其人口统计的镇区范围是指：①镇政府驻地和镇辖其他居民委员会地域；②镇政府驻地的城市建设已延伸到的周边村民委员会辖驻地的村民委员会全部地域。

(4) 对于其他城镇化地区。在上述城镇地区以外的、常住人口在 3 000 人以上的工矿区、开发区、旅游区、科研单位、大专院校等特殊地区，均比照建制镇划定镇区范围。

因此，凡是处于上述城镇地区范围内的常住(指半年以上)人口，均为城镇人口；其余则为乡村人口。

三、城市的特征

城市不是众多的人和物在一定的地域空间上的简单叠加，而是一个以人为主体、以自然环境为依托、以经济活动为基础、社会联系极为紧密的有机整体。它有着自身的成长机

---

① 中国城市规划学会、全国市长培训中心．城市规划读本．北京：中国建筑工业出版社，2002，26

制和运行规律，更有着区别于乡村的鲜明特征，主要体现在以下 5 个方面。

1. 密集性——物质与文化的密集

即人、物质、空间与活动的高度密集。马克思在《资本论》中早已指出，密集是城市最本质的特征。这种密集性具体表现为三个方面。

(1) 人的密集。城市人口的密集性往往随着城市规模的扩大而递增，并且越是在城市中心区、人口集聚程度越高。如表 1-3 所示：香港在仅有 264 平方公里建成区的土地面积上聚集了近 700 万人，市区人口密度竟高达 26 273 人/平方公里。

表 1-3　世界部分大城市的市区人口密度比较

城市名称	统计年份	市区人口/万人	市区面积/平方公里	人口密度/人/平方公里
香港[a]	2004	693.6	264.0	26 273
东京[b]	1990	816.4	598.0	13 652
达卡[c]	1991	400.0	363.0	11 019
纽约[d]	2002	800.8	785.6	10 194
北京[e]	2004	1 003.0	1 369.0	7 329
伦敦[f]	1991	234.3	321.0	7 300

注：a. 指已开发建设的地区；b. 指中心城市(23 町)范围；c. 指大城区范围；d. 指核心城区范围；e. 指东城、西城、宣武、崇文、海淀、朝阳、丰台、石景山八个城区和近郊区；f. 指内伦敦。

资料来源：东京、伦敦、达卡的数据来自联合国人居中心编著.《城市化的世界》. 沈建国等译. 北京：中国建筑工业出版社，1999，15；纽约的数据来自波士顿国际设计集团；香港的数据根据《2005 年中国统计年鉴》处理；北京的数据根据"首都之窗"网站披露的数据整理

而在拉丁美洲，一些国家的首都城市的人口集中度异乎寻常得高，例如乌拉圭首都蒙得维的亚的人口就占全国人口的近四成！阿根廷首都布宜诺斯艾利斯、智利首都圣地亚哥占全国人口的比例也都超过三分之一，详见表 1-4。

表 1-4　美洲部分大城市的人口及其占全国人口的比例

城市名称	所在国家	城市人口/万人	占全国人口比例/%
蒙得维的亚	乌拉圭	115.7	39.4
布宜诺斯艾利斯	阿根廷	1 075.9	35.5
圣地亚哥	智利	422.7	34.9
墨西哥城	墨西哥	1 645.5	21.0

资料来源：[美]阿瑟·奥沙利文. 城市经济学. 苏晓燕等译. 北京：中信出版社，2003，118

(2) 物质和资产的密集。城市是一个国家和地区物质财富主要的创造地和聚集地。

只要走进城市，我们就能看到：房屋建筑鳞次栉比、道路桥梁密如蛛网、各种物流昼夜奔腾、资金往来滚滚如川。2005 年年底，我国城市建成区总面积达到 32 521 平方公里；实有建筑总面积为 164.5 亿平方米，约合人均 50.3 平方米；道路总面积为 39.2 亿平方米，约合人均 10.9 平方米；年供水总量为 502.1 亿吨，人均生活用水为 74.5 吨。全国地级及以上城市（市辖区，不含县）的土地面积只占全国的 6%、人口只占全国的 27.8%，可是创造的地区生产总值却占国内生产总值的 59.9%，第二产业产值占 63.3%，第三产业产值占 69.0%，固定资产投资总额占 58.0%，房地产开发投资占 73.0%，货物进出口总额占 60.5%。

（3）文化的密集。城市里几乎集中了所有的大专院校和科研院所，国家主要的管理设施（各类党政管理机关、社团组织机构），文化设施（如图书馆、博物馆、展览馆、剧场、出版社、报社、电台、电视台等），体育设施（如体育场、体育馆），以及大中型的医疗卫生机构等。这就使城市承担了创造、汇聚和传播人类精神文明的神圣使命，城市文化亦成为社会文化的主体。

2. 高效性——高效率与高效益

密集性带来了城市的另一个显著特征，即高效性。它表现在两个方面。

（1）高效率。城市和乡村相比，由于有完善的市政设施、便捷的通信手段、发达的交通工具、健全的公共服务以及高智力的管理阶层，因此有着很高的运转效率。在现代化、信息化的社会里，城市的高效率更具有无可比拟的优势，它是推动城市不断发展的强大“引擎”。

（2）高效益。城市经济的发展基本上摆脱了对土地的依赖，较少受自然气候等因素的干扰，再加上众多的熟练员工、雄厚的资金投入和先进的科学技术，因而较之农村能取得更高的经济效益和社会效益。以上海市为例：2005 年，上海市以其占全国 1%的人口、0.06%的土地，创造出了全国 4.4%的社会消费品零售总额、5%的地区生产总值、7.1%的工业总产值和 9.5%的地方财政收入。而同年，在我国素有“农业大省”之称的河南省与江西省，其人均地区生产总值分别只有上海市的 22%和 18%；贵州省的人均地区生产总值还不到上海市的 1/10。

3. 中心性——吸引力与辐射力

正如城市的定义所描述的那样，城市无论其大小如何，都是一定地域范围内的经济、政治和文化的中心。这种中心地位表现为两个方面。

（1）吸引力。由于集聚效应（详见后文）的存在，使得城市周围一定半径内的人口和非农经济活动不断向其集中，它犹如磁石一般产生了强大的吸引力，从而推动了城市化进程的演变和提高。

（2）辐射力。在吸引人口和非农经济活动向城市集中的同时，城市也对周围一定半径内的地域产生辐射效应，即将过度密集的人口、生产要素和经济活动从城市中心区向郊区和外围地区疏解、扩散，也把先进的科学技术、文化观念以及现代生活方式等输送到广大的农村地区和周边的乡镇，引起后者的经济与社会变革和进步。

4. 多元性——多功能与多类型

城市的第三个重要特征是其多元性，它包含着两层意思。

（1）多功能。城市功能，指的是城市在国家或地区的政治、经济、文化和社会生活中所承担的任务与作用，是城市生命力之所系。一个城市之功能的多寡强弱，直接决定了它的盛衰存亡。城市功能一般包括以下内容。

第一，作为一个经济实体，城市内部的经济活动必然具备生产、分配、交换、消费 4 个环节；第二，作为一个社会实体，城市是人们进行政治、社会等活动的中心，要为居民提供一个安定和谐的社会环境；第三，作为一个文化实体，城市必须提供教育、科研、文体娱乐等诸多的服务；第四，作为一个物质实体，城市还要提供方便于工作、居住、游憩和交通的各类市政公用设施。以上功能，是任何一座城市都必须具备的，不可偏废与缺少。从这个意义上说，无论规模大小和层级高低，所有城市都是多功能的，只不过各种功能之间存在着不同的差异而已——所谓“麻雀虽小，五脏俱全”，正是这个道理。

（2）多类型。在承认城市多功能的同时，也应该看到，由于各个城市处于不同的自然状况和社会进程当中，必然受着地理位置、气候条件、自然资源、山水环境、经济实力、人文历史和行政区划等诸多因素的影响，因而其内部各个功能的发展不可能千篇一律、齐头并进，必然有某种或某几种功能成长更快、效力更强，从而居于主导地位；其余功能则处于辅助地位。这样，那些主导功能就决定了城市的特色和性质，使得千百座城市呈现出若干种类型。

美国地理学家哈里斯在《美国城市的职能分类》一文中，将城市分为以下 7 类：①工业城市；②混合城市；③批发商业城市；④运输业城市；⑤矿业城市；⑥大学城市；⑦游览疗养城市。

日本城市经济学家矶村英一在《城市问题百科全书》中，则把城市按照功能分为 12 类，分别是：①综合城市（亦称普通城市）；②政治城市（首都，地方行政中心）；③文化城市；④学园城市；⑤观光城市；⑥住宅城市（也叫卧城）；⑦渔业城市；⑧卫星城市；⑨产业城市（包括工业城市、矿业城市）；⑩疗养城市；⑪军事城市；⑫港湾城市。

其他的分类方法还有很多，相互之间大同小异。

需要指出的是，城市的类型是一个历史概念，而非固定模式，它将随城市主导功能的变化而改变。例如我国大陆最大的城市上海，解放后一直是全国最重要的工业基地，轻工业和重工业都十分健全和发达。而在今天，上海的发展战略已明确地提出：将建设成为远东地区的商业、贸易和金融中心之一，跻身于国际大都市之列。

5. 系统性——复合系统与动态系统

从系统论的角度看，城市是一个典型的、复杂的大系统，它包含着微观的和宏观的、静态的和动态的、内部的和外部的、时间的和空间的、物质的和精神的等多种组成因素。这些因素相互关联、相互作用，构成了城市系统的整体性。

（1）城市是一个复合的、宏观的大系统。如果说，一架喷气式飞机的构成部分以千计，而一艘宇宙飞船的构成部分以万计，那么一座城市的构成部分几乎以亿计。在城市这个复合的、宏观的大系统中，各个功能子系统处于不同的层次，如表1-5所示：第一层次包括自然、经济、社会和建设4个子系统；而经济子系统又包括生产、流通、服务部门3个第二层次的子系统；在生产部门子系统中又可分为农业、工业、建筑业3个第三层次的子系统；工业还可分为冶金、机械、纺织、电子、食品等若干更低层次的子系统。随着科学技术的不断进步，社会分工在不断深化、细化，城市系统也变得越来越庞大、越来越复杂。

表1-5　城市大系统结构关系示意

第一层次	第二层次	第三层次
自然系统 （城市地理学、城市环境学、城市生态学……的研究领域）	自然条件	地形、地貌、地质、水文、气象……
	自然资源	水源、土地、矿藏、能源、生物……
	自然环境	环境本身、污染状况、稀释能力……
经济系统 （城市经济学、房地产经济学……的研究领域）	生产部门	农业、工业、建筑业……
	流通部门	运输、通信、商业、贸易、金融……
	服务部门	房地产、咨询、餐饮、居民服务……
社会系统 （城市人口学、城市社会学……的研究领域）	人口构成	性别、年龄、就业、文化、婚姻……
	社会组织	党政机关、企业、学校、社团……
	社会治安	公安、检察、法院……
建设系统 （城市规划学、建筑学、景观学、土木工程学……的研究领域）	主体设施	房屋建筑……
	附属设施	停车场、广场、园林绿化……
	基础设施	给排水、电力、电信、道路、热力……

（2）城市是一个动态的、开放的大系统。城市与其周围的农村和其他城市之间，经常不断地进行着物资、人员、文化、技术、资金、信息的交流，形成了动态的、开放的特性。城市只有在这种不停顿的输入与输出中，才能吐故纳新、趋利避害，从而具有旺盛的生命力。现代城市的突出特点之一就是开放。唯有开放，城市才能充分发挥其政治、经济、文化中心的作用；而孤立和封闭，只能导致其停滞和衰亡。

从全局来看，城市与地区、国家是点和面的关系，所以城市这个大系统又作为一个单元参加到地区和国家更大的系统中去。因此，在研究和解决城市问题时，绝不可就城市论城市，而必须以系统论的观点，统筹考察城市和乡村、城市和区域、城市和国家之间的关系，使城市系统的宏观性和整体性得到更广泛的体现、进入更良好的状态。

第三节 城市发展的历史与未来趋势

城市的产生和发展已有五千多年的历史。在这漫长的岁月里，城市与其所依附的社会经济大背景一样，经历了几个不同的历史阶段，从而体现出迥然相异的自然特征和经济形态。尽管各国和地区的城市并非同步发展，也不可能处于某一水平。但追本溯源，依然可以看出一条清晰的历史主线，以及城市由此走过的独特历程。

一、前工业社会时期的城市

前工业社会是指奴隶社会和封建社会时期，是农业文明占主导地位的历史阶段，其时间跨度长达数千年。在这一时期，城市的生存与发展常因战火兵燹的祸及、国家王朝的更迭而几经兴废，因而变化极大，但总体上存在以下一些特点。

1. 城市是手工业生产的集中地

如前所述，在人类三次社会大分工之后，城市手工业技术得到进一步发展，各类手工业匠人专业化和集中化的趋势不断增强，对于乡村和周围地区的影响逐渐扩大，最终涌现出一大批各具特色的手工业城镇。

我国早在唐代，常州织造的绸、绢、缎、锦就是珍贵的朝廷贡品，曾有“新妆巧样画双蛾，谩里常州透额罗”[①]的诗句；苏州至宋代时已成为全国的丝织业中心，故号称“东北半城、万户机声”，“金阊之列肆，锦绣成堆；两濠之牙行，百物充栋”[②]；与之齐名的还有盛泽、震泽、广州、佛山等。明清之际，在全国享有盛誉的手工业城镇还有：棉纺织业中心——福州、松江，制糖业中心——番禺、嘉义；制烟业中心——瑞金、济宁，以及“瓷都”景德镇、“陶都”丁蜀镇、“锡都”个旧、“盐都”自贡等。这些城镇，或领一时之风骚，或延百代之繁华，有些至今仍是众多城市中的佼佼者。

2. 城市是农产品的集散地

城市所处位置大都为交通便利之处，因而成为集散流通范围不等的各类商品交易场所，交易的货物以农产品、手工产品和矿产品为主。

---

① 见唐代诗人元稹的《赠刘采春》。

② 见《吴县志》。

号称“九省通衢”的汉口，身临长江之畔，地扼南北要冲，很早就是八面来风、四方咸至的水陆码头；“米市”芜湖，每日吞吐的江南粮米不止万斛；商埠天津，则是“三北”地区(华北、西北、东北)对外贸易的主要口岸；至于闻名天下的“丝绸之路”，则有武威、张掖、酒泉、敦煌这四大河西名郡，无不是客商云集、行旅穿梭，可谓盛极一时。在国外，例如意大利的威尼斯、佛罗伦萨，西班牙的巴塞罗纳，英国的利物浦，比利时的安特卫普，土耳其的君士坦丁堡(今名伊斯坦布尔)，也都是海上国际贸易的名城，从东方的中国、印度以及东南亚等地进口大量的丝绸、茶叶、香料等特有的农产品。

3. 城市的规模较小、数量很少

城市的规模主要取决于其自身的经济实力和对外的吸引能力。受限于落后的农业生产技术，建立在自然经济和小农经济基础之上的城市不可能获取大量的商品粮以养活城市人口，因此这一时期的城市绝大多数规模较小(个别例外，例如古代罗马和唐代长安，极盛时的人口都曾近百万，那是因为它们依托的是两个强大的帝国)。13～14 世纪，欧洲名城威尼斯的人口为 7.8 万人，巴黎为 5.9 万人，米兰为 5.2 万人，伦敦则仅有 3.5 万人。而在中国，司马迁著述的《史记》所记载“完璧归赵”的故事家喻户晓，说的是秦昭王欲以十五座城池换取赵惠王的和氏璧——所谓“价值连城”之物恐怕莫过于此！但也从另一个侧面说明：当时的城市实在是小小不言，以至于在国君眼里甚至抵不过一块珍稀的玉石。

相应地，古代的城市数量也很少。据瑞士日内瓦大学的保罗·贝罗克教授研究：从公元 1000 年至公元 1500 年，整个欧洲拥有 2 万人以上的城市从 43 个发展到 107 个，即 500 年里只增长了 64 个，平均每 8 年才诞生一座新城市；而若把城市人口标准从 2 万人降为 2 千人，则欧洲城市人口占总人口的比重从公元 1000 年的 12%～15%，增长至公元 1700 年的 15%～17%，700 年里只增长了 2～3 个百分点，平均每 280 年才增长一个百分点。

4. 城市的消费性与城乡分离

前工业社会的主要财富是农村创造的。城市中虽然有手工业和商业，但其经济收益不足以维持居民和官府的开支。城市的消费主要是靠农村提供的地租和税赋来支撑，城乡关系是对立的。统治者把城市置于高墙深壕之内、实行防匪防逆的封闭式管理，使得城乡日益分离，并且城市的各类物质设施水平很低，与农村的差别不大，正如恩格斯指出的：“物质劳动和精神劳动的最大的一次分工，就是城市和乡村的分离。”[①]

二、工业社会时期的城市

18 世纪 60 年代，詹姆士·哈格里夫斯发明的珍妮纺织机在英国诞生，从此拉开了工

---

① 马克思恩格斯全集. 第 3 卷. 北京：人民出版社，1960，57

业革命(也称产业革命)的序幕;1781 年,瓦特在前人的基础上改进了蒸汽机,并广泛应用于各个产业部门,构成了以机器体系为基础的新一代生产力。它以摧枯拉朽之势,猛烈涤荡着欧洲大陆,并很快席卷全世界,开创了人类近代史的新纪元——工业社会从此登台。

工业革命结束了牧歌和田园诗的时代,引起了整个生产方式的变革:小规模的分散劳动为社会化大规模的集中劳动所替代;中世纪一个个封闭的经济活动空间,由于分工协作而连成经济网络;生产领域由地球表面扩展到地球深层;商业活动由国内市场延伸到海外市场(当然这个扩张过程是伴随着帝国主义坚船利炮的横行霸道而在殖民地不断推进);最重要的,是它引起了另一场同样深刻而广泛的历史巨变——近代城市革命。这场城市革命具有如下显著的特征。

1. 城市是机器大工业生产的中心

恩格斯在《英国工人阶级状况》一书中,深刻地揭示了机器大工业生产是如何使人口与资本不断向城市集中,以及城市是如何演化为机器大工业生产中心的过程:“人口也像资本一样集中……大工业企业需要许多工人在一个建筑物里共同劳动;这些工人需住在近处,甚至在不大的工厂近旁,他们也会形成一个完整的村镇……于是村镇就变成小城市,而小城市又变成大城市。城市越大,搬到里面就愈有利,因为这里有铁路,有运河,有公路,可以挑选的熟练工人越多;由于建筑业和机械制造业的竞争,在这种一切都方便的地方开办新的企业,比起不仅建筑材料和机器要预先从其他地方运来,而且建筑工人和工厂工人也要预先从其他地方运来的比较遥远的地方,花费比较少的钱就行了;这里有顾客云集的市场和交易所,这里跟原料市场和成品销售市场有直接的联系。这就决定了大工厂城市惊人迅速地成长。”①不仅一大批新兴的工矿城市如此,就连那些在漫长的农业社会时期就已建立的历史悠久的古老城市,也在这场气势恢弘的工业革命洪流中,逐渐确立了以机器大生产为标志的现代产业结构,成为一定区域的工业生产中心。

今天,我国正处于高速工业化进程之中,一大批城市欣欣向荣地发展着,正是凭借工业化这个浩荡的“东风”才能一日千里。

2. 城市是商业贸易的中心

工业生产的急剧增长,产品源源不断地投放市场,使一些城市在成为工业生产中心的同时也成为商业贸易中心,如伦敦和巴黎。恩格斯曾经满怀激情地赞誉道:“伦敦变成了全世界的商业首都,建造了巨大的船坞,并聚集了经常布满泰晤士河的成千的船只。”②同样,正是靠着商业贸易的迅速发展,才使上海这个 18 世纪黄浦江畔的小渔村,在 20 世纪

① 马克思恩格斯全集.第 2 卷.北京:人民出版社,1965,300,301

② 马克思恩格斯全集.第 2 卷.北京:人民出版社,1965,303

初一跃成为当时国际商业贸易中心之一的“远东明珠”。改革开放以来，上海的发展更加令世界瞩目，其再度崛起的奥秘就在于承担着中国商业贸易中心的地位。据统计，2006年，上海港的货物吞吐量达到了4.43亿吨，超过了新加坡港，一跃成为全球第一大港。2005年，上海口岸的外贸进出口总额达到了3 506.78亿美元，接近全国的1/4；其中上海自身完成的外贸进出口总额为1 863.65亿美元，说明上海口岸有一半的贸易量是来自国内其他地区，其商业贸易的中心地位由此可见一斑。

3. 城市的规模扩张、数量猛增

工业革命使一大批工业城市如雨后春笋般成长起来。从公元1800年至1850年的半个世纪里，英国5 000人以上的城镇数目由106个增加至265个，平均每年新增3.2个城市。与此同时，美国东北部的工业城市也迅速发展，大西洋沿岸和河口地区形成了人口密集的城市地区。1790年，美国2 500人以上的城镇仅有24个，而1890年则猛增至1 384个，平均每年新增13.6个。

在数量增长的同时，城市规模也在不断扩大。据统计，从公元1800年至1900年的100年里，发达国家具有10万人以上的大中城市数目，从28个递增至195个，平均每年新增1.7个。1900年，伦敦人口达660万，为世界首位城市；而1800年时，其人口仅85万；在这100年里，伦敦人口翻了近三番，平均年增长率为2.1%。

4. 城乡对立、差距拉大

由于城市的迅速发展，经济的主导地位已从农村移向城市，城市文明成为农村人口向往和追求的目标，农村日益成为城市所需食品、资源和工业原料的单纯供应者，并由于不断扩大的工农业产品价格的“剪刀差”而陷入相对贫困，由此在经济上依附于城市的发展。城市物质设施不断改善，使农村相形见绌，差距越来越大。农村与城市的这种不平等关系愈演愈烈，最终如《共产党宣言》中所指出的那样，“使乡村屈服于城市的统治”[①]，并导致城乡之间尖锐的对立。

三、后工业社会时期的城市

美国经济学家丹尼尔·贝尔在其1973年发表的《后工业社会的来临》一书中，首次提出了人类社会发展的“三阶段论”，即：前工业社会、工业社会、后工业社会。稍后，美国著名未来学家阿尔温·托夫勒于1980年出版了引起很大轰动的《第三次浪潮》，书中提出：公元前8000年至公元1650年为人类的第一次浪潮——农业阶段；公元1650年至1955年为第二次浪潮——工业阶段；1955年开始的为第三次浪潮——未定名阶段。自此，关于

---

① 马克思恩格斯全集.第4卷.北京：人民出版社，1958，470

人类社会自第二次世界大战以后已进入比工业化社会更高级阶段——后工业社会的论断，频频见诸于各种报章杂志、学术著作。这种观点，虽然并不适合广大发展中国家的实际情况，但却反映了欧、美、日等发达国家的整体社会格局。城市的发展，也的确迈出了崭新的步伐，呈现出与工业时代越来越大的差异。

1. 城市成为人类主要的聚居区

经济的增长推动了人口向城市集中的步伐。1950 年，世界上只有 28.4%的人住在城市里；到 1980 年，则有 41.3%的人脱离了农村；到 2000 年，根据《国际统计年鉴》显示，已有 47.2%的人成为城市中的一员。至于发达国家，更是 70%～90%的人口都在城市中生活。这充分说明，城市已成为人类主要的聚居区域。

2. 城市成为第三产业的中心

在后工业社会，城市的一个重要变化，是通过产业结构调整和升级换代，逐渐从工业生产中心转换为第三产业中心。商业、贸易、金融、证券、房地产、咨询、通信等行业的蓬勃兴起，已使制造业和矿业在一些发达城市的经济生活中居于次要地位。例如在 2005 年，北京市的第三产业占地区生产总值的份额为 67.7%，香港的这一指标为 91.2%，而纽约市的这一指标则为 92.2%。

3. 城乡融合、差别缩小

随着社会生产力的发展和科学技术的进步，现代化的城市从物质和文化上都为农村现代化提供了示范。农村的生产条件、技术手段和交通状况、教育水平以及生活服务设施，都在直追城市，城乡差别不断缩小。这就是城乡的融合过程。

从城乡分离、城乡对立到城乡融合，是历史发展的必然，对此马克思曾深刻地指出："城市和乡村的对立的消灭不仅是可能的，它已经成为工业生产本身的直接需要，正如它已经成为农业生产和公共卫生事业的需要一样……"①

四、走向信息时代的城市

"信息时代"的提法，首见于 1982 年英国科学家詹姆斯·马丁的论著《电讯化社会》，而这个预言正在迅速地成为现实。1993 年年初，美国政府率先提出兴建"信息高速公路"。一石激起千层浪，欧洲联盟、日本、加拿大、韩国、新加坡和南美洲一些国家纷纷响应，竞相提出了本国或本地区的"信息高速公路"计划。这标志着人类开始跨进了信息社会的门槛，也将极大地推动城市规划、城市建设和城市管理迈出现代化的步伐，并直接改变传统城市形态与功能，使得一种新型的"智能城市"将矗立在世人面前。

---

① 马克思恩格斯选集.第 3 卷.北京：人民出版社，1972，335

所谓"智能城市",就是高度信息化和全面网络化的城市。它将近似于人,具有高度的智慧和理性的思维,通过发达而灵敏的"神经系统"——计算机联网,能高效而可靠地指挥调度它的"筋骨"——城市基础设施系统,它的"血脉"——城市经济系统和它的"肢体"——城市建筑环境系统。因此,它将和我们今天所熟悉的城市有明显的不同。

(1) 超级城市的裂解。由于信息传递不再受地理和气候条件的限制,空间距离在约束城市发展的诸多"门槛"中得以降低为次要因素,使得生产要素的高度集聚所带来的"规模效应"有所弱化,超级城市不再成为必要而走向裂解。相反,小型城镇及其组成的"城市群"显示出多方面的优越性,因此,未来的"智能城市"将以小型化和群体化为一大特征。

(2) 城市功能的重组。由于家庭办公系统的普及,使得人们工作岗位与居住场地相分离的现象成为过去,人们不再会因工作单位的改变而必须迁徙其住址;居住区域和工作区域的混合状态从城市范围转换到了家庭。这意味着目前困扰大多数城市的各功能组(商业、工业、居住、文教、公共服务等)的交叉混杂得以解除,即未来的"智能城市"的功能结构将越来越纯化,空间区划将越来越明晰。

城市交通量与日俱增的一大原因就是出勤距离的线性增长,例如在20世纪90年代,美国有4 500万工作人员花在路上的时间要比花在办公室里的多。而在未来的"智能城市"里,由于上下班出勤的人数与次数大为减少,使城市交通量下降,则占地过大的道路交通系统(过宽的路面、过多的停车场等)不再成为必要,它们中的一部分可以改变为林荫绿带和街头花园。基于交通量的下降,汽车尾气和噪声污染以及交通事故都大大减少,从而使城市公共环境的清洁、舒适和安全度得以大大提高。同时,人们对居住环境的要求更为"苛刻",居住面积增加,户内外设施标准提高、花园式住宅成为时尚而广受青睐。

由于避免了重复劳动,提高了工作效率,使得闲暇时间成倍增加,人们可以更多地进行旅游和娱乐活动,故城市的游览与娱乐场所需从分布上提高密度,设备上提高档次,规模上增加面积。

将有更多学科群的专业人员介入城市规划的自始至终,从不同学科的角度发表对城市发展中一系列重大问题的看法,提出不同的方案并进行比较选优,而不论他们身在何处。并且城市规划方案不再是市政府官员与专家学者之间的"纸上谈兵",它将成为城市每个家庭、每位市民关心和讨论的"炉边对话",通过信息联网使公众参与达到前所未有的程度。

由于巨型信息系统能十分快捷地提供各种背景资讯,减少了因通信手段落后、方式简单和邮路误差所造成的信息失真,从而使决策可以做到更为科学、缜密和及时。城市管理与监控手段将变得更为先进和发达,借助计算机网络,使城市建设与管理真正摆脱"人治",走上"法治"轨道。

最后一点,也是最重要的一点,是城市的功能发生历史性变化。在信息社会里,作为第四产业的信息产业迅速发展,使城市产业结构进一步优化,一大批与信息密切相关的新兴产业登上历史舞台。城市将从工业制造中心、商业贸易中心逐步转为信息流通中心、信息管理中心和信息服务中心。

关于城市发展各历史阶段的主要特征，在表1-6中列出。

表 1-6 城市发展各历史阶段的主要特征

历史阶段	经济功能	城市建设	发展状况	城乡关系
前工业社会	手工业生产集中地 农产品集散地	市政设施简陋 生活条件落后	规模较小 数量很少	城乡分离 相对封闭
工业社会	机器大工业中心 商业贸易中心	市政设施完备 生活条件改善	规模扩张 数量猛增	城乡对立 差距拉大
后工业社会	第三产业中心 功能多元化	市政设施现代化 生活条件较优越	规模数量稳定 形成大都市连绵区	城乡融合 差距缩小
信息社会	信息流通、管理和服务中心	城市信息化、园林化、宜人化	超级城市裂解，中小城镇崛起	城乡一体化

第四节 城市经济学的性质与内容

城市的历史虽然久远，但是城市本身成为一个问题，从而引起各学科研究者的注意，则是从工业革命以来才开始的，并伴随着经济与社会的发展而不断深化和复杂化。

一、城市经济学的产生与发展

在第二次世界大战以后，随着农村人口增长、农业机械化的逐渐普及和农民劳动生产率的提高，大量剩余劳动力涌向城市，导致城市人口急剧膨胀，出现了所谓的"城市爆炸"[①]。于是，一系列日益严重的"城市病"症状相继发作：地价昂贵、能源短缺、住房紧张、交通拥挤、供水不足、环境恶化、失业上升、犯罪猖獗、贫富悬殊、阶级矛盾尖锐，等等，被人们热情讴歌和由衷赞美过的那些光彩夺目的大城市仿佛一夜之间就变得百疾缠身、沉疴不起。继发达国家之后，广大发展中国家在20世纪70年代也不同程度地产生了各类"城市病"。而我国自80年代以来，随着经济的持续高速增长和城市的快速大量发展，对于社

① 即芒福德所言的"人口爆炸"(population explosion)、"近郊区爆炸"(suburb explosion)、"快速干道爆炸"(expressway explosion)和"游憩爆炸"(recreation explosion)。

会公众来说，"城市病"已不再是一个仅仅停留于学术文献上的陌生的名词。

"城市病"引起了各国政府的高度重视，学术界也纷纷出谋划策以探求治病良方。在这方面，早期研究的先驱是欧洲空想社会主义者欧文、傅立叶等，他们建造的"新协和村"、"法朗吉"，都是企图营造"理想的永恒正义的王国"和"合乎人类理性的社会"。1898 年，英国社会学家霍华德发表了著名的《明日的田园城市》一书，希望通过合理规划，从工程技术的角度解决城市问题。这之后城市地理学、城市社会学等学科相继形成。

最先涉及城市经济问题的是 20 世纪 20 年代对城市土地经济和土地区位的研究，其佼佼者有美国经济学家伯吉斯、黑格、霍伊特等。他们把对城市问题的探讨从单纯的工程技术领域的"治标"之术，拓展到了社会经济领域以探求"治本"之策。如 W. Alonso 和 L. J. Wingo 的居住区位模式研究，I. S. Lowry 的大城市发展模式研究，B. Harris 的城市发展数量模型等，都是这一时期的城市经济研究的代表。

1965 年，美国学者威尔帕·汤普森(Wilbur Thompson)编写的《城市经济学导论》(A Preface to Urban Economics)问世。这是第一本有别于一般经济学家对城市问题展开研究的专著，标志着"城市经济学"从广义的经济学学科群体中分离出来，正式成为一门独立学科。在这以后，美国、英国、日本、苏联等国纷纷成立了城市经济学的研究团体，出版学术刊物，发表有关专著，并在大学开设城市经济学的课程，使这门新兴的年轻学科得到了迅速发展，也涌现了一批具有较大影响的城市经济学家，如美国的赫希、英国的巴顿、日本的山田浩之等。

我国过去在计划经济体制下，曾长期忽视对前述城市问题的研究。直到 20 世纪 80 年代初，城市经济学才被引进国门，受到经济理论工作者特别是大学经济学类教师们的重视。人们在学习借鉴国外城市经济学基本理论与方法的同时，结合中国国情，积极开展学术研讨和理论研究，论著颇丰，从而开创了我国的城市经济学，但是目前尚处于发展中的初级阶段，尤其在确立和完善社会主义市场经济体制的过程中，城市经济领域发生着许多重大而深刻的变化，既不同于以前传统计划经济时期的城市经济现象，又有别于奉行资本主义制度的市场经济国家的城市经济问题。因此，如何构筑一整套具有中国特色的、适应社会主义市场经济体制的城市经济理论体系和研究方法，是我国城市经济学界所面临的现实挑战和责无旁贷的历史使命。

二、城市经济学的性质

正因为城市经济学产生较晚、历史较短，并没有形成一致公认的完整、成熟的理论体系，对其性质的表述也是仁者见仁、智者见智。例如：

- 《住房城市规划与建筑管理词汇中英对照》①认为：城市经济学是经济学的一个分支，把城市作为一个工商业交流中心和市场的经济单位来分析它的作用。城市经济学是"区位理论"(location theory)的延伸，其研究重点是住处的选择、商业区的位置、城市交通网的发展等问题所涉及的各种要素。
- 《辞海》(1999)认为：城市经济学是研究城市经济发展规律的学科，随着世界各国城市化的发展而产生。
- 英国经济学家巴顿认为：要系统地用经济学原理去解决城市问题……并在区域经济学的有关领域内发展空间经济理论，为现代城市经济学的研究奠定基础。
- 美国经济学家赫希认为：城市经济学就是运用经济学原理和经济学分析方法去研究城市问题以及城市地区所特有的经济活动。
- 美国经济学家奥沙利文认为：城市经济学是研究厂商和家庭区位选择的学科，它探讨的是城市问题和公共政策的空间因素。

总的来说，城市经济学既是一门以经济学的基本理论和方法为基础的应用科学，又是一门多学科、多层次融会综合的边缘科学，它的研究对象是城市经济和城市问题。城市经济学与城市规划学、城市地理学、城市社会学、城市生态学等姊妹学科一起，都是城市科学的有机组成部分。它们各有分工，又有交叉，其研究领域互相渗透，其研究成果也可互为借鉴。

所以，我们对城市经济学的性质可以综述为：运用经济学的基本理论，融会多学科的研究方法，揭示城市经济的产生、发展的历史过程和运行规律；分析其中的生产关系、经济结构和要素组织；对主要的城市问题做出科学解释；并为城市管理部门提供技术经济论证和社会经济决策的依据。

三、城市经济学的研究范围及其内容

作为一门新兴学科，城市经济学研究的范围还不规范，大多宽窄不一。国内外已出版的学术专著，基本上可以分成三种观点：宏观城市经济学把城市经济看做一个整体，侧重于研究城市经济对国民经济和地区经济的影响及其相互关系，其理论依据主要是凯恩斯的"总量经济分析"；微观城市经济学主要研究城市内部的经济现象，运用逻辑推理和"成本—效益分析"方法，探讨诸如交通、土地、住宅、劳动力等一系列问题；还有就是宏观与微观问题兼而有之，对它们进行分层次、多方面的综合研究。本书即属于第三种类型。

为了适应我国社会主义市场经济体制下城市经济发展和城市建设与管理的需要，我们编著的这本《城市经济学》不仅涵盖一般城市经济学包括的内容，而且有所扩充和侧重，

① 由中华人民共和国城乡建设环境保护部、美利坚合众国住房与城市发展部在1987年合编。

共包括以下 3 部分。

1. **宏观城市经济部分**

(1) 城市化的普遍规律。城市化是生产力和生产关系发展到一定阶段所必然产生的社会现象。通过研究城市成长的机制、城市化发展的过程、影响城市化的经济规律等，从总体上把握城市化运动的普遍规律。

(2) 世界城市化进程与我国城市化道路。世界城市化的历史进程和典型问题具有一定的借鉴意义。而我国工业化和城市化虽起步晚、曲折多，但近年发展很快。通过研究我国城市化的动力、速度、规模、布局和模式，从而为制定我国的城市化战略提供科学依据。

(3) 中心城市、城镇体系与区域。这三者关系是经济网络中的"点、线、面"的关系。研究其中的经济内涵、探寻其发展规律，将有利于更好地发挥中心城市的作用和适应建立社会主义市场经济体制的需要。

(4) 城市经济结构。合理的经济结构对于有效地利用各类资源，促进城市经济的协调发展起着重要的保障作用。

2. **微观城市经济部分**

(1) 城市人口经济。人是城市的主体，城市经济发展与城市人口休戚相关。因此，要研究经济增长与人口构成变化的规律、人口增长的途径、流动人口问题和劳动就业问题。

(2) 城市土地经济。土地是城市的载体，通过研究地租、地价理论，土地经济特征和我国土地开发问题，可为城市规划部门与房地产经营部门提供决策依据。

(3) 城市住宅经济。住宅是人们不可缺少的生活必需品。因此，要研究住宅的经济属性、住宅的商品化和我国城镇住房制度改革的基本途径。

(4) 城市基础设施经济。基础设施是城市的"骨骼"与"血脉"，对于城市正常运行起决定性作用。基础设施的构成与特性、基础设施与社会经济发展的相关性、基础设施的投资与管理，都是城市经济学研究的课题。

(5) 城市环境经济。环境问题是人类面临的基本问题和重大挑战之一。必须研究城市在发展经济的同时，如何保护和治理环境，使城市在取得较高经济效益的情况下，也取得良好的环境效益。

(6) 城市财政与金融。国家财政的绝大多数取之于城市，又用之于城市，需要研究城市财政如何广开财源，在增加国家财政收入的同时，使城市财政充裕起来，能自力更生建设好城市。金融业是第三产业的重要组成部分，对城市经济的发展有举足轻重的影响。因此，需要研究如何促进城市金融市场的发育，并充分发挥其作用。

3. **专题研究部分**

(1) 城市开发区的发展与建设。1992 年以来，全国各类开发区如雨后春笋般大量涌现，在城市经济的发展中起了重要作用，但也出现了许多新问题。

（2）城市经营。这是在现实中产生，又引起较大争议的一个新话题，有必要从科学的角度看待它，做到正本清源、析误纠偏。

（3）城市现代化。党的十四届五中全会通过的《中共中央关于制定国民经济和社会发展"九五"计划和2010年远景目标的建议》中提出，要在1996—2010年的这一承前启后的关键时期，为我国在21世纪中叶基本实现现代化奠定坚实基础。毫无疑问，我国城市现代化的建设在全国现代化建设中，起着先导和决定性的作用。

第二章 城市化普遍规律

第一节　城市化的含义、起源与测度

城市的发展在人类历史上一直扮演着重要的角色；但是真正起到主宰前进方向、代表主导力量的作用，却是在城市化出现以后。马克思曾指出："现代的历史是乡村城市化，而不像在古代那样，是城市乡村化。"①这里所说的"城市乡村化"是指在封建社会时期的城市处于相对次要和弱势地位，但这一现象在城市化进程开始以后，却得到了完全相反的改观。

一、城市化的含义

"城市化"(urbanization)，又称"城镇化"、"都市化"，是同一英文单词的不同译法，它们没有实质区别，即并不意味着城镇化比城市化的语境覆盖更广，因为建制镇也是城市(只不过是更小的城市而已)，所以城市化本身的概念中就已包括了建制镇在内。

在汉语中，"化"是指事物改变性质或状态。顾名思义，城市化就是指与城市相关的一种变化过程。然而对于城市化的科学含义，不同的学科分别依据各自的角度，依然有不同的理解。例如，人口学认为城市化是农村人口转变为城市人口的过程；地理学认为城市化是农村地区转变为城市地区的过程；从社会学角度看，城市化是由农村生活方式转化为城市生活方式的过程；从经济学角度看，城市化则是由农村自然经济转化为城市社会化大生产的过程；《辞海》(1999)指出：城市化是指人口、用地和经济、文化模式由农村型转向城市型的过程和趋势。

城市化现象反映在社会生产和生活的各个方面，不能简单地只从人口或地域的转变去理解。城市化是一种动态的过程而不是一个静态的结果。要融合多学科的知识，从更广泛的角度去剖析城市化的外在表象下所掩盖着的内在动因，即生产力的发展和生产方式的转变是城市化的根本动力。因此，城市化现象实际上是由于生产力发展所导致的一

① 马克思恩格斯全集．第46卷．北京：人民出版社，1965，480

系列社会经济现象的组合。

城市化是由社会生产力的变革所引起的人类生产方式、生活方式和居住方式持续大规模改变的过程，它表现为：

- 人口和剩余劳动力由农村向城市转移，农业人口转化为非农业人口；
- 农村地区逐步演化为城市地域；
- 城市数目不断增加，城市人口不断膨胀，用地规模不断扩大；
- 城市的基础设施和公共服务设施水平不断提高；
- 城市居民的生活水平和居住水平发生由量变到质变的改善；
- 城市文化和价值观念成为社会文化的主体，并在农村地区不断得到扩散和推广。

总之，城市化不仅是物质文明进步的体现，也是精神文明前进的动力。它反映为城市性状的改变、城市数量的增加、城市质量的提高三大方面。

二、城市化的起源

城市化作为一种经济社会现象，究竟源于何处？从何时开始？对此理论界有两种不同的看法。

一种是“城乡分离论”，即认为自有城市之初就有城市化进程。如英国经济学家巴顿提出：“在公元前六千年已经开始城市化。”欧美一些学者多持此观点。

另一种是“产业革命推动论”，即认为真正意义上的城市化只是在18世纪中叶的工业革命以后才出现的。城市化是工业化的产物，即社会化的机器大工业这台强大的马达驱动了城市化的航船。按照《辞海》(1999)的定义：工业化是指机器大工业逐步发展直至在国民经济中占统治地位的过程。

马克思指出，从历史的角度看，在奴隶社会到封建社会的漫长岁月中，一直是“乡村在经济上统治城市”，“真正的大城市在这里只能看做王公的营垒和经济结构上的赘疣”，因为它们是“以土地财产和农业劳动为基础的城市”[①]，在城乡关系的矛盾运动中，农村居于主导地位。换句话说，虽然城市本身的历史已经有数千年之久，但是在漫长的岁月里，它的数量、功能、结构、规模以及对社会发展的影响力等，却始终一脉相承，很少有革命性的变化，因此谈不上“化”的过程。

而从英国发端的工业革命则极大地改变了这一状况。它首先使城市的性质发生了根本变化，城市从单纯的政治统治核心和军事防卫堡垒一跃成为以工业生产、商业贸易活动为代表的经济中心，成为先进生产力和资本、技术等生产要素的聚集地。在这之后，蓬勃兴起、日益茁壮的城市经济成为国民经济的主体和国家发展的主导力量，并使广大的农村

---

① 马克思恩格斯全集．第21卷．北京：人民出版社，1965，189，480

沦为自己的原料产地和市场输出的附庸。在城乡关系的矛盾运动中，城市居于绝对优势地位。19世纪初，在刚刚经历了工业革命洗礼的英国，城市人口已经占总人口的32%；当时尚为其殖民地的美国，城市人口却只占总人口的4.7%，经济上和军事上更是远远不能与盛极一时的大英“日不落帝国”相匹敌。毫不夸张地说：工业革命是城市化的“催化剂”和“助产士”。

因此，城市化起源于近代的工业革命，而不是发源于城乡分离、城市诞生之初。城市化和工业化是一对“孪生子”，它们双双降生、齐齐并行，就像两个车轮，承载着人类社会滚滚向前。世界城市化的实践表明，各国城市化的发展有着大致近似的规律。尽管各国的经济基础、政治制度、地域条件、历史文化等迥然相异，但城市化的驱动力却有着共同的机制。在一个国家和地区实现工业化的同时，必然伴随着城市化的进程；反过来，城市化又给工业化以更大的支撑力。城市化与工业化犹如一枚硬币的正反两面，彼此不能割裂和分离。

三、城市化水平的测度

城市化是非常复杂的社会现象，它总是处在剧烈的经济与社会变动之中，因此，要想准确地测量出在某一时点上某个国家或地区的城市化水平，就显得十分棘手。国内外专家就此展开了多方面的探讨，提出了不同的见解。

1. 单一指标法

即通过某一最具有本质意义的且便于统计分析的指标来描述城市化水平，目前通常采用的有以下三种指标。

(1) 城市人口比重指标。即以某一地区内的城市人口占总人口的比重，为其城市化水平。该指标从地域角度出发来区分定居的人群，反映了人口在城市与乡村之间的空间分布，相对简单、明了，为各学科所普遍接受，是世界上公认的衡量城市化水平的权威指标。其计算公式为：

$$Y=\frac{P_{\mathrm{U}}}{P_{\mathrm{U}}+P_{\mathrm{R}}}=\frac{P_{\mathrm{U}}}{P}$$

式中：Y为城市化水平；P为区域总人口；P_{U}为城市人口；P_{R}为乡村人口。

但是，城市人口比重指标也存在很大的缺陷，主要表现为：

① 由于各国设市标准中的人口数量差距悬殊，低则200人，多则60 000人，相差300倍，缺乏可比性。这使得一些地理位置相邻、人口规模相近、经济水平相当的国家，出现了城市化水平的不合理的反差。例如，在20世纪80年代初的北欧，瑞典、丹麦、冰岛（设市标准均为200人）的城市化水平分别为83%、84%、88%；而同时期挪威、芬兰（设市标准为20 000人）的城市化水平却只有44%、62%，只有前者的1/2～1/3，这显然是因为各自

的设市标准相差100倍而导致的不真实反映。

② 由于行政区划的调整变更以及某些人为的社会政治因素影响,也会导致城市人口的突变,造成城市化水平忽高忽低,缺乏逻辑上的一贯性和连续性。例如,1957年,我国城市化水平为15.4%,1960年跃升为19.7%,而1963年又突降至16.8%。这种反常的变化主要是因为当时"大跃进"期间国民经济大起大落、城市人口大进大出所造成的特殊现象。近年来,随着许多地方纷纷撤县建市、撤县建区、撤乡建镇,一夜之间使城市人口大增、规模大长,结果其城市化水平也跟着"水涨船高",到了并不真实的新境地。重庆市升格为直辖市之后,它一跃成为中国土地面积最大、人口最多的首位城市,可实际上它的经济实力和城市影响力与上海、北京相比还是相形见绌。

③ 对于城市人口的认定本身,就是一件极其困难的事情,不同的政府管理部门对于同一地区的城市人口会有不同的数字,造成城市化水平各执一词、莫衷一是。例如,2000年,对于广东省的城市化水平,就有55%、36%、31%三个数字,分别由人口普查部门、城市规划部门和公安部门得出。原因在于,城市人口究竟是仅仅指具有本地户籍、定居于城市地域的常住人口,还是也包括不具有本地户籍,但在城市地域稳定就业和长期定居的外来人口?对此前提不能统一,结论当然大相径庭。

为了解决这一难题,我们认为,按照以城市地域内的普查人口作为城市的实际居住人口来计算城市化水平是比较客观可信的方法,这也是目前我国统计部门采用的指标。据此,截至2005年年底,我国的总人口为130 756万人,城镇人口为56 212万人,则当年的城市化水平为43.0%。

(2) 非农业人口比重指标。即以某一地区内的非农业人口占总人口的比重,为其城市化水平。这个指标着重于考察人口在经济活动上的结构关系,比较准确地把握了城市化的经济意义和内在动因,反映了生产方式变革的广度与深度。其计算公式为:

$$Y=\frac{P_{\mathrm{I}}}{P_{\mathrm{I}}+P_{\mathrm{A}}}=\frac{P_{\mathrm{I}}}{P}$$

式中:P_{I} 为非农业人口;P_{A} 为农业人口;其他符号含义同前。

需要说明的是,在我国,统计部门所称的"农业人口"是指依靠农业生产维持生活的全部人口,包括实际从事农业生产的人口及其抚养的人口;对于由乡村管理下的非直接从事农业生产的一些人,如民办教师、乡村医生等人员,也计入农业人口;与之对应的,"非农业人口"则是指不依靠从事农业生产的职业来维持生活的人口,主要指城镇的非农业户口性质的人口及其抚养的人口。

由于我国乡镇企业的迅速发展,在很多地方(如长江三角洲、珠江三角洲)的农村,越来越多的农民进入到非农产业经济活动中去,不再直接从事农业生产或者主要不依靠农业生产维持生活,因此他们应该被视为非农业人口。但是因为这些人仍然定居于农村而非城市,是典型的"离土不离乡"、"进厂不进城"的生产与生活方式,若把他们作为非农业人口来计算城市化水平，显然又会造成对实际城市化水平的高估。

(3) 城市用地比重指标。即以某一区域内的城市建成区用地占区域总面积的比重，为其城市化水平。它体现的是城乡之间在地理景观上的分野，对于城市化水平较高的城镇密集地区，具有直观性和说服力。例如在20世纪80年代初，美国东北部五大湖地区的城市用地占总面积的20%强，就说明这是一个高度成熟的城市化地区。但由于这种方法忽略了人口密度的稠与稀所造成的城市用地的紧与松，以及在统计上存在较大的难度，故应用不广。

2. 综合指标法

由于单一指标法存在着这样那样的偏差，难以全面考察城市化的进程，因此不少学者提出以多项指标综合衡量城市化水平。

日本的东洋经济新报社在《地域经济总览》中，就以10项指标来测算"城市成长力系数"：地区总人口、地方财政年度支出额、制造业从业人数、商业从业人数、工业生产总值、批发业总额、零售业总额、住宅建筑总面积、储蓄额以及电话普及率。计算方法是：两个不同时期上述10项指标的增减额，除以各项指标的全国平均水平，再将所得标准值算术平均，其结果即为该城市的成长力系数。

其余方法还有很多，大都思路相同，即以多项社会、经济指标替代单一人口指标，从而在客观上更为准确地反映城市化水平。但由于它们往往针对某一国家或地区的城市的具体情况而定，因此通用性差，不便开展对比研究。总的来看，以城市实际居住人口占总人口比重作为城市化水平的测量值是更通用的方法。

第二节　城市化的动力机制与相关因素

城市化是一种极为复杂的社会经济现象，和诸多事物之间存在着千丝万缕的联系。要想清晰地认识城市化，必须从分析与之密切关联的因素入手。

一、城市化的动力机制

所谓"机制"，就是事物内在的联系和运行规律，是不以人的意志为转移的客观存在。城市化的发生与发展，同样遵循着共同的规律，即受着三大力量的作用：农业的先导传动、工业化的中坚推动和第三产业的后续拉动。

1. 农业发展是城市化的初始动力

城市化进程的本身，就是变落后的乡村社会和自然经济为先进的城市社会和商品经济的历史过程。如果考察世界和中国的城市化轨迹，就会发现一个有趣的共同点：它总是在那些农业分工完善、农村经济发达的地区首先兴盛起来，并建立在农业生产力的发展达到了一定程度的基础之上。

农业的发展是城市化的初始动力，它表现在以下几个方面。

(1) 为城市人口提供商品粮。可以说，一个国家的农业提供商品粮的数量多少，是决定该国城市人口数量多少的关键因素之一(除非通过贸易或战争等手段从别国获取)。商品粮越多，则工业化进行的速度也就越快；反之，势必大大滞缓城市化的进程。农业劳动生产率的高低，表明了农业给予城市化的初始动力之强弱。以每个农业劳动者提供商品粮数量为例，在20世纪80年代，中国农民为2 000斤/人·年，日本为6 000斤/人·年，德国为25 000斤/人·年，而美国则为130 000斤/人·年。这种农业供给能力的巨大差异，最终反映为城市化水平的显著差距。

(2) 为城市工业提供资金原始积累。城市化是以大规模的机器大工业生产为主要标志的；而在工业化这台高速运转的"大机器"后面，正是由农业提供了建立它所需的第一笔资金原始积累。马克思在《资本论》里所描述发生在英国工业化早期的"圈地运动"和"羊吃人"现象，就是资本主义工业掠夺农业资本的生动写照。

(3) 为城市工业生产提供原料。许多制造业是建立在农业原料的稳定供给基础之上的，否则工业发展只能是"无米之炊"、"无源之水"。很多工业化国家都是从发展轻工业、纺织业开始工业化的起步；而轻工业、纺织业所需的棉、麻、丝、羊毛、牛皮、烟草、林木、香料等，无不取之于农业。

(4) 为城市工业提供市场。广大的农村不仅担负着原料供给者的重任，也是城市大工业产品的消费者。离开了农村这个大市场，城市工业的发展空间将变得极为局促和狭小，并有在激烈的市场竞争中窒息的危险。

(5) 为城市发展提供劳动力。早期工业化所建立的大多为劳动密集型产业，它们需要成千上万、源源不断的劳动大军补充到机器大生产这张"巨口"之中；而这些人力资源只能来自农村——由于农业劳动生产率的提高所解放出来的剩余劳动力。

2. 工业化是城市化的根本动力

工业革命冲破了自给自足、分散无序的农村自然经济的桎梏，使得资本和人口在机器大生产中高度集中，由此导致城市规模的不断扩张和城市数量的急剧增加。对此，恩格斯在《英国工人阶级状况》一书中写道："我们已经看到，机器的使用如何引起了无产阶级的诞生。工业的迅速发展产生了对人手的需要；工资提高了，因此，工人成群结队地从农村地区涌入城市。人口以令人难以相信的速度增长起来，而且增加的差不多全是工人阶级。"[①]

工业化之所以能引起如此巨大而深刻的城市革命，是因为它所具有的几个特殊经济本性使然，即所谓的三项原则。

(1)"最低临界值"原则。它是指新建或扩建一个工厂需要有一个最低销售额的支持，只要达到这个临界值，那么投资者就可能会因其有利可图而作出投资决策。这就保证了一定规模市场的发育。

(2)"初始利益棘轮[②]效应"原则。它是指一个城市的居民对未来所作出的决策是以这个城市现在必须提供什么为基础的。也即过去形成的人口和经济活动分布状况，影响着现时的决策倾向。那么一个工业实力雄厚、基础设施良好的城市，总会比一块一无所有的空地能为新工业提供更好的温床。这就促使了城市经济规模的自我生长。

(3)"循环累积因果关系"原则。它把工业增长和城市发展看做一种相互联系的过程，每个发展阶段都依赖于前一发展阶段，具体作用关系如图 2-1 所示。在这个循环中，发展的动力互为因果，它不仅具有累积效应，而且常常带来加速度，从而使城市和新工业不断得到发展。

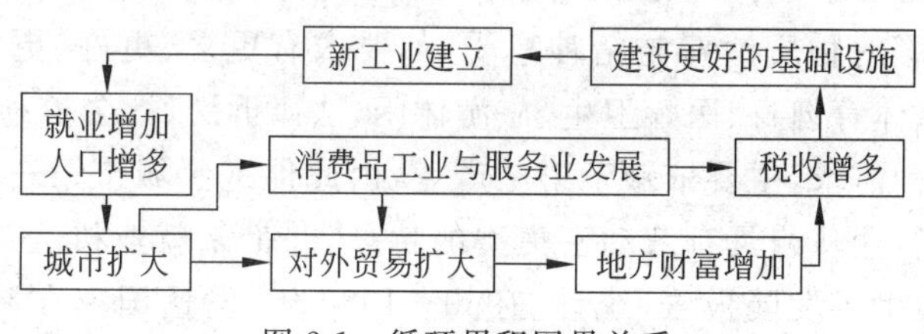

图 2-1　循环累积因果关系

由此可见，在工业化过程中，由于其自身的经济规律所驱使，导致了这种不可逆转的人口与资本向城市聚集的倾向，从而使工业化与城市化呈现十分明显的正相关性。以美国为例，1790—1950 年的 160 年间，美国的城市化率与工业化率的变动曲线，就是两条几乎平行的曲线，详见图 2-2。

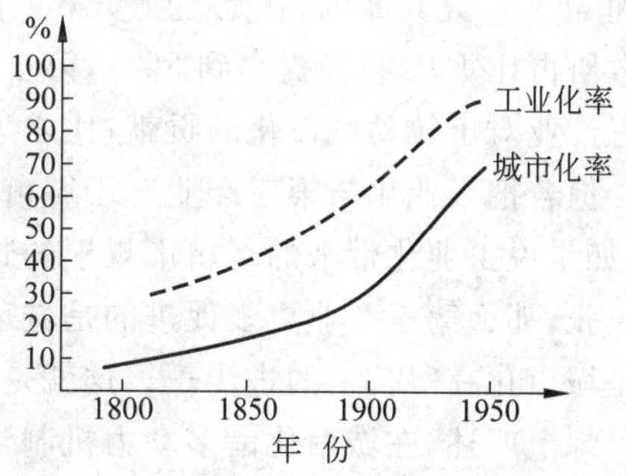

图 2-2　美国的城市化与工业化变动曲线

据测算：发达国家 1820—1950 年间工业化与城市化的相关系数达到了＋0.997 的高度。事实证明，工业化对城市化的推动力量是十分巨大的。尽管目前在部分发达国家，这股

---

① 马克思恩格斯全集. 第 2 卷. 北京：人民出版社，1965，296

② 棘轮是机械传动装置的一种，其特点是只能朝某一方向运动而不能逆向运行。

力量有所减弱，但发生于20世纪40～50年代的美国、英国等“新城建设”运动和“旧城更新”运动，就是在工业化后期和后工业化时期探索城市发展的一种尝试。从世界范围看，广大发展中国家仍然处在工业化的起步阶段或中期阶段，工业化对城市化的“发动机”和“孵化器”作用，仍然体现得十分明显。

3. 第三产业是城市化的后续动力

随着工业化国家产业结构的调整，第三产业开始崛起，并逐渐取代工业而一跃成为城市产业的主角，城市化进程的“接力棒”从此传到了第三产业的手上，并由它继续推动下去。这种后续动力作用，主要表现为两个方面。

(1) 生产配套性服务需求的增加。商品经济高度发达的社会化大生产，要求城市提供更多更好的配套服务性设施，如企业生产要求有金融、保险、科技、通信业的服务；产品流通要求有仓储、运输、批发、零售业的服务；市场营销要求有广告、咨询、新闻、出版业的服务……而上述这些提供配套服务的主要是第三产业。工业的专门化程度越高，越要求加强横向协作与交流。

(2) 生活消费性服务需求的增加。随着经济收入的提高和闲暇时间的增多，人们开始追求更为丰富多彩的物质消费与精神享受，如要求有更多、更好、更个性化的居住、购物、教育、文化娱乐、体育健身、医疗卫生、旅游休闲、法律诉讼、社会福利等设施和条件。

要满足以上各种需求，主要依赖于第三产业，由此促进了城市第三产业的蓬勃发展。而第三产业的多数行业普遍具有劳动密集型的特点，并带来就业机会与人口的增加。根据世界银行发表的《世界发展报告》统计：1960—1980年，发达国家在制造业中就业的人数占总就业人口的比重一直徘徊在38%左右，制造业产值占国内生产总值的比重则从40%降为37%。但在同期，城市化水平不仅没有降低，反而从68%上升了10个百分点，达到78%。究其原因，就是主要受第三产业的拉动所致，这段时期在第三产业中就业的人数所占比重从44%提高到56%，第三产业产值所占比重也从54%提高到60%。可见第三产业对于拉动城市化的贡献，比之工业化亦毫不逊色。

但若把工业化与第三产业对于城市化的作用进行比较，就会发现二者又有显著的不同：如果说工业化带来的是城市规模的膨胀和城市数目的增多，即主要是城市化在“量”上的扩张，那么第三产业更多促进的是城市软硬件设施的完善和人民生活水平的提高，即主要是城市化在“质”上的进步——这就是二者的区别之所在。

综上所述，在城市化诸多动力机制当中，可以分解出两大基本力量，即以农业发展为代表的农村“推力”和由工业化与第三产业发展为代表的城市“拉力”。这两股力量一“推”一“拉”，使得城市化的历史进程持续地发生和发展着。

二、城市化的相关因素

影响城市化的因素十分纷繁复杂，几乎涵盖了经济、政治、社会、地理、文化和科技等各个方面，其中最主要的是三方面因素。

1. 经济增长与城市化

1962年，美国地理学家布莱恩·贝利曾指出："一个国家的经济发展水平与该国的城市化程度之间存在着某种联系。"我们对大量的统计资料分析研究表明，这种联系不仅存在，而且十分有规律，对此可以建立一种数学模型：

$$Y = a\ln X + b$$

式中：Y 为城市化水平；X 为人均国民生产总值(GNP)；a 和 b 均为回归系数。

运用该数学模型，对1980年153个国家和地区的城市化水平与人均国民生产总值进行相关分析，可得回归方程：

$$Y = 16.44\ln X - 72.14$$

样本数 $N=153$；相关系数 $R=0.92$；标准差 $S=9.28$。

上式揭示了在以人均国民生产总值为代表的经济发展水平与城市化水平之间，的确具有客观的相关性，从表2-1中可以清晰地看出。

表2-1 1980—2004年世界城市化与人均国民生产总值的关系

分组	统计指标	1980年	1985年	1987年	1990年	2000年	2004年
低收入国家	城市化水平/%	17	22	30	32	38	39
	人均GNP/美元	260	270	290	350	410	507
中等收入国家	城市化水平/%	45	48	55	57	60	61
	人均GNP/美元	1 400	1 290	1 810	1 970	2 220	2 274
高收入国家	城市化水平/%	78	75	77	77	79	80
	人均GNP/美元	10 320	11 810	14 430	19 590	27 680	32 112
全世界	城市化水平/%	39	41	43	45	49	50
	人均GNP/美元	2 040	2 760	3 383	4 200	5 170	6 329

资料来源：1990年以前的数据来自《世界经济》杂志1989年第12期；1990年以后的数据来自历年北京大学出版社的《中国现代化报告》

如果把1989年世界上的168个国家和地区按照城市化水平从低到高进行排列分组，则各组人均GNP亦呈现出同样的由低到高的顺序变化，即当城市化水平分别为30%以下、30%～50%、50%～70%、70%以上时，人均GNP分别为1 000美元以下、

1 000～3 000 美元、3 000～7 000 美元、7 000 美元以上，详见表 2-2。

表 2-2 1989 年世界城市化与人均 GNP 的分组

城市化水平/%	人均 GNP/美元	城市化水平/%	人均 GNP/美元
5～19	372	60～69	6 424
20～29	374	70～79	9 960
30～39	820	80～89	8 569
40～49	1 087	＞90	10 757
50～59	3 621	—	—

另外，根据美国人口咨询局《1981 年世界人口统计表》的资料，给出了图 2-3。该图十分直观地反映了经济增长与城市化之间是多么地密切相关，即城市化水平随经济发展而上升，但提高的速度随经济的进一步增长而越来越平缓，最后趋于稳定。在人均 GNP 2 000 美元以下，是城市化进程最为迅猛的阶段。

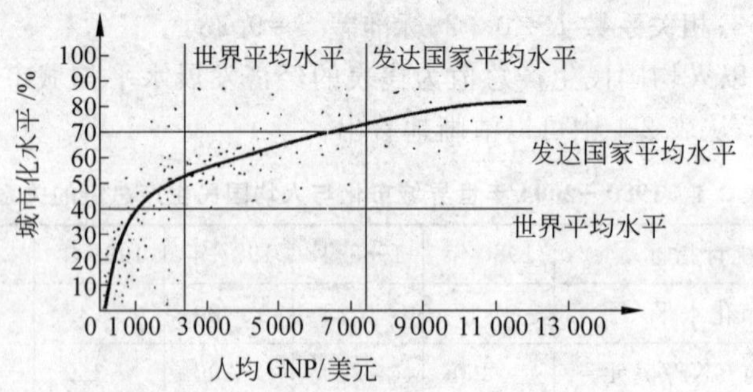

图 2-3 世界各国城市化水平与人均 GNP 的关系

为什么在经济增长与城市化之间会存在如此有规律的现象呢？显然，这不是一种偶然的巧合，说明在经济发展与城市化之间确实存在着一种“双向互促共进关系”。

(1) 经济发展推动了城市化步伐。由于经济收入的提高，人们的需求也得以提高。在众多的商品中，农业产品(如粮食)的需求收入弹性①一般较低(多数小于 1)，人们对该类产品的实际需求会随收入增长而相对减少；相反，工业产品(如家用电器、时装、汽车)和服务业产品(如旅游、保健、美容)的需求收入弹性一般较高(多数大于 1)，因此人们的经济收入增长会导致对它们的需求更快地增长。这就产生了需求结构随收入提高不断转移的倾向；而变动了的需求结构必然带动投入结构(资本与劳动等生产要素的投入)和产出

① 某种商品的需求收入弹性是指当收入变动一个单位时所引起的对该商品的需求变化幅度。

结构相应由第一产业向第二、第三产业的大规模转移，由此，城市化步伐得以加快。

(2) 城市化过程促进了经济发展。如前所述，城市化使人口和资本由分散无序状态变为高度集中的有序状态，使生产要素得以合理组织、先进技术得以大规模采用、劳动生产效率得以大幅度提高，这样，城市中创造和积累的财富就远远超过了农村。日本投资协会在 20 世纪 70 年代初的一份研究资料表明：同样的投入，在第一、第二、第三产业中所创造的价值悬殊，大体比例为 1∶100∶1 000。可见，第二、第三产业高度密集的城市，在其自身发展的同时，也大大提高了国民经济的总体水平。

2. 经济类型与城市化

(1) 工业的轻、重比例与城市化。根据马克思提出的“资本有机构成”原理，资本有机构成越高，一定资本对劳动力的吸收能力就越低；反之，则越高。一般说来，轻工业多属于劳动密集型的行业，资本有机构成较低；而重工业多属于资金密集型的行业，资本有机构成较高。因此两座城市如果轻、重工业具有不同的比例关系，就会造成它们对劳动力吸纳能力的不同，从而引起城市化水平与发展速度的差异。

从国际上看，韩国自 1953 年开始曾实施优先发展轻工业的战略。这种战略大大增强了城市工业对于劳动力的需求，使得韩国的城市化水平大大提高；而印度则相反，照搬苏联等社会主义国家工业化的模式，选择的是优先发展重工业的战略。我国建国后的相当一段时期，也单纯地把重工业作为优先发展部门，结果城市化水平明显滞后于工业化水平，并远远落在处于和我国同一工业化阶段的其他发展中国家之后。

从地区来看，我国江苏省的苏南地区乡镇工业的起步大多数是轻型加工业，劳动密集度高、资本有机构成低。1991 年，该地区国有企业的资本劳动比约为 35 300 元/人，而乡镇企业为 21 150 元/人；因此在同样的资本量下，乡镇企业比国有企业吸纳劳动力的能力要高出 67%。故苏南地区和全国相比，城市化水平较高，且发展速度较快。

(2) 经济的内、外向度与城市化。经济发展战略主要有“进口替代”与“出口导向”两种：进口替代是一种内向型的工业化道路，是以本国生产的工业制成品来满足国内需求，取代进口货，并以此来逐步实现工业化；而出口导向则发展面向出口的工业，并将其产品投入国际市场，用工业制成品的出口来代替农业和矿产等初级品的出口，以推动工业化的进程。进口替代内向度高，城市的开放性小，生产要素的区际流动滞缓，城镇的动力机制较弱，因而吸收劳动力的能力较低。据统计，发展中国家在进口替代阶段，工业吸收劳动力的年均速度一般只有 2.5%～3.0%，与人口增长差不多；而出口导向则外向度高，城市的开放性大，生产要素在区际之间的流动频繁而量多，城镇的动力机制较强，能吸收更多的劳动力。在此阶段工业吸收劳动力的年均速度普遍达到 5%～6%，几乎是进口替代阶段的两倍。韩国与我国的台湾地区就是以出口导向发展战略来加速工业化，并推动城市化的。

国际著名的俄林—赫克歇尔贸易理论也认为：对于一个国家或地区具有比较利益，或有出口竞争力的产品，是那种密集地使用该国丰富要素所生产的产品。因此，劳动“无限供给”的发展中国家，根据比较利益原则配置资源，发展出口导向型经济，要比实行进口替代型经济创造更多的就业机会。例如我国的苏南地区经济的外向度一向较高，自20世纪90年代以来更是以外向型经济为发展的战略目标，城镇的开放性越来越大，生产要素如资金、技术和劳动力在城镇之间、城乡之间的流动加速，从而推动了城市化的进程。

3. 产业结构与城市化

城市化的实质，是由生产力变革所引起的人口和其他经济要素从农村向城市转变的过程。而它表现在生产方式上，就是产业结构的大规模调整，即农业剩余劳动力向各非农产业部门转移。因此，产业结构的变动必然体现为城市化的变动；城市化水平的提高主要是靠第二、第三产业比重的上升，二者几乎同步进行，即工业、服务业就业所占比重每上升1%，城市化水平也提高1%。

如表2-3所示：美国的城市化水平在1870—1970年的100年中提高了约53个百分点，而同期第一产业就业比重下降了约48个百分点，第二产业则上升了10个百分点，第三产业上升了38个百分点。就是说，在此期间城市化水平的提高，主要得益于第三产业的增长，贡献份额约为80%；其次得益于第二产业的增长，贡献份额约为20%。与此对比，中国的城市化水平在1952—2005年的53年中提高了30个百分点，而同期第一产业就业比重下降了约39个百分点，第二产业则上升了16个百分点，第三产业上升了22个百分点。就是说，在此期间城市化水平的提高，同样主要得益于第三产业的增长，但贡献份额没有像美国那么突出，而是约占58%；其次得益于第二产业的增长，贡献份额约为42%。

表2-3 中美两国的城市化与就业结构的变化比较 %

国家	美国			中国		
统计年份	1870	1910	1970	1952	1980	2005
城市化水平	25.7	53.4	78.6	13.0	19.4	43.0
第一产业所占比重	51.5	31.4	3.2	83.5	68.7	44.8
第二产业所占比重	24.7	31.4	34.4	7.4	18.2	23.8
第三产业所占比重	23.8	35.2	62.4	9.1	13.1	31.4

资料来源：美国的数据见邬沧萍．世界人口．北京：中国人民大学出版社，1983；中国的数据见《2006年中国统计年鉴》

从表2-4中，可以明显地看出世界范围内不同经济发展程度国家的城市化水平随产业结构变动而变化的情况。

表 2-4　世界城市化与产业结构的变化　%

分　组	指 标 内 容	1960 年	1970 年	1980 年	1990 年	2000 年	2004 年
低收入的国家	城市化水平	16	18	22	26	29	31
	农业占 GDP 比重	48	38	31	31	24	23
	工业占 GDP 比重	25	29	38	36	32	28
	服务业占 GDP 比重	27	33	31	33	44	49
中等收入国家	城市化水平	29	33	38	44	51	53
	农业占 GDP 比重	24	—	13	12	10	10
	工业占 GDP 比重	30	—	41	37	36	37
	服务业占 GDP 比重	46	—	46	51	54	53
高收入的国家	城市化水平	66	72	75	77	79	80
	农业占 GDP 比重	6	4	3	—	2	2
	工业占 GDP 比重	40	39	37	—	28	26
	服务业占 GDP 比重	54	57	60	—	70	72

资料来源：中国现代化战略研究课题组、中国科学院中国现代化研究中心. 中国现代化报告 2007. 北京：北京大学出版社，2007，347，407

4. 科技进步与城市化

我国改革开放的总设计师邓小平提出：科学技术是第一生产力。科学技术成果的普遍推广和应用，会大大提高劳动生产率、加速经济增长，同时深刻改变产业结构、劳动组织结构和物质空间结构，影响城市化进程。在众多的新技术当中，对于城市化最具实质促进意义的有三项。

(1) 先进的农业技术加速了人口从农村向城市转移。迄今为止，人们在土地上获得的大部分回报，是由技术革新所创造的。这就使劳动投入减少到最低限度，从而推动人口向城市转移。

(2) 便捷的运输技术推动了大城市、城市密集带和郊区化的发展。以家庭小汽车、高速公路网和大运量城市公共运输系统(如地铁、轻轨)为代表的运输方式，极大地改变了人们的空间概念和日常生活，从而对发达国家的郊区化现象和城市密集带的出现起着推波助澜的作用。20 世纪 90 年代初，据美国汽车制造商协会统计：美国每户家庭平均拥有 1.8 辆汽车，只有 4.8% 的家庭没有汽车；汽车承担的客运量占全美城市客运总量的 82%。所以美国人形象地称自己的城市为“汽车轮子上的城市”。

(3) 发达的通信技术促进了城市文明的传播和社会变革。现代通信方式具有“快速、准确、安全、方便”和“高容量、高频度、高效率”的特点。这使得信息传递和扩散的成本大为降低，城市文明的传播得以借助电子手段向更广大、更偏远的农村地区深入，因而有力地改变了农村的价值观念和生活方式，加快了城市化的步伐。

第三节 城市化的发展阶段与基本形式

一、城市化发展的S形曲线

1979年，美国地理学家诺瑟姆(Ray M. Northam)发现，对于各国城市化发展过程所经历的轨迹，可以概括为一条稍被拉平的S形曲线，如图2-4所示。但他没有具体给出这条曲线的数学模型。

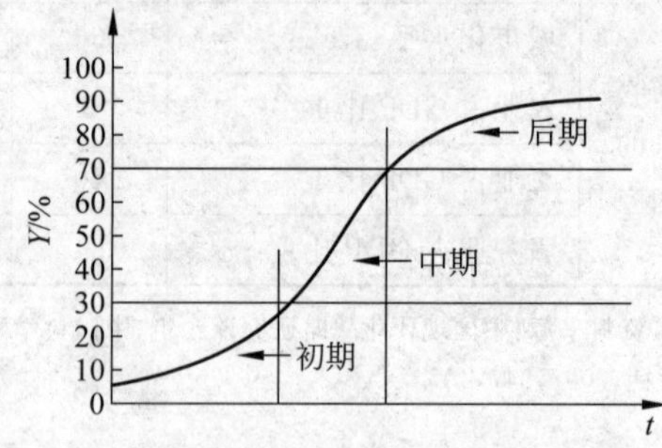

图2-4 城市化发展的S形曲线

为了准确地描述城市化发展的过程，我们对上述S形曲线的数学模型进行了推导，得出下式：

$$Y = \frac{1}{1 + Ce^{-rt}}$$

式中：Y为城市化水平；C为系数，表明城市化起步的早晚；t为时间；r为积分常数，表明城市化发展速度的快慢。

随着C和r的取值不同，可以给出各种发展经历的S形曲线：C越小，表明城市化起步越早，反之则越晚；r越大，说明城市化发展越快，反之则越慢。

运用上述S形曲线的数学模型，对全世界和部分国家在1800—1982年的180多年城市化发展水平的历史数据，进行时间序列回归，得出回归方程为：

$$Y_{全世界} = \frac{1}{1 + 5.730\,7e^{-0.017\,29t}}$$

样本数$N=15$；相关系数$R=0.998\,9$；标准差$S=0.008$；检验数$F=3\,588$。

此外，对于美国、英国、联邦德国、法国、日本、印度、苏联、南斯拉夫等国家，分别得出相应的城市化水平的数学模型如下：

$$Y_{美国} = \frac{1}{1 + 1.614e^{-0.023\,27t}} \quad Y_{英国} = \frac{1}{1 + 0.570\,8e^{-0.014\,3t}}$$

$$Y_{联邦德国} = \frac{1}{1 + 0.768\,3e^{-0.015\,98t}} \quad Y_{法国} = \frac{1}{1 + 1.235\,2e^{-0.014\,19t}}$$

$$Y_{日本}=\frac{1}{1+8.5685e^{-0.03266t}} \quad Y_{印度}=\frac{1}{1+10.4597e^{-0.01435t}}$$

$$Y_{苏联}=\frac{1}{1+5.7951e^{-0.02845t}} \quad Y_{南斯拉夫}=\frac{1}{1+13.675e^{-0.02999t}}$$

将以上结果绘成曲线,即得图 2-5。从中可以看出:英国、美国、法国、联邦德国等国的工业化起步早,已经进入城市化的高级阶段,其S形曲线的形态最为完整;苏联和日本的工业化起步稍晚,但城市化速度较快,已经进入城市化的中级阶段,其S形曲线形态较陡;印度等发展中国家由于工业化起步晚,尚处于城市化的初级阶段,其S形曲线形态尚未形成;全世界的城市化平均水平已进入中级阶段。

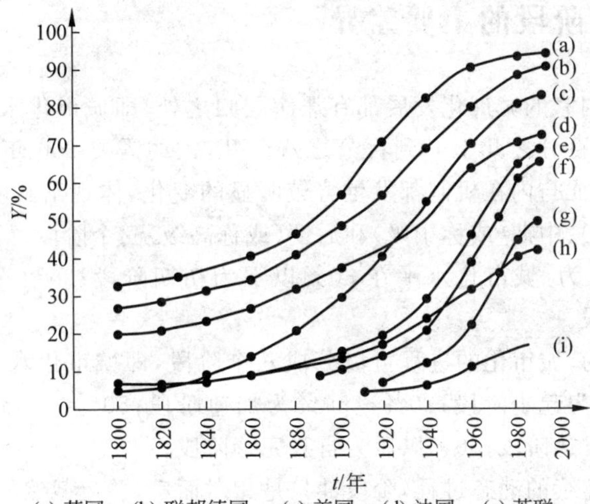

(a) 英国; (b) 联邦德国; (c) 美国; (d) 法国; (e) 苏联;
(f) 日本; (g) 南斯拉夫; (h) 全世界; (i) 印度

图 2-5　全世界及部分国家城市化发展曲线的比较

为什么城市化进程会形成如此有规律的S形曲线呢?对此有多种解释,如英国学者范登堡提出的"城市发展阶段说"、美国学者刘易斯提出的"城市周期发展规律说",以及"产业结构变动说"、"人口转变说"等等。这些理论从不同角度解释了城市化发展的阶段性并呈S形运动。此外,较具新意的另一理论是由中国学者高珮义提出的"城市文明普及率加速定律"。

所谓"城市文明普及率加速定律",是指城市化达到一定水平时(例如20%~30%),城市文明随着城市化水平的提高而在社会(国家或地区)范围内的普及加快,享受城市文明的人数多于城市的实际人口数,城市文明覆盖的区域大于城市的辖区面积,即城市文明普及程度高于城市化程度。

历史经验表明:在城市化水平低于10%时,城市的辐射力很弱,城市文明基本上只限于城市人口享受；当城市化水平达到 20％～30％时，城市辐射力开始增强，城市文明的普及开始加速，普及率约为 25％～35％；当城市化水平达到 30％～40％时，城市文明普及率约为 40％～50％；当城市化水平超过 50％时，城市文明普及率则达到 70％以上，这个阶段是城市辐射力最强、城市文明普及最快的时期；当城市化水平超过 70％时，城市文明普及率有可能达到 90％以上，甚至是 100％，这意味着即使不住在城市里，照样可以享受到绝大部分甚至全部的城市文明。这时，也就没有客观需要使得人们都集中到城市里，从而城市化水平的发展在 70％以后大为趋缓、保持稳定。如英国的城市人口比重在 1931 年已达 78％，到 1959 年也只有 78.5％，近 30 年的时间只增长了 0.5 个百分点。

二、城市化各阶段的主要差异

世界上大多数国家的城市化发展都有殊途同归之处，即城市化水平的提高需要一个漫长的历史过程，从百分之几上升到百分之八十几，大约需要 200 年的时间。在此过程中，城市化的形态特征与内在机制都发生着较明显的变化，体现出鲜明的阶段性，可以区分为早期（或称初级）、中期（或称中级）和后期（或称高级）三个阶段。至于其数量界限，尚无统一标准，一般认为：城市化水平在 30％以下为初期阶段；30％～70％为中期阶段；70％以上为后期阶段。

也有的学者认为，城市化的进程可以分成六个阶段，即城市化水平在 10％以前为史前阶段；10％～20％为起步阶段；20％～50％为加速阶段；50％～60％为基本实现阶段；60％～80％为高度发达阶段；80％以后为自我完善阶段。

城市化是一个连续的动态过程，阶段性只是相对而言，并无截然的断面。无论何种划分都可以发现，在城市化的各个发展阶段，确实存在着以下几个方面的差异。

1. 发展速度的变化

（1）在初级阶段，发展速度较慢。由于这个阶段的科学技术不发达，国民经济总体实力薄弱，第一产业所能提供的生活资料不够丰富，第二产业发展所需要的社会资本相对短缺，所以城市化的发展速度比较缓慢。在此阶段，一些国家的城市化水平发展速度情况是：年均增长英国为 0.16％，法国为 0.20％，美国为 0.24％，联邦德国为 0.25％，苏联为 0.30％。

（2）在中级阶段，发展速度加快。随着科学技术的进步，农业的劳动生产率大为提高，持续释放出大量的农村剩余劳动力，城市化自下而上的推力较前坚实；国民经济和社会资本的积累增长，使得工业化大生产的规模不断扩大，城市可以提供更多的就业机会，城市化自上而下的吸力较前增强，所以共同促成了城市化的高速发展。在此阶段，一些国家的城市化水平发展速度情况是：年均增长英国为 0.30％，法国和联邦德国都是 0.35％，美国为 0.52％，苏联为 0.83％——各自大约是初级阶段发展速度的 1.5～2.5 倍。

(3) 在高级阶段,发展速度放缓。由于这时可供转移的农村剩余劳动力已经基本被城市吸收完毕,城市的发展主要靠其自身的增长(人口的出生、用地的扩大、经济的繁荣),所以城市化发展速度有所回落并趋于放缓,进入一个长期保持平稳的阶段。例如英国城市化水平的年均增长在这个阶段再次降为0.20%左右;美国虽然在1960年(城市化水平为70%)到1970年(城市化水平为74%)的10年间依然保持年均增长0.40%的高速度,但在1970—1980年(城市化水平为75%)的10年间年均增长只有0.01%的极低水平,速度几乎为零。

2. 产业结构的变化

(1) 在初级阶段,第一产业占主导地位。这时农业人口占总人口的大部分份额,故第一产业的就业比重一般在50%以上,第二、第三产业则各占20%左右。如表2-3所列,美国1870年的城市化水平为25.7%,其三次产业的就业比重依序是:一产为51.5%,二产为24.7%,三产为23.8%;而中国1952年的城市化水平为13.0%,其三次产业的就业比重依序是:一产为83.5%,二产为7.4%,三产为9.1%。

(2) 在中级阶段,第二、第三产业全面崛起。表现为第一产业就业比重持续下降,第二、第三产业相继上升,双方地位交替互换。如表2-3所列,美国1910年的城市化水平为53.4%,其三次产业的就业比重依序为:一产为31.4%、二产为31.4%、三产为35.2%;而中国2005年的城市化水平为43.0%,其三次产业的就业比重依序是:一产为44.8%,二产为23.8%,三产为31.4%。

(3) 在高级阶段,第三产业持续上升、稳居首席。城市的产业结构发生革命性变化,随着第三产业的大规模发展,其就业比重上升到50%以上,第二产业则稳定在30%左右,第一产业进一步下降到10%以下。如表2-3所列,美国1970年的城市化水平为78.6%,其三次产业就业比重依序为:一产为3.2%,二产为34.4%,三产为62.4%。

3. 动力机制的变化

(1) 在初级阶段,农业的先导发展和工业的蓬勃兴起是城市化的基本动力。这个时期,城市的发展一方面依靠农业生产力提高所转移出来的剩余劳动力以及所创造的原始积累源源不断进入城市;另一方面依靠以机器大生产为特征的工业企业扩大再生产所吸引的人口与资本集聚,表现为城市规模膨胀、数量增加,即城市的外延扩大。

(2) 在中级阶段,工业化是城市化的主要动力。这个时期,传统工业继续发展,新兴工业陆续登台;同时由于商品经济的大发展,生产的社会化程度不断提高,提供与之配套服务的第三产业发展迅速,吸引了许多农村剩余劳动力和部分城市劳动力转移到服务业领域去就业,第三产业开始显露出对城市化的推动作用。城市在外延持续扩大的同时,也开始了内涵的发展,即城市的基础设施和服务设施不断健全和完善,城市的生活质量不断提高。

(3) 在高级阶段,第三产业成为城市化的后续动力。这个时期,第三产业的迅猛发展使得城市的职能更加复杂和多样化,进而成为所在地区以及整个社会的经济中心、科技中心、文化中心、商业贸易中心和情报信息中心。城市化主要表现为内涵提升,即城市开始走向现代化。

4. 空间形态的变化

(1) 在初级阶段,相对而言城市规模较小、数量较少,且功能较单一,彼此间的横向联系较弱。城市就像一个个孤岛,"漂浮"在广袤农村的"汪洋大海"之中,空间形态呈现星罗棋布的"点"状结构。

(2) 在中级阶段,城市的数量急剧增加,大城市和特大城市的发展尤为迅速。在它们的带动下,局部发达地区以及交通干线上的城市成长更快;而欠发达地区以及交通条件较差的城市则发育迟缓。于是形成了城市空间形态上的不均衡布局,先行发展起来的城市从松散的"点"逐步演变成紧凑的"面"状或"带"状结构,形成所谓的"城市群"和"城市带",其中个别的成为人口密度很高、规模巨大的超级城市。

(3) 在高级阶段,由于城市化水平总体上很高,使得区域内大、中、小各类城市得以形成有机的体系。地区之间的不平衡大大缓解,更加细密和高效的城市交通体系(如高速公路、轻轨铁路)的建成,城市之间的交流日益频繁,从而增强了城市的辐射力。城市的空间形态进一步从彼此分离的"面"状或"带"状演变成相当完整严密、相互交叉渗透的"网"状结构,即所谓的"城镇体系"或"泛城市地区"。至此,城乡之间的界限已变得非常模糊,一体化的趋势大为增强。

三、城市化的三种基本形式

城市化的类型可以依据不同标准划分出若干种形式,最常用的一种是按照城乡关系空间格局的变化和人口与非农业经济活动的不同来划分,这样就把城市化概括为三种基本形式。

1. 集中型城市化

集中型城市化是指农村人口和非农业经济活动不断向城市聚集,并使城市得到发展的过程。城市就像磁石一样,吸引着周边乃至更广阔地域范围内的人口和生产要素的流动与汇聚。一般来说,在城市化的初级阶段,集中型城市化占主导地位。因为这时推动城市化进程的主要因素是农业的先导发展以及大工业的兴起,表现为农村剩余劳动力大规模向城市转移。与此同时,新兴的工业投资也主要集中在少数具备良好基础设施条件的中心城市,使得中心城市的发展优于一般的城镇。例如我国在 20 世纪 80 年代以前,基本上处在集中型城市化的初级阶段,上述特征就表现得十分明显。

2. 扩散型城市化

扩散型城市化意味着城市的人口、生产要素、经济活动和基本功能不断向外传导和辐射，将其周围的非城市地域转化为城市地域，并影响和带动一定范围内的次级城市和小城镇发展的过程。一般来说，在城市化的中级阶段乃至高级阶段，扩散型城市化占主导地位。这一方面是因为城市经过一段时期的发展，市区中心的高度密集已经带来了一系列经济、社会和生态问题。当城市的基本单元——人口和企业，在城市中心集聚的利益已不足以弥补因过度密集所造成的额外成本时，就会在最优化决策的驱动下，寻求相对低成本、高收益的区位——向郊区和周边的小城镇迁移；另一方面，第二次世界大战以后，各国普遍重视了城市规划和城镇体系的规划，地铁、轻轨、高速公路以及家庭小汽车的普及，使得城市内部与外部的交通条件大为改善，明显缩短了就业、居住、市场等活动之间的空间距离，使城市功能“有机疏散”的成本不断下降，从而促进了城市郊区的蓬勃发展和周边新居民点——“卫星城”的建立。

分散型城市化在空间形态上，可以分为两种形式。

(1) 外延型(或连续型)城市化。即城市从地域上逐渐向外延伸，用地面积不断扩大，使郊区变为市区，使农村变为郊区。同时大城市周围的中、小城市在地域上逐渐与大城市连为一片，形成规模不等的“城市带”或“城市群”。

(2) 飞地型(或跳跃型)城市化。即大城市为了长远发展的需要，在距自己一定距离处新建一个城镇或使原有居民点发展为城市。它们虽然在空间上是隔开的，但在经济、文化、行政和社会管理等方面又是一个整体，是大城市的有机组成部分。许多特大城市的“卫星城”正是这类典型。

3. 就地型城市化

就地型城市化是指原来的农村地区，在并无城市直接影响的情况下，由于某种突变因素的作用，使得投资活动聚集、人员与物质往来增加、贸易市场兴起、工业和第三产业发展，使得原先的农村地域快速进化为城市地域的过程。在诱导因素上，可以分为四种形式。

(1) 资源开发主导型城市化。即由于某地发现了重要的经济资源(如矿藏、森林、水利、水产或风景旅游资源等)，在对这些资源进行开发利用的过程中，新的城镇得以产生。像四川省的“钢铁城”攀枝花市、黑龙江省的“石油城”大庆市和“森林工业城”伊春市、甘肃省的“有色金属城”白银市、湖北省的“水电城”丹江口市，就属于这种情况。

(2) 对外交通主导型城市化。即由于大型对外交通设施的建立和交通枢纽地位的确立，使得一些交通节点迅速崛起，成为新的城镇。像江西省的“铁路城”鹰潭市(浙赣铁路与鹰厦铁路的交会点)、广东省的“港口城”湛江市，甚至包括久享“东方明珠”之盛誉、拥有远东第一深水良港的香港，就属于这种情况。

(3) 产业结构调整型城市化。即由于农村地区主动地调整自身的产业结构,快速走上非农化道路,通过兴办工业企业和第三产业,促使农民转换就业方式和生活方式,使得原有的村镇演变为城镇。像福建省的石狮市、浙江省的龙港市,就属于这种情况。

(4) 开发区型城市化。即由于国家或地方政府在条件适合的地方设立某种形式的开发区,通过优惠政策的扶持,吸引大量的投资,从而在较短时期内造就一批新兴的城镇。像广东省的深圳市、上海市的浦东新区、天津市的滨海新区,就属于这种情况。

第四节 影响城市化的经济规律

一、集聚经济效益

"集聚经济"(agglomerative economies)亦称"聚合效益",是指由于劳动和资本等生产要素的集中所产生的高效益。它有以下两种表现形态。

1. 同类企业的集聚经济

同类企业集聚在同一个地区,无论对于厂商还是对于顾客来说,都具有正面的意义,可以从中得到分散布局所没有的好处。

(1) 顾客可以节省采购成本,增加"引致消费"。商品选购讲究"货比三家",但在商家分散布局经营时,顾客则必须付出多次的交通成本和时间成本才能完成一次采购行为;而在商家集中布局经营时,同样的采购行为却只需要付出一次交通成本和时间成本,自然会吸引更多的顾客前去采购。此外,集中布局的厂商给顾客提供了更丰富的商品、更便利的服务、更充分的信息,因此往往能产生在原有消费目的之外的引致消费行为,使得交易规模得以扩大。

(2) 厂商可以开展专业化协作,促进良性竞争,提高行业的整体效益。厂商集中布局便于加强联合,为企业之间的人流、物流、信息流的顺畅快捷运行创造更优越的条件,且有助于加强良性竞争、共同提高技术装备水平和产品质量,从而使每个企业都能分享集聚所带来的好处。

例如北京中关村的"图书城",就集中了数百家中外出版企业的门市店,它们使海淀作为"文化城"和"科学城"的形象得到了更鲜明的体现,带来了很可观的利润。

2. 多类企业的集聚经济

多种类型的企业集聚在同一个地区,同样具有下列好处。

(1) 厂商之间容易形成各种"产业链"(industrial links),产生一系列的"正外部效应"

(positive externalities)。这些不同的企业可以形成比较完整的产业结构、技术结构和产品结构体系，彼此互为对方的原料供应商或产品使用者，从而有效地削减了仓储，缩短了运距，减少了运费，节约了时间，最终使各方都提高了收益。

(2) 可以满足消费者对不同商品的多样化需求，从而吸引更多的客源，开拓更大的市场。

(3) 可以促进经济稳定。在经济生活中，很多商品的需求具有一定的周期性（如与季节相关）或自然的生命周期（试销→畅销→滞销→淘汰），因此单一类型的企业容易面临很大的市场风险；而不同的企业集聚，则可以协调各种不稳定因素，克服由于偶然性、季节性、周期性所导致的市场波动。

正是各种各样的企业、众多的劳动者和雄厚的资金都在一个城市中集聚，才使城市职能更为完备、城市市场更为丰富、城市经济更为强大。例如美国纽约拥有全美最大工业企业总部1 000家中的116家，占11.6%；日本资产在50亿日元以上的大公司，有70%的总部设在东京。因此，集聚是城市最本质的特征，也是影响城市化进行的最重要的经济规律。

二、规模经济效益

所谓"规模经济"(scale economies)，是指适度的规模所产生的最佳经济效益。在微观经济学理论中，它是指由于生产规模扩大而导致长期平均总成本下降。

1. 企业的规模经济

对于一个企业而言，如图2-6所示：在临界点A之前，平均总成本随着产量的增加而递减；而当规模继续扩大到A点的右方，则由于规模过大，使得管理层级和非直接生产人员增多、管理与决策效率下降、各种额外的间接成本增加，导致长期平均总成本上升，产生规模不经济——这个临界点A就是最佳规模点。

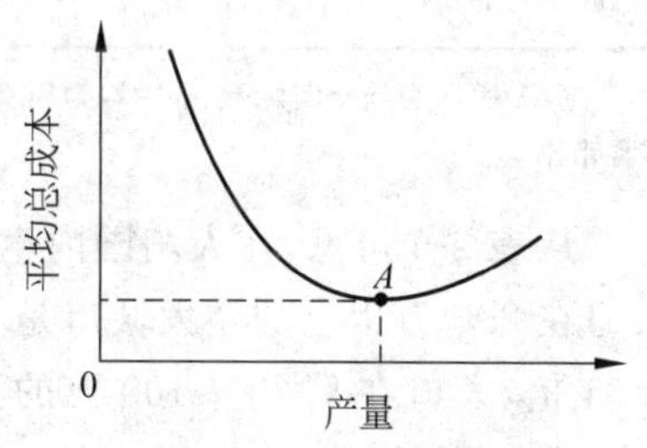

图2-6 规模经济示意图

规模经济的存在，主要是基于以下两个因素。

(1) 专业化分工。在大规模的机器大生产中，众多的工人被予以专业化的分工，每人都只从事一道工序、专职负责生产的一个环节或产品的一个部件；这样，他们原本从一道工序转向另一道工序所需的时间便得以节省，同时"熟能生巧"——生产技能随着相对简单的重复劳动而得以提高；于是每人的劳动生产率都得到提升，使得总成本下降。

(2) 生产要素具有不可分割性。如果一台机器或一个工人可以在单位时间里生产10

件产品，那么即使只生产 5 件产品，业主也必须付出一台机器的购买成本和一个工人的工资成本；于是，业主自然倾向于充分发挥生产潜力、扩大生产规模，从而有效地降低总成本。

2. 城市的规模经济

城市是各类企业的集合体，企业的规模经济效应必然会反映到城市身上。从单个企业来看，规模过小导致单位产品的固定成本过高，利润就少。同样的道理，一个城市如果规模过小，则基础设施和公共服务设施的利用效率必然较低，城市的经济效益也就难以提高。一般来说，随着城市规模的扩大，城市的各项经济效益指标也在不断上扬，表 2-5 就突出地反映了这一趋势。

表 2-5　1989 年我国不同规模城市经济效益比较

比较指标	内容	指标单位	城市非农人口规模/万人				
			＞200	100～200	50～100	20～50	＜20
人均国内生产总值	A	元/人	4 889	3 657	3 645	2 548	1 459
	B	%	335	251	250	175	100
地均国内生产总值	A	万元/平方公里	1 097	458	169	97	23
	B	%	4 770	1 990	735	422	100
职工人均创工业总产值	A	元/人	34 607	26 268	25 644	24 013	21 641
	B	%	160	121	118	111	100
每百元工业资金创利税	A	元/百元	21.5	20.4	17.2	14.8	16.3
	B	%	132	125	106	91	100

注：A 栏均为当年实际数；B 栏均为以 20 万人口以下的小城市数据为 100 进行比较得出的比较数。以上统计均不含市辖县。

从表 2-5 可见，在人均国内生产总值这一项中，与人口在 20 万以下的小城市相比，则人口在 200 万以上的超大城市是它的 3.35 倍、人口在 100 万～200 万的特大城市是它的 2.51 倍、人口在 50 万～100 万的大城市是它的 2.50 倍、人口在 20 万～50 万的中等城市是它的 1.75 倍；若拿地均国内生产总值这一项来比较，则差距更明显，上述各类大城市依序为小城市的 47.7 倍、19.9 倍、7.35 倍和 4.22 倍。

即使撇开城市地理环境与发展历史的差异，这种规模效益依然存在。以长江三角洲地区为例，1991 年每平方公里工业用地创造工业净产值的情况是：张家港市为 1.4 亿元，苏州市为 3 亿元，上海市为 6 亿元，基本上呈现 1∶2∶4 的递进关系。

至于城市规模究竟多大为最佳呢？国内外对此争议极大，各执一词。实际情况是：城市发展到今天，没有任何现实的、有力的证据可以说明，城市规模过大会造成总体经济效益下滑。尽管大城市显然要付出高昂的运行成本——交通拥堵、土地短缺、房价攀升、环境恶化等等，但是大城市的其他优势——市场健全、技术先进、资讯发达、基础设施完善、生产要素丰沛等等，仍然能够支撑它的发展；否则，在市场法则的自动调节下，城市的发展必会受到强劲的制约而走向反面。

三、优位经济效益

所谓“优位经济”(location economies)，是指优越的地理位置所带来的“额外”经济效益。

世界上的各种资源不是均衡分布的，因此城市总是在那些地理、气候、水文、土质、矿藏条件和原有经济基础较好的地区产生和发展，并不断吸引人口与资本向其中交通、通信等基础设施更好的城市聚集，从而体现出不同的效益差别。所以，濒海的良港、河流的两岸、铁路的沿线以及资源富集的地区，不仅城市数量多，而且规模大、发展快、效益好；相反，“僻壤”往往都是“穷乡”，也不太容易产生城市，即使有城市也得不到很好的发展。

优位经济效益的表现形式有以下三种。

1. 地理优位

即地理位置处于条件相对优越的城市，总是能得到更快的发展。它一般包括以下两种情况。

(1) 濒海沿江型。世界上几大文明发祥地，都是位于大江大河或其入海口，例如：古埃及文明在尼罗河三角洲，古印度文明在恒河流域，古巴比伦文明在底格里斯河与幼发拉底河流域，中华文明在黄河与长江流域。而到了今天，世界上的经济繁荣、人口稠密地区，也几乎无一例外地位于濒海沿江地带，例如，纽约、洛杉矶、旧金山、东京、名古屋、香港、上海等大都市，都是濒海型；而芝加哥、伦敦、巴黎、柏林、莫斯科、汉城、新德里、重庆、武汉等大都市，都是沿江(湖)型。究其原因，是因为这些濒海沿江的地区具有交通便利、土地肥沃、地形平坦、水用充足等优势，从而吸引了人口和非农经济活动的不断聚集，城市因此得到了更好的发展。

我国广袤的国土可以分成三大地理区：沿海的东部地区①有 12 个省级行政区(仅指大陆，未含台湾、香港和澳门，下同)；以平原和丘陵为主的中部地区②有 9 个省级行政区；

---

① 东部地区指：辽宁、河北、北京、天津、山东、江苏、上海、浙江、福建、广东、海南 11 个省(市)。

② 中部地区指：黑龙江、吉林、山西、河南、安徽、湖北、湖南、江西 8 个省(自治区)。

而深处大陆腹地且以高原、荒漠、山区为主的西部地区①则有12个省级行政区。由于这三大地理区的区位条件优劣不同,从而在城市化水平和城市的经济效益上存在显著的差别。从表2-6中,可以清楚地看出这一点。

表2-6　2005年我国东、中、西部地区发展的比较

比较指标	东部地区	中部地区	西部地区
区域总面积/万平方公里	106.63	167.06	685.94
区域总人口/万人	50 565	41 704	38 359
城镇人口/万人	26 967	16 302	12 888
地区生产总值/亿元	117 933.65	46 362.07	33 493.31
设市的城市数量/座	263	227	171
设市的城市密度/座/万平方公里	2.47	1.36	0.25
城镇人口密度/人/平方公里	252.9	97.6	18.8
区域人均GDP/元/人	23 323	11 117	8 732
区域地均GDP/万元/平方公里	1 106.0	277.5	48.8

资料来源:2006年中国统计年鉴

2005年,我国沿海的东部地区的城市密度分别是中部地区、西部地区的1.8倍、9.9倍;城镇人口密度分别是其2.6倍、13.5倍;区域人均GDP分别是其2.1倍、2.7倍;城市地均GDP分别是其4.0倍、22.7倍——这是地理优位效益的生动例证。

(2) 邻近中心型。那些位于经济中心城市周边的地区,也往往能够接受中心城市的强大辐射,得到较快的发展。例如,我国珠江三角洲地区以香港为龙头,长江三角洲地区以上海为龙头,日本关西地区以大阪为龙头。在我国最先开放的四个经济特区型城市中,同样的特殊优惠政策,实际上却呈现出不同的发展势头:原本基础条件最薄弱的深圳与珠海,由于紧邻国际大都市香港和国际城市澳门,成为改革开放的"桥头堡"与"南风窗",使得大量的外资、先进的技术和管理经验首当其冲、源源不断地在此聚集,因此成长最快、发展最好;而基础条件原本相对较优的汕头与厦门,则缺乏这样的外部环境,因此发展反而相对缓慢一些。

2. 交通优位

城市选址一般总是邻近交通干线(铁路、公路、水路等)或依托交通枢纽(如港口、机场、火车站等),从而使城市的发展大大优越于交通闭塞、通信落后的农村——这就是世界

① 西部地区指:内蒙古、陕西、宁夏、甘肃、新疆、青海、西藏、重庆、广西、四川、云南、贵州12个省(市、自治区)。

上的大城市都必然建立在天然水域和良港附近的原因之所在。我国东部地区的地均城市客运总量是西部地区的8.8倍、地均城市货运总量是其10.9倍，亦即前者的交通条件10倍地优越于后者，从而才能使经济效益和人口密度也相差近10倍。

3. 资源优位

因为自然资源在地区之间分布不均衡，造成了资源供给的地区价格差异，从而影响了城市的分布和工业布局。自然资源匮乏或长期难以利用的地区，其城市化水平总是落后于资源丰富或利用条件较好的地区。

众所周知，有煤矿或铁矿的地方，就容易发展成采煤及冶金工业城市，如鞍山、包头、唐山；有石油的地方，就容易形成石油化工业城市，如大庆、东营、克拉玛依；而产棉区、产丝区则往往出现纺织业城市，如西安、苏州、郑州等。

四、外部经济效益

所谓"外部经济"(external economies)，是指经济体内部效率提高，但其本身无须支付代价，而由其外部的经济行为所产生。

1. 企业的外部经济

对于一个企业而言，外部经济主要体现在以下三个方面。

(1) 技术外溢效果。即一个新企业的建立，总是会带来新的专利技术、生产方法、管理经验和营销行为，并随着人员流动、生产与贸易活动，向周边地区和相关部门逐渐扩散，把新的思想、技术和信息传递给相对落后的地方，引起后者的跟踪学习和借鉴，从而得到提高。例如美国硅谷地区之所以发展如此迅速，与那里的技术外溢效果密不可分。

(2) 价格连锁效果。即一个新企业的建立，一般会造成其投入品价格的上涨、产出品价格的下跌。价格的变动对于有些企业来说，无疑将大获其利。例如三峡水利枢纽工程建成后，水电价格将长期保持稳定，甚至有所降低，华东和华南地区那些苦于电力供不应求的广大企业将获益匪浅。

(3) 投资乘数效果。即一个新企业的建立，通常会引起与之相关的上游和下游产业得到发展，或者使原先闲置的生产能力得到发挥。例如一家大型汽车制造厂的投产，将使得为汽车提供配套产品的电子、橡胶、钢铁、石化等行业也因此受惠。

2. 城市的外部经济

如前所述，城市是企业的集合体，企业的外部经济都将集中体现在城市经济活动中。除此之外，城市还有一些特殊的外部经济现象。

(1) 优质而廉价的劳动力市场。城市人口众多、就业竞争激烈，就使得企业可以减少雇用各种劳动力,特别是熟练工人和技术人员的工资成本;城市的文化、教育事业发达,就使得企业可以方便地寻求高素质的劳动者,并节约人力培训的附加成本。

(2) 完备的基础设施和公共服务设施。这些设施主要是城市政府通过财政投资的方式进行建设,城市居民和企业则无偿地或廉价地获得其服务,企业的一部分成本得以转嫁出去,无疑会提高收益水平。

世界城市化进程与中国城市化道路

第一节 世界城市化进程

一、世界城市化的总体进程

1800年,全世界城市人口比重只有3%;而到2006年,地球上约有一半人口生活在城市里。城市化的浪潮正以雷霆万钧之势席卷着世界的每一个角落,极大地改变了地球的景观,深刻地影响着人们的生活。可以说,城市化的历史就是一部人类近代以来进步与发展的历史。

世界城市化的总体进程,可以分为三个阶段。

1. 18世纪中叶至19世纪中叶为城市化的初兴阶段

1763年,瓦特改良了蒸汽机,由此拉开了波澜壮阔的工业革命的序幕。在机器大生产的推动下,英国开始了工业化与城市化的进程。到1850年时,英国的城市化水平达到了50%,成为世界上第一个多数人口居住在城市而非乡村的国家。历史经验表明:没有发源于英伦三岛的工业革命,就不会有盛极一时的大英帝国,也不会有后来世界范围内如狂飙天降的城市化运动。

2. 19世纪中叶至20世纪中叶为城市化的局部发展阶段

在这100年中,城市化在欧洲和北美等资本主义工业化国家得到了较快的发展,它们的城市人口从1850年的0.4亿增至1950年的4.5亿,城市化水平达到了51.8%。这意味着每年有400多万人口进入城市化的浪潮之中,从而在上述发达国家基本实现了城市化。

与此同时,其他地区的城市化水平也有所提高。到1950年,世界城市人口已占到总人口的28.4%,整个世界开始站到了城市化的起跑线上。

3. 20世纪中叶以后为城市化的普及阶段

第二次世界大战以后,经济发展与民族独立成为时代的主旋律。许多发展中国家纷纷挣脱了殖民统治的束缚,实现了民族解放。这些新生国家在赢得政治独立和自主的同时，必然要求经济独立和自强，于是先后走上了发展民族经济、从单纯的资源和原料输出地变为新兴工业化国家的道路。工业化的进程加快了城市化的步伐，从而使得世界城市化水平迅速提高。这 50 多年，是世界城市化空前发展、加快扩散和迅速普及的阶段。

世界城市化自 1920 年以来的历史进程可见图 3-1。

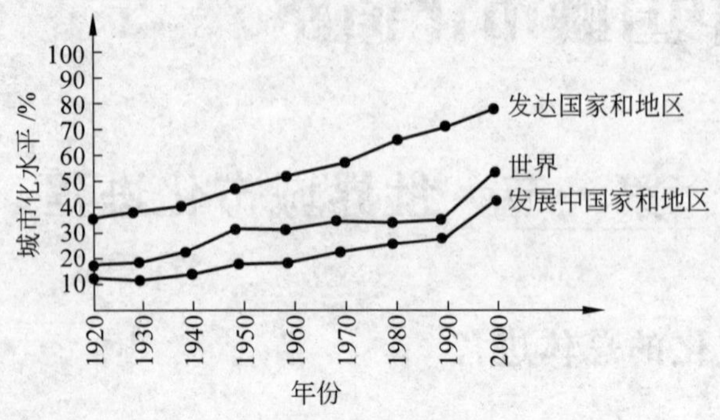

图 3-1　世界城市化历史进程

二、世界城市化的主要特点

纵观世界城市化的历程，有如下几个方面的特点。

1. 城市化速度明显加快

考察世界城市化的发展，首先最令人瞩目的是它的速度日益加快：在 1800 年时，世界城市化水平为 3％；经过 50 年，增至 7％，平均每年增长 0.08％；而在 1850—1900 年，平均每年增长 0.14％，增速已开始加快；1900—1950 年，增速升为年均 0.29％；1950—1980 年，增速升为年均 0.35％；1980—2000 年，增速升为年均 0.40％；2000—2004 年，增速进一步升到年均 0.50％。详见表 3-1。

表 3-1　世界城市化发展速度比较　　％

统计年份	1800	1850	1900	1950	1980	2000	2004
城市化水平	3.0	7.0	14.0	28.4	39.0	47.0	49.0
年均增长速度		0.08	0.14	0.29	0.35	0.40	0.50

资料来源：中国现代化报告 2006. 北京：北京大学出版社，2006，417

再看部分国家城市化发展速度的比较，其结果依然如此。如表 3-2 所示：英国的城市化水平从 20％提高到 40％，用了 120 年，法国用了 100 年，而美国只用了 40 年，日本和苏联只用了 30 年。

表 3-2　部分国家城市化发展速度比较

国　　家	英国	德国	法国	美国	苏联	日本
城市化水平达到 20%的年份	1720	1785	1800	1860	1920	1925
城市化水平达到 40%的年份	1840	1865	1900	1900	1950	1955
经历的时间/年	120	80	100	40	30	30

世界城市化进程日益加速的根本原因，在于工业化发展水平的不断提高和世界经济一体化的不断加强，这样就使后进国家在工业化与城市化的道路上具有“搭车效应”，从而速度更快以至于后来居上。

2. 大城市超前发展

在世界城市化步伐逐渐加快的过程中，大城市扮演着“领头羊”的角色。它们无论在城市的数量、城市的规模还是城市人口总量上，都遥遥领先、超前发展，构成了世界城市化的主力军。

(1) 大城市数量扶摇直上。1900 年，世界上 50 万人口以上的大城市只有 49 座。而到 1980 年，已发展至 476 座，平均每年新增 5.3 座大城市；其中，50 万人口以下的城市增长了 5 倍，50 万～100 万人口的城市增长了 6 倍；而 250 万～500 万人口的城市增长了 16 倍，500 万～1 000 万人口的城市则增长了 20 倍，呈现出越是超级城市、增长越快的趋势，详见表 3-3。

表 3-3　世界大城市的超前发展

城市人口规模分组	1900 年			1980 年			
	数量/座	人口/万	比重/%	数量/座	人口/万	比重/%	人口增长倍数
<50 万人	缺	16 800	76.4	缺	103 300	57.2	5.1
50 万～100 万人	38	2 500	11.4	251	17 400	9.6	6.0
100 万～250 万人	8	1 200	5.5	156	24 000	13.3	19.0
250 万～500 万人	2	800	3.5	42	13 400	7.4	15.8
500 万～1 000 万人	1	700	3.2	21	14 900	8.3	20.3
>1 000 万人	0	0	0	6	7 600	4.2	—
合 计	缺	22 000	100	缺	180 600	100	7.2

资料来源：联合国.国际劳工评论.1982 年第 10 期

(2) 大城市人口急剧膨胀。1900 年，50 万人口以下的小城市的总人口占城市总人口的比重高达 76.4%，具有绝对优势。而到了 1980 年，在城市总人口的构成中，50 万人口以下的小城市只占 57.2%,下降了 19.2 个百分点;与此同时,100 万~250 万人口的城市,其比重从 5.5%升至 13.3%;250 万~500 万人口的城市,其比重从 3.5%升至 7.4%;500 万~1 000 万人口的城市,其比重从 3.2%升至 8.3%;1 000 万人口以上的超级城市从零变为占城市总人口的 4.2%。可见,大城市人口的膨胀比中小城市更为迅猛,其速率逐级递升,如图 3-2 所示。

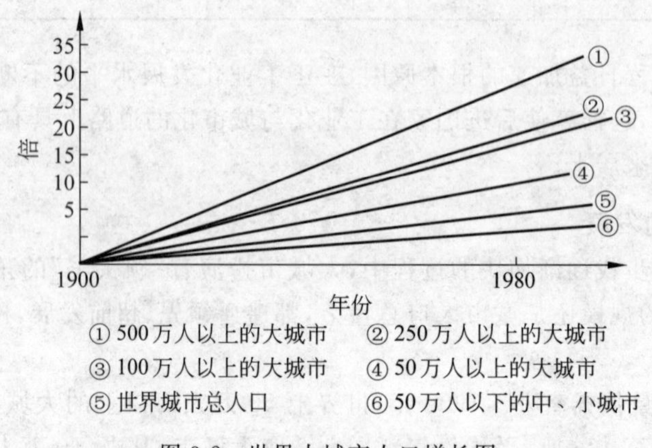

图 3-2　世界大城市人口增长图

为什么大城市的发展会出现如此超前的现象呢?这是一个十分复杂的社会经济问题。从经济学的角度看,大城市的经济发展史更长、经济结构更完善、市场发育更成熟、技术层级更高,因此它们的集聚效益、规模效益、优位效益和外部效益比中小城市体现得更加显著,而且随着规模的扩大而递升,导致了更多的要素向着大城市聚集,最终使之产生一种类似"黑洞"的效应——周围的能量加速向中心汇聚。从社会学的角度看,人们对于大城市普遍有一种心理预期,即城市越大各项设施越发达,就业机会越多,自己能获取的比较利益也越高,从而推动了人群向大城市进军的步伐。这就是为什么一方面人们历数和抱怨大城市的种种"城市病"症状,另一方面又不可遏止地加入到使大城市日益膨胀的队伍中去。

3. 城市群与城市带相继崛起

伴随一批特大城市(人口 100 万~500 万)、超级城市(人口在 500 万以上)的诞生,由地理空间相互毗连、社会经济结构融为一体的城镇密集区、都市连绵区相继崛起,其特征是:以一个或几个超级城市为核心,组成人口规模逾千万,政治、经济影响力举足轻重的庞然大物。根据这些城镇密集区、都市连绵区的地理特征,人们将它们形象地称为城市群、城市带或大都市区等。

城市群、城市带的发展,与世界经济重心的转移密切相关。18 世纪中叶后,工业革命使英国成为世界经济的增长重心,在英格兰中部地区率先形成了连绵的城市带,即以伦敦至利物浦为轴线，主要城市有伦敦、伯明翰、利物浦、曼彻斯特等，见图 3-3。

到 19 世纪，欧洲大陆经济兴起，成为世界经济的增长重心。在大巴黎地区、德国莱因—鲁尔盆地、荷兰和比利时的中心地区，分别形成大城市，并共同组成了“人字形”的发展轴，主要城市有巴黎、布鲁塞尔、阿姆斯特丹、波恩等，见图 3-4。

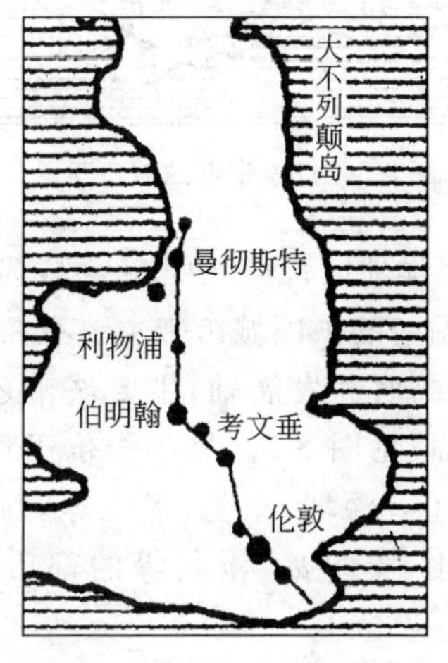

图 3-3　英国的城市带

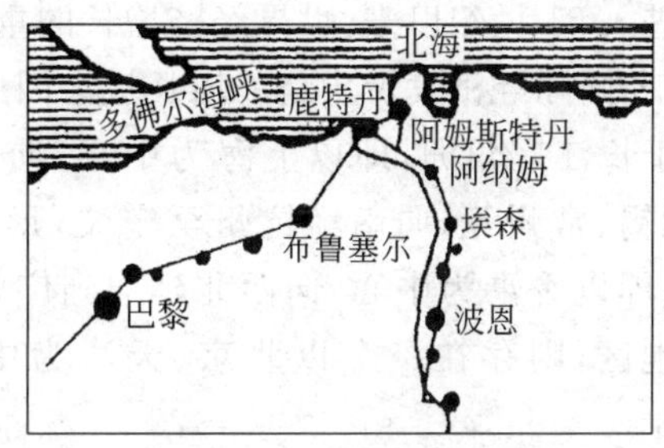

图 3-4　欧洲西北部的城市带

20 世纪初以来，世界经济的增长重心转移到美国，在其东北部地区产生了大西洋沿岸的特大城市带，主要城市有波士顿、纽约、费城、巴尔的摩、华盛顿等，以及其他 200 多个中小城市，拥有全美人口的将近 20%、制造业的 70%，见图 3-5。同期形成的还有五大湖地区的城市带。而自 20 世纪 50 年代以来，美国的经济重心向中西部转移，从而推动该地区城市带的发展，形成了旧金山—洛杉矶、达拉斯—休斯敦以开发高新技术产业为特色的新兴城市带。在这三大城市带中，包含了美国的三个大都市区：大纽约地区的 GDP 约占全国 GDP 总量的 24%，大洛杉矶地区占全国的 21%，大湖地区（芝加哥）则占全国的 20%，它们合计占全国的 65%①。

20 世纪 30 年代以来，日本经济崛起，特别是 60 年代以来，工业化与城市化加速发展，形成了以东京—大阪为轴线的城市带，主要城市有东京、横滨、名古屋、大阪、神户等，见图 3-6。其中包含了日本的三个大都市区：东京地区的 GDP 约占全国 GDP 总量的 26%，大阪—神户地区占全国的 23%，名古屋地区占全国的 20%，它们合计占全国的 69%②。

① 中国市长协会. 中国城市发展报告(2003—2004). 北京：电子工业出版社，2005，26

② 中国市长协会. 中国城市发展报告(2003—2004). 北京：电子工业出版社，2005，26

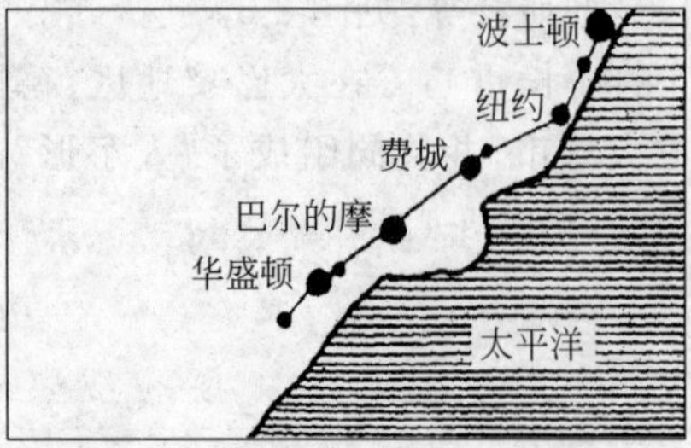

图 3-5　美国东北部的城市带

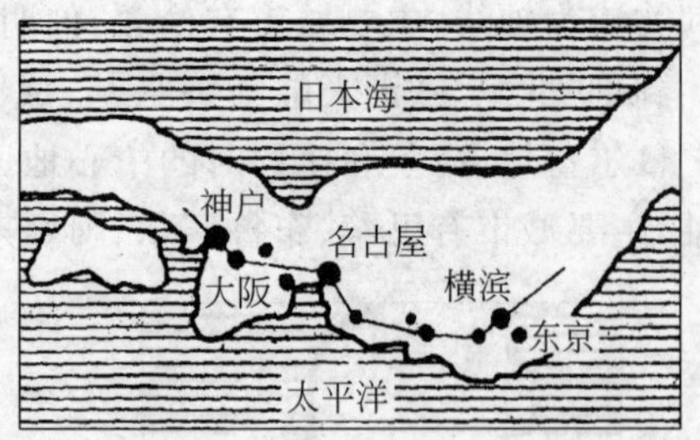

图 3-6　日本中部的城市带

进入 21 世纪以来，世界经济增长的重心向亚洲太平洋地区转移，中国正在成为“全球工厂”和国际经济发展中新的增长极。因此，新世纪新崛起的中国城市带主要有两条：一个位于长江三角洲，即以上海为中心，向西至南京，形成西翼发展轴，主要城市还有苏州、无锡、常州等；向南经杭州至宁波，形成南翼发展轴，见图 3-7。另一个位于珠江三角洲，即以香港为中心，向西北延伸到广州，主要城市还有深圳、东莞、佛山等。而在环渤海地区，则存在一个以北京、天津为中心，包括唐山、秦皇岛、沧州等的都市圈，见图 3-8。

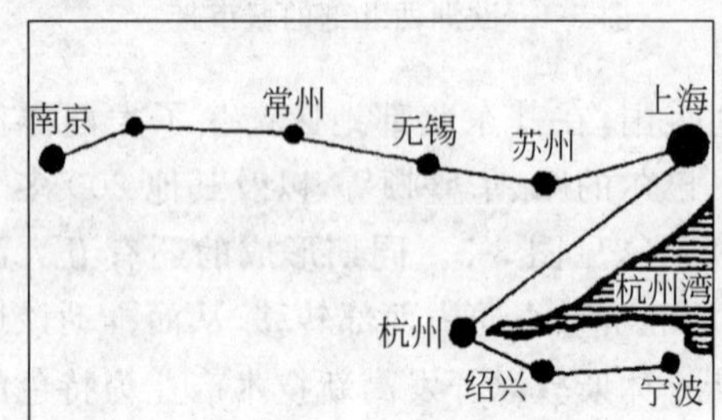

图 3-7　中国长江三角洲的城市带

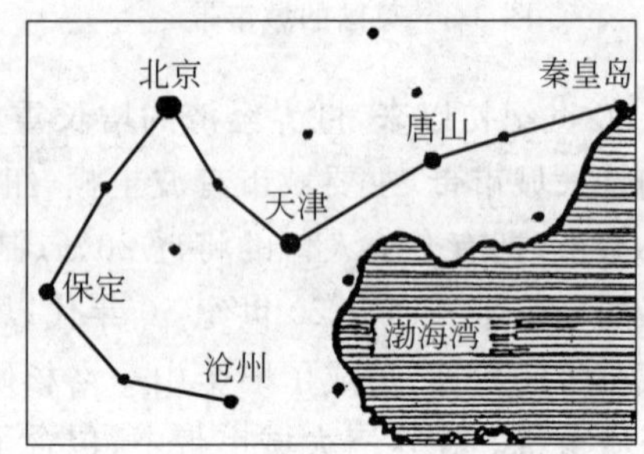

图 3-8　中国环渤海都市圈

与上述发达国家的城市带、城市群、大都市区的发展相比，我国上述三大城市密集区无论在经济总量占全国的比重上，还是在区域内部城市的分工协作和优势互补上，都还存在较大的差距。例如长江三角洲地区的 GDP 约占全国 GDP 总量的 18%，珠江三角洲占全国的 10%，京津唐地区占全国的 9%，它们合计也只占全国的 37%[①]。

① 中国市长协会. 中国城市发展报告(2003—2004). 北京：电子工业出版社，2005，26

三、发达国家的“逆城市化”

所谓“逆城市化”(de-urbanization)，是美国著名城市规划师贝利于1976年首先提出来的一种现象，即大城市的人口和经济活动部分地由城市中心向城市外围迁移和扩散，使得郊区发展蔓延，并导致城市中心区和中心城市持续“衰退”(decline)。直观地看，它似乎和城市化是背道而驰的。

1. “逆城市化”的特征

美国、英国和日本等发达国家分别于20世纪40年代、60年代和70年代，开始出现这种逆城市化的趋势，具体表现如下。

(1) 郊区化快于城市化。逆城市化并非城市化的历史逆转，即不是真的“反城市化”，而只是在城市化水平继续缓慢提高的同时，郊区化以更快的速度推进，导致城市人口不断从中心向郊区转移，使得郊区急遽扩张和蔓延。例如，1950—1980年，美国的城市化水平由64%提高到74%，年均增长0.33%；同期郊区人口占总人口的比率从23%增至43%，年均增长0.67%；后者是前者的两倍，这就意味着：每当有一个人从农村转入城市，就会有两个人从市区转向郊区。

(2) 郊区成为主要的人口聚居区。1950年，美国的城市人口有64%住在市区，而到了1990年，这一数字却只有39%。同期，中心城市服务业的就业百分比从85%降至52%，制造业则从67%降至45%[①]。不仅如此，与往日都市中心的繁华恰成鲜明对照的是中心区的衰退导致贫困人口的增加。1981年，美国的贫困人口比率为11.2%；城市中心区的贫困者竟高于全国平均水平，达到14.7%；郊区的贫困者则只有7.1%，还不到中心区的一半，说明财富随着人口在向郊区偏移。环境优美而又幽静的郊区已经成为许多中产阶级和富人阶层的首选居住地，以至于出现了一个新名词“都市村庄”(urban villages)。

(3) 中心城市开始分解，小城市成为城市化的主力军。仍以美国为例：在1950—1970年间，全国城市化水平上升了10个百分点；但12个最大的中心城市的人口，除洛杉矶外，平均减少了9.6%。最极端的是底特律，它在1950年市区曾有人口200多万，到1980年却只剩100万人左右。这说明当城市化达到一定水平之后，大城市不可避免地走向分解，转而由中小城市担当起继续城市化的重任。

2. “逆城市化”的成因

造成“逆城市化”现象的根本原因主要有两个。

---

① [美]阿瑟·奥沙利文著. 城市经济学. 苏晓燕等译. 北京：中信出版社，2003，245

(1) 大城市过度密集造成的负效应。受到规模效益的影响，当中心城市和城市中心区的人口不断增加之后，一系列的“城市病”便在所难免：交通拥堵、环境污染、地价和房价节节攀升、居住的舒适性渐渐降低……因集聚带来的正效益被过度集聚造成的负效益所抵消，甚至超越，于是人们便自发地选择往生活与工作成本相对较低廉的郊区和中小城市迁移。

(2) 交通技术条件的极大改善显著改变了城市的空间尺度。包括家庭小汽车的普及、高速公路网的建成和地铁轻轨的发展等，使得人们的出行更方便、更快捷，由此使得城市原有的空间尺度转化为时间尺度——衡量距离远近的不再是路途里程，而是通达时间。这样居住在城郊甚至远郊地区的人们与居住在城市内部的人们并无任何生活和工作上的缺憾；相反，随着产业活动和企业不断迁移到城市外围，在郊区能获得更多的就业机会。

逆城市化持续发展下去，带来了诸如城市“产业空心化”、“人口老龄化”以及“郊区爆炸”等一系列社会问题，因而引起了各国政府的重视，并采取了若干政治、经济、技术对策以缓解其不利影响，防止郊区的恶性膨胀和无节制发展。如英、美等国的“城市更新”(urban renew)计划，就是意在通过调整城市产业结构、刺激市区就业、限制市区地价、用优惠条件吸引人口回流，以达到城市振兴之目的。

四、发展中国家的“超前城市化”与“滞后城市化”

发展中国家自第二次世界大战结束以来，城市化进程明显快于发达国家，但发展很不平衡。一方面是城市化水平差距甚大，如在 2004 年，南美洲的阿根廷达到 90%，而非洲的布隆迪只有 10%、埃塞俄比亚只有 16%；另一方面是表现形态多样，最突出的是“超前城市化”和“滞后城市化”。

1. 超前城市化

亦称“过度城市化”(over-urbanization)，即城市化速度大大超过了工业化速度，造成城市化水平与经济发展水平的脱节。如表 3-4 所示：2004 年乌拉圭的城市化水平高达 93%，超过了美国、英国、日本等大多数发达国家；墨西哥的城市化水平在 70% 以上，与欧美诸强并驾齐驱；而实际上，这些拉美国家经济发展水平要想跻身发达者行列差距甚远，以人均国民生产总值衡量，前者只有后者的 1/5～1/10 左右。再如巴西，2004 年其城市化水平为 84%，而在工业部门就业者只占就业者总数的 22%，工业化水平比城市化水平相差甚远。说明这种城市化不是由工业化所推动的，而是由大量失去土地的乡村移民和人口高度失业所造成的，是典型的超前城市化，或者可以称之为虚假城市化。因此，在这些臃肿“虚胖”的超级城市里，逐渐形成了一种特殊的地理空间景观——贫民窟包围着城市，并不断蔓延。

表 3-4　2004 年世界部分国家城市化水平与经济发展水平比较

国家名称	城市化水平/%	人均 GNP/美元	国家名称	城市化水平/%	人均 GNP/美元
美国	80	41 440	中国	40	1 500
英国	89	33 630	俄罗斯	73	3 400
德国	88	30 690	乌拉圭	93	3 900
法国	76	30 370	阿根廷	90	3 580
日本	66	37 050	巴西	84	3 000
澳大利亚	92	27 070	墨西哥	76	6 790

资料来源：中国现代化报告 2007. 北京：北京大学出版社，2007，406、407

根据世界银行的估计[①]：20 世纪 90 年代，全球至少有 6 亿人口生活在"对健康和生命有威胁"的住房或居民区（也就是贫民窟）里，约占城市总人口的 1/4；而 1985 年，低于贫困线（以满足当地最基本的生活需求所需要的最低收入）的城市人口占城市总人口的比例，在亚洲（不含中国，主要是印度、印度尼西亚等国家）为 34%，在拉丁美洲为 32%，在非洲为 29%。

超前城市化并非拉美国家所独有，只不过它们表现得更突出罢了。从表 3-5 可见：在 1800—1980 年期间，发达国家的工业就业率（即工业劳力占总劳力比重）与城市化水平基本上是同步增长；而发展中国家则不然，在这 180 年里，工业就业率增长极为缓慢，仅仅上升了 3 个百分点，而城市化水平却提高得越来越快，攀升到原来的 3.44 倍！可见发展中国家的城市化已愈来愈和工业化的进程脱节。

表 3-5　1800—1980 年世界工业化与城市化水平比较　　%

统计年份	发达国家		发展中国家	
	工业就业率	城市化水平	工业就业率	城市化水平
1800	10	10	10	9
1850	15	16	9	9
1900	19	31	9	10
1920	21	37	9	12
1950	24	47	8	18
1970	29	61	11	26
1980	29	64	13	31

资料来源：[法]保罗·贝罗克. 城市与经济发展. 肖勤福等译. 南昌：江西人民出版社，1991

① 联合国人居中心（生境）编著. 城市化的世界——全球人类住区报告 1996. 沈建国等译. 北京：中国建筑工业出版社，1999，114、119、120

2. 城市首位度畸高

伴随城市化进程的超前，往往还会出现人口过度集中于一个或少数几个大城市里，使得城市首位度畸高。

所谓“城市首位度”，亦称“首位城市指数”，是指一国或地区最大城市的人口数与第二大城市的人口数之比值，通常用它来反映该国或地区的城市规模结构和人口集中程度。它由美国地理学家马克·杰弗逊 1939 年在其《城市首位律》一书中首次提出。杰弗逊认为，在许多国家中最大的三个城市的人口比率大致为 100∶30∶20，表明首位城市在政治、经济等诸方面具有突出优势。

一般认为，城市首位度小于 2 表明结构正常、集中适当；大于 2 则有结构失衡、过度集中的趋势。阿根廷的布宜诺斯艾利斯集中了全国 37.3％的人口，城市首位度高达 10.2；秘鲁的利马占全国人口的 26.3％，城市首位度也达 10.1。这些都是过度城市化的后果，其原因在于国家经济发展的结构性失衡，农业得不到政府有力的支持，农村衰落日益严重，使得城乡之间、地区之间贫富悬殊，造成人口大量涌入少数大城市，并在那里形成规模不断扩大的城市贫困区。

3. 滞后城市化

和前一种情况相反，在亚洲、非洲的一些国家，城市化水平落后于工业化进程。2004 年，中国的非农劳动力比重为 56％、非农产业比重为 87％，可是城市化水平只有 42％，明显说明城市化水平与工业化水平脱节，原因在于工业向乡村扩散、农村人口就地非农化，从而使得城市化水平不能真实反映经济发展水平。其他如埃及、印度、巴基斯坦等国家，都有类似的问题。详见表 3-6。

表 3-6　2004 年部分国家城市化水平与工业化水平比较　　％

国家名称	人均 GNP/美元	非农劳力比重	非农产业比重	城市化水平
中国	1 500	56	87	42
埃及	1 250	72	85	42
印度	620	33	79	29
巴基斯坦	600	58	78	34

资料来源：中国现代化报告 2007. 北京：北京大学出版社，2007，407

第二节 中国城市化的历程

一、城市化的史前与起步阶段——古代和近代城市的发展

1. 古代的城市历史悠久，文明灿烂

中国是举世公认的文明古国，也是最早的城市发源地之一。早在六千多年前，黄河流域已出现了一些原始居民点。公元前21世纪～公元前17世纪，中原地带产生了我国历史上第一个奴隶制王朝——夏朝。夏禹在嵩山之阳建阳城，作为都城（今河南登封县境内）。受当时生产力水平的限制，城堡规模很小，墙基约100米见方，是我国古代城市的雏形。

到了商朝，都城规模大增，如郑州附近发掘的成汤古城遗址，东西长1 700米，南北长2 000米，并有冶炼、制陶、酿酒等工场，证明它曾是一座手工业发达的城市。

春秋战国时期，诸侯割据、连年征战，为了防御外敌、巩固封地，城市建设极受重视，发展较快。如齐国都城临淄，有7万余户、20多万人口，蔚为壮观。

秦统一中国后，把全国分为36郡，郡下辖县，仅县城数目就有800多个；汉代疆域广拓、朝廷积极屯边，拥有了著名的“丝绸之路”与“河西四郡”，这时县城总数亦比秦时增加一倍。

隋、唐时期，是我国封建社会发展的高峰。唐都长安人口过百万、交往遍天下，是繁华喧嚣、盛极一时的世界城市；其规划和建设很典型地体现了中央集权的政治制度和纲常等级观念，并影响到日本的京都、奈良的营造格局。

宋朝商品经济大为发展，使以军事职能为主的城市加强了经济职能，从而发展很快，10万户以上的城市由唐时的10多个增至40多个。元代统治时间虽短，但元大都规模宏大、气势雄伟，是中国历史上继长安之后平地新建的最大都城。

明、清两代，由于生产力水平的提高，资本主义萌芽开始出现，工商业城镇大量涌现，工矿城市（如个旧）、港口城市（如汉口）、商业城市（如扬州）等发展迅速，为此后中国城市化的发展打下了基础。

2. 近代的城市起步维艰，落后于世

1840年鸦片战争之后，中国由完全闭关锁国的封建社会，沦为半封建半殖民地的社会。这个时期，帝国主义的武力和资本大举入侵，加速了中国几千年农业经济基础的解体；同时中国资本主义生产方式和民族工商业得以进一步建立和发展，从而为工业化和城市化的起步创造了客观条件。

近代中国城市的发展，依其发展道路的不同，基本上可以划分为以下三种经济社会类型。

一是由帝国主义控制的工商业城市，如上海、天津、武汉、广州、青岛等。它们的性质是殖民地、半殖民地，特点是生产型、商贸型，城市格局比较开放，新兴工业比较密集，水陆交通便利。以上海为例：它在元朝设县，清代升为道，人口仅数万；1843 年根据不平等的《南京条约》辟为商埠，成为殖民主义者对华的转口贸易基地，到 1880 年已发展至上百万人；1930 年时，进一步成为远东最大、最繁华的商埠与金融中心，人口增至 300 多万。

二是由军阀统治的政治军事中心城市，如北京、西安、成都、济南、太原等。它们的性质是半封建，特点是消费型，城市格局保持古老风貌、比较封闭，工业不发达，基本上为小型轻纺和手工工业，基础设施相对落后。

三是新兴的工矿城市，如唐山、大冶、玉门、大同、鞍山等。它们由于铁路建设和资源开发，在官僚资本、民族资本的控制下，发展为单一资源生产型的城市，城市格局比较简单，综合服务设施比较欠缺。

1843 年，中国的城市化水平仅为 5.1%；1893 年也只有 6.0%[①]，50 年里只增长了不到一个百分点。到 1936 年，我国人口在 5 万及 5 万以上的城市共有 191 座，其中人口在 50 万～100 万的大城市有 5 座，人口在 100 万以上的特大城市有 6 座，它们基本上都分布于沿海、沿江地区。1949 年新中国成立时，我国城镇人口总数为 0.57 亿，城市化水平为 10.6%，比 1900 年世界平均水平 13.6%还要低 3 个百分点，落后于世界半个多世纪。

二、城市化的初级阶段——计划经济体制下城市的曲折发展

新中国成立后，我国进入了现代工业化与城市化的发展时期，国民经济建设规模不断扩大，城市数量与人口比重也不断上升。1949—1978 年，城镇人口增加了 1.3 亿，相当于两个半英国，或两个法国加一个意大利的人口；城市化水平也从 10.6%提高到 17.9%，详见表 3-7。

在这个时期，我国实行的是高度中央集权的计划经济体制，因此决定了城市的发展与各个时期政治、经济、社会发展的状况密切相关。而这 30 年，正是我国政治上风起云涌、经济上大起大落的 30 年，城市化也走过了一条蜿蜒曲折的道路，反映在图 3-9 上，就是一条起伏很大、陡上陡下的曲线。

---

① 胡欣、江小群. 城市经济学. 上海：立信会计出版社，2005，31

表 3-7　新中国成立以来我国人口增长与城市化发展状况

统计年份	全国人口/万人	城镇人口/万人	城市化水平/%	统计年份	全国人口/万人	城镇人口/万人	城市化水平/%
1949	54 167	5 765	10.6	1980	98 705	19 140	19.4
1950	55 196	6 169	11.2	1982	101 541	21 154	20.8
1953	58 796	7 826	13.3	1984	104 357	24 017	23.0
1955	61 465	8 285	13.5	1986	107 507	26 366	24.5
1957	64 653	9 949	15.4	1988	111 026	28 661	25.8
1960	66 207	13 073	19.7	1990	114 333	30 195	26.4
1961	65 859	12 707	19.3	1992	117 171	32 175	27.5
1963	69 172	11 646	16.8	1994	119 850	34 169	28.5
1965	72 538	13 045	18.0	1996	122 389	37 304	30.5
1968	78 534	13 838	17.6	1998	124 761	41 608	33.4
1970	82 992	14 424	17.4	2000	126 743	45 906	36.2
1972	87 177	14 935	17.1	2002	128 453	50 212	39.1
1975	92 420	16 030	17.3	2004	129 988	54 283	41.8
1978	96 259	17 245	17.9	2005	130 756	56 212	43.0

资料来源:历年中国统计年鉴

新中国成立后,我国城市化的这段曲折历程又可分为三个时期。

1. 正常上升时期(1949—1957)

这是国民经济恢复和第一个"五年计划"顺利实现的时期,全国重点确保 156 个大工业项目上马,一批重点城市扩建,城镇人口增长较快,平均每年增加 523 万;城市化水平由 10.6%升至 15.4%,平均每年提高 0.6 个百分点。

2. 剧烈波动时期(1958—1965)

这段时期国民经济大起大落、工业项目大上大下、城市人口大进大出,具体表现如下。

(1) 1958—1960 年"大跃进"时期。由于经济建设的指导思想出现了急于求成和主观随意性的错误,许多工业项目盲目上马,导致农村人口爆炸性涌入城市,3 年内城镇人口净增 2 352 万,城市化水平急升至 19.7%,平均每年提高 1.4 个百分点,这种速度在世界城市化发展历史上也是比较罕见的。

(2) 1961—1963 年调整时期。由于停建、缓建了一大批项目,动员了近 2 000 万城镇

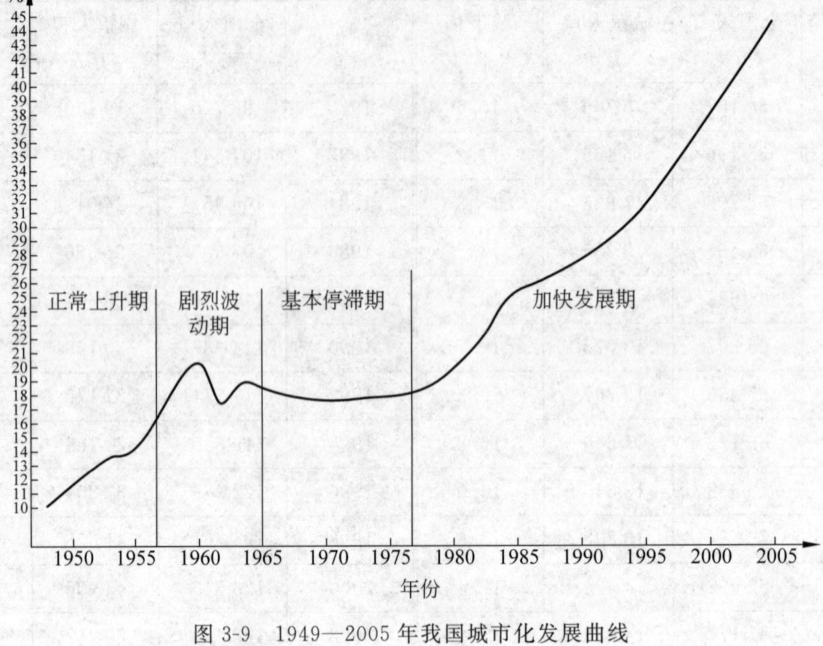

图 3-9　1949—2005 年我国城市化发展曲线

人口回到农村去，使其总数减少了 1000 多万，城市化水平骤降了 2.5 个百分点，只有 16.8%。

(3) 1964—1965 年回升时期。经过整顿调整，国民经济形势有所好转，城镇人口扭转下落趋势并开始增加，城市化水平恢复到 18.0%。

3．徘徊停滞时期(1966—1978)

改革开放以前，尤其是"文化大革命"的 10 年政治动乱，使国民经济和社会事业遭受到极大破坏。大约有 3 000 多万城市青年学生、干部和知识分子到农村去劳动和安家落户。这是否定商品经济、否定城市的先进作用，企图人为消灭"三大差别"(即工农差别、城乡差别、脑力劳动和体力劳动差别)的极"左"思潮泛滥的结果。12 年中，城市化水平从 1966 年的 17.9%到 1978 年的 17.9%，完全停滞不前；其间更低落到 1972 年的 17.1%，形成了一段"锅底"形，长期徘徊在 17%～18%之间。

三、城市化的加速阶段——改革开放后城市的迅速发展

高度中央集权的传统计划经济体制，完全扼杀了商品经济的活力，严重束缚了生产力的发展，影响了工业化和城市化的进程。

经济体制改革就是要解放生产力，对外开放就是要引进先进技术与管理经验、促进市场流通和国际贸易。实践证明，我国由计划体制逐步向市场体制的转轨，虽然只有短短的十几年，但顺应了历史发展的潮流，加速了工业化和城市化的进程，缩小了我国和世界城市化水平之间的差距。

1949—1978年的30年，我国城市化水平年均增长为0.28个百分点，低于同期的世界平均增长水平(为0.4个百分点)；而1979—2005年，我国城市化发展速度显著加快，年均增长达到0.92个百分点，从1979年的19%增至2005年的43.0%，这相当于全世界在1983年时的水平。就是说，我国城市化水平与世界的差距，从1979年时相差64年，缩短为2005年时相差22年，目前落后于世界平均水平约6个百分点，如表3-8所示。

表3-8　我国城市化发展及与世界水平的比较

统计年份	1949	1959	1969	1979	1989	1999	2005
城市数目/座	140	183	175	216	450	—	661
城镇人口/亿人	0.57	1.24	1.41	1.85	2.95	4.37	5.62
城市化水平/%	10.6	18.4	17.5	19.0	26.2	34.8	43.0
城市化年均增长/%		0.78	−0.09	0.15	0.72	0.86	1.37
世界城市化水平/%	28.0	31.0	37.0	40.0	45.0	47.0	49.0
与世界水平差距/百分点	17.4	12.6	19.5	21.0	18.8	12.2	6.0

资料来源：历年中国统计年鉴

四、城市化加速发展时期的主要特点

我国正处于城市化的加速阶段，这一时期的城市化进程呈现出如下特点。

1. 中等城市发展迅速

市区非农业人口在20万～50万之间的中等城市，自改革开放以来获得了长足的发展，设市数在城市总量中所占的比例，从1952年的14.6%增至2005年的34.2%，翻了一番多，详见表3-9。2005年，中等城市市区的总人口达到了18 369.1万，占全国城市人口总量的30.4%，高居首位；市区的总人口平均达到了81.3万/座，已经逼近了大城市的规模，详见表3-10。

2. 特大城市快速增长

市区非农业人口在100万以上的特大城市，近年来充分发挥中心城市的巨大作用，有

表 3-9　我国不同规模的城市发展状况

城市规模分组	1952 年		1979 年		2005 年	
	数量/座	比例/%	数量/座	比例/%	数量/座	比例/%
特大城市	9	5.7	13	6.0	54	8.2
大城市	10	6.4	27	12.5	85	12.8
中等城市	23	14.6	60	27.8	226	34.2
小城市	115	73.3	116	53.7	296	44.8
合 计	157	100	216	100	661	100

注：表中的特大城市是指市区非农业人口为 100 万以上的城市。

资料来源：1952、1979 年的数据见《中国城市统计年鉴》；2005 年的数据见建设部《2005 年全国设市城市及其人口统计资料》

表 3-10　2005 年我国城市人口规模的构成

城市分组	城市数量/座	市区总人口/万	人口所占比重/%	平均人口/万
特大城市	54	17 419.77	28.9	322.59
大城市	85	8 748.00	14.5	102.92
中等城市	226	18 369.10	30.4	81.28
小城市	296	15 839.12	26.2	53.51
合 计	661	60 375.99	100	91.34

资料来源：建设部. 2005 年全国设市城市及其人口统计资料

了快速增长，设市数在城市总量中所占的比例，从 1952 年的 5.7%增至 2005 年的 8.2%，详见表 3-9。2005 年，特大城市市区的总人口达到了 17 419.8 万，占全国城市人口总量的 28.9%，仅次于中等城市；市区的总人口平均达到了 322.59 万/座，在规模上堪称“巨无霸”——这一点，与世界城市化特点中的大城市超先发展是完全一致的，详见表 3-10。

3. 小城市所占的比重不断降低

市区非农业人口在 20 万以下的小城市，原先是城市中的主体，设市数在城市总量中的比例，1952 年曾高达 73.3%；可是到 1979 年，则下降为 53.7%；到 2005 年，进一步下滑为 44.8%，详见表 3-9。但是小城市市区的总人口，2005 年时平均也达到了53.51 万/座，实际总体上已经跨过了中等城市的门槛，说明小城市同样在蓬勃发展，详见表 3-10。

由于中国是个人口大国，且相当长时期受“左”的思想路线影响，片面强调大城市的弊端，实行严格控制城市建设规模的方针，使城市化水平严重滞后于经济发展水平。紧随加速实现工业化的步伐，中国城市化发展的高潮正方兴未艾。从长江三角洲、珠江三角洲等发达地区迅速崛起的一座座中小城镇身上，可以看到中国城市化的广阔前景。

第三节　中国城市化道路的分析

一、计划经济体制下城市化滞后的根源

新中国建立后直至改革开放前的近 30 年间，我国城市化的发展速度一直低于世界平均增长率，即年均增长 0.28%，而世界平均为 0.40%，导致城市化水平与世界的差距越拉越大，这是滞后的突出表现之一。

不仅如此，我国经济发展，尤其是工业发展，多年以来也与城市化脱节，即城市化的速度一直低于工业化的速度。如 1978 年，我国工业净产值占国民收入的比重为 49%，按照联合国工业发展组织的标准，应处于工业化的加速阶段；而同年城市化水平仅 17.9%，尚在初级阶段，这是滞后的突出表现之二。

为什么会出现这种局面？反思根源，主要有以下四个方面。

1. 农业基础长期薄弱

"大跃进"、人民公社运动等不仅违背了农村经济的自身规律，也导致了靠牺牲农民利益来实现工业化的强制积累，使工农业产品价格的"剪刀差"有增无减，农业的比较利益直线下降，大大挫伤了农民的积极性，从而损害了农业作为国民经济基础地位的稳固性。据有关专家调查：1979 年以前，农民通过"剪刀差"向国家提供的资金每年在 300 亿元以上，相当于国家每年基本建设投资的总额。农业的发展是城市化进行的首要前提，因此，农业基础薄弱，使得农村无力为城市工业的发展提供足够的资金、原材料和劳动力支持。

2. 轻重工业比例失调

由第二章的分析我们知道，轻、重工业由于其资本劳动比不同，对于一定资本量所依附的劳动力，轻工业要远远高于重工业。因此在一定历史时期内，运用有限的资金扶持以劳动密集型为主的轻工业的发展，使之与重工业保持适度的平衡，不仅可以使经济稳定协调发展，也可以大大促进劳动力的就业和城市化水平的提高。然而，我国在计划体制下，轻重工业比例长期失调，轻工业大大滞后于重工业的发展；短缺经济的现象十分明显，许多生活必需品（如布匹、油料、手表、自行车等）不能满足需求而不得不实行凭票供应，从而严重影响了城市人口的增加和人民群众生活水平的提高，拖延了城市化的进程。

3. 长期忽视第三产业和基础设施建设，城市发育不良

在"先生产、后生活"的思想指导下，我国城市的第三产业长期被视为"非生产性部

门”，认为不能直接创造价值而得不到重视，在国家的投资计划中处于“排队在后、削减在前”的地位。资金投入严重不足，使得城市功能单一、基础设施落后，公共服务很差、生活质量不高的现象比比皆是，城市犹如患上“软骨症”和“贫血病”，可谓“先天不足”又加“营养不良”，从而大大削弱了自身的辐射力和向心力，制约了城市化的发展。

4. 严格的户籍管理固化了城乡分野

自1958年我国实行《中华人民共和国户口登记条例》以来，农村居民与城市居民之间便有了一道鸿沟：“公民由农村迁往城市，必须持有城市劳动部门的录用证明，学校录取证明或者城市户口登记机关的准予迁入的证明。”而能有幸获得这几种证明的农民实属寥寥。这样，日益严格的户籍管理使城乡分野得以固化，农民要想进城落户犹如逾越天堑，合法的渠道只有三条：上学——读大中专之后可由国家统一分配到城镇就业；参军——退伍转业后可落户在本地的城镇并就业；招工——成为国营企业职工而进城就业。到1982年，新宪法干脆删去了“公民有迁徙的自由”这一条款，这就直接限制了人口的流动，使城市化如无源之水、无本之木。

这样，在农业基础薄弱而推力乏劲、城市功能欠缺而拉力不足、户籍管理限制流动的多重困境中，我国城市化的发展只能是步履维艰。

二、市场经济条件下城市化发展的新问题

经济体制的改革，不仅解放了生产力，也为城市化的发展开辟了道路。但在市场经济条件下，城市化的发展也面临着许多新问题，主要有以下三方面。

1. 人口总量庞大，转移任务艰巨

截至2006年年底，我国人口总量已经达到13.14亿，超过了所有发达国家人口之和(12.11亿)，占世界总人口(64.65亿)的1/5强；同期我国城市化水平为43.9%，若要达到当年世界平均水平的50%，则意味着要将近1亿人口从农村转移入城市——这远远超过了德国的人口(8 200万)、法国的人口(6 100万)或英国的人口(6 050万)，相当于新添100座百万人口的大城市！其任务之艰巨，无出其右。

2. 人口流动迅猛，城市负担加重

市场经济的一个重要特征是生产要素的自由流动，其中包括劳动力的自由流动。据国家统计局调查统计：我国流动人口增长迅猛，截至2005年年底，总量已达1.5亿(其中跨省流动为0.5亿)，意味着全国每9人中就有1人处于流动状态。而城市是流动人口最集中的地方，全国大中城市流动人口一般约占市区常住人口的20%～30%。根据2005年人口抽样调查的数据：上海市的流动人口已高达580万，相当于本市人口的32.6%；北京市的流动人口达到357万，相当于本市人口的30.3%。2006年，广州市登记在册的流

动人口达到360万，相当于本市人口的48%；当年非本地户籍、在广州出生的婴儿竟比本地户籍的新生婴儿多1.34万！[①] 2005年，东莞市有本地户籍人口165万，而长住的打工人口为585万，后者是前者的3.5倍。如此汹涌的人口大潮扑向城市，对于城市原有低水平的基础设施无异于雪上加霜。而在我国农村，还有2亿多的剩余劳动力，他们正不断地加入到这支流动大军中来，势必进一步增加城市供水、供电、交通、环保、住房、社会治安等诸方面的负担。

3. 地区梯度发展，亟须宏观调控

由于历史的原因，我国东、中、西部三大区域的经济发展水平和城市化水平一直是不平衡的，呈现出由东向西的阶梯式下降趋势。

2002年，我国内地城市数量在东、中、西部三大区域的分布比例分别为40.3%、34.4%、25.3%；西部地区100万人口以上的特大城市、50万～100万人的大城市、20万～50万人的中等城市、20万人以下的小城市的数量分别占全国的比例各为19.3%、17.2%、33.3%、74.4%。可见西部地区不仅城市数量较少，而且城市规模较小。

2001年，我国主要经济中心城市在东、中、西部三大区域的分布，可见表3-11所示，经济实力的差距十分明显。

表3-11　2001年我国内地经济中心城市的地域分布

市区GDP/亿元	东部地区	中部地区	西部地区
1 000～6 000	上海、北京、广州、深圳、天津、杭州、沈阳	武汉、大庆	
500～1 000	南京、大连、济南、无锡、青岛、苏州、宁波、淄博、东莞、厦门、福州	长春、哈尔滨	重庆、成都、西安、昆明
300～500	石家庄、东营、南海、顺德、温州、鞍山、珠海、江阴、中山、烟台、唐山、徐州、常熟、张家港、晋江	长沙、郑州、南昌、太原	乌鲁木齐、兰州

资料来源：胡欣，江小群. 城市经济学. 上海：立信会计出版社，2005，41

市场经济体制下另一项重要的生产要素——资金，也有越来越多的份额参与了自由流动，且主要流向投资回报率较高的东部地区，使西部地区本来就很稀缺的资金更为匮乏。1989年，东部地区城镇的固定资产投资总额是西部地区城镇的4.78倍。为此，近年来党中央、国务院进行了“西部大开发”、“振兴东北等老工业基地”、“促进中部崛起”等一系列战略部署并已初见成效，开始改变现有经济发展中地区之间的梯度落差。2005年东部地区城镇的固定资产投资总额是西部地区城镇的2.92倍，可见两者的差距正在缩小。

① 广州市最大人口容量：1 500万. 金羊网，2007年2月10日

三、中国城市化道路的辨析

我国在城市发展的指导思想上，从 20 世纪 50 年代到 80 年代，一直贯彻的方针是"严格控制大城市规模，合理发展中等城市和小城市"。[①] 这项政策涉及城市的规模与效益，它不仅是一个政策问题，也是一个学术问题，需要从以下几方面进行思考和辨析。

1. 科学地认识城市规模

关于城市规模的划分标准，各国不尽相同，例如美国将 10 万人口以上即定义为大城市，2.5 万人口以下为小城市，介于二者之间的是中等城市[②]。学术界有人提出：考虑到我国人口众多、城市发展较快这一国情，应将人口在 500 万（或 1 000 万）以上的城市定义为超大城市，只是目前尚未得到正式认可。《中国城市统计年鉴》则将 200 万人以上的城市列为超大城市。

围绕着城市发展，政府主管部门和学术界讨论的焦点之一就是城市规模问题，即在关于城市化道路的选择上，总是在比较大城市与小城市的优劣问题，总是在衡量它们承担城市化重任的主次问题，至今仍莫衷一是。那么，究竟如何定义城市规模才是科学的？城市规模是不是就等于城市的人口规模呢？

所谓城市规模，是指在一定的城市地域空间内，所聚集的物质与经济要素在数量和质量上的差异性、层次性；它主要包括城市人口、城市经济实力、建成区土地面积这三个有机组成部分。一定的经济活动就能创造一定的就业岗位、吸纳一定的人口，而一定的人口需要一定的土地面积，且一定的土地面积则能为经济发展提供一定的承载空间。可见，在城市人口、土地和经济活动之间，客观上存在着必然的联系，它们共同构成城市的要素，是城市规模的体现。因此，城市规模并不是仅仅指人口规模，但为了简便起见，以人口规模来表示城市规模也是可以的。

对于城市规模的讨论，以下四条是重要的核心内容。

(1) 城市的"最佳规模"在现实中并不存在。人们曾经对城市的最佳规模孜孜以求，企图找出一个最优模式以达到推广仿效之目的。如英国的城市学者霍华德(Ebenezer Howard)在 1898 年出版的《明日的田园城市》(Garden City of Tomorrow)中就提出了他心目中理想城市的规模：中心母城的人口为 5.8 万，周围一圈子城的人口各为 3.2 万，共同组成总人口为 25 万的城市群，即"社会城市"。而另一位建筑大师和城市规划师勒·柯布西埃(Le Corbusier)于 1922 年出版的名著《明天的城市》(The City of Tomorrow)中，详细地描绘了他对未来城市的设想，这个极具构图美的城市拥有人口 300 万，其中 200 万

---

① 《中华人民共和国城市规划法》第一章第四条。

② [法]保罗·贝罗克.城市与经济发展.肖勤福等译.南昌：江西人民出版社，1991

人居住在城市外围的花园式住宅里。第二次世界大战结束后不久，英国国会于1946年通过了《新城法》，陆续建设了第一代新城，人口规模大都在6万上下；1952年又通过了《城镇开发法》，第二代新城随之诞生，人口规模大都在10万左右；至20世纪60年代末，第三代新城开始出现，人口规模已经上升到20万～25万，当然包含已有的城镇在内[①]。与此同时，伴随着工业化和城市化进程在世界各地普遍而迅速地推进，"城市病"开始成为人们广泛关注和批评的现象，许多人（包括一些学者）直观地认为："城市病"是大城市，尤其是超大城市特有的痼疾，是由于城市规模过大带来的副作用——就像人体过于肥胖容易患上高血压、高血脂和高血糖等症状一样。因此，对大城市的批判甚嚣尘上，对城市最佳规模的探索也风靡一时。

所谓的城市"最佳规模"究竟是否存在呢？城市究竟大到什么程度就会走向集聚效益和规模效益所带来的好处之反面呢？城市规模是不是有一个"拐点"，超过之后就会造成负效应大于正效应呢？对于这个问题，世界银行组织的专家们经过一番认真研究，在《1984年世界发展报告》中坦承："从来还不能清楚地证实城市大到什么程度会出现不经济现象。"换句话说就是：迄今为止，人们还没有从历史的和现实的城市当中，找到一个综合效益最大化的最佳范例。因此企图寻求城市"最佳规模"是徒劳无功的，片面地指责大城市是"城市病"的温床的观念很不公允，否定大城市在城市化中"领头羊"作用的思想也是很不科学的。

（2）影响城市发展和城市规模的经济因素是多元的、协同作用的，并非取决于单一因素。规模效应表明：当企业生产规模过大，以至于超越某个阈值之后，成本的扩张就会超过收益的增加、导致经济效益下降。这个道理即使在城市也能完全成立的话，并不能由此得出结论说：城市规模过大会必然使之效益下降。这是因为影响城市规模的经济因素不是只有规模效应一个，而是还有集聚效应、外部效应和优位效应等，它们对于城市的发展都是协同地发挥各自的作用；当城市规模持续增长、规模效应开始起"刹车片"作用时，其他的经济因素仍在继续起"加速器"作用。因此，即使这时城市发展速度有所减缓，却不会戛然而止。正因为如此，纽约、东京、洛杉矶、上海、北京等超级城市仍在蓬勃地增长（无论是经济实力还是人口总量），并没有受到所谓规模效应的制约而停滞不前。

（3）现代市场经济的开放性使得城市获得更广阔的发展空间、更宽泛的发展基础，城市发展不会局限于自身的区域。市场经济的一大特征是其流动性——生产资料、生产要素、产品及服务、科学技术和信息等，在越来越大的范围内、以越来越自由的方式流动。对于处在市场经济最前沿的城市来说，这种开放性使得其赖以支撑发展的经济腹地无形中大为拓展，通过跨区域流动和优化配置所可能获取的资金、技术、人才等发展的"营养素"也大为增加，使得这些居于中心地位的城市如虎添翼。例如香港就是一个很好的例证，如

① 谭纵波．城市规划．北京：清华大学出版社，2005，54～68

果没有珠江三角洲乃至整个大陆地区为其经济腹地和后方基地,香港的经济要想在弹丸之地上持续发展、再创奇迹是难以想象的。实践表明:评价一个城市的发展条件时,所要考虑的范围绝不应该囿于其自身行政边界,所要考虑的变量也绝不应该只是其自身的生产要素,而是要拓展到它所处的更大区域,从宏观的视野审视城市发展、预测城市规模。

(4) 在不同规模的城市之间,并不天然地存在绝对优劣,不能简单地规定限制或鼓励发展。如上所述,大、中、小城市与所谓的"最佳规模"无关,大有大的优点和缺点,小也有小的长处和短处。因此,把城市化道路的选择与城市规模联系在一起是毫无道理的。

2. 重新审视城市发展方针

所谓城市发展方针,是指一个国家或地区具体实施城市化进程中的战略选择,表现为如何处理不同类型、层次、规模城市的布局和城市之间分工协作的相互关系。

(1) 我国城市发展方针的演变。新中国成立后的一段时期,在当时"消灭三大差别"思想的误导下,我国城市发展方针实行的实际上是一种否定大城市的发展、贬低城市作用的"反城市化"政策。"文化大革命"中,大批干部和知识分子被下放到农村务农,后来政府又大规模地组织动员城市知识青年(多为中学生)上山下乡,造成城市化水平不仅没有增长,反而略有下降。改革开放之初,人们认识到过去片面否定城市作用的极端做法是错误的,但是对于大城市的定位仍然是以限制为主,如 1978 年召开的全国城市工作会议提出了"控制大城市规模,多搞小城镇"的原则。到了 1989 年,全国人大审议通过了《城市规划法》,其中明文规定"国家实行严格控制大城市规模、合理发展中等城市和小城市的方针"。用强硬的法律条文把限制大城市发展的思想推向了登峰造极的地步,可谓世所罕见!但是从表 3-9 和表 3-10 中,我们可以看到:尽管国家的法律规定要严格控制大城市,实际上近 30 年来发展最快的城市恰恰是特大城市和大城市,从而客观上使得那一条法律变成了一纸空文。

(2) 对于城市发展方针的反思。尽管新中国成立后,有关部门很早就提出了"严格控制大城市规模"的城市建设方针,但是大城市,尤其是特大城市快速发展的事实却说明:城市的发展是由其自身的客观规律所决定的,非行政命令与人为干涉所能左右;而这种规律正是前面论述过的"大城市超前增长"规律。

自改革开放以来,特别是社会主义市场经济体制确立之后,我国城市发展面临一次难得的历史机遇。如何适应形势、调整方针、顺应潮流、促进发展已成为我国城市发展战略的重要内容。在新的历史条件下,城市规划、建设与管理的指导思想必须与时俱进、相应调整、深化改革,应该充分认识到以下五点。

① 从空间角度看:我国幅员辽阔、地域深广,在东、中、西部等不同地区之间,无论是自然条件、历史文化、社会经济发展状况,还是区内的城市分布密度、城市规模层级、城市综合实力都千差万别;在如此巨大的现实差异性面前,企图用某一个"放之四海而皆准"的城市化模式去"规范"不同地区的城市发展,就会成为城市因地制宜、因时制宜发展的"紧

箍咒”,违反城市发展的客观规律。

② 从时间角度看:各个地区的工业化、城市化水平及其所处的发展阶段相差甚远,有的处于城市化的中级阶段、是以扩散型城市化为主——如东部地区;有的还处于城市化的初级阶段、是以集中型城市化为主——如西部地区。因此,混淆不同发展阶段、追求“一刀切”的指导方针,显然是不恰当的削足适履。

③ 从城镇体系的完整性角度看:大、中、小不同规模层级的城市各有其功能和作用,都是某一城镇体系的有机组成部分,不能相互替代,也不能片面地扶持或抑制。

④ 从事物发展的运动性角度看:大与小是一个相对的、暂时的概念,是处于发展变化的运动之中;任何事物总是从无到有、从小到大、从弱到强,城市同样也不例外——积极发展小城市就意味着将来会有一大批的大城市,所以“严格限制大城市、积极发展小城市”本身就是一个逻辑上的悖论。

⑤ 从城市发展的动力机制角度看:在市场经济条件下,城市发展主要取决于市场调控(包括资源配置、投资分布、人员流动等)的力量,而非政策上与法律上的“限制”或“鼓励”的结果。

四、中国城市发展方针的战略要点

我国的城市发展方针应该转变为:实事求是、以人为本,因地制宜、因时制宜,在科学发展观的指导下,统筹区域发展、城乡发展,促进大、中、小城市协调有序地发展,形成有利于区域社会经济发展的、结构合理的城镇体系。

1. 充分发挥大城市的优势,带动区域发展

国内外的实践表明:大城市的发展占有天时——历史传统悠久、地利——地理区位良好、人和——人口素质较高的优势,往往是一个地区的政治、经济、交通和信息中心,是区域性大型基础设施和公共服务设施的集中地(如机场、港口、铁路枢纽、通信枢纽等);对于区域的经济发展起着重要的指挥、协调、控制与示范作用,客观上具有比中小城市更强的凝聚力与内在冲动,发展的速度更快、效益更高,更符合资源应该实现最优配置这一经济规律。

因此,发挥大城市业已形成的或潜在的综合优势,带动和促进所在区域的协调发展,使其中心地位名副其实、辐射作用充分发挥,真正成为发展的“领头羊”,对于国民经济整体格局的优化十分必要;反之,若只强调对大城市进行严格控制,则不利于这些综合优势的利用,不利于市场法则的实现,最终也不利于大城市所在区域的发展和区域内中小城市的成长。

2. 强化中小城市的功能,引导合理发展

截至 2005 年年底,我国设市的城市共有 661 座;其中,中小城市为 522 座,占总量的

79.0%；且分布较为均匀，不像大城市和特大城市主要集中于我国沿海地区和长江、黄河流域。因此，从长远来说，中小城市对于带动较不发达的内陆地区发展，承担着更为艰巨的历史使命。在这些地域，中小城市一般都是经济活动的中心。因此，必须大力强化与健全中小城市的各项综合功能，尤其是大力改善其交通、通信、供水、能源等基础设施条件；扩大其辐射面、增强其吸引力，引导它们合理发展，使之真正发挥出地区"经济增长点"的作用，推动区域的平衡发展。

3. 稳步发展小城镇，打破二元结构

(1) 二元结构的传统困境。美国著名经济学家、1979 年诺贝尔经济学奖获得者阿瑟·刘易斯，在 1954 年发表的《劳动无限供给条件下的经济发展》一文中，首次把发展中国家经济的"二元性"明确地刻画出来。他认为：发展中国家的经济结构可以概括为两大部门，一个是"资本主义部门"，另一个是"自给农业部门"。前者在生产中使用可再生产性资本，劳动的边际生产力较高；后者在生产中不使用再生产性资本，劳动力隐蔽失业，劳动的边际生产力很低，甚至为零或负数；在自给农业部门，工资水平不是由农民的边际生产力决定，而是取决于制度的安排，即劳动者平均分享农业产量（也即所谓的"大锅饭"）；资本主义部门的工资水平则取决于自给农业部门的收入，即自给农业部门的收入决定了资本主义部门工资的下限，两者相差至少 30%。这种两个部门同在一个国家并存是发展中国家最普遍的现象，也是其经济结构最基本的特征。

① 二元性的表现：典型的二元经济结构突出地表现在以下三个方面：

- 技术上，以原始手工技术为主导的传统农业和以机械自动化技术为主导的现代工业并存；
- 经济上，以自然经济为基础的农业部门和以商品经济为基础的工业部门共处；
- 地理上，贫困落后的广大农村和高度发达的少数城市同在。

② 二元性的激化：二元结构的发展是单线单向的，如果不进行制度的变革和创新，二元性将日趋激化，两极分化将越发明显，二者之间的关系如下所示：

- 传统农业部门：原始的手工技术→自然经济基础→落后的农村
- 现代工业部门：机械自动化技术→商品经济基础→发达的城市

尽管刘易斯的"二元结构论"存在一定的局限性，但对发展中国家经济发展过程中遇到的一些带有普遍性问题的分析，仍有独到的见解，对我国也有参考价值。实际上，在我国中、西部地区，二元结构现象普遍存在。

(2) 三元结构的现实抉择。如果不想降低先进一级的生产方式，但又无法很快地把落后一极的生产方式提高到先进的水平，那将如何消除二元结构呢？实践表明，发展的重点应放在两者之间的中间层次上，即在二元结构的两极之间建立起充当产业关联的中介和生产力水平的台阶——这就是三元结构的基本框架，也正是改革开放初期长江三角洲与珠江三角洲地区所选择的道路。三元结构比之二元结构所多出来的另一元，就是以机械化和半机械化技术为特征的、以乡镇工业为主体的农村非农产业部门。

乡镇工业的崛起和迅速扩散，标志着传统经济的二元结构已被突破，三足鼎立的传统农业、乡镇工业与现代工业的国民经济新格局已经形成。这种三元结构的关系如下所示：

- 传统农业部门：粗放的农耕技术→自然经济基础→相对落后的农村
- 乡镇工业部门：适宜的非农技术→商品经济基础→发展中的小城镇
- 现代工业部门：先进的现代技术→商品经济基础→高度发达的城市

三元结构在地理上的表现，就是广大小城镇的崛起。正如我们在长江三角洲、珠江三角洲和山东半岛等地区所看到的那样，小城镇已成为地区经济活动的主体，它是城乡之间的纽带与桥梁，是大中城市发展的腹地，也是我国农村城市化的主要出路和现实选择。乡村城镇化可有多种类型，主要有：工业企业起飞型、外资促进型、边贸激发型、开发区带动型等。

五、中国城市化水平的预测

我国人口基数庞大、城市化水平较低、城市化发展正处于加速增长的中期阶段。如何准确评估现在的状况、预测今后的发展，关系到国民经济发展的大业。城市化水平的估算主要有以下方法。

1. 趋势外推法——按当前城市化发展速度测算

1949—1979 年，我国城市化发展速度为年均增长 0.28%；而 1980—2005 年，这一速度上升为 0.92%(至 2005 年年底，城市化水平为 43.0%)；显然后一阶段的发展速度代表着今后相当一段时期内我国城市化的发展趋势。如此测算则有：

2010 年的城市化水平＝43.0%＋0.92%×5＝47.6%

2020 年的城市化水平＝43.0%＋0.92%×15＝56.8%

这意味着在 2020 年时，我国城市化水平将开始与世界城市化水平(届时约为 60%)基本持平。

2. 相关分析法——按国民生产总值发展预测

根据世界银行的统计资料，当人均国民生产总值(GNP)为 820 美元时，城市化水平为 30%～39%；当人均 GNP 为 1 087 美元时，城市化水平为 40%～49%；当人均 GNP 为 3 621 美元时，城市化水平为 50%～59%；当人均 GNP 为 6 424 美元时，城市化水平为 60%～69%。

截至 2005 年年底，我国人均 GDP 已经达到 13 944 元人民币，按照全年官方平均汇率(1 美元等于 8.191 7 人民币)计算，相当于人均 1 700 美元；其后若按人均 GDP 年均递增 9%的较高速增长，则到 2010 年，人均 GDP 可望达到 2 600 美元，城市化水平应达

50%左右;这之后若再按人均 GDP 年均递增 7%的中速增长,则到 2020 年,人均 GDP 可达 5 100 美元,基本达到了中等发达国家的水平,城市化水平有望达到 60%左右。

3. 联合国法——按城乡人口增长率差推算

这是联合国用来定期预测世界各国、各地区城镇人口比重时常用的方法,其关键是根据已知的两次人口普查的城镇人口和乡村人口,求取城乡人口增长率差;假设城乡人口增长率差在预测期保持不变,则外推可得预测期末的城镇人口比重。具体计算公式为:

$$\frac{P_t}{1-P_t}=\frac{P_1}{1-P_1}e^{rt}$$

且

$$r=\frac{1}{n}\cdot\ln\left(\frac{P_1}{1-P_1}\cdot\frac{1-P_2}{P_2}\right)$$

式中:r 为城乡人口增长率差;n 为两次普查间的年数;t 为预测期距第一次普查的年数;P_1 为第一次人口普查时的城市化水平;P_2 为第二次人口普查时的城市化水平;P_t 为预测期末的城市化水平。

我国 1990 年第四次人口普查公布的市镇人口比重为 26.2%,当时实际居住在城市中的暂住人口约占城市人口的 14%,因此,1990 年实际城市化水平应为 28%左右;2000 年全国第五次普查公布的城镇人口比重为 36.1%。依此推算出 1990—2000 年中国城乡人口增长率差为 0.037 34;若这一数值保持不变,则可预测出至 2010 年我国城市化水平为 50%,至 2020 年我国城市化水平为 61%。

综上所述,我们认为,只要我国经济发展在未来一段时期持续保持比较稳定的增长速度,则到 2010 年时,我国实际城市化水平可达 50%左右;到 2020 年我国全面建成小康社会时,城市化水平可达 60%左右。

经济区、城镇体系与中心城市

第一节 区域发展与经济区

在城市的发展过程中，城市与所在区域之间的联系始终是一个不可忽略的重要因素。在区域内部，不同规模、等级、功能的大小城镇组成的城镇体系，也是区域发展的重要依托。因此，研究城市经济问题，必然要涉及经济区、城镇体系和中心城市。

一、经济区形成的理论依据

所谓"经济区"，是指商品经济发展到一定阶段以后，由于地理环境、自然资源、产业结构、经济布局等诸方面的内在联系，自然形成的地域经济综合体。

经济区的出现已有半个多世纪的历史。如 1957 年 3 月，法国、意大利以及其后的英国等 12 个国家，组成了"欧洲经济共同体"。它是世界上成立较早、以国家为单位的经济区，其宗旨是通过共同市场的建立和各成员国经济政策的逐步接近，促进共同体内经济的均衡发展、生活水平的不断提高和成员国关系的日益紧密，最终结果导致了"欧洲联盟"的诞生——从单纯的经济组织，演化为政治、外交同盟和经济、贸易同盟的综合体。目前世界上规模最大的经济区，当属 1994 年 1 月成立的"北美自由贸易区"。它由美国、加拿大和墨西哥三国组成，其土地面积和人口分别占世界的 15.7%和 6.8%，综合经济实力居世界之首，该区 2002 年合计国内生产总值为 11.714 万亿美元，占世界总量的 36.3%，几乎是日本的 3 倍，超过了欧洲联盟各国 GDP 的总和。目前国际间大大小小的经济区总共有数百个之多。

关于经济区形成的理论探讨，可以追溯至西方早期的国际分工与国际贸易理论，比较有代表性的是地域分工论和比较成本论。

1. 地域分工论

地域分工论又称"绝对成本论"、"绝对优势论"，由英国古典经济学家亚当·斯密在《国富论》一书中提出。他认为：各个国家和地区应该按其在气候、土质、自然资源、地理位置以及民族素质等方面的优越条件，各自选择生产在生产成本上占绝对优势的产品，并互相交换。这样形成的国际分工，对一切参加国都是有利的。

例如，地处高纬度的苏格兰虽然可以在暖房中种植葡萄并酿制葡萄酒，但是它的生产成本要比较低纬度的法国贵30倍；如果苏格兰为了鼓励酒类生产而禁止进口法国美酒，显然在经济上是不划算、不合理的。因此，按照地域优势进行分工并开展自由贸易，不仅能使每个国家比它在闭关自守时获得更多、更好的廉价商品，而且能促使这个国家的劳动和资本得到最充分、最恰当的运用。

由此可见，各个国家和地区根据自身资源（自然资源和经济资源等）的分布状况，形成某一类或几类产业群，确立自己的主导产业和支柱产业，是商品经济发展的必然产物；而建立在社会化大生产基础之上的地域分工，则是经济区形成的重要前提。

2. 比较成本论

"比较成本"一词最先是由英国的托仑斯于1815年在《谷物对外贸易论》一文中提出的。完整建立这一理论的，则是英国古典经济学家大卫·李嘉图，他指出：在资本、劳动不能在国际间自由移动的前提下，各国或地区应该专门生产它们在生产成本上优势最大或劣势最小的商品；这样通过贸易进行交换，都能节省劳动和成本，从而各有好处。

例如，较低纬度的西班牙生产一定量的葡萄酒只需要80人劳动一年，生产一定量的毛呢只需要90人劳动一年，二者在市场上是等值的；而较高纬度的英国生产同量的两种产品，则分别需要120人劳动一年和100人劳动一年。就绝对成本而言，西班牙在两种产品上都占优势，按照"绝对成本论"，应该由西班牙包揽葡萄酒和毛呢的生产，英国则退出生产。但是按照"比较成本论"，西班牙在葡萄酒的生产上优势更大，应专门生产葡萄酒；而英国虽然都居劣势，但毛呢生产的劣势较小，可专门生产毛呢；西班牙可用葡萄酒去换英国的毛呢，这样对双方都有利——因为西班牙若自己生产一定量的毛呢，需要90人劳动一年，但现在只要用80人劳动一年所得的葡萄酒就可交换到同量的毛呢，从而节约了10个人的劳动量；英国方面虽然用100人劳动所得的毛呢只换来了西班牙80人劳动所得的葡萄酒，但若自己生产葡萄酒则需要120人劳动一年，还是能节约20个人的劳动量。于是双方通过这种分工和交换，总共节省了30个人的劳动量，可谓皆大欢喜、各得其利。

从上面的分析中可知，比较成本的存在是促使地域分工发展的另一个重要因素，也是不同地区依据自身资源特点和比较优势形成主导产业和支柱产业的内在动力。将其在一定区域范围内进行系统化与组织化的结果，就导致了经济区的应运而生。

二、经济区的基本结构与运行机制

经济区与行政区是迥然相异的两个概念，各自性质不同：后者是某一层级的政府实施权力管辖、执行行政任务的地区，具有明确的地理界限和范围，平级的两个行政区不能互相重叠；而前者则往往打破了行政的藩篱，依靠在长期的经济交往中自发结成的彼此依存关系，从而组合为比较紧密的利益共同体，一般没有明晰的界限，一个地区可能同时成为多个经济区的组成单位。在我国，由于长期受计划经济体制的影响，经济区往往与行政区靠拢甚至合一，即以行政区为单位组织经济区，并通过行政力量加强内部的经济关联与协作。

1. 经济区的基本结构

经济区各具特色，但基本结构类似，如图4-1所示，一般包含以下几方面的内容。

(1) 强大的经济中心。这是经济区赖以形成的核心，其功能的全与偏、力量的强与弱，直接影响到经济区结构的紧与松、范围的广与窄。经济中心多为一个或若干个大中型城市，也有可能是一个城市群。

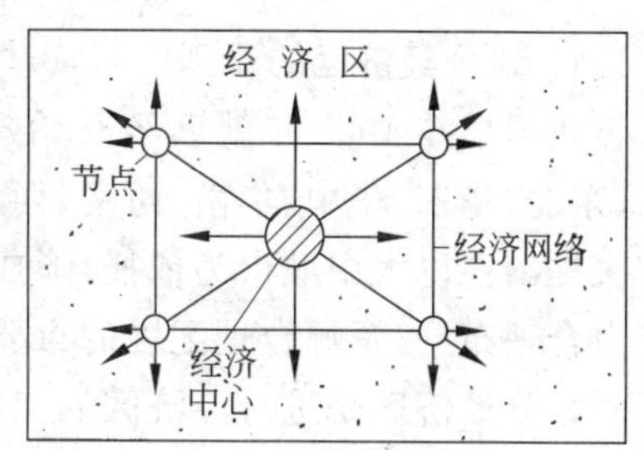

图4-1　经济区结构示意图

(2) 一定面积的地域范围。经济区总是由地理位置毗邻、经济联系频繁的几个较小地区组成，这些地区往往经济结构相似或互补、发展水平相近或相促。

(3) 业已形成的经济网络。市场经济的一大特点就是市场的网络特性，封闭而孤立的市场早已不能适应竞争的需要，而一体化的网络则使资源配置的成本降低、效益提高，使经济活动进行得更有效率。

(4) 畅达的流通渠道和便捷的交往条件。这是经济网络形成与否的重要标志，也是运行顺利与否的前提条件；如果不能做到这一点，而是处处设关卡、层层筑壁垒，或者欲通无路、通而不畅，则经济区根本不可能形成。

2. 经济区的运行机制

经济区的运行具有地域上的客观性——它的形成不依赖行政命令；经济上的协作性——成员间互利共兴、俱损俱荣；组织上的系统性——以网络的形式存在与维持，彼此不断加强沟通和联系。因此，经济区的运行机制可以概括为以下几个方面。

(1) 横向联合、经济开放。经济区是一个松散的联盟，不仅在成员内部是互相开放的，而且在经济区的对外交往上也是完全开放的，不排除区外要素的介入和新成员的参加。经济区是建立在市场一体化基础之上的，人员、资金、技术、信息等要素自由流动、有序共享，使区域整体的优势逐渐在某些方面得以显现和加强，从而形成自己的特色。那些通过行政管制达到以邻为壑、画地为牢的地方保护主义十分不利于经济区的正常运行。

(2) 平等竞争、利益共享。经济区的形成完全是由成员本着平等互利、自觉自愿的原则组织起来的。不可否认，在共同利益一致的前提下，由于成员之间经济结构相似、发展水平相近，因此它们也存在着一定的竞争关系。而经济区作为协作组织，就能发挥宏观调控的作用,引导竞争向良性方向发展,使整体利益趋向最大化。

(3) 区域协调、优势互补。经济区最大的好处在于它的协调性,通过协调各个成员发展的方向、内容、步骤和方式,尽量减少内耗、提高效能,实现优势互补、各得其所。这一点,在区域性基础设施(如机场、港口、铁路、高速公路等)的建设上表现得尤为明显。

三、经济区的组织与布局

1. 划分经济区的原则

我国早在1958年就已经开始建立和规划经济区,当时国家计划部门把全国分为华北、东北、华东、华中、华南、西南、西北七大经济协作区,之后有所调整。1980年,国务院首次提出:"以大中城市为依托,形成各类经济中心,组织合理的经济网络。"经济区作为生产力合理布局、资源合理配置的重要手段,已越来越得到政府部门和经济界的重视。

划分经济区是进行经济区划工作的首要任务,应遵循以下原则。

(1) 坚持科学发展观的原则。党的十六届三中全会明确提出:坚持以人为本,树立全面、协调、可持续的发展观,促进经济社会和人的全面发展。作为国家总体的战略思想,科学发展观是我们党在新形势下形成的新的执政理念,对于全面建设小康社会具有重大而深远的指导意义。经济区的组织要以科学发展观为指导,始终把全面、协调、可持续发展作为衡量发展的"试金石"与"指南针",审时度势、因地制宜,使区域发展走上科学发展的良性轨道。

(2) 生态独立原则。即按照客观规律办事,把生态系统与经济系统统一起来,每一个经济区在生态环境上都应该是相对独立的一个系统,在经济活动上应能提高经济效益,同时维护生态系统的一致性或接近性。

(3) 依托中心原则。要以一个或几个大中型城市为经济中心,形成经济区。它们同区内城乡有着传统的密切联系;同区外的地域也存在频繁的经济往来。在经济发展中,该中心能发挥出应有的先导作用和示范效应。

(4) 突出特色原则。区内各种资源的配置能有利于比较优势的形成和强化,使之成为该经济区的特色;并在国民经济的整体发展中承担某种重要的基地性角色。

(5) 经济协调原则。组织经济区的目的,在于通过成员之间的规划、统筹和协调,突出各自的比较优势,合理进行产业分工,培育和扶持各自的优势产业以形成各具特色的主导产业和支柱产业;同时建立统一、开放的区域市场体系,促进人才、资金、技术和信息等生产要素在区内自由流动、优化配置,从而达到共同发展、整体进步。

2. 我国区域协调发展的战略部署

2006年3月,在第十届全国人民代表大会第四次会议上批准通过了《中华人民共和国国民经济和社会发展第十一个五年规划纲要》,其中的第五篇为"促进区域协调发展",

它提出:根据资源环境承载能力、发展基础和潜力,按照发挥比较优势、加强薄弱环节、享受均等化基本公共服务的要求,逐步形成主体功能定位清晰,东、中、西良性互动,公共服务和人民生活水平差距趋向缩小的区域协调发展格局。主要的规划内容如下。

(1) 推进西部大开发。通过国家支持、自身努力和区域合作,增强自我发展能力;坚持以线串点、以点带面,依托中心城市和交通干线,实行重点开发;支持资源优势转化为产业优势,大力发展特色产业,加强清洁能源、优势矿产资源开发及加工,支持发展先进制造业、高技术产业及其他有优势的产业;加强与毗邻国家的合作,发展边境贸易等。

(2) 振兴东北地区等老工业基地。发展现代农业,强化粮食基地建设;建设先进装备、精品钢材、石化、汽车、船舶和农副产品深加工基地,发展高技术产业;加快市场体系建设,促进区域经济一体化;扩大与毗邻国家的经济技术合作等。

(3) 促进中部地区崛起。加强现代农业特别是粮食主产区建设,促进农产品加工转化增值;加强大型煤炭基地建设,发展坑口电站和煤电联营;加快钢铁、化工、有色、建材等优势产业的结构调整,形成精品原材料基地;支持发展矿山机械、汽车、农业机械、机车车辆、输变电设备等装备制造业以及软件、光电子、新材料、生物工程等高技术产业等。

(4) 鼓励东部地区率先发展。加强耕地保护,发展现代农业;加快形成一批自主知识产权、核心技术和知名品牌,提高产业素质和竞争力;优先发展先进制造业、高技术产业和服务业,着力发展精加工和高端产品;提高外向型经济水平,增强国际竞争力;继续发挥经济特区、上海浦东新区的作用,推进天津滨海新区的开放开发,支持海峡西岸和其他台商投资相对集中地区的经济发展等。

(5) 支持革命老区、民族地区和边疆地区发展。加大财政转移支付力度和财政性投资力度,保护生态环境,改善基础设施条件,加快发展教育事业等。

(6) 健全区域协调互动机制。健全市场机制,打破行政区划的局限,促进生产要素在区域间自由流动,引导产业转移;健全合作机制,鼓励和支持各地区开展多种形式的区域经济协作和技术、人才合作,形成以东带西、东中西共同发展的格局等。

这些战略举措,既是我国在“十一五”期间,按照科学发展观的指导,促进东中西部发展的总体部署,也是在不同的地区组织和运行经济区的基本依据。

3. 我国经济区的组织分类

我国经济区由于处在组合与发展的变动之中,因此很难有明确的统计,并且经济区的规模与构成也相当复杂。目前大体可以分为五类。

(1) 省际经济区。多由相邻的几个省(市、自治区)组成,形成最早,变化也最大。1990 年,国家计委经过多方面的调查研究并广泛征求专家意见,推出了一个经济区划分方案,把全国划分为 10 个经济区,详见表 4-1。

表 4-1　20 世纪 90 年代我国 10 大经济区的组成与分布

序号	名称	组成省份	发展方向	中心城市
1	东北经济区	黑、吉、辽、内蒙古东部	中国最大的重工业基地和农林牧业基地	沈阳
2	华北环渤海经济区	京、津、冀、鲁	知识、技术密集型产业	北京、天津
3	长江三角洲经济区	沪、苏、浙	高技术产业群和高、精、尖、新的加工业基地	上海
4	南方沿海经济区	粤、桂、闽、琼	外向型经济的出口基地	广州
5	黄河中游经济区	晋、陕、豫、内蒙古中西部	中国最大的能源、化工综合基地	西安
6	黄河上游经济区	甘、宁、青	以水电为龙头的能源和原材料生产基地	兰州
7	长江中游经济区	鄂、湘、赣、皖	大运量、高耗水的工业和农业基地	武汉
8	长江上游经济区	川(含渝)、滇、黔	高耗能、重化工的基地	成都、重庆
9	新疆经济区	新疆	能源、原材料和农牧业基地	乌鲁木齐
10	西藏特殊经济区	西藏	特色地方工业和农牧业	拉萨

资料来源：人民日报，1991 年 10 月 20 日

(2) 跨省经济区。其规模小于省际经济区，参加单位为毗邻省份的一部分地区，一般是在历史、地理、人文、资源条件和市场体系等各方面，具有传统的、比较紧密联系的区域。如淮海经济区就是以徐州市为中心，包括 4 省(苏北、鲁西南、皖北、豫东)的 16 个县市所组成的。

(3) 省内经济区。即由省内跨地市或跨县市的地域组成的地方经济区，其经济中心则为省内较大的城市。如，湖南省的长(沙)湘(潭)株(洲)三市辖区组成的经济区；广西壮族自治区以柳州市为中心的柳河经济区；浙江省中部以金华市为中心，包括周围 8 县市的经济区。

(4) 沿交通干线组成的经济协作区。例如陇海—兰新铁路沿线地带的市长专员联席会议；长江沿岸中心城市经济协调会；沿黄河 7 省区经济协作带等。这种经济区有利于发挥交通干线密切联系沿线地区的作用，合理利用资源，加快市场培育。

(5) 围绕共同资源开发目标的经济协作区。例如晋陕蒙宁能源基地经济协作区、地跨渝、鄂两省市的三峡经济开发区等。

上述五类经济区中，第(1)、(2)、(3)类基本上是以行政区划为基础的综合型经济区；

而第(4)、(5)类则是以某种自然纽带连接起来的资源型经济区。二者之间有差异,也有可能重叠。在实际运作中,两种形式的经济区侧重点有所不同。

四、生机勃勃的“两江一海”地区

在我国广袤的国土上,城市星罗棋布,它们彼此联系,形成了众多的经济区域及其都市圈。其中最负盛名也最具活力的,是号称“两江一海”的地区,即:长江三角洲地区、珠江三角洲地区和环渤海地区。

1. 长江三角洲地区

狭义的长江三角洲地区是指上海市,江苏省的南京、镇江、常州、无锡、苏州、扬州、南通、泰州市,浙江省的杭州、嘉兴、湖州、绍兴、宁波、舟山市,共15个大小城市组成的区域,土地总面积约为10万平方公里。广义的长江三角洲地区则是上海、江苏、浙江两省一市的全境。为了方便和其他地区比较,我们在下文中采纳广义的概念,则其土地总面积为21.1万平方公里,2005年年底总人口为14 151万,分别占全国的2.2%和10.8%。

长江三角洲地区位于我国东部沿海中段,属于东亚副热带季风区,光热充足、无霜期长、雨量充沛;并拥有我国四大湖泊之一的太湖和众多中小湖泊,区内大部分为水网纵横的平原,农业基础十分雄厚。自古以来,这里就是文化昌盛、经济繁荣、人口稠密、交通便利的发达地区。它以我国最大的经济中心城市和最大的工商港口城市上海为依托,由一批经济实力强、社会发展水平高且投资环境优越的城镇群体组成。2005年,该地区生产总值达40 897.8亿元,固定资产投资总额达18 195.2亿元,外贸进出口总额达5 216.5亿美元,分别占全国的22.3%、20.5%和36.7%。

在经济总量高速增长的同时,长江三角洲的经济综合效益也在全国各地区中名列前茅。2005年,该地区人均地区生产总值为28 966元,地均地区生产总值为1 938.3万元/平方公里,分别是全国平均水平的2.1倍和10.2倍。长江三角洲地区经济的迅速发展,很大程度上得益于沿海沿江的地理区位和发达的交通条件。它东临太平洋,江河湖海相串成网,水陆空交通便利且互相衔接,港口吞吐能力强,已经形成四通八达的立体型交通运输网络,是我国南北交通的东部交界处和过渡带,也是世界上不可多得的集“黄金海岸”和“黄金水道”于一身的“双优”区位之一。

长江三角洲地区城市化水平高,发展快,特大城市和大城市较为发达,已形成多层次的城市规模结构,2005年已有各类城市74个。它依托自身得天独厚的地域优势,以上海为龙头,位处我国“T”型经济发展战略的主轴上,是我国生产要素最密集、对内对外辐射力最强的经济区域。

2. 珠江三角洲地区

狭义的珠江三角洲地区由广东省的广州、深圳、珠海、佛山、中山、江门、肇庆、惠州、东莞9个城市及其所辖区域组成。但是,广义的珠江三角洲地区应该包括广东省、香港特别行政区和澳门特别行政区这一省两区,因为随着香港、澳门的回归,整个地区的经济一体化趋势越来越加强,构成了中国发展构架上十分强劲的南部增长极。但是因为香港和澳门是两个相对独立的经济实体,在各种统计数字中都不被包括在全国的统计范围内。为了便于比较,下文论述所指的珠江三角洲地区即为广东省的全境。该地区土地总面积为18万平方公里,2005年年底户籍总人口为9 194万,分别占全国的1.9%和7.0%。

珠江三角洲地区位于北回归线以南,为亚热带—热带湿润季风气候,高温而多雨,素有"三冬无雪,四季常花"之称。它拥有绵长的海岸和广阔的海疆、众多的岛屿,海洋资源极为丰富。更重要的在于它依托港澳,自古就是我国著名的侨乡,近年来也是我国改革开放的窗口,是中国与国际社会交往的"南大门"。

改革开放以来,珠江三角洲地区以南中国最大的工商港口城市广州为中心,经济发展突飞猛进,已经成为继"亚洲四小龙"(新加坡、韩国、中国台湾、中国香港)之后正在奋起直追的"第五条小龙"。2005年,该地区生产总值为22 366.5亿元,固定资产投资总额达6 977.9亿元,外贸进出口总额达4 279.6亿美元,分别占全国的12.2%、7.9%和30.1%。同年,该地区人均地区生产总值为24 327元,地均地区生产总值为1 242.6万元/平方公里,分别是全国平均水平的1.7倍和6.5倍。

珠江三角洲地区的外向型经济发展十分突出,它充分发挥毗邻港澳、面向亚太的地理区位优势,大力引进外资,扩大对外贸易。2005年,该地区外贸依存度(外贸进出口总额占地区生产总值比重)竟高达156.7%!是全国平均水平的2.5倍。

3. 环渤海地区

狭义的环渤海地区是指沿着渤海湾海岸及部分黄海海岸的环状地区,包括天津市,辽宁省的大连、丹东、营口、盘锦、锦州、锦西市,河北省的唐山、秦皇岛、沧州市,以及山东省的青岛、烟台、潍坊、东营、威海市等区域,土地总面积为15.7万平方公里。而广义的环渤海地区则是指包括北京、天津、河北、辽宁和山东这两市三省全境在内。我们在下文论述中采用广义的概念,则其土地总面积为51.9万平方公里,2005年年底总人口为22 901多万,分别占全国的5.4%和17.5%。

环渤海地区海岸线绵长,港口众多,是我国北方对外贸易与海上交通的大门与窗口。该地区以我国的政治中心、文化中心、国际交往中心以及文化古都北京和北方著名的工商港口城市天津为中心,以广大的华北、东北为腹地,充分利用首都优势和地缘优势,形成了一批经济实力雄厚的城市群。2005年,该地区生产总值为47 205.9亿元,固定资产投资总额达12 756.1亿元,外贸进出口总额为3 126亿美元,分别占全国的25.8%、14.4%和22.0%;当年人均地区生产总值为20 613元,地均地区生产总值为909.6万元/平方公里,分别是全国平均水平的1.5倍和4.8倍。

环渤海地区拥有良好的发展前景,这里既有深厚的文化底蕴,又有丰富的自然资源,如著名的胜利、辽河、华北、大港、渤海油田，冀东、鞍山铁矿，开滦煤矿，长芦、东北盐场，大连金刚石矿和营口菱镁矿等，原油产量约占全国的40%，海盐产量约占全国的50%；数千家大中型企业虎踞龙盘，40多个大小港口次第连环——所有这些，使之成为我国乃至世界上城市群、工业群、港口群最为密集的地区之一，其铁路、公路、港口密度居全国之首。现在，该地区正面临着从未有过的发展机遇：三十年的改革开放将中国经济发展的浪潮由南向北梯次推进，环渤海地区成为继珠江三角洲、长江三角洲之后，又一个强大的经济“引擎”。中央高瞻远瞩，作出了加快建设天津滨海新区、振兴东北等老工业基地的决策，它必能有力地推动我国广大北方地区的开放、开发与经济发展步伐，使之由区域发展的自发要求上升为全国性的战略布局。

在国际上，环渤海地区的周边有日本、韩国先进的技术、雄厚的资金和一批跨国大公司；有朝鲜、俄罗斯丰富的自然资源；有中国华北、东北发达的科教实力、充沛的人才资源、坚实的工业基础、优良的交通设施，将一同构成一个更广阔的东北亚经济圈。作为正在形成中的东北亚经济圈的一个重要组成部分，环渤海经济区将从中获益匪浅，获得长足的发展。

以上“两江一海”地区的主要经济数据详见表4-2。

表4-2 2005年我国“两江一海”地区的主要经济数据比较

统计指标及比较		长江三角洲地区	珠江三角洲地区	环渤海地区
土地总面积	绝对值/万平方公里	21.1	18	51.9
	占全国/%	2.2	1.9	17.5
总人口	绝对值/万人	14 151	9 194	22 901
	占全国/%	10.8	7.0	17.5
地区生产总值	绝对值/亿元	40 897.8	22 366.5	47 205.9
	占全国/%	22.3	12.2	25.8
人均地区生产总值	绝对值/元/人	28 966	24 327	20 613
	是全国/倍	2.1	1.7	1.5
地均地区生产总值	绝对值/万元/平方公里	1 938.3	1 242.6	909.6
	是全国/倍	10.2	6.5	4.8
固定资产投资总额	绝对值/亿元	18 195.2	6 877.9	12 756.1
	占全国/%	20.5	7.9	14.4
外贸进出口总额	绝对值/亿美元	5 216.5	4 279.6	3 126.0
	占全国/%	36.7	30.1	22.0

资料来源：2006年中国统计年鉴

第二节 城镇体系

每一座城市都不是孤立地存在的，而是与周围的地区及其他城市有全方位的联系。因此分析城市问题时，必须研究城镇体系。

一、城市空间的相互作用

城市作为物质的生产地，不断输入各种生产资料，输出多种产品；城市又是物质的消费地，每天运进大量生活必需品，运出数以千吨的废弃物。所以，城市与乡村之间、城市与城市之间，由于社会分工的存在，总是昼夜不停地进行着物质、人员、信息和能量等多方面的交换，这种交换就是城市空间的相互作用。凡是这些空间相互作用十分频繁的地区，就形成了一个有机的经济网络；网络的节点，就是规模不等的城市。对此，恩格斯早有论断："城市彼此发生了联系，新的劳动工具从一个城市运往另一个城市，生产和商业间的分工随即引起了各城市间在生产上的新的分工，在每一个城市中都有自己的特殊的工业部门占着优势。最初的地域局限性开始逐渐消失。"①

1. 城市空间相互作用的方式

城市空间的相互作用，是通过一定的方式发生的，可以借用热力学的名词，把它们概括为以下三种方式。

(1) 对流。即城市之间人员与物质的流动，有来有往、川流不息，是实实在在的物流。

(2) 传导。即城市之间的各种交易过程，表现为数量庞大的商流和资金流。

(3) 辐射。即城市之间新思想、新技术、新观念的扩散与渗透，表现为穿梭交织的信息流。城市越大，则辐射出的能量也越大。

2. 城市空间相互作用的条件

城市空间的相互作用不是无条件的，它能否发生取决于以下三种条件。

(1) 互补性。城市之间并非相邻就一定发生相互作用，或距离近者就一定作用力强，而必须从经济上的互补关系出发，有需求、有供给，才会发生相互的作用，供需关系越旺盛则作用力越强。例如北京需要大同的能源，二者关系十分密切；而太原虽距大同更近、行政往来更多，但经济上互补性不太强，故反而不如前者的相互作用突出。

---

① 马克思恩格斯全集.第3卷.北京：人民出版社，1965，60

(2) 中介性。发生空间相互作用的城市并不总是毗邻的，它们往往必须经由中间的第三者予以传递，于是在关系密切但彼此分隔的A城与C城之间，由于力量的传递经过了B城，使得A与B、B与C也建立起了密切联系。例如大同的煤运往上海，必须经过秦皇岛的中转，这三者的空间作用也就格外强烈。

(3) 通达性。又称可运输性，即空间作用实现的途径是通信与交通的连结，在此基础上，才会有物流、商流与信息流。通达性越好，作用力越大。

3. 城市空间相互作用的度量

城市空间的相互作用力，不仅在实际生活中可以感受到，而且从理论上也是可以度量的。例如，根据城市作为巨大的物质实体，在相互之间必定存在着某种物理引力，从而可以借用牛顿万有引力公式近似地计算它们之间经济联系的力量。在这方面，英国人口统计学家雷文茨坦(E. G. Ravenstein)于1880年首开了将牛顿引力模型应用于社会科学研究的先河。当然，这种方法仍属探索阶段，但它对于我们从新的角度认识城市间经济联系，确有参考价值。

(1) 城市个体间的经济引力。牛顿万有引力公式为：

$$E = \frac{Gm_1m_2}{r^2}$$

式中：E为物质之间的引力；m_1和m_2分别为两个物质的质量；r为它们之间的距离；G为万有引力系数。

可以把城市的经济能量视为城市的质量，显然它与两个因素有关：一是城市规模，用城市总人口来反映；二是城市经济总量，用城市地区生产总值表示。则城市A与B之间的经济引力公式为：

$$E = \frac{K \cdot P_A V_A \cdot P_B V_B}{r^2}$$

式中：P_A、P_B分别为两个城市的总人口；V_A、V_B分别为两个城市的地区生产总值；r为它们之间的距离；K为能量折损系数。

在交通、通信等相关条件已定的情况下，K为常数，并可用统计数据和数学方法求出。国内有学者根据上述公式，计算了1984年湖南长株潭经济区内的三个城市经济作用力大小，结果为：长沙与珠洲之间经济作用力为850.75经济度；长沙与湘潭之间经济作用力为658.58经济度；株洲与湘潭之间经济作用力则为434.54经济度(1个经济度=百万元·万人/平方公里)。

(2) 城市群体间的经济作用。对于城市群体之间的经济作用，同样可以沿着以上思路，先计算出每两个城市之间的经济作用强度E_{ij}，列成强度矩阵。为使问题简化，可以采取总量描述的方法，设SE为城市群体经济作用总强度，则：

$$SE = \sum_{i=1}^{n}\sum_{j=1}^{n} E_{ij}$$

但它仍然反映不出城市群在数量多少和规模大小等方面的参差混乱程度。为此，可借用热力学中“熵”的概念，近似地进行结构描述。由于熵是混乱程度或复杂程度的度量，则熵值越大，反映城市数量越多、规模悬殊越大；反之亦然。因此，定义城市群相互经济作用熵为 HE：

$$HE = -\sum_{i=1}^{n}\sum_{j=1}^{n} G_{ij} \log G_{ij}$$

$$G_{ij} = \frac{E_{ij}}{SE}$$

这样，我们就可以用 SE 和 HE，从不同侧面近似地反映城市群体相互经济作用的总量及其构成了。例如 20 世纪 90 年代初，国内有学者据此计算出上海经济区的 SE 为 3 860.10，HE 为 1.163 9；而京津唐经济区的 SE 为 2 333.29，HE 为 0.532 8。可见前者的经济作用无论是在总量上还是构成的复杂程度上，都要高于后者。

二、城镇体系的形成及其类型

所谓“城镇体系”(urban system)，是指一定区域内的各种类型、不同等级、空间相互作用关系密切的城镇群体组织，它是经济区的基本“骨骼系统”。

早在 20 世纪 20 年代，学者们就已开始了对区域城镇群体的研究。但正式首次提出“城镇体系”这一概念的，是 1960 年美国地理学家邓肯(O. D. Duncan)及其同事。他们在研究美国城市的专业化作用以及大都市区之间相互依存关系时，定义了城镇体系。从那以后，越来越多国家的政府日益重视城市化政策的制定，逐渐认识到国家要实现经济的均衡、协调发展，人口的合理分布与再分配，处理好经济发展与社会进步、环境保护的相互关系，已经不能只就单个城市本身得到满意地解决，而需要将相关的城镇都综合起来、统筹考虑国家或区域发展战略，从而激发了学界对城镇体系研究的不断深化。

1. 城镇体系的形成

如前所述，既然两个相邻城市间存在着空间的相互作用，那么它们又根据什么原则形成一个结构完整的城镇体系呢？对此，经济地理学中的“中心地理论”作了详细的阐述，现简要介绍如下。

德国经济地理学家克里斯塔勒(W. Christaller)在 1933 年出版了《德国南部的中心地》一书。他在德国经济学家韦伯的“工业区位论”、杜能的“农业区位论”的启发下，独辟蹊径地把地理学的空间观点和经济学的价值观点结合起来，探索城市的数量、规模和分布的规律性，从而以抽象演绎的方法创立了主要根据城市向它周围的腹地所提供的服务来解释城镇体系空间结构的理论，其要点是：

- 任何城镇都具有向其周围地区提供商品和服务的职能，而该职能一般要在它服务区域的相对中心位置来执行，因此这些城镇都可看做是规模不等、级别不同的中心地；
- 每一个地区会形成一套中心地的等级体系，同等级的中心地有同样大小的服务范围，也称市场区，市场区是六边形的；
- 整个中心地及其市场区是由一级套一级的网络相互嵌套而成；
- 各级中心地在空间上的分布，遵循三个原则，即市场原则、交通原则和行政原则。这三个原则可以用图形直观地表达，如图 4-2 所示。

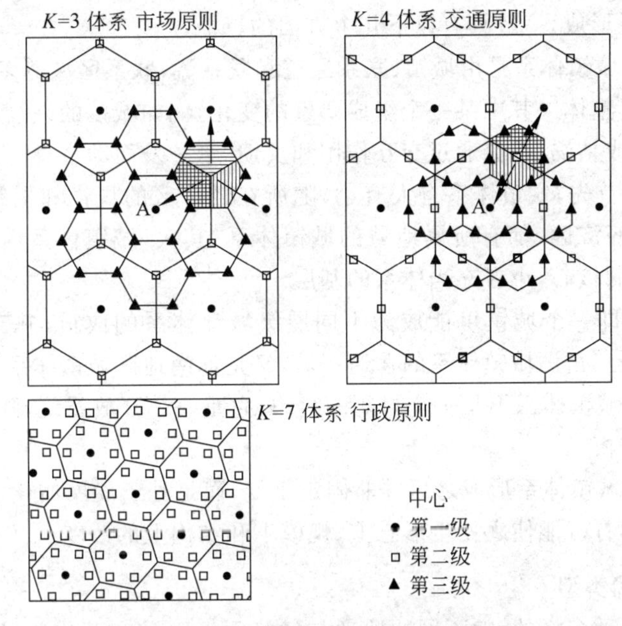

图 4-2　克氏三原则的图形

资料来源：周一星．城市地理学．商务印书馆，1995，332

(1) 市场原则。一个较高级中心地的市场区正好是下一级市场区面积的 3 倍，因此又称作 $K=3$ 原则。

(2) 交通原则。在交通线合理布置的前提下形成的中心地体系，会使较低级的中心地在两个较高级中心地之间的中点发展起来，导致较高级中心地的市场区面积是下一级市场区的 4 倍，因此又称作 $K=4$ 原则。

(3) 行政原则。不同等级的中心地的分布首先受制于行政管理和政治控制的需要，低级中心地及其市场区必须完全被包含在高　级中心地的控制范围之内，以消除行政管理上模棱两可的任何可能。这样，市场区和行政区实际趋于一致。一个较高级中心地供应和管理周围6个低一级中心地，包括自身一共7个，因此又称作 $K=7$ 原则。

克里斯塔勒认为：以上三个原则在一个区域常常会交叉发生作用，但又各有侧重——在经济发达、交通便利的地区，市场原则最占优势；在自给自足和偏僻地区，行政原则居于首位；而在新开发地区，移民拓荒沿交通线推进，则交通原则会占上风。

现把克氏中心地理论做一总结就可以明确：城镇体系的形成有赖于三股力量的混合作用，即以市场范围为代表的经济力量、以交通条件为代表的自然力量、以行政区划为代表的社会力量。针对任何一个城镇体系，都可以找出这三个原则的影响。

2. 城镇体系的特征

城镇体系一经形成，一般具有以下几个方面的特征。

(1) 整体性。城镇体系是由城镇、联系通道和联系流、联系区域等多个要素按一定规律组合而成的有机整体。其中某一个组成要素的变化，例如城镇的兴衰、交通线的开拓或废弃、资源的开发或枯竭，都会通过交互作用和反馈“牵一发而动全身”。

(2) 层次性。首先，城镇体系有大有小，随所在经济区的规模和层级而定，大到省际经济区，小到地方经济区，都有所属地域的城镇体系；其次，城镇体系内部的城镇有大有小，大者成为体系的核心，小者充当体系的基层。

(3) 重叠性。即一个城镇可能成为不同层级城镇体系的成员，并充当不同的角色。如无锡市既是长江三角洲城镇体系的普通一员，又是苏南地区城镇体系的中心城市之一。

(4) 开放性。城镇体系不是一个封闭的组织，它是一个开放系统，随时都和外界进行着物质和能量的交换。

(5) 动态性。城镇体系形成之后并非固定不变，而是处于发展演化之中，外界环境与内在因素的变化都有可能使之发生形态上、规模上和结构上的改变。

3. 城镇体系的类型

城镇体系是多种多样的，随不同的地理与经济因素而千变万化。但其基本结构又是有规律可循的，总体上可分为以下四种类型。

(1) 金字塔形。这是最为常见的一种城镇体系，即以一个大城市或特大城市为核心，周围有几个中等城市相围绕，由此再联系若干小城市和更多的小城镇，如此形成金字塔形结构，塔顶便是体系的核心城市。例如，三峡经济区的城镇体系就是由十几个县市所组成，塔顶是重庆市。

(2) 多核形。即体系内的核心城市不是一个而是多个，它们规模相近、引力相当，共同发挥对其他中小城市的空间作用，形成一种多核结构。典型的如京津唐地区城镇体系便是以北京、天津为双核心所组成。

(3) 网络形。在一个城市发育早、城市数目多、城市化水平高的地区，如果城市之间不存在规模上的较大差距，则其结构是网络状的，即核心不突出、彼此作用力难分高下。譬如辽宁中部地区的城镇体系便属此类，它包括了沈阳、鞍山、抚顺、本溪、辽阳、铁岭等特大和大中城市，是以城市群为特征的城镇体系。

(4) 带状形。一般在江河流域、交通干线的沿线地区，容易形成城市在空间上一字排列、首尾衔接的带状结构。经济发达的沪宁杭地区城镇体系就属此类，在沿长江 400 多公里长的流域内，分布着南京、镇江、扬州、常州、无锡、苏州、上海、湖州、杭州等众多特大和大中城市，是另一种以城市群为特征的城镇体系。

以上四种城镇体系结构特点，如图 4-3 所示。

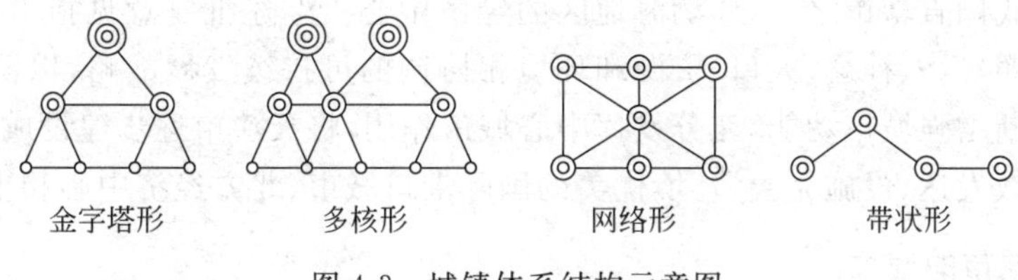

图 4-3　城镇体系结构示意图

第三节　中心城市

研究城镇体系必然会涉及中心城市，而若不对中心城市的发展规律进行研究，在规划和推进城镇体系发展时，就会失去重心，事倍功半。

一、中心城市的地位与类型

在任何城镇体系中，都有一个(少数情况下是多个)城市居于核心地位，在经济、政治、文化、科教等方面对周围的地区和其他城镇发挥主导作用，这便是中心城市。中心城市对于其所在的经济区来说，就是经济中心，是经济区形成的依托与"心脏"。

但是，强调中心城市的经济中心功能，并不排斥它还可能是一定地域的政治中心、文化中心，有时后者的重要性甚至高于前者。例如，北京市是党中央、国务院所在地，当之无愧是全国的政治中心；作为有 3 000 多年建城史、850 多年建都史的历史文化名城，它同样是独具魅力的文化中心；而作为一个世界上人口最多、发展最快的大国首都，国际活动日益频繁(包括将在 2008 年承办夏季奥运会)，它还是举世瞩目的对外交往中心——比起后三项中心功能来说，北京市作为我国北方地区的经济中心，就显得不是那么突出了；相反，它有些经济功能还应该适当地向外疏散和转移(首钢搬迁至河北省唐山市的曹妃甸即是一个重大的战略性举措)，以便更好地履行其政治中心、文化中心和对外交往中心的功能。2005年1月，《国务院关于北京城市总体规划的批复》明确了北京的城市性质为：北京是中华人民共和国的首都，是全国的政治中心、文化中心，是世界著名的古都和现代国际城市。上述批复意见指出：北京城市的发展建设，要按照经济、社会、人口、资源和环境相协调的可持续发展战略，体现为中央党、政、军领导机关的工作服务，为国家的国际交往服务，为科技和教育发展服务，为改善人民群众生活服务的要求。在这里，就没有提及北京的经济中心功能。

而2006年8月，《国务院关于天津市城市总体规划的批复》则明确天津市的城市性质为：天津市是我国直辖市之一，环渤海地区的经济中心。上述批复意见指出：天津市的发展建设，要按照经济、社会、人口、资源和环境相协调的可持续发展战略，以滨海新区的发展为重点，不断增强城市功能，充分发挥中心城市作用，将天津市逐步建设成为经济繁荣、社会文明、科教发达、设施完善、环境优美的国际港口城市、北方经济中心和生态城市。

1. 中心城市的地位

中心城市在国民经济建设和社会发展、生产力宏观布局、深化改革、扩大开放、率先实现城市现代化等方面，都具有极其重要的地位。在中心城市里，积聚了国家主要的精神文明、物质财富和经济能量。例如北京、天津、上海、重庆、哈尔滨、长春、沈阳、大连、济南、青岛、南京、杭州、宁波、厦门、广州、深圳、武汉、成都、西安19个副省级及以上的城市，在2005年，它们的总人口为16 482万，只占全国总人口的12.6%，但在国民经济与社会发展中所占的份额却远远高于此数，详见表4-3。

表4-3　2005年全国19个副省级及以上城市(含辖县)的主要指标

指标名称	绝对值	占全国的比重/%
总人口/万人	16 482	12.6
土地总面积/万平方公里	30.9	3.2
地区生产总值/亿元	57 224	31.3
固定资产投资总额/亿元	26 545	29.9
城乡居民储蓄年末余额/亿元	48 851	34.6
客运量/万人	398 509	21.6
货运量/万吨	461 908	24.8

资料来源：2006年中国统计年鉴

我国的大中城市既是某一行政区的政治中心，往往也是所在地区的经济中心。例如全国地级及以上城市(不含辖县)主要经济社会统计指标见表4-4。

表 4-4 2005 年全国地级及以上城市(不含辖县)的主要指标

指　　标	绝对值	占全国的比重/%
总人口/万人	36 285	27.8
土地总面积/万平方公里	57.4	6.0
地区生产总值/亿元	109 743	59.9
固定资产投资总额/亿元	51 472	58.0
工业总产值/亿元	162 617	64.6
社会消费品零售总额/亿元	40 922	60.9
普通高等学校在校学生数/万人	1 432.9	91.7
医疗卫生机构病床数/万张	173	55.2

资料来源:2006 年中国统计年鉴

由此可见,中心城市素质的高低直接关系到国民经济与社会发展的全局。如何突出中心城市的中心作用并带动相关城镇体系的发展,是我国经济社会发展宏观布局需要研究的重要课题。

2. 中心城市的类别

由于城镇体系的层次性,使得中心城市在发挥各自综合影响力上也存在较大的差别,一般将它们区分为四类(以下论述均仅指我国大陆地区,不含香港、澳门和台湾地区)。

(1) 具有国际影响力的全国性城市。它们都是市区人口在 500 万以上的超级城市,在国家的经济活动中发挥着重大的枢纽作用。目前,只有两座城市有资格跻身此列,即北京、上海。

(2) 具有跨省影响力的地区性城市。它们都是市区人口在 100 万以上的特大城市,在国家的大区域经济活动(如省际经济区)中起着重要的骨干作用,能带动周围数省区的发展。全国这样的城市共有 11 个,它们是:天津、重庆、沈阳、大连、青岛、南京、武汉、广州、深圳、成都、西安。

(3) 省级中心城市。它们在一个省域范围内承担经济中心的功能,一般是市区人口在 100 万以上的特大城市。这些城市都是各省的省会或城市规模在省内名列前茅的城市,如哈尔滨、长春、郑州、杭州、南宁、乌鲁木齐、呼和浩特等。

(4) 省内中心城市。它们多是市区人口在 50 万以上的大城市,在一个省域的局部地区承担经济中心的功能,行政级别上往往是地级市(但并非所有的地级市都能起到中心城市的作用),这样的城市全国有 100 多个,平均每省 3～4 个。

二、中心城市的功能与作用

1. 中心城市的功能

中心城市的功能主要表现在以下几方面。

(1) 工业生产中心。它集聚着数量较多、规模较大的工业企业,且工业门类较全、技术装备较好、产业结构较高,具有雄厚的发展基础、稳定的原料基地,能跟踪先进技术的应用,有产业创新能力,企业的经济效益保持领先地位。

(2) 商品流通中心。它是区域的物资集散地与主要的贸易市场,商业网点发达、服务设施先进,能使商品流通以最短的时间和最小的费用,完成商品从生产领域到消费领域的转移。

(3) 交通运输中心。即具备四通八达的交通线路以及快速安全的运输手段,如机场、高速公路、铁路、港口设施等,是所在地区人流与物流汇聚的中心,担当着枢纽的重任。

(4) 金融中心。金融业直接关系到经济活动的盛衰兴败。因此,经济中心必定也是一定范围的金融中心,聚集着多家银行、财团、保险公司、证券公司等金融机构,具有从国内国外借贷和调拨资金的能力,支持和保障经济发展对资金的巨额需求能最大限度地得到满足。

(5) 信息中心。信息是重要的资源,信息产业将是未来的主导产业,信息的生产与传播速度快与慢、渠道畅与阻,是衡量经济中心功能的重要标志。因此,它应该拥有影响力大、受众面广的新闻出版、广播电视、广告咨询等信息生产和传播机构。

(6) 科学技术中心。它拥有水平较高的大专院校、科研院所,有相当数量的科学工作者和专业技术人员,有独立自主的科研开发与创新能力,能及时把科技成果转化为生产力。

(7) 文化教育中心。经济力量与文化力量从来是并驾齐驱的"双轮马车",没有特色鲜明的地域文化和普及深入的各层次教育(包括高等教育、职业教育和国民素质教育等),就既不能形成,也不能长久保持经济中心的地位。

作为中心城市,无论其层级高低、规模大小,都会不同程度地具有以上特征;而中心城市的作用,也正是通过这七个方面各自结成的地区网络体系发挥出来,如商业网络、交通网络、教育网络等等。

2. 中心城市在发展现代市场经济中的作用

中心城市较一般城市的集聚程度(包括人口、资本、消费、基础设施)都要高,社会分工发达,科学技术先进,交通运输便捷。因此它的活动具有明显的聚集性、扩散性、市场性、高效性和开放性等特征,在发展大市场、大流通中具有先天优势。这就决定了中心城市在发展市场经济中必然居于主导和先导的位置。

(1) 市场主体(各类企业)集中,具有现代市场经济的内生优势。中心城市在市场经济中作用的大小,在很大程度上取决于它是否拥有竞争力很强的企业群体和富于竞争精神的企业家队伍。中心城市是各类企业最集中、商品生产能力最强、商品交换范围最广的经济活跃的地域。例如,日本的12个工商业大城市,集中了全国80.4%的大企业,其中东京占52.9%;法国38%的大企业总部设在巴黎,其工业总产值占全国的1/4,营业额占全国的82.8%;我国上海市在2004年的工业企业数(指国有及规模以上非国有企业,下同)占全国的5.7%,工业增加值占6.3%,资产总额占7.0%,产品销售收入占7.4%。

中心城市企业集聚的特征,决定其具有产生现代市场经济所要求的高效率、高效益的内生机制;有利于市场体系的发育,实现市场的规模化、社会化、专业化、现代化和国际化。随着国有企业特别是大中型企业内部经营机制的转换、外部环境的改善,中心城市蕴藏的发育市场的巨大潜能必将充分地释放出来,从而带动我国社会主义市场经济的迅速发展。

(2) 科技力量雄厚,具有开发适应市场需求的新产品的巨大潜力。在现代社会,技术进步已成为产业升级和经济增长最活跃、最重要的因素。中心城市是先进生产力集聚的地域,是科技人才集聚之地,因而是开发新技术、研制和生产新产品的重要创新基地。中心城市高科技的优势,是其市场经济发达的根源所在,也是我国实现现代化和外向化的"生长极核"。我国已依托一些中心城市兴建起53个国家高新技术开发区和50个国家大学科技园,这对于发展高科技,实现产业化发挥着重要的作用。例如,2005年北京市的高技术产业实现增加值1 325.8亿元,占全市地区生产总值的19.3%;其中高技术制造业增加值为400.8亿元,占全市工业增加值的23.5%,占全国高技术制造业的5%以上。

同时,中心城市在引进国外先进技术和向国内扩散中,起着承外启内、合理嫁接、消化创新的"转换器"作用,对于带动域内乃至全国技术进步、产品更新换代,具有不可替代的重要意义。

(3) 主导产业外向化程度高,具有开拓国内国际市场的扩张力。改革开放以来,随着市场经济的发展,我国一些中心城市已经形成了各自的外向型出口创汇主导产业和产品,在带动全国参与国际交换和合作中发挥着重要的作用。例如上海、北京、天津、广州、深圳等城市,分别与世界100多个国家和地区建立了经济技术合作关系,大大提高了我国经济对外开放的整体水平。

中心城市日益发展的外向型产业,成为带领我国经济进入世界经济的重要枢纽。中心城市的产业规模大、技术先进,对经济诸要素的输入和输出、流向和流量具有很大的调节作用。因而,它对经济要素的聚扩、转换呈现出大范围、大规模、多层次、全方位、高效率、高效益的特点。在扩大对外开放的宏观环境下,中心城市对国际间经济要素的汇聚能力和枢纽作用,也会不断增强。

(4) 基础设施较好,经济管理机构较健全,具有成为大市场、大流通枢纽的条件。中心城市的主导产业主要是输出产业,其产品主要是向域外销售。例如,上海市每年输出的商品，占全国商品销售总量的10%左右；天津、广州、沈阳、哈尔滨、大连等中心城市的商品，60%～70%供应外省市和国外，其大工业生产和大商业结合在一起，对组织大市场、大流通有重要的影响力。

中心城市具有较好的基础设施和较健全的经济管理机构，有利于完善市场经济调节系统，有利于市场体系的发展和规范化、制度化、法制化。中心城市还拥有一系列市场经济的调节机构：金融、物价、财税、劳动工资等执行部门；统计、信息、政策研究、咨询等“软件”机构；工商、审计、商检、海关等监督机构；司法、仲裁、行政机关等保证部门。只要搞好配套改革，有效地发挥这些部门和调节机构的功能，则中心城市在组织大市场、大流通中就有可能取得更大的成效。

总之，在我国以中心城市为支柱，以城市体系为依托，以各类经济区为腹地来建设社会主义市场经济是必由之路。必须尽快把这些中心城市从高度集中的计划经济模式中彻底解脱出来，冲破条块分割、行政分割、城乡分割旧体制的束缚。同时，要依据市场经济的客观规律，调整城市经济社会发展战略和城市建设总体规划；把市场建设纳入城市规划和综合开发的“大棋盘”中，统一规划、合理布局、完善体系、配套建设，把中心城市在现代市场经济中的巨大潜力尽快发挥出来。

城市经济结构

第一节 城市经济结构的组成

一、城市经济结构的内涵与意义

1. 城市经济结构的内涵

城市是一个多层次、多因素组成的大系统，城市经济只是城市这个大系统中的一个子系统。它可划分为若干个部门(如生产部门、流通部门、服务部门等)，每个部门又可再细分为多个行业(如工业、农业、建筑业等)，如此层层分解，直至最基本的微观经济活动主体——企业。在这个分解的过程中，依据不同的角度，可以考察出城市经济系统中诸多要素的组合状态及其相互关系，这就是城市的经济结构。

城市经济结构本身，亦是一个错综复杂、十分庞大的综合体系，对它的认识必须首先进行科学的分类。只有在科学分类的基础上，进行层层解析，才能正确把握城市经济结构的内在联系与运行规律，明确优化城市经济结构的目的与方向。

考察城市经济结构的组成，可以从不同的角度进行。依据马克思主义政治经济学的观点，人类一切经济活动体现为生产力与生产关系这两个方面。因此，城市经济结构也就可以分成城市的生产关系结构和城市的生产力结构这两大类，在其下分别隶属着若干层次的结构。

2. 研究城市经济结构的意义

城市经济结构直接关系到城市经济乃至整个城市长远的健康发展。深入研究它的结构关系和演变规律，是城市经济学中的一个重要课题。

城市经济结构决定城市经济效益的形成。城市经济效益是城市各个经济子系统效益的汇合，但并非它们的简单加总，而是决定于这些子系统之间相互牵制与促进的关系。这些关系是否顺畅合理，直接影响到城市总体经济效益的优劣与高低。

城市经济结构制约城市经济功能的发挥。城市经济功能是城市其他功能存在与发展的基础；而经济功能的发挥，客观上取决于经济活动的强弱与疏密，取决于经济活动中城市各项资源的配置关系。这种配置关系，正是城市经济结构的重要组成部分。

城市经济结构影响城市空间结构的布局。城市经济的各个部门、各个行业，对于城市土地、资金与劳动力等生产要素的需求各不相同，这就影响到城市空间结构的布局。因此，城市经济结构的任何重大调整，都会对城市规划提出相应的要求，并得到直观的体现；反过来，检验城市规划是否合理，也要将是否有利于城市经济结构的优化作为重要参照系之一。

二、城市生产力结构的组成

属于城市生产力结构的，主要有以下 4 类。

1. 城市的产业结构

产业结构是城市经济结构中最重要的结构关系，在本章第二节将专门研究这个问题。

2. 城市的产品结构

按照产品的用途和凝结在其中的劳动价值，可以把一切产品划分为初级产品、中间产品和最终产品。一般来说，初级产品（如棉花）和中间产品（如布匹）的附加价值较低，从中得到的利润较少；而最终产品（如服装）的附加价值较高，从中获利较多。

农产品、矿产品等原材料是国民经济的命脉所系，但属于附加价值较低的初级产品，大多是微利产品。因此，那些资源型的城市，如何从以生产简单、笨重、粗放的初级与中间产品为主，转化为尽量生产高附加值、高效益的最终产品，发展“高、精、尖”产业，生产“新、优、特”产品，是城市经济结构调整的重要方向。

3. 城市的技术结构

城市的技术结构所反映的是城市主导产业部门科学技术水平的高低。从技术装备角度，可以分为：人力手工、半机械化、机械化、半自动化、自动化 5 个层级；从技术手段角度，可以分为：原始技术、初级技术、中间技术、先进技术、尖端技术 5 个层级。在我国，经济发达的沿海城市和少数内地大城市的技术层级较高；而其他城市则技术层级较低，其落差可达几十年。

一座城市的技术结构状况，可以用以下 4 类指标衡量：

- 劳动力类。即在各不同层级的技术上所使用的劳动力人数占总劳动力人数的比重，及它们的相互关系。
- 产品类。即用各不同层级的技术所生产出的产品价值占总产品价值的比重，及它们的相互关系。
- 资源类。即在各不同层级的技术上所消耗的物质资源量占总物质资源量的比重，及它们的相互关系。
- 技术含量类。即技术进步因素在经济增长的诸贡献因素中所占的份额及其发展趋势。越是经济发达的城市乃至地区和国家，劳动和资金因素对经济增长的贡献相对减少；而技术进步因素对经济增长的贡献则是不断增大。据统计，欧美工业发达国家的经济增长中，技术进步的贡献率已由本世纪初的5%～20%增加到目前的50%以上。

4. 城市的经济组织结构

城市的经济组织结构，一般是指生产与经营性企业的经济规模结构。它是企业内生产力诸要素，即劳动力、固定资产和经济资源等集中程度的综合反映。

对于企业规模的划分，国际上存在多种方法。例如欧美国家普遍采用企业的人数作为标准，分成1～10人、11～50人、51～100人、101～500人、501～5 000人、5 000人以上等不同级别；也有的采用营业收入、固定资产等作为标准。在我国，对于以手工劳动为主的行业，一般按职工人数划分；对于机械化、自动化水平较高的行业，一般按工业生产能力划分（如钢铁厂按年产钢铁量、棉纺厂按纱锭量划分）；对于不宜按上述方法划分的行业，通常用固定资产原值作为标准。

每座城市内总是大、中、小型企业并存，它们各具优势，也各有不足。大中型企业产量多、技术高，容易达到规模效益，能解决国民经济中的重大问题，是国家经济力量的骨干和主力军；但相应投资大、建设周期长、市场应变度低、吸收劳动力相对较少。小型企业虽然技术上较落后、污染较难治理，但“船小掉头快，身轻跳得高”，具有经营灵活、吸收劳动力相对较多的特点，便于就地取材、就地销售，是大中型企业不可缺少的补充与帮手，在国民经济，尤其是民营经济中发挥着越来越重要的作用。

企业的最佳规模，与其要素密集度有密切关系。对于技术与资金密集型的行业，因其规模效益的阈值很高，当以大型企业为优，如汽车、电子、钢铁行业；对于劳动密集型的行业，由于对市场的依赖度很大，当以中小型企业为好，如制衣、玩具行业。因此，“一刀切”地片面强调“集团化”或“分散化”并非良策，需要因行业制宜，该分则分，该并则并。

三、城市生产关系结构的组成

属于城市生产关系结构的，主要有以下两类。

1. 城市的所有制结构

在党的十一届三中全会前，我国奉行的是单一的公有制模式，非公有制经济被当作异己力量从根本上予以排斥。随着经济体制改革的深化，我国的所有制结构发生了深刻的变化，已逐步形成了以公有制为主体、多种所有制共同发展的所有制总体格局。所有制的具体结构形式日益呈现多元化扩展的趋势，从而使我国已进入混合经济的时代。

自2003年以来，我国对所有制的分类、名称是根据生产资料所有制决定的经济成分划分，可以分为公有经济（包括国有经济、集体经济）、非公有经济（包括私有经济、港澳台经济、外商经济）以及公有经济和非公有经济等参股的混合所有制经济。所以，每个城市的所有制结构，就是根据本市企业登记注册的类型来划分和统计的。其分类方法详见表 5-1。

表 5-1　我国企业登记注册类型

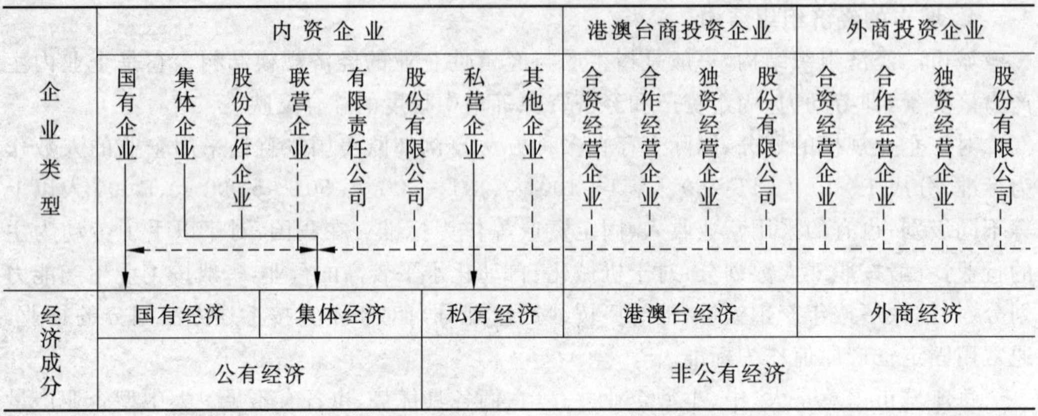

	内资企业								港澳台商投资企业				外商投资企业			
企业类型	国有企业	集体企业	股份合作企业	联营企业	有限责任公司	股份有限公司	私营企业	其他企业	合资经营企业	合作经营企业	独资经营企业	股份有限公司	合资经营企业	合作经营企业	独资经营企业	股份有限公司
经济成分	国有经济			集体经济		私有经济			港澳台经济				外商经济			
	公有经济					非公有经济										

注：虚线表示根据企业实收资本中的国家资本、集体资本、个人资本、港澳台资本、外商资本确定其经济成分。

资料来源：黎诣远. 西方经济学(第二版). 北京：高等教育出版社，2005，122

表 5-1 表明：我国现在所有制成分就是两大类，即公有经济和非公有经济。公有经济是由国有经济和集体经济所组成；非公有经济是由私有经济、港澳台经济、外商经济所组成。每一类经济成分都是由若干不同所有制类型的企业所构成。

随着经济体制改革的深化，我国城市的所有制结构发生了重大的变化。现从北京市不同所有制企业从业人员的发展状况这个侧面，来分析北京市 1978—2005 年所有制结构的变化，详见表 5-2。

表 5-2　北京市不同所有制企业从业人员的变化　　　　万人

年份	城镇合计	国有经济	集体经济	联营经济	股份制经济	外商投资经济	港澳台投资经济	个体经济
1978	291.6	204.9	50.7					
1985	384.8	308.1	72.6			1.6		2.5
1988	413.9	336.4	69.9	0.2		3.4		3.5
1991	477.2	367.8	89.0	0.5		7.7	0.2	7.2
1994	492.7	363.5	73.3	3.5	6.3	15.0	9.4	20.9
2000	456.3	266.2	48.3	4.0	48.2	23.8	14.2	24.4
2005	694.0	195.0	23.8	2.4	185.7	49.7	21.7	57.2

资料来源：2006 年北京统计年鉴

表5-2显示，北京市从1978—2005年的28年中，城镇经济所有制结构的变化有如下特点。

(1) 公有经济企业的从业人员大量减少。1978年北京市城镇企业从业人员共291.6万，全部属于公有经济企业；但到2005年，北京市城镇企业从业人员增加为694万，而属于公有经济企业的下降为218.8万，减少了72.8万，仅占从业人员总数的31.5%。

(2) 非公有经济企业的从业人员迅速增加。1978年北京市城镇企业从业人员的统计中，非公有经济的企业从业人员为零；从1985年出现了外商投资经济的统计，从业人员1.6万，到2005年增加为49.7万；1985年出现了个体经济的统计，从业人员2.5万，到2005年增加为57.2万；从1988年开始有联营经济的统计，从业人员为0.2万，到2005年增加为2.4万；从1991年开始出现港澳台经济，从业人员为0.2万，到2005年增加为21.7万；从1994年开始出现了股份制经济的统计，从业人员为6.3万，到2005年增加为185.7万。

为什么北京市城镇的非公有经济从20世纪80年代中期以来，港澳台经济、外商投资经济、股份制经济、个体经济和联营经济，发展速度都很迅猛？究其原因，主要是进一步解放了思想，从理论上对非公有经济的认识有重大的突破：确认非公有经济是促进社会主义生产力发展的重要力量，是社会主义市场经济的重要组成部分；明确国家、集体、个体私营和外资等所有制经济，可以在市场竞争中发挥各自优势、相互促进、共同发展。另外，投资的硬环境和软环境不断得到很大的改进和完善，对港澳台投资者和外商投资者的吸引力加强，所以促使非公有经济企业的从业人员急剧增加。

2. 城市的投资结构

投资是一种政治经济行为，取决于经济体制、经济政策和经济环境，从本质上看，属于生产关系的范畴，反映了资源在经济主体之间的分配关系。

城市的投资结构是指固定资产投资在城市经济各部门和各地区之间、不同的技术结构和投资方式之间以及各自内部的相互联系和比例关系。

(1) 投资来源。即固定资产投资的资金供应渠道。我国城市目前的投资来源主要有：国家投资、自筹投资、银行贷款、境外借贷和外商直接投资5种形式。

(2) 投资方向。即一定时期内固定资产投资的重点及其在各部门、各地区之间的分配比例。它决定着国民经济各部门、各地区固定资产扩大再生产的发展速度，决定着产业结构和生产力布局的调整与改善。在投资规模既定的条件下，投资方向愈合理，投资经济效果也愈好。

合理安排投资方向，要处理好以下比例关系：经济建设和社会发展、生产性建设与非生产性建设、国民经济各物质生产部门之间、物质生产部门内部之间、各地区之间、建设项目规模大小之间、基本建设和更新改造措施之间、续建项目和新开工项目之间等。这些比例不是一成不变的，要从客观实际出发，根据城市经济发展的战略目标、产业结构合理化、生产力布局合理化的要求，科学地予以确定。

第二节 城市的产业结构

一、产业结构的分类

所谓"产业结构"，是指各产业部门之间量的比例及其相互结合、相互依存的关系。从现代经济的发展来看，产业部门已经突破了物质生产领域，涵盖了全部国民经济活动的方方面面。因此，产业结构也就成为一个国家和地区，或者一个城市的经济结构中最基本、最具代表性的结构关系。

关于产业结构的分类，可以从不同的角度来进行，常见的分类方法有以下5种。

1. 按生产部门划分

按传统的经济理论，将国民经济划分为五大产业部门：农业、工业、建筑业、运输邮电业和商业饮食业。由于它只考虑了物质生产和流通领域，没有考虑科学文化等精神文明领域，而后者对于整个经济和社会发展的作用正在日趋增大，因此这种分类方法带有较大的局限性。

2. 按产品使用划分

按产品的用途，将全部物质产业部门分成两大类：生产初级产品和中间产品的产业划作上游产业；而生产最终产品的产业则划作下游产业。二者之间并无严格区分，只是针对不同的经济活动而言。一般来说，上游产业的"前向联系度"较高，而下游产业的"后向联系度"较高。

"联系"(linkages)是美国经济学家赫尔希曼(Albert Hirschman)所提出的经济概念。他认为，在各产业部门之间，由于原料的供给和产品的使用存在着一种天然的协作关系，因而把某一部门与吸收其产出的部门之间的联系称为前向联系；把某一部门与向它提供投入的部门的联系称为后向联系。例如，石油采掘业是前向联系度很高的上游产业，它的建立会推动炼油、化工、医药等下游产业的发展；而汽车制造业是后向联系度很高的下游产业，它的建立则将带动冶金、机械、化工等上游产业的发展。

3. 按经济功能划分

按经济功能和市场的不同，把城市产业部门分成两大类：主要满足城市外部市场需要的产业为输出产业(或叫基础产业)；主要满足城市内部市场需要的产业为地方产业(或叫非基础产业)。对于城市的经济发展来说，输出产业是起主导作用的动因，处于支配地位，因为它是城市从其外部获取资源的主要手段；地方产业则是支撑前者存在与发展的条件，处于从属地位。

每个城市发展什么样的输出产业取决于许多条件和因素，最重要的是该产业是否具备了比较优势，即和其他地区相比、和其他产业相比，该产业是否在资源、技术、地理、市场等相关方面拥有竞争力？各个城市扬长避短，确定自己的主要输出产业，从而形成各具特色的专业化分工。这对于国家和地区的生产力合理布局、对于资源的有效利用、对于经济效益的综合提高，都具有十分积极的意义。同样，地方产业一方面为输出产业提供产品和劳务；另一方面为当地市民提供衣食住行等诸多便利，在城市经济发展中绝非无足轻重，而是必不可少的支持系统。

输出产业与地方产业反映了城市经济的二重性，即对外功能与对内功能的统一。在这二者之间，存在着数量的依存关系，即：

$$\Delta EL' = a\Delta EB^{\circ}$$

式中：$\Delta EL'$为地方产业的就业增加量；ΔEB°为输出产业的就业初始增加量；a 为地方产业就业限定系数。

4. 按生产要素划分

根据各生产要素在不同产业部门中密集的程度和不同的比例，把它们分成三大类：凡单位劳动力占用资金较少、资本有机构成和技术装备水平较低、需要投入劳动力较多、单位成本中活劳动消耗所占比重较大的产业，称为劳动密集型产业，如服装、皮革、饮食业等；凡投资比较集中、资本有机构成高而所需劳动力较少的产业，称为资金密集型产业，如石油、化工、钢铁、机械制造业等；凡生产过程机械化、自动化程度和技术层级较高且对知识人才素质要求较严的产业，称为技术密集型产业（或知识密集型产业），如电子、航天、生物工程行业等。在实际构成中，有的行业不一定是单纯某一种要素密集度高，而有可能是两种都高。

经济发展的根本特征，是产业结构由简单到复杂、由低级到高级的不断转化。考察一下各国经济发展的进程可以发现，产业结构呈现如下演变规律：由以劳动密集型产业为主，转化为以资金密集型产业为主，再发展到以技术密集型产业为主。这一规律的基础是不同社会资源累积的顺序与速度、规模的差异，以及由技术进步带来的各种社会资源的有序替代。

与自然资源形成的天赋过程不同，劳动力、资金、科学技术这些社会资源是随着社会发展而逐步累积起来的。图 5-1 直观地显示出各种资源的累积过程与产业结构的相应变化。

图中，曲线 OL、OC、OT 分别表明劳动力、资金、技术要素的累积规模，OM、MN、NF 分别表示经济发展的不同阶段。曲线的不同形状反映出不同要素积累过程的差异：劳动力增长达到一定程度后呈缓慢下降趋势；资金的增长呈直线形上升；技术要素的累积为二

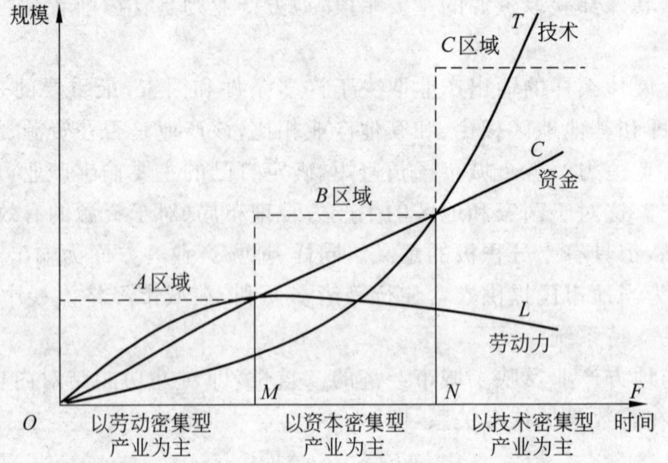

图 5-1 生产要素累积过程与相应的产业结构变化

次曲线形式，反映出技术进步的加速规律。曲线的位置变化反映出各种资源相对重要性的变化：在经济发展的早期(*OM*)阶段，劳动力是最重要的社会生产资源，其规模随人口增长而不断扩大。资金、技术要素虽有一定积累，但速度很慢，规模有限，与各种资源的累积规模差异相适应，这一时期的产业主要是农牧业、采掘业、手工业、轻纺工业等劳动密集型产业；在 *MN* 阶段，资本积累规模急剧扩张。曲线 *OC* 超过 *OL*，表明资本替代劳动成为最重要的社会资源，冶金、机械、化学、电力、交通运输等资本密集型产业逐步成为社会生产的主要行业；与此同时，技术要素的积累规模也在迅速扩张，并且呈现出不断加速的趋势；当曲线 *OT* 超过 *OC* 以后，技术就成为最重要的生产要素，电子、电器、航天、合成材料等技术密集型产业也逐步取代传统的资本密集型产业，成为社会生产的主要产业。

5. 按三次产业划分

将所有产业部门划分为第一产业、第二产业、第三产业三大类。这是当前国际上最通用、也最全面地划分产业结构的权威方法。比之前四种划分方式，其优点在于不仅涵盖了人类物质文明的生产与流通领域，也囊括了人类精神文明的创造与传播领域，涉及经济与社会发展的各个层面，且概念明晰、界定严格，不会发生混淆和模糊。

二、三次产业的划分

1. 三次产业的提出

"三次产业"这一概念的首创者，当推新西兰经济学家费希尔教授(A. G. B. Frisher)。他在 1935 年出版的《进步与安全的冲突》一书中指出，人类的生产活动可划分成三个阶段:初级阶段,主要以农业和畜牧业为主;第二阶段,以工业大规模地迅速发展作为标志;第三阶段,大约从20世纪初开始,出现了大量的服务性行业,并逐渐占据经济活动的主要部分。同生产活动的这三个发展阶段相适应,他认为可以将产业结构划分成三个层次:第一产业、第二产业和第三产业。

其后,1940年英国经济统计学家克拉克(Colin Grant Clark)在《经济发展的条件》这本著作中,进一步阐述了三次产业的内容及其结构变动趋势。他提出:第一产业以农业为主;第二产业是制造业;其他的经济活动则统统归入第三产业;由于各次产业间存在着收入差异,促使劳动力次序从低级向高级产业转移,从而形成了经济发展中的三个台阶——这一发现完善了古典经济学家威廉·配第(William Patty)的著名论断,因而被称为"配第—克拉克定理"。

2. 联合国的分类标准

所有从事经济活动的企事业单位,根据社会生产活动发展的顺序,可以分为三次产业,这是世界各国通用的产业结构分类。据此,联合国已经制定经济活动国际标准产业分类ISIC(International Standard Industrial Classification of All Economic Activities),见表5-3。

表5-3　经济活动的国际标准分类

产业分类	部门分类
第一产业	农业、牧业、林业、渔业、矿山采掘业
第二产业	加工制造业、建筑业
第三产业	电力工业,供气和给水工业,批发和零售商业,饭店和旅馆,运输、保管和邮电业,金融、保险、不动产业和企业劳务,公用服务业、社会服务业和个人服务业,不能明确划分的其他各类活动

资料来源:黎诣远. 西方经济学(第二版). 北京:高等教育出版社,2005,354

第一产业(primary industry)又称初级产业,指以大自然为对象,通过劳动直接取得初级产品的产业,主要指农业和采矿业。

第二产业(secondary industry)又称加工业,指以初级产品为对象,通过加工使其符合生产或生活需要的产业,主要指工业和建筑业。

第三产业(tertiary industry)又称服务业,指第一、第二产业以外,所有为生产或生活提供服务的各种产业。

人类生产活动的发展和劳动力的流动,都是从第一、第二产业到第三产业。通常,人们都以第三产业占三次产业的比例,作为一国现代化的重要标志。

3. 我国的分类标准

我国于1985年开始,参照国际标准,采用三次产业的划分来核算国民经济生产总值。

随着社会经济的不断发展，我国的国民经济行业变化较大。为了及时、准确地反映我国三次产业的发展状况，同时更好地进行国际比较，2002 年 5 月 10 日，国家质量监督检验检疫总局批准了国家统计局重新修订的国家标准《国民经济行业分类》(GB/T4754—2002)，并于同年 10 月 1 日正式实施。国家统计局根据《国民经济行业分类》制定了《三次产业划分规定》。我国新的三次产业划分，见表 5-4。

表 5-4　我国三次产业分类

<table>
<tr><th>领域</th><th colspan="3">产　业</th><th>行　业</th></tr>
<tr><td rowspan="3">物质生产领域</td><td colspan="3">第一产业</td><td>农业(包括种植业、林业、牧业和渔业)</td></tr>
<tr><td colspan="3">第二产业</td><td>工业(包括采掘业，制造业，电力、煤气及生产和供应业)，建筑业</td></tr>
<tr><td rowspan="4">第三产业</td><td colspan="2">流通部门</td><td>交通运输、仓储及邮电通信业，批发和零售商业，餐饮业</td></tr>
<tr><td rowspan="3">非物质生产领域</td><td rowspan="3">服务部门</td><td>为生产和生活服务部门</td><td>金融、保险业，地质勘察业，水利管理业，房地产业，社会服务业，农林牧渔服务业，交通运输辅助业，综合技术服务业</td></tr>
<tr><td>为提高科学文化水平和居民素质服务部门</td><td>教育、文化艺术和广播电影电视业，科学研究业，卫生、体育和社会福利业</td></tr>
<tr><td>为公共需要服务部门</td><td>国家机关、政党机关和社会团体，其他行业(军队和警察等)</td></tr>
</table>

资料来源：黎诣远，李明志. 微观经济分析(第二版). 北京：清华大学出版社，2003，148

三、产业结构的分析

产业结构与经济发展之间存在着极为密切的联系，经济的增长或停滞、增长速度的快慢、增长趋势的强弱，不仅直接取决于产业结构的现状是否合理，还受制于产业结构的未来变动。因此，对产业结构进行深入分析，是城市经济学的一项重要课题。

从总体上评价一个城市的产业结构是否合理，通常是看它的三次产业的比例关系处于何种水平，以及可能的发展方向。

美国经济学家、诺贝尔奖获得者 S. 库兹涅茨在其名著《现代经济增长》中，以大量的实证研究表明：伴随经济发展，国民收入和劳动力在各产业间的分布将发生变化——农业部门在整个国民收入和就业中所占比重不断下降；工业部门在国民收入中所占比重趋于上升，在就业中所占比重经过一定程度的上升之后则处于相对稳定状态；服务部门在就业中所占比重趋于上升，在国民收入中所占比重相对稳定或略有上升。根据这一理论，第

一、第二、第三次产业在国民收入(或国民生产总值)中以及劳动就业中的相对比重,就成为从产业结构方面衡量经济发展的重要指标。

表 5-5 显示,发达国家的城市以国民生产总值构成衡量的产业结构一般是:一产比重微不足道,二产比重小于 30%,而三产比重大于 70%,呈现出明显的后工业化社会的特征;而发展中国家的城市则二产比重较高、三产比重较低。

表 5-5　世界部分城市国民生产总值构成比较　　%

城市名称	统计年份	一产比重	二产比重	三产比重
纽约	1989	0	20.0	80.0
巴黎	1988	0.3	27.0	72.7
东京	1988	0.2	27.3	72.5
罗马	1981	4.0	23.0	73.0
汉城	1989	0.4	30.7	68.9
墨西哥城	1989	11.4	29.4	59.2

资料来源:朱庆芳等. 世界大城市社会指标比较. 北京:中国城市出版社,1997

这一规律在表 5-6 中,以就业构成衡量的产业结构,清晰地反映出在不同经济发展水平的城市里,劳动力逐次从第一产业向第二、第三产业转移,直至在第三产业部门中达到或超过 70%的稳定状态。

表 5-6　世界部分城市就业构成比较　　%

城市名称	统计年份	一产比重	二产比重	三产比重
纽约	1993	0	11.3	88.7
巴黎	1988	0	22.1	77.9
东京	1988	0.6	29.4	70.0
罗马	1987	2.4	19.3	78.3
伦敦	1987	0	15.0	85.0
汉城	1989	0.4	36.4	63.2
开罗	1988	1.7	39.8	58.5
墨西哥城	1989	0.1	30.8	69.1

资料来源:朱庆芳等. 世界大城市社会指标比较. 北京:中国城市出版社,1997

现对我国不同规模、不同地区部分城市的人均地区生产总值和产业结构进行比较,详见表 5-7。

表 5-7　2005 年我国部分城市人均地区生产总值与就业结构比较

城市	人均 GDP/万元	一产比重/%	二产比重/%	三产比重/%
北京	4.5	1.4	30.9	67.7
鞍山	2.9	5.5	55.0	39.0
苏州	6.7	2.2	66.6	31.2
深圳	6.1	0.02	53.2	46.6
岳阳	1.3	0.20	46.3	33.7
广安	0.66	27.8	37.2	35.0

资料来源:2006 年中国统计年鉴

综合考察世界各国和我国城市的经济发展历程,可以得出如下结论:

- 当一产比重大于 10%时,表明该城市尚停留在工业化的初始阶段;
- 当一产比重小于 10%,且二产比重高于三产比重时,表明该城市处于工业化的加速阶段;
- 当一产比重小于 5%,且二产比重与三产比重大致相当时,表明该城市处于工业化的成熟阶段;
- 当一产比重进一步下降,而三产比重超过二产比重并达到 70%以上时,表明该城市已进入后工业化阶段。

以此衡量,我国大部分城市处于工业化的加速阶段,少部分进入了工业化的成熟阶段,还有一部分停留在工业化的初始阶段。凡是第二、第三产业发达的城市,人均 GDP 较高;凡是第一产业比重较大的城市,人均 GDP 相对较低。

四、产业结构的优化

1. 我国城市产业结构的现状

我国的城市普遍处于经济迅猛发展时期,然而长期以来,由于指导思想上、观念上、体制上和管理上的诸多弊端,造成了产业结构的许多问题,成为经济进一步发展的制约因素。这些问题主要是如下三个方面。

(1) 工业比重过高,内部结构失调。在片面强调工业化的思想指导下,城市工业单兵突进、畸形发展,导致比重过高,而且内部结构失调。其具体表现是“三多三少”:“三耗”工业多、节能工业少;传统工业多、新兴工业少;加工工业多、基础工业少。

(2) 第三产业滞后。产品经济体制的一大特点是:重生产、轻流通,重产品、轻劳务,由此导致第三产业严重滞后。

(3) 产业同构严重。经济建设与产业管理上的“条块分割”，必然使城市经济走上各自为战、自成体系，追求“大而全”、“小而全”的路子，于是地无分南北、城无论大小，产业结构严重趋同，优势突出的专业化部门少之又少。

2. 我国城市产业结构的优化

研究城市产业结构的根本目的，在于产业结构的优化调整，使之适应现代经济增长的需要，为城市长远的发展打好基础。实现城市产业结构的优化，可以有以下几种途径。

(1) 选好支柱产业。所谓支柱产业，是指在城市经济发展中起主要推动作用、有决定性影响的产业部门。支柱产业应具备很强的产业关联度，能带动众多相关产业的发展；它应根据国内外市场需求来判断，有较大的收入弹性和发展余地；它还应是结合本地综合资源特色的、专业化水平较高的、比较优势最大的产业或产业群。

(2) 改善投资结构。要建立一种投资主体与投资效益直接约束的体制，改单一的国家投资主体结构为以企业为主体的、内外资并进的多元化投资主体结构；要鼓励技术密集型产业的投入，提高技术投入的经济效益，使城市经济增长逐步从外延扩张型转变为内涵提升型。

(3) 依靠科技进步。科学技术是第一生产力，在新技术革命层出不穷的今天，谁掌握了最新技术，谁就拥有政治、军事与经济上的主动权。城市经济是国民经济的主体和精华所在，理应大力依靠科技进步，逐步改造老企业、摒弃旧技术，引进先进技术装备和科学管理经验，使城市产业整体高度化。

(4) 大力发展第三产业。我国第三产业不仅普遍起步慢、水平低，而且内部结构不合理。在第三产业中，代表新兴产业的金融、保险、咨询、房地产、服务等技术比重太小，亟待提高。第三产业的加速发展，将从根本上改善城市的产业结构，也使城市产业结构的优化得以实现。

第三节　城市的流通结构

一、流通结构的主体与客体

马克思指出：“流通……是从交换总体上看的交换。”[①]“每个商品的形态变化系列所形成的循环，同其他商品的循环不可分割地交错在一起，这全部过程就表现为商品流

① 马克思恩格斯全集.第46卷.北京：人民出版社，1965，36

通。"[①]因此,可以看出,流通就是交换的总体,是连接生产、分配、消费这三个环节的纽带。

城市的生产和生活,每时每刻都离不开"流"和"通":城市内部与外界之间,内部的人与人之间、人与物之间、物与物之间,总在进行着频繁的交换与流通活动;一旦停止、阻塞,城市就无法维持正常的生存,更谈不上发展。因为城市最基本的功能,就是组织商品的生产与交换,就是承担流通的功能,城市的辐射力也从流通中派生。

1. 流通结构的主体

流通主体,指的是从事经济活动的单位和个人,按其经济功能,可分为五类:

- 生产资料的生产部门,如工厂、企业等;
- 消费资料的生产部门,如工厂、企业等;
- 劳务供给部门,如旅馆、剧场、医院等;
- 流通中介部门,如银行、商店、邮电、运输等;
- 消费部门,作为商品和劳务的消费者的团体或个人。

2. 流通结构的客体

流通客体,指的是参与流通过程之中的对象,即在主体与主体之间发生交换关系的物质实体或非物质实体。根据它的形态特征,同样可以分成五类:

- 商流,即经济活动中有关商品所有权、支配权的转移活动,即商品与货币所有权的变换,如商品展销、批发、零售等;
- 物流,即经济活动中有关商品实体的空间移动,不一定发生所有权的转换,如商品的储藏、装卸、运输等;
- 人流,指劳动力在劳动力市场上的流动,不包括非经济目的的人员流动;
- 资金流,即经济活动中资本的转移,如银行储蓄、借贷、汇兑、股票等有价证券的买卖等;
- 信息流,即经济活动中信息的生产、扩散,情报的收集、传递,技术的转让、服务等。

在城市经济结构中,流通结构显得尤为重要。我国以前实行产品经济是靠计划调拨来进行产品的分配,流通渠道单一化。而商品经济则是靠市场组织来进行商品的交换,流通渠道日趋多元化,各种市场逐步建立和完善,如,资金市场、技术市场、劳务市场、信息市场等。这些市场构成了市场经济赖以运行的基础,促使我国的城市真正改变"有城无市"为"开城立市",参与流通、扩大开放。因此,本节将着重研究我国城市的商品流通、资金流通和技术流通的结构。

① 马克思恩格斯全集.第23卷.北京:人民出版社.1965,131

二、流通的中介——市场

所谓市场经济，简单地说，就是主要依靠市场调节来进行资源配置的一种经济运作方式，其关键要素是市场。市场有广义和狭义之分：狭义的市场是指有形市场，即商品交换的场所。在这种市场上，商品价格是公开标明的，买卖双方在固定的场所进行交易，如百货商店、集市等都属此类市场；广义的市场包括有形市场和无形市场，其中无形市场是指没有固定的交易场所，靠广告、中间商以及其他交易形式，寻找货源或买主，沟通买卖双方，促进成交。某些技术市场、房地产市场、人才市场等属于此类市场。

1. 市场的主要类型

市场类型也叫市场结构，所反映的是竞争程度不同的市场状态，所涉及的因素包括企业的规模及企业的分布、进入障碍和进入条件、产品差异、厂商成本结构和政府管制的程度。一般说来，市场结构影响着企业在市场上的行为和市场运行的成效；反过来，后者也会影响市场结构。市场结构可分为四种主要的类型。

(1) 完全竞争市场。它必须同时具备以下条件：有数量极多的小规模买者和卖者；产品是同质的、无差异的，且买方对卖方没有特定的选择；各种生产资源可以自由进入或退出该行业；买方和卖方完全掌握着产品和价格的信息。这种市场只是一种理论上的抽象，现实生活中难以存在，我国城市中的农副产品集市贸易类似这种市场。

(2) 完全垄断市场。其前提条件是：卖方只有一个，而买方则有多个；新厂商的进入由于各种限制而不再可能；没有相近的替代品。这种市场常常存在于城市的公用事业部门，如供电、供水、燃气等部门。

(3) 不完全竞争市场。其特征是：卖者数日很多，彼此互相竞争；进入和退出该行业比较容易；产品之间存在差异；交易双方能得到比较充分的信息。城市中大量的商品市场属于此类，如一般日用工业品、家用电器市场等。

(4) 寡头垄断市场。在这样的市场中，只有少数的卖主，且相互间存在一定的默契，每个企业都能了解其他企业的行为，并且还必须考虑自己的行为将会引起其他企业作出什么样的反应，如汽车、钢铁、石油行业就是这类市场。

2. 市场运行的主要规则

正如道路的通畅需要有一定的交通规则一样，市场的运行也需要有一定的规则。市场规则是有关机构(政府、立法机构、行业协会等)，按照市场运行的客观要求制定的或沿袭下来的由法律、法规、制度所规定的行为准则。它们是参与市场活动的各方必须共同遵守的。

市场规则可分为两大类：体制性规则和运行性规则。前者主要包含在一些承认和维护财产所有权的法律制度之中，保证市场运行主体的财产所有权及其收益不受侵犯；后者则寓于政府制定的关于市场活动的法规和条例之中，包括进入市场的各主体的行为规范以及处理各主体之间相互关系的准则。这些规范和准则明确了市场上什么是不可以做的，要求任何市场主体只能在不损害公众利益的前提下追求和实现自身的利益。市场规则大致包括下列内容。

(1) 市场进入规则。市场的进入需遵循一定的法规和具备相应的条件，例如对企业有注册资本数量的要求、技术和规模标准的要求、控制污染标准和卫生标准的要求等。

(2) 市场竞争规则。这是保证各市场主体能够在平等的基础上充分竞争的行为准则。市场主体之间的平等竞争，意味着它们机会均等地按照统一的市场价格取得生产要素和出售商品，能够公平地承担各种税负。为了实现平等竞争，政府有必要制定和实施一系列有关市场竞争的规则，用以防止市场垄断和不正当竞争，排除超经济行政权力的不当干涉，消除对市场的分割和封锁以及对部分市场主体的歧视性待遇等。

(3) 市场交易规则。这是关于市场交易行为的规范和准则。例如，交易必须公开，除涉及商业秘密以外，一般的交易活动都要在市场上公开进行；交易必须公平，一切交易都必须在自愿、等价、互惠的基础上进行，严禁欺行霸市和强买强卖的行为。

3. 我国城市市场体系亟待发育和完善

长期以来，我国城市功能比较单一，强调工业的发展而忽视市场的建立，极“左”的思潮甚至视商品为异端、把市场当做资本主义的尾巴而割除，造成许多城市“有城无市”，给人民生活带来了诸多的不便。

市场经济体制的确立使我国城市的市场有了飞速的发展，从一般的商品市场，到股票市场、期货市场、金融市场、技术市场、劳动市场等应有尽有。但与市场经济的客观需要还有较大的差距，亟待进一步发育和完善。从某种意义上说，市场经济就是法制经济，市场运行必须以法律为准则，纳入标准化、规范化的轨道，使一切非法行为无立锥之地。当前，我国城市中普遍存在的假冒伪劣产品之所以在市场上大肆泛滥、屡禁不止，而成为新的“公害”，其根本原因就在于市场的法制化管理工作还极为薄弱。随着立法与执法力度的加大，这一现象将得到治理。

三、商品流通结构

1. 商品流通组织形式

在现代商业中，商品流通的基本组织形式有以下三种。

(1) 自营商业组织。也称经销商，是最广泛、最普遍的流通当事人。从资金支付的性质来看，经销商既要支付商品购买资金，又要垫付买卖经营资金，承担了经营的全部风险。它们使商业资本独立地进行活动，最符合商业固有的本性。

(2) 委托代理组织。又称代理商,其特征是只垫付商品买卖经营资金,不支付商品购买资金,从而不取得商品的所有权,只能按照委托方规定的价格及其他条件将商品出售,从中取得一定的报酬。它们对买卖的盈亏不负责任,从而不承担经营风险。

(3) 交易服务组织。商品经济不断发展,流通规模越来越大,对交易条件的要求也越来越高,不仅要求有合适的场合,而且要有完善的流通手段,以及这些流通手段的操作者和管理者,于是交易服务组织也就应运而生。它们是独立的经济当事人,其经济收入既不来自商品的购销差价,又不来自代理买卖的手续费,而是来自流通手段的租赁价格和劳务费。

交易服务组织主要有两种:①商品生产者、贩卖者和消费者等经济当事人集中进行批量交易的批发市场,当然也不排斥少量的零售交易(如浙江义乌市和河北白沟镇的小商品批发市场)。②大工商企业集中进行大批量期货交易的贸易中心。

2. 商品流通环节

由于商品的生产和需求范围不同,以及商店本身的经营特点存在差异,导致商品流通的环节也多种多样,如:

- 生产者⟶消费者
- 生产者⟶零售商⟶消费者
- 生产者⟶批发商⟶零售商⟶消费者
- 生产者⟶中间商⟶批发商⟶零售商⟶消费者

前两种形式的流通环节最少、销售渠道最短,比较适合自产自销的手工艺品以及日用消费品;后两种形式流通环节较多、销售渠道较长,有的要经过多次多级的批发转手,比较适合大批量生产而小量销售或小批量生产而大量销售的产品。一般来说,适当减少流通环节,可以提高商品的流通速度、降低流通费用,有利于消费者。因此,那种利用紧俏商品的市场需求度高而层层倒卖、层层加价以牟取暴利的做法,是必须坚决取缔的。

3. 特殊的商业形式

现代商业活动中,出现了一些与传统商业概念有所不同的特殊商业形式。

(1) 融资租赁。即由出租人以收取租金为条件,约定期限将一项财产交给承租人使用的行为。租用期间,财产使用权转移给承租人,而所有权仍归出租人。融资租赁起源于美国,它的经营对象主要是资本设备,如飞机、轮船、大型计算机等。融资租赁实际上是企业用来筹措巨额设备资金的一种手段,以取代向银行借款。它对于承租人而言,可以迅速、及时地获得必要的技术设备,而无须一次性大量投资;对于出租人而言,既有利于开拓资金营运途径,又比向外贷款安全可靠,是一种国际流行的商业形式。

(2) 期货交易。相对于实物与金钱当场结清的现货交易来说,期货交易的客体是一张标准合同,即期货合约。它是成交在先、交割在后的商业形式,表现为市场主体的权利让渡和交换客体的实际易位在时间上的分离。它包括两种目的的交易：一是投机性的，买卖双方都根据自己对商品价格变动的预期来进行交易，以求获得差价上的利润；二是保值性的，即商品的生产者或实际拥有者，为了避免因价格变动而遭受损失的风险，而在期货市场上进行买卖。

(3) 商业信托。是指接受他人信任与委托，经营代办购销业务的一种经济行为。中国早在汉代，就有专门为他人说合牲畜交易的“驵会”(zǎng kuài)，如《史记·货殖列传》中所言：“节驵会。”颜师古注：“会者，合会二家之交易者也；驵者，其首率也。”而现代商业信托起源于英国，其中比较常见的除了信托商店，还有经纪人(亦称“掮客”)，他们只是在商业活动中居间介绍、收取佣金，不直接插手交易。

四、资金流通结构

1. 资金流通体制

计划经济中的资金流通，是以财政为主体的资金纵向分配制。财政是国家资金分配的主渠道，实行“统收统支”，银行是财政的附属机构，实行“统存统贷”。社会主义市场经济体制的确立和改革的深化，打破了财政信贷计划型的资金分配制度，建立了金融主导型的资金纵向管理、横向融通，多种信用形式并存的资金市场流通体制。

(1) 财政资金流通体制。财政资金由预算内资金和预算外资金两部分组成。国家预算是财政分配体系的主导环节，是国家集中分配财政资金的主要手段。

(2) 信贷资金流通体制。我国已建立了以中央银行为领导，国有商业银行为主体，多种金融机构并存的金融体制。现行的金融机构主要包括：中央银行、国有商业银行、投资银行、股份制银行以及其他非银行金融机构，还有外商投资的商业银行，如汇丰银行、花旗银行、德意志银行等。

2. 资金流通方式

我国财政资金流通方式是：各单位的资金收付、财政资金的下拨、预算收入的上缴均要通过银行内部联行往来划拨，在企业单位相应的账户中转账结算。

银行现行的结算方式主要有七种：

- 银行汇票，它是汇款人将款项交存当地银行，由银行签发给汇款人持往异地办理转账结算或支取现金的票据；
- 商业汇票，它是收款人或付款人(或承兑申请人)签发，由承兑人承兑，并于到期日向收款人或被背书人支付款项的票据；
- 银行本票，即申请人将款项交存银行，由银行签发给其凭证，以办理转账结算或支取现金的票据；
- 支票，即银行的存款人签发给收款人办理结算或委托开户银行将款项支付给收款人的票据；

- 汇兑，是汇款人委托银行将款项汇给外地收款人的结算方式；
- 委托收款，是收款人委托银行向付款人收取款项的结算方式；
- 异地托收承付，它是根据经济合同由收款单位发货后委托银行向异地付款单位收取款项，由付款单位向银行承认付款的结算方式。

五、技术流通结构

1. 技术商品特性

技术作为一种知识形态的商品，通过市场交换进行传播，是在社会分工和商品经济发展的基础上，伴随着大工业生产和近代科学的产生而兴起的。在社会主义市场经济中，技术进入流通乃是商品经济发展以及社会经济和科学技术相协调发展的客观要求。但是，和其他实物商品来比，技术商品又有其特殊性。

(1) 衍生性。技术商品的使用价值，在使用中经过某些适应性的改变之后，可以不断地衍生：一是经过横向流通，扩大了使用价值的范围和领域；二是经过纵向渗透，继续开发一系列相关产品，乃至新产品，从而获得更多的间接经济效益；三是将现有技术加以系统地组合，可以使其使用价值大大地提高。

(2) 共享性。技术商品在经各方使用者的共享之后并不会使使用价值的数量减少，每一个共享者所占的份额和一个人独享时完全一样，且地位是完全平等的。

(3) 增值性。技术商品的使用，不是将其价值大小相等地转移到新产品中去，而是抽象劳动的潜在价值进一步释放和制造的过程。技术商品在现实生产的使用过程中，产生着一种远远超过其价值量的扩张能力，从而为新产品、系列产品带来超额利润。

2. 技术商品流通

由于技术商品的特殊性，在实际流通活动中，技术商品往往同它的载体一起得到交换，即技术商品的流通形式包括实物形态和知识形态两方面。当前在技术市场上经营的技术商品流通形式主要有以下几种。

(1) 技术开发。是指生产企业根据经济发展和生产实际的需要，利用定向基础研究和应用研究的科技成果，通过委托和合作进行新技术、新产品、新工艺开发，解决技术成果在生产中应用的一系列技术难题，使技术与生产直接结合的一种技术流通形式。

(2) 技术转让。通过签订技术转让合同，技术商品所有者将其具有一定技术水平和实用价值的科技成果的使用权出让给他人。这是技术商品流通的主要形式，是加速我国科技成果转化为生产力的主要途径。它包括：专利权转让、专利申请转让、专利实施权转让和非专利技术转让。

(3) 技术服务。是指掌握技术的一方，利用自己的技术知识、技术经验、技术信息及其他技术条件，为解决委托人提出的特定技术问题提供服务的技术流通形式。它包括技术辅助服务和技术中介服务两大类。

(4) 技术咨询。即科技部门为经济建设服务的一种技术经济信息的加工活动，也是技术流通的特殊形式。具体地说是根据委托者的要求，由技术经济问题研究专家对特定的技术、经济问题或项目，为委托方提供科学的咨询报告，供决策者参考。

(5) 技术入股经营。是指技术商品的所有者以技术为主作股份，同生产企业联合办厂，合作生产经营的技术流通和交易活动。这类企业的性质多为股份制的联营企业。我国在对外技术贸易中为吸引和利用国外的技术与资金，开始兴建中外合资合作企业，如外方以资金和经营管理技术作为投资的契约式合营企业，以及外方以资金和生产技术入股的股权式企业。它们不仅对提高我国企业的生产技术水平和经营管理水平起到了很好的促进作用，而且对国内技术市场起到了积极的推动作用，带动了国内技术商品流通活动向技术入股、联合经营的方向发展。

第四节　知识经济对城市经济结构的挑战

一、知识经济的兴起与特征

1. 知识经济的兴起

美国经济学家弗里兹·马克卢普在20世纪60年代提出了“知识产业”(knowledge industry)的概念。他分析美国在“二战”之后的1947—1958年，知识产业以平均每年10.6%的速度递增。到1959年，美国从事知识产业的劳动力已占全部劳动力的31.6%。

1973年，美国社会学家丹尼尔·贝尔的《后工业社会的来临》出版，他在书中将人类社会经济史划分为三个阶段，即前工业社会、工业社会和后工业社会。他认为：后工业社会是围绕着知识组织起来的，其目的在于进行社会管理和知识创新，这反过来又产生了新的社会关系和新的结构。

1996年，经济合作与发展组织(Organization for Economic Co-operation and Development，简称OECD，由美、英、德、法、加、澳等30个市场经济国家组成的政府间国际经济组织，又简称为经合组织)，首次在国际组织文件中使用了“知识经济”这一概念；在《以知识为基础的经济》报告中，将知识经济定义为“建立在知识和信息的生产、分配和使用上的经济”，并指出在其主要成员国中，信息产业、通信产业、软件产业和电脑产业等知识产业已占到整个国民经济总产值的50%以上。

1997年的美国政府、1998年的世界银行，在其报告中分别使用了“知识经济”这一概念,描述了知识和信息起主导作用的新经济,并公开宣称世界正在进入知识经济时代。

2. 知识经济的主要特征

(1) 知识经济是以无形资产为主的经济。在知识经济时代,创造社会财富主要靠的是拥有智慧和知识的大脑。知识经济在资源的配置上,是以智力资源、无形资产为第一要素。

知识经济是建立在知识的生产、创新、流通、分配和应用基础上的经济;是以智力资源为依托,以高科技信息产业为支柱,以不断创新为灵魂,以教育为源泉的新型经济。

在知识经济时代,经济发展投入的重点由有形资产转变为无形资产。据经合组织统计,其成员国对教育的投入经费已占政府支出的12%;企业的竞争也由有形转向无形,产品中蕴涵的知识含量成为决定企业竞争成败的最重要因素,技术、专利成为企业最有力的竞争工具。

知识经济与传统经济的主要区别表现在:①基础的变化:无论是农业经济或工业经济,都是以自然资源为基础;知识经济却是以不断创新的知识为基础,是知识密集型经济形态,具有高集约性、高增值性。知识经济具有低能耗、低物耗、低成本、高效益的特点。知识资源的开发和利用具有边际收益递增的趋势,不断大量增值是知识经济活动的主要特征。②主导性要素的变化:在农业经济中,主导性要素是土地;在工业经济中,主导性要素是资金;在知识经济中,主导性要素是知识及拥有知识的创新人才。知识经济的增长主要来源于知识资本,即人力资本。知识资本作为经济的重要投入要素,并通过劳动者、劳动工具、劳动对象以及科技、教育、管理等其他要素产生"乘数效益",从而提高经济增长的集约化程度。知识资本的核心是特定的人才以及技术组合之后的创造能力。在知识经济时代,具有高知识、高技能的脑力劳动者将成为经济、社会发展的主力军。例如北京大学的方正集团公司,近十几年来总资产增加了7 000多倍,靠什么?该公司已故总裁王选院士说:"用才发财,发了财,增加知识再发财。"

在知识经济时代,知识的投入在经济增长中起的作用越来越重要,但并不是不要"物质"了,而是获得"物质"的方式发生了根本变化。少数人用较少时间就可以生产出全社会足够的物质产品,多数人能够有足够的时间去学习和运用知识。

(2) 知识经济是创新型的经济。知识经济就是创新经济,创新是知识经济的发动机,是知识经济永不衰竭的源泉。美国比尔·盖茨创立的软件知识产业,就是不断开拓创新的产物。他以创新精神彻底改变财富仅存在于有形物质之中的传统价值观,把知识作为发展经济的资本。

知识经济的核心是知识的创造、传播和广泛应用到生产和消费领域。知识可以通过多种渠道和网络加以传播,不受时间、空间的制约,因而传播越广,其成本、价格越低。这有利于知识创新的成果迅速转化为现实的生产力。现在发达国家科技成果转化率已达到50%左右,而我国科技成果的转化率只有6%～8%,造成了知识创新成果的极大浪费。

国际经验证明，欠发达国家不仅缺乏知识、缺乏知识创新的人才和条件，更缺乏将知识转化为生产能力的机制和环境。

(3) 知识经济是可持续发展的经济。人类与自然发生严重冲突是工业经济高速发展的后果。工业经济是将有限的或稀缺的资源投入后，产出社会需求的产品。而自然资源是有限的，大多只能维持几十年、上百年，因而工业经济不可能是长久持续的。

而知识的使用具有不可消耗的特点，某种知识可供不同的人，在不同的时间或地点持续消费，故知识可以称为“长期使用的公共物品”。

知识经济的增长主要是依靠知识资本，走出工业经济大量消耗资源、土地，严重污染环境的困境。例如，通过信息网络的传递，可以减少车船运输对能源的消耗及其排污；实施遗传工程改换良种，可以减少农药和化肥的使用量，减轻对大地和水源的污染；采用热核聚变清洁能源代替煤和石油，可以缓解温室效应、酸雨等对大气环境的破坏。知识经济的发展，将逐步改变工业经济时代物质资源的无节制、低效益、高污染对人类生存环境所造成的威胁，开创人与自然可持续协调发展的前景。

二、城市主导产业和生产力要素结构的变革

1. 高科技产业是知识经济的主导产业

邓小平早在1988年就提出科学技术是第一生产力的科学论断。当今发达国家的实践表明，知识经济最重要的标志是高科技产业的出现，科学技术成为社会经济发展的主要动力。

高科技是指以科学最新成就为基础、知识高度密集、对社会经济发展有重大作用的新兴技术。按联合国组织的分类，高科技主要包括：信息科学技术、生命科学技术、新能源和可再生能源科学技术、新材料科学技术、空间科学技术、海洋科学技术、有益于环境的高新技术和管理科学技术等。

所谓高科技产业，是指以高新技术成果为主要技术和资源投入的产业。高科技产业与传统产业最大的不同是：传统产业从轻纺工业到重化工产业，大多靠单一技术来支撑；而高科技产业由不同行业间的技术融合来支撑，硬件和软件融为一体，软件的价值相对增大。高科技产业的知识含量高、市场价值高，对经济增长的贡献大。例如美国，在20世纪70年代国民经济增长贡献率中，传统的支柱产业建筑业占14%，汽车业仅占4%，而高科技业已达27%。

高科技产业发展的核心是信息技术的发展。因为信息技术最大的特点是投入少、产出多、资源可复制和重复使用；信息技术能使物质生产和知识生产相结合，提高产品质量，促进产业向高级化发展；信息技术的快速传递，可以使一个工厂或公司获得起死回生的转机，更重要的是能带动一个城市产业结构的升级和优化。

2. 知识经济生产力要素结构的变化

知识经济的发展，首先表现在生产力要素结构性的变化上。自 20 世纪 60 年代以来，一些已进入后工业社会的国家，传统的制造业的增加值在国民生产总值中的比重持续下降，制造业在国民经济中的主导地位逐渐让位于服务业；第三产业成为国民经济的主导部门。例如，1978—1990 年，制造业在国民经济中的比重，法国从 24.9%下降为 20.9%，澳大利亚从 19.9%下降为 16.7%，加拿大从 19%下降为 16.1%。与此同时，大量的劳动力从第二产业转向第三产业，其比重上升得很快，这种社会就业结构的变化详见表 5-8。

表 5-8　发达国家第三产业劳动力比重变化　　%

年　份	加拿大	美　国	日　本	澳大利亚	法　国	英　国
1960	54.1	56.2	41.3	50.1	38.5	47.6
1970	61.4	61.1	46.9	55.0	47.2	52.0
1980	66.0	65.9	54.2	62.4	55.4	59.7
1991	72.3	71.6	58.9	70.4	64.7	70.0

资料来源：[加]尼科·斯特尔著. 知识社会. 殷晓蓉译. 上海：上海译文出版社，1998

随着科技研究、开发、咨询服务、知识扩散等领域的发展，第三产业成为国民经济中的主导部门，这是知识经济时代城市经济结构的基本特征。从表 5-8 可看出，1960—1991 年，这些经济发达的国家第三产业就业的劳动力比重普遍上升了 20%左右，服务业的就业人数大大高于物质生产部门的就业人数。同时，脑力劳动者的人数高于体力劳动者的人数，例如美国的白领阶层占劳动力总数的 59%，蓝领阶层仅占 41%。

3. 城市是高科技成长的摇篮

城市是教育、科技、文化的中心，能为知识经济的发展提供“资本”——高素质的人力资源。知识的成长和利用，必须经过教育——个人的学习、消化，不断地实践、充实——才有可能知识创新，而城市对人才的培养具有良好的基础，特别是现代化水平较高的城市，具有科学研究、知识创新的环境以及高科技的实验基地。

高科技产业是智力、知识和技术高度密集的产业，它的开发不仅需要成批的高素质、复合型的专业人才，也需要良好的外部环境。因而城市必然成为高科技的发源地和成长的摇篮。

当今世界各国，为充分发挥城市人力资本、科技的优势，创建城市科技园区成为发展知识经济的重要途径。例如，世界著名的硅谷就位于美国旧金山湾区一带、斯坦福大学的附近，在 20 世纪 80 年代已成为美国研制半导体、激光技术、光导纤维、电脑的心脏地带；法国著名的马恩科技园区，坐落于巴黎南郊的大学区；我国的北京高新技术开发区，从中国科学院、北京大学、清华大学集聚的海淀中关村起步，现已扩展到北京的西部、北部郊区。这些集智慧、知识、技术在一起的园区，就成为城市“培养”、“繁殖”知识经济的最佳环境。

三、创建智能城市是城市经济结构升级的核心战略

1. 智能城市的特征

智能城市，亦称数字城市、网络城市，其实质是城市信息化的趋势，是城市各要素实现数字化、网络化、可视化的结果。所谓智能城市，就是以计算机技术、多媒体技术和大规模存储技术为基础，将整个城市涉及的各方面的信息，包括地理环境、基础设施、自然资源、经济资源、社会资源及人文资源等，用数字的形式进行采集与获取，通过计算机统一存储和再现；高度综合地将城市信息数字化，整合和充分利用各类信息资源，促进城市规划模拟仿真化、产业发展现代化、生产办公自动化、商务电子化、政府决策智能化、交通管理自动化、社区管理信息化以及城市治安管制预警化，等等。

智能城市的核心内容是利用信息技术手段，广泛地、有效地为城市经济、社会、生态环境、城市管理服务；使分散的、孤立的系统和个人，联结成为相互协同的有机整体，促进城市的整体化发展。

智能城市是未来城市生存、发展的全新理念。智能城市的总体框架，一般包括：承载各类信息化应用的高速、宽带城市信息网络（物理网络和公用信息平台）；保障智能城市建设和运行管理以及支持集成化应用的技术标准；涉及城市规划、建设、管理和生活服务等方面的一系列信息化应用工程，如电子政府、电子商务、电子银行、电子医院、电子图书馆、智能交通、网上学校、网上影院、网上社区等。

2. 智能城市发展的趋势

营造智能城市是当今世界先进城市追求的目标，也是城市现代化发展的要求。一些发达国家和地区的城市，纷纷制订了智能城市的推进计划。

新加坡首先提出“智能城市”的概念。政府于 1996 年开始建设大容量的多媒体网络和交换机组成的基础设施和应用软件，到 2000 年已在网上开展了 130 多种公共服务项目。

1998 年，美国正式提出了“数字化舒适社区建设”，即数字城市的倡议。现有 60 多个城市已经建成一批“智能化生活小区”的示范工程。据统计，美国已有 4 500 多万人在家中办公。具有智能化的住宅区因其先进性和经济性，售房率和出租率比常规的住宅区高出 15％以上；智能建筑比常规建筑节能 30％左右；智能家庭比普通家庭的支出节约 36％；智能化小区投资少，见效快，智能系统的投资一般 3 年左右回收。

智能城市将是信息时代形成的不同于以往任何时代的城市空间结构的重组，它将使城市的各种活动打破时空限制，更为高效和多样化。信息化将使人们能更方便地向社会

表达自己的意愿，参与公共事务的管理，城市将进一步走向公开化、民主化。

智能城市在我国已经受到政府和学术界的极大关注。为了迎接知识经济和信息化时代的挑战，国家有关部门和一些城市已把数字城市作为一项重要内容列入“十一五”规划，并提到了议事日程。北京、上海、广州、武汉等城市先后举办了城市数字化论坛。如2000年北京举办了“21世纪数字城市论坛”；同年上海主办了“亚太地区城市信息化高级论坛”，通过了《上海宣言》，建立了亚太地区城市信息化网站；2001年北京又举办了“城市信息化建设与管理技术展览会暨中国国际城市信息化建设（市长）论坛”。

在北京，“数字北京”工程已被列为北京市实施技术创新的重点项目，并首先从中关村开始试点，进展很快。现已有123个政府机构在北京市市级机关中心网站——“首都之窗”建立了自己的门户，网上办公有效地提高了政府的办事效率。2002年年底，政府内部初步实现了电子化和网络化办公，北京的企业和市民向政府提出的审批、管理和服务都可在网上进行。

上海市在1996年正式启动“上海信息港工程”，到2005年已基本建成了体系完整、结构合理、高速宽带、互联互通的电子政务网络系统。

我国在“十一五”期间把推进信息化放在优先的位置，强调“以信息化带动工业化”，实现社会生产的跨越式发展。在此总体部署下，营建智能城市，提高城市的综合竞争能力，已成为推进城市经济结构升级的核心战略。

第六章 城市人口经济

第一节　城市人口的特征与构成

一、城市人口的特征

人口，是指居住在一定地域范围内的人群总体。城市人口，则是生活在城市空间范围内的人群总体。人口既是"口"亦是"手"。先是"口"——幼年时没有劳动能力，然后是"手"——成年后劳动，再后又是"口"——老年时丧失劳动能力。人口在城市中既是生产者，又是消费者。因此，研究城市人口的构成及其演变规律，对于城市经济的发展有着密切的关系。城市人口相对于农村人口而言，主要有以下几方面特征。

1. 城市人口高度密集

密集性是城市的首要特征，主要表现之一为人口的高度集中。城市规模越大，人口密度越高。特别是发展中国家，大量人口集聚在首都或特大城市周围。在20世纪80年代，墨西哥全国20%的人口聚集在首都墨西哥市地区。同期，菲律宾的首都马尼拉市在其不到40平方公里的土地上竟聚集了183万人，密集度高达47 900人/平方公里，是世界上人口密度最大的地方之一。

2005年，我国全国人口平均密度为136.2人/平方公里。同年，首都北京的人口密度为937人/平方公里，市中心区人口密度为22 210人/平方公里，前者是全国人口平均密度的6.9倍，后者则是全国人口平均密度的163倍。

2. 城市人口比重逐步上升

从世界范围看，城市人口占总人口的比重伴随经济与社会发展的步伐而不断上升，且上升速度越来越快。19世纪初到20世纪末的200年中，全球城市人口的比重大约每半个世纪翻一番：1800年为3%，1850年为7%，1900年为14%，1950年为28.4%，2000年为47.4%。

我国也不例外，随着工业化的快速发展，城镇人口占总人口的比重也在加速上升：1950年为11.2%，1960年为19.7%，1970年为17.4%("文革"造成的特殊变动)，1982年为20.5%，1990年为26.4%，2000年为40%，2005年为43%。

我国 2005 年城市人口的比重为 43%，低于同期全世界城市人口比重 50%的水平。但是，2005 年全世界城市人口比重是 1950 年的 1.78 倍，而我国这一指标 2005 年是 1950 年的 3.84 倍。这表明，新中国建立以来，城市人口比重上升的步伐快于同期全世界城市人口增长的速度。

3. 城市人口是生产与消费的主体

现代城市首先是日益发展的经济中心，它具备现代工业、交通、通信和各种服务设施，拥有巨大的生产能力、先进的生产技术和雄厚的生产资金，因此是现代社会生产的主体，创造了当今世界物质财富中的绝大部分。例如北京市，由于人才、技术、资金、信息的集聚，成为我国北方重要的经济中心之一，2005 年每日所创造的地区生产总值为 16.6 亿元，是同年全国每日创造的国内生产总值 501.6 亿元的 3.31%；而当年北京市的常住总人口为 1 536 万，只占全国总人口 130 756 万的 1.17%。这表明，北京市每日创造的生产总值占全国的比重远大于北京市人口占全国的比重，前者是后者的 2.83 倍。

同时，城市也是现代第三产业的中心，集聚了大量的商业贸易、金融保险、信息咨询、房地产开发部门，拥有广阔的市场和日益富裕的消费群体，因此也是社会物质财富的主要消费者。也以北京市为例，2005 年北京市每天实现社会消费零售总额为 7.2 亿元，是同期全国每天实现社会消费零售总额 184 亿元的 3.9%。这表明，作为国际化大都市的北京，其消费能力很强，人均日消费额是全国平均水平的 3.3 倍，是重要的消费地区。

二、城市人口的自然构成

城市人口是由于经济的和社会的因素聚集在一起的数量巨大的群体，它的构成是其自然属性与社会属性的直接反映和具体结果。

1. 年龄构成

年龄构成是人口构成中的一个重要方面，涉及城市劳动人口的比例及其未来的变动趋势。合理的年龄构成能够给城市经济发展提供一个稳定的、持续增长的基础。相反，人口跳跃式发展则会造成城市就业中某段时期劳力缺乏、社会设备闲置，而某段时期又过度饱和导致失业，从而制约经济的健康成长，并带来社会的不稳定。人口的发展具有惯性，不合理的年龄构成一旦形成，在相当长的时期内将难以调整，会对城市社会与经济形成周期性的冲击和震荡。

人口年龄构成可以用“人口金字塔”图形予以直观地反映，如图 6-1 所示即为 2000 年中国城市人口金字塔。图中横坐标轴原点的左右两边分别为男、女人口总数。纵坐标由下往上列出各个年龄段(0～85 岁以上)，图形一般上窄下宽，呈金字塔形，故得名。它的形状随人口实际年龄组成而定，反映出一段时期中出生、死亡、迁入、迁出等变动所造成的人口现状及其所属类型。

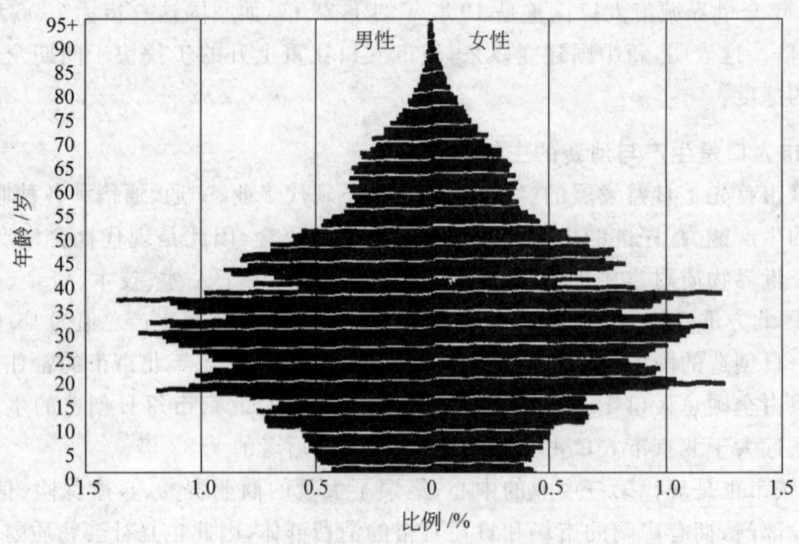

图 6-1 2000 年中国城市人口金字塔

资料来源：《世纪之交的中国人口》总编委会. 世纪之交的中国人口. 北京：中国统计出版社，2006

根据国际标准，人口分为儿童少年组（0～14 岁）、劳动力组（15～64 岁）和老年组（65 岁及以上）。依据这三个组别的人口构成比例，可将城市人口年龄构成划分为年轻型、成年型、老年型三种类型。具体划分标准有两种。

（1）按成长阶段分组。即规定出各个组别相对不同类型的比例数值，如联合国规定：65 岁及以上的老人占总人口比例为 5%以下的，为年轻型；比例为 5%～10%的，是成年型；比例超过 10%的，则为老年型，详见表 6-1。

表 6-1 人口类型划分标准 %

	国际标准			北京市		
	年轻型	成年型	老年型	1964 年	1982 年	1990 年
少儿人口系数（0～14 岁）	＞40	30～40	＜30	41.49	22.38	20.16
老年人口系数（65 岁及以上）	＜5	5～10	＞10	4.10	5.65	6.35
年龄中位数	≤20	20～30	≥30	20.80	27.20	30.46

资料来源：北京市统计年鉴 2006. 北京市统计局. 北京：中国统计出版社，2006

表 6-1 表明，北京市 65 岁及以上的老年人口比例 1964 年为 4.1%，属于年轻型；1982 年这一比例变为 5.65%，已进入成年型阶段；1990 年这一比例变为 6.35%，尚未达到老年型。但据 2005 年人口抽样调查，北京市 65 岁及以上人口的比例上升为 10.8%，

已进入老年型阶段；同年，上海市 65 岁及以上人口的比重为 14.97%，早已进入老年型阶段。

(2) 按年龄中位数分组。计算出人口的年龄中位数并规定：年龄中位数在 20 岁以下，为年轻型；20～30 岁，为成年型；在 30 岁以上，则为老年型。年龄中位数计算公式为：

$$m_e = L + \frac{\dfrac{\sum f}{2} - S_{m-1}}{f_m} \times d$$

式中：m_e 为年龄中位数；L 为 m_e 所在组的年龄下限；$\sum f$ 为人口总数；S_{m-1} 为 m_e 所在组以前各组人数总和；f_m 为 m_e 所在组的人数；d 为 m_e 所在组的组距。

人口类型决定了人口出生的强度与增长的趋势，是编制城市人口发展计划和城市规划的基本依据之一。一般说，年轻型预示着人口未来增长压力大，将以数量扩张形式发展，故又称扩张型；老年型表明人口增长后继乏力，将以数量收缩形式变动，故又称收缩型；而成年型各年龄组人口分布均匀，呈稳定状态，故又称稳定型。它们的差异可从我国 1953 年、1982 年、2000 年人口普查的人口金字塔上明显看出，详见图 6-2。

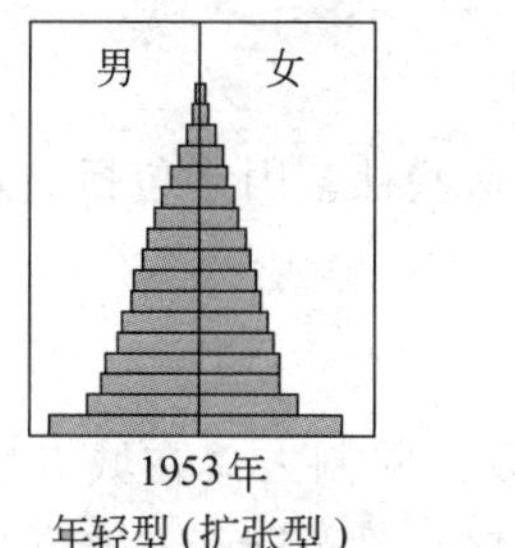

1953年
年轻型(扩张型)

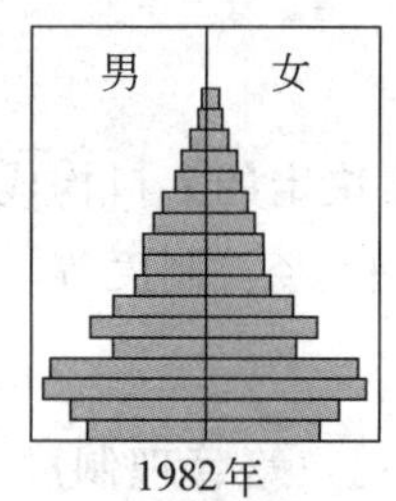

1982年
成年型(稳定型)

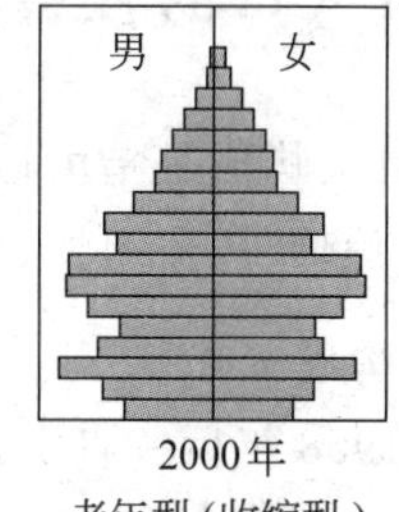

2000年
老年型(收缩型)

图 6-2　人口类型的比较

资料来源：罗淳. 从老龄化到高龄化：基于人口学视角的一项探索性研究. 北京：中国社会科学出版社，2001

随着经济发展水平的提高，城市人口将逐渐按年轻型→成年型→老年型演化。按年龄中位数分组，发达国家城市人口多为老年型，发展中国家多为年轻型。北京市的人口年龄中位数 1964 年为 20.8 岁，刚超过年轻型的上限；1982 年为 27.2 岁，正处在成年型的阶段；但到 1990 年，年龄中位数上升到 30.46 岁，已开始进入老年型阶段。

2. 性别构成

性别构成就是男女的比例。这种比例，尤其是特定年龄段的性别构成，直接影响人们组织家庭、生育子女等社会生活，因此是城市人口构成的另一个重要方面。

通常情况下，城市人口的性别构成与全社会的性别构成大体相当，即男女人数基本平衡。但在特殊情况下，如战争过后，会出现明显的男少女多的情况；而在和平时期，新建城市往往男多女少，因为建设者和企业职工中以男性居多。20 世纪 90 年代初普遍的现象是，发达国家的城市大多数是女性略多于男性，如伦敦的男女比例为 93.4∶100，纽约的男女比例为 87.1∶100；而发展中国家的城市则更多的是男性人数高过女性人数，如孟加拉国的首都达卡的男女比例为 139.2∶100；我国重庆的男女比例为 108.5∶100，广州为 105.8∶100，郑州为 109.8∶100。据 2000 年全国第五次人口普查表明，我国城市人口的男女比例为105.1∶100。这种情况与下列因素有关：在城市发展的早期，特别是工业化初期，城市中更需要男性劳动力，农村男青年进城务工者居多；但随着经济水平的提高，妇女的就业率上升，在城市中获得发展和承认的机会也会不断增多，加上妇女平均寿命较高，故发达国家和发达地区的城市女性比重略高。

性别构成同样可从人口金字塔上得到反映：比较纵轴两侧的曲线，即可看出某一年龄段的男女比例。正常情况下，城市出生的男婴与女婴基本持平，但男劳动力数却高于女劳动力数；到老龄则相反，女寿星的比例优势体现得越来越明显。注意到这个规律，对于研究城市经济问题、合理进行城市规划十分有益。

三、城市人口的社会构成

人口的社会构成是指由社会因素决定的人口构成，这些社会因素包括：文化传统、道德观念、宗教信仰、风俗习惯、经济水平、经济制度等。

1. 户籍构成

我国自 1958 年后一直实行严格的户籍管理制度，以此限制人口在城市与城市之间、城市与农村之间的自由流动。因此，当时所说的城市人口几乎等同于有本市户籍的人口。但是，改革开放以后，随着劳动市场的建立和农村劳动生产率的提高、剩余劳动力的增多，城市人口中外来流动人口比例逐渐上升，尤其是其中相当大的一部分沉淀下来，成为城市的常住人口，其生活方式与生活要求与本市居民大体相近，这就使城市人口构成日益走向多元化。

例如北京市，截至 2007 年 6 月底，全市常住人口共 1 714.7 万，其中有本市户籍的人口为 1 204 万，占 70.2%；无本市户口而常住本市半年以上的外来人口为 510.7 万人，占 29.8%；本市户籍人口与常住外来人口之比为 2.35∶1。

2. 劳动构成

城市人口的劳动构成可以从三方面考察。

(1) 按是否就业划分。可将城市人口分为就业人口与被抚养人口两大类。就业人口也称劳动人口，它又可分成两种：从事不为本市、而为市域以外范围的基础产业经济活动服务的劳动者，称为基本人口；从事为本市服务的非基础产业经济活动的劳动者，称为服务人口。被抚养人口按我国有关法令规定，包括：0～14 岁的少年儿童；60 岁及以上的男性老人和 55 岁及以上的女性老人；丧失劳动能力的人(如残疾人、精神病患者等。)

据 2004 年全国人口抽样调查数据表明，我国城市人口的劳动构成总的情况是：随着经济的发展、生活水平的提高和医疗条件的改善，老年人口不断增加。同时，因为计划生育工作卓有成效和人们生育观念的转变，少年儿童人口持续减少。进城务工经商的流动人口多为青壮劳力，导致城市中的适龄劳动人口比重有所加大，详见表 6-2。

表 6-2　2004 年我国就业人口与被抚养人口比重　　%

	15～59 岁适龄劳动人口所占比重	0～14 岁少儿被抚养人口所占比重	60 岁及以上老年被扶养人口所占比重
全国	68.76	19.22	12.02
北京市区	75.03	10.82	14.15
上海市区	67.85	10.83	21.32

资料来源：根据 2004 年全国人口抽样调查数据整理。

实际上，适龄劳动人口并不是全部、全时参加经济活动。用于度量适龄劳动人口参与经济活动程度的指标，称为劳动参与率，它是衡量某个地区或城市劳动力市场活动水平的重要指标。计算公式为：

$$C = \frac{L_C}{L_O} \times 100\%$$

式中：C 为劳动参与率，L_C 为实际参与经济活动的就业人口，L_O 为全部适龄劳动人口。

据 2000 年统计，我国全国的劳动参与率为 78%；城镇的劳动参与率为 68%，大约相当于美国 1997 年的水平。

(2) 按生产性质划分。可将城市人口分为农业人口与非农业人口两大类：农业人口是指从事农业生产活动的人员及其负担的人口；非农业人口则指从事非农业生产活动的人员及其负担的人口。

随着城市规模的扩大和城市化进程的加速，非农业人口占城市人口的比重逐渐上升。据 2000 年统计，我国各类城市非农业人口的平均比重为 59.45%。城市规模越大，非农业人口的比重也越大，详见表 6-3。

表 6-3　2000 年我国不同规模城市非农业人口的比重

城市人口规模分组	200 万以上	100 万～200 万	50 万～100 万	20 万～50 万	20 万以下
非农业人口比重/%	70.62	70.13	66.77	44.87	30.19

资料来源：2000 城市统计年鉴

(3) 按劳动部门划分。有两种分类：一是按三次产业划分的产业构成；二是按15个国民经济部门划分的行业构成。从产业构成可以判断城市经济的发展水平，从行业构成则可以看出城市的主体经济部门和城市的主导功能，计算公式为：

$$R_A = \frac{P_A}{P} \Big/ \frac{G_A}{G}$$

式中：R_A 为城市 A 行业的就业指数，P_A 为该市 A 行业的就业人数，P 为该市劳动者人数，G_A 为全国 A 行业的就业人数，G 为全国劳动者人数。

若 $R_A>1$，则说明 A 行业对该市经济有重要意义，是主导经济部门。表 6-4 所示为 20 世纪 80 年代后期国内外城市劳动者在行业构成中的变化，反映出它与城市的经济发展水平密切相关。

表 6-4　国内外不同城市就业人口的行业构成比较　　%

<table>
<tr><th>城市名称</th><th>建筑</th><th>制造</th><th>水电气热</th><th>批发零售</th><th>金融保险</th><th>不动产业</th><th>运输通信</th><th>服务</th><th>其他</th></tr>
<tr><td>上海</td><td>5.65</td><td>52.19</td><td>0.78</td><td>8.68</td><td>0.38</td><td>0.39</td><td>4.70</td><td>3.25</td><td>23.98</td></tr>
<tr><td>台北</td><td>5.72</td><td>19.03</td><td>0.71</td><td>31.81</td><td colspan="2">8.0</td><td>7.50</td><td>21.98</td><td>5.25</td></tr>
<tr><td>东京</td><td>6.66</td><td>18.30</td><td>0.47</td><td>33.49</td><td>5.39</td><td>2.29</td><td>7.02</td><td>23.43</td><td>2.95</td></tr>
<tr><td>巴黎</td><td>5.30</td><td>20.09</td><td>0.84</td><td>14.36</td><td>8.40</td><td>0.99</td><td>8.31</td><td>39.78</td><td>1.93</td></tr>
<tr><td>伦敦</td><td>4.45</td><td>18.16</td><td>1.25</td><td>13.50</td><td colspan="2">16.30</td><td>10.36</td><td>13.45</td><td>22.53</td></tr>
</table>

上海的就业构成和国外经济发达城市相比，建筑业、水电气热业基本相当，批发零售业、运输通信业、金融保险业、不动产业、服务业等第三产业远远落后，而制造业却大大超出。这反映出我国城市经济结构的调整任务依然任重而道远。

3. 文化素质构成

人口的素质包括两个基本内容：身体素质与文化素质。前者取决于生活水平、医疗保健水平等因素。后者则取决于教育水平、科学与文化水平等因素。衡量人口的文化素质，可以通过下列指标进行：

- 教育类指标：成人文盲率、成人平均受教育年限、儿童义务教育普及率、大学生入学率等；
- 科技类指标：每百万人口拥有科技人员数、每万名职工拥有自然科学人员数、每万人口专利受理批准数等；
- 文化类指标：人均藏书量、人均订阅报刊份数、每万人口拥有影剧院和博物馆数等。

人口的文化素质与城市经济发展呈正相关关系。美国经济学家舒尔茨(T. W. Schultz)

着重研究了工业和城市经济活动与农业和农村经济活动之间的不平衡发展，于1960年提出了"人力资本"的概念。大量实证材料的分析证明，长期以来，在美国经济中，人力资本的收益比物质资本的收益大得多，并且教育投资的效益大于单纯增加劳动力数量的投资。根据他的计算，在美国经济增长中，有33%是由于对教育的投资得来的。韩国学者的研究表明，在1970—1987年的韩国经济增长中，36%是就业人数与就业结构变化的因素，64%是劳动生产率提高的结果。

我国城市人口的文化素质差别很大，普遍的情况是：沿海经济发达地区城市人口的文化素质高于内陆地区经济欠发达城市人口的文化素质；大城市的高于中小城市。据2001年统计，受过大专以上教育的人口占总人口的比重，北京为26.72%，大连为16.6%，成都为7.2%；每万名职工中拥有科学家和工程师的数量，北京为144人，深圳为52人，兰州为31人；每百户电脑普及率，深圳为71%，苏州为22%，重庆为6%。

第二节　城市人口的就业与失业

一、城市劳动力的供给与需求

城市拥有十分巨大而多样化的劳动市场，为农村剩余劳动力提供了大量的就业机会。但是，无论何种社会经济体制，又都毫不例外地存在失业问题。因此，研究城市人口的就业，对于城市经济发展和社会稳定具有特别重要的意义。而研究城市人口的就业，则须从探讨城市劳动力的供求机制着手。

1. 城市的劳动供给

劳动力供给可以定义为在不同的工资水平上，一个既定的人口市场中所提供的工作量。劳动供给函数的斜率通常为正，它表明在其他条件不变时，工资越高，提供的劳动量越多。然而这种情况不是一直持续下去的，因为对于个人而言，尽管提供更多的劳动可以得到更高的工资收入，但相应地也使闲暇时间变得更少；因此，劳动者不愿意牺牲太多的闲暇时间，很可能自觉减少劳动量，这样就导致了如图6-3所示的个人劳动供给曲线的回转。图中纵轴W/h表示单位时间的收入，即工资；横轴h表示工作时间。它表明，最初，随着每小时工资额的上升，工人的工作时数增加；工资与劳动量增加到一定水平之后，工人将不再把单纯追求收入增长视为第一需要，他将转而享受生活闲暇时间给予他的乐趣，因此自愿减少工作时间。

上述情况只是针对特定岗位上的劳动个体而言的。对于全社会来说，较高的工资总会吸引原先工资较低的其他岗位和其他地区的劳动者补充到工作空缺中，因此一个城市，尤其是经济活力充沛的大城市，其总体劳动供给曲线将是如图 6-4 所示的曲线，斜率一直为正。

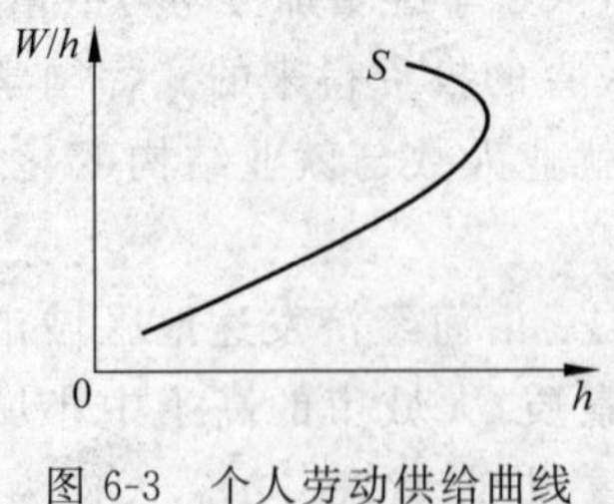

图 6-3　个人劳动供给曲线

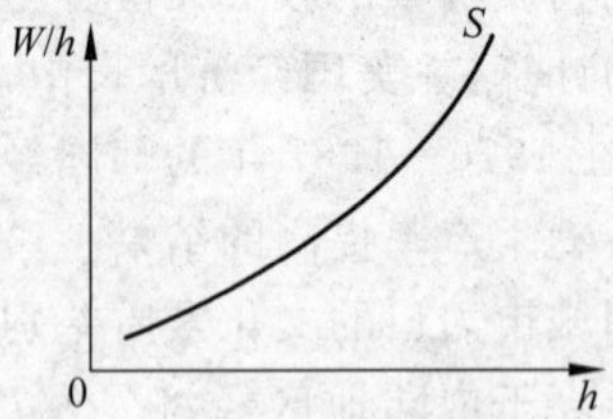

图 6-4　社会总劳动供给曲线

影响城市劳动供给的因素有很多，主要是以下两方面。

(1) 人口特征。包括人口的规模、人口的再生产能力、人口的迁移、人口的年龄与性别构成等。一般来说，人口规模越大、再生产能力越强(高出生率、低死亡率)，则劳动资源越丰裕；人口构成中，年轻型的比老年型的将提供更多的后备劳动者；男性相对于女性，就业欲望也更高；人口迁移对于城市长期的劳动供给也有特殊意义。在美国，每年有大约15%的人口从一个劳动市场迁移至另一个劳动市场。在我国，随着城市综合改革的深入和劳动市场的建立，"人才大流动"、"孔雀东南飞"早已是一种司空见惯的社会现象。据一项不完全统计，海南建省以来由于经济发展而新提供的 60 多万个劳动岗位，有近 70%为外地人所获得，外来移民已成为海南经济活动中的重要力量。

(2) 劳动力素质。包括劳动者的身体健康状况、文化教育程度、劳动技能水平以及合作精神等。对于一个城市来说，如果其产业结构要求劳动力素质很高，那么短期内合格劳动力会十分短缺，劳动供给缺乏弹性；但随着时间的推移和人力资本的投入，不仅由于有人口流动，而且因为有大量的教育与培训，使得劳动力短缺现象趋向缓解，劳动供给也越来越具弹性。在经济文化尚欠发达的城市，劳动力素质与劳动供给量通常是成反比的。

2. 城市的劳动需求

劳动力需求是一种派生需求，它是由于对商品与服务的需求而导出的对劳务的需求。假定只存在劳动与资本这两个生产要素，则当资本量固定时，劳动量的增加会以递减的速率引起产品量的增加，直至劳动再增加也不引起产品增加为止，这被称为边际收益递减律(也称边际生产率递减律)。根据西方经济学原理，最终产品的价格乘以边际产量等于新增劳动的边际产值；而各种劳动的边际产值曲线就是劳动力需求曲线，因为这条曲线反映了应付给新增劳动量的最高工资，如图 6-5 所示。图中纵轴 W 表示相当于边际产品价值的工资；横轴 L 为劳动需求量；则劳动需求曲线为 D_1 和 D_2，其斜率为负。

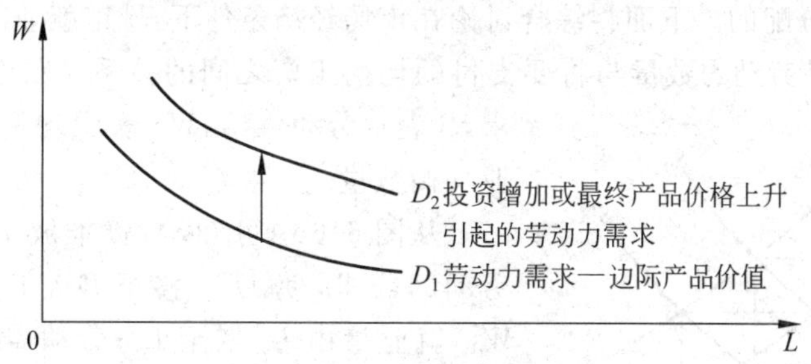

图 6-5 劳动需求曲线及其变动

影响城市劳动需求的因素主要有以下几方面。

(1) 最终产品价格。当最终产品价格上升时,意味着对它的需求增加;在边际产量一定的情况下,价格上涨会提高劳动力的边际产值,使劳动需求曲线从 D_1 上移到 D_2,即导致对劳动需求的增加。

(2) 生产投资量。如果提高生产投资量,则表明工人的人均资本量增加,从而提高边际产量,并引起劳动力的边际产值上升,这也将使劳动需求曲线从 D_1 上移到 D_2,即导致对劳动需求的增加。

(3) 其他要素价格。决定生产规模的生产要素除了劳动外,很重要的还有资本和土地:在一定规模的生产中,如果资本与土地的价格有一个,或两个都上涨,则相对来说劳动力价格在下降,这会促使厂商增加劳动投入而减少资本、土地的投入,直到劳动的边际产值函数降低到劳动力的货币产值等于其他两个要素的边际产值为止。

(4) 生产技术水平。技术要素对于劳动力需求变化的影响,在长期内显得尤为重要:一方面,技术装备程度的提高,会使劳动生产率提高,从而减少劳动需求量;但另一方面,技术的创新又不断促使新产业的诞生和新领域的开拓,从而增加新的就业机会、提高劳动需求量。

综上所述,对于劳动的需求,与城市的经济发展状况息息相关:经济发展快,会使收入提高,导致人们消费的增加,推动最终产品价格的上升;经济发展快,也会诱发投资量的扩大,并使资本与土地价格上升;经济发展快,还能引进新技术、建立新部门。这一切,都使得对劳动的需求量增加,从而使城市人口增加,城市的发展也由此进入了一个理想的良性循环之中。

二、城市的就业机制与劳动市场

所谓就业,是指有劳动能力的人向社会提供一定的劳动(无论是体力的还是脑力的),并获得相应的报酬。从以上分别对劳动的供给与需求的分析中,可以知道城市的就业是如何产生又如何分配的。下面将综合讨论在市场经济条件下，城市就业的相关约束机制。

图 6-6 所示是劳动力数量与将要支付的均衡工资之间的关系。图中，D 表示劳动需求，S 表示劳动供给，W_0 表示均衡工资，L_0 表示就业均衡数量。

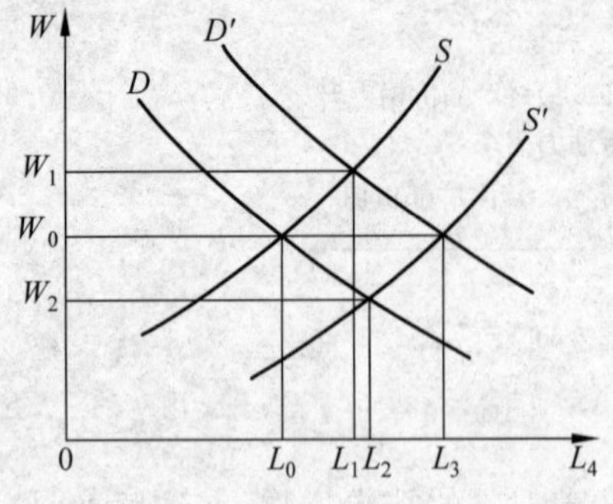

图 6-6 劳动就业与工资的关系

从图 6-6 中可知，当资本成本上涨时，会增加劳动的需求，使 D 上移至 D'，工资由 W_0 上升至 W_1，就业量由 L_0 增至 L_1；劳动需求的增加又会吸引人口迁移，使就业队伍扩大，劳动供给增加，即由 S 右移至 S'，这时劳动力的工资水平会从 W_1 降至 W_2，而就业量会从 L_1 进一步增至 L_2。最后结果是 D' 与 S' 建立了新的均衡点，工资仍回到 W_0，而就业扩大到了 L_3。

图 6-6 描述的是一种完全理想化的状态，实际上就业机制还受多种因素制约，如产业结构、规模、通信与运输条件等。这其中，劳动市场的作用是十分显著的。美国经济学家舒尔茨认为，大都市劳动市场是高度复杂的，由分开的但又相互联系的不同职业的和不同区位的次级市场构成。工资的决定、工作的寻求和工人的流动都被许多种力影响着——经济的、制度的、区位的和个人的。现代城市由于发达的交通与通信技术，使得信息的传播极为迅捷，而成本大为降低。因此，人们在城市劳动市场上获取信息的可能性不断提高，并得以用更快的速度向着更好的工作岗位转移。

无论城市本身的经济运行态势如何，要达到 100%的充分就业始终只是一种理想，而无法成为现实，也不利于社会进步。因为有许多因素导致失业的产生：自愿的与非自愿的、微观的与宏观的、显性的与隐性的……。西方经济界普遍认为，保持适度的失业率(如 2%～5%)是有益的，因为它能促进劳动市场的建立和人口的流动；并使劳动者处于竞争状态而有利于提高劳动效率。故此美国政府规定：失业率在 5%以下可视为充分就业，不必忧虑。

三、市场经济中的失业问题

所谓失业，是指有劳动能力的劳动者没有工作，不能与生产资料相结合。它包括两种情况：一是新增的劳动者找不到工作；二是原有的劳动者失去了旧工作，尚未找到新工作。

1. 失业统计

经济意义上的失业者与统计材料中的失业者可能不一致，这是因为各个国家对于就业和失业的含义有不同的规定。如美国规定失业者是指在调查周中没有工作，而且正在寻找工作的人；英国规定只有在 15 岁以上，且每月的第一个星期五前去登记求职的人方为失业者。显然，这些官方统计的失业者是被缩小的失业规模。

国际上，失业率是反映一国社会经济发展状况的重要指标之一，从某种意义上说是经济的"晴雨表"、社会的"温度计"，其定义为：

$$S=\frac{L_S}{L_O}\times 100\%$$

式中：S 为失业率，L_S 为失业人数，L_O 为全部适龄劳动人口。

2. 失业类型

从不同的角度，我们可以把失业区分为不同的类型。

(1) 按表现形式，分为完全失业和隐蔽失业。前者指完全找不到工作，为法律所公开承认的失业；后者指希望全日工作、连续工作的人只能从事半日工作、非连续工作，法律不公开承认为失业，也称半就业或半失业。

(2) 按产生原因，分为自愿失业和摩擦失业。前者指因劳动者不愿接受现行工资，或不满足现状工作条件而失业；后者指非主观因素或就业信息不充分等造成的失业。

(3) 按性质，可分为结构性失业和需求短缺性失业。前者指劳动者的知识技能结构不适应工作需要以及新技术应用而使旧技术废弃所造成的失业；后者指由于社会对某些商品和服务的总需求减少导致的失业。

(4) 按时间，可分为季节性失业和过剩性失业。前者指由于生产、消费的季节性而导致对劳动需求的周期性变化引起的间断失业；后者则是在相当长的时期内，劳动者人数超过劳动工作岗位而形成某些人的连续失业。

四、我国城镇就业体制的改革

1. 城镇劳动力市场的建立

城镇就业体制改革的核心，在于劳动力市场的建立。党的十四届三中全会《关于建立社会主义市场经济若干问题的决定》指出："改革劳动制度，逐步形成劳动力市场，并且要把培育劳动力市场作为培育市场体系的重点之一。"

劳动力市场是指在价值规律和竞争规律的作用下，通过劳动力供求双方的双向选择配置劳动力资源的一种机制。它的建立，从根本上解决了政府、企业和劳动者在劳动关系上的地位问题：企业和劳动力是平等的主体，政府成为市场运行中的监管者、协调者和服务者。对劳动力资源实行市场配置，有利于更好地调动企业和劳动者的积极性，提高劳动生产率。

劳动力市场的基本特征是：自主就业、双向选择、人才流动、供需见面、实行劳动力的优化组合。但是，长期以来，我国计划经济体制加上严格的户籍管理，使得一方面城镇人口就业由国家统一包办，职工端的是"铁饭碗"；另一方面农村人口被束缚在土地上，不能自由流入城市，因此没有形成真正的劳动力市场。

改革开放以来，我国城镇的就业体制由计划经济体制下的政府包揽逐步走向多元化，国有企业打破"铁饭碗"，大专毕业生、复转军人国家不再包办分配工作，而是通过劳动力市场双向选择。在改革劳动制度与建立劳动市场中，特别强调劳动是生产要素，具有商品属性。

随着劳动就业制度改革的不断深化，劳动关系日趋复杂。为适应社会主义市场经济下新型的劳动制度，1994 年我国制定了《劳动法》，对于诸如合同制就业、聘用制、破产、失业、最低工资等一些劳动关系进行了规范。1995 年劳动部先后颁布了《就业和失业统计管理暂行办法》、《职业介绍规定》等，明确规定：城镇劳动者求职、失业和城镇用人单位招聘都应登记；不按规定登记的失业人员，不得享受失业保险待遇等。

2. 城镇失业人口的生成

随着市场经济体制的推进，国有企业的改制，大量农村剩余劳动力进入城市，城镇失业率不断加大。但在 20 世纪 80 年代中期，由于集体、个体、私营、合营等多种经济成分的发展，城镇就业状况有所好转，1985 年失业率降到最低点，只有 1.8%。详见表 6-5。但在 1988 年以后，就业形势又日趋紧张，原因是：第一，60 年代人口生育高峰形成了就业浪潮；第二，大量农村剩余劳动力进城寻找就业机会；第三，一些国营大中型企业经济效益不佳，处于停工、半停工状态。到 1998 年，我国城镇的失业率上升为 3.1%。进入 21 世纪以来，随着我国经济体制转型的加快，社会分工不断深化，产业结构不断调整，生产要素的重新配置，使一些新兴产业部门得到发展，从而提供了新的就业岗位。因此，城镇失业率有所下降，2001 年为 2.9%，详见表 6-5。

表 6-5　城镇劳动力供给和失业率的变化　　万人

年份	城镇劳动力	失业人数	劳动力供给	新增劳动力	新增劳动力供给	失业率/%
1952	2 486	377	2 863	—	—	13.2
1957	3 205	200	3 405	212	412	5.9
1978	9 514	530	10 044	396	926	5.3
1980	10 525	542	11 067	526	1 068	4.9
1985	12 808	239	13 047	579	818	1.8
1988	14 267	296	14 563	484	780	2.0
1990	17 041	383	17 424	667	1 050	2.3
1995	19 040	520	19 560	680	1 200	2.7
1998	21 626	571	22 197	835	1 406	3.1
2000	23 151	595	23 746	739	1 334	2.5
2001	23 940	699	24 639	789	1 488	2.9

资料来源：历年中国统计年鉴

近年来，随着我国就业制度的改革和产业结构的调整，摩擦性失业人口、结构性失业人口和隐性失业人口又有所增加。据2005年人口抽样调查显示，城镇人口失业率上升为4.2%。

3. 解决城镇就业和失业问题的对策

中共中央、国务院于2002年9月召开全国再就业工作会议，对我国面临的就业形势和失业问题作出了科学判断：中国就业的主要矛盾是劳动者充分就业的需求与劳动总量过大、素质不相适应之间的矛盾；劳动力供求总量矛盾和就业结构性矛盾并存；城镇就业压力加大和农村富裕劳动力向非农领域转移速度加快同时出现；新成长劳动力就业和失业人员再就业问题交织在一起。我国城镇就业形势的严峻性突出地体现在城镇新增劳动力的就业、农民工进城打工和下岗失业人员再就业所形成的"三碰头"局面。

为应对大规模城镇劳动力失业、下岗，党和政府一方面对国有企业下岗职工实行基本生活保障制度；另一方面不断完善失业保险制度，积极建立城镇居民最低生活保障制度。通过这些制度，构筑了抵御城市贫困人口的"保障网"。根据这一保障网，城镇职工下岗后，首先进入再就业服务中心，满3年仍未就业者享受失业保险，享受失业保险仍未再就业者进入城镇最低生活保障。这就是中国目前对失业下岗人员进行社会救助的政策主体。

第三节　城市的流动人口

一、流动人口的构成与特点

1. 流动人口的性质构成

从本质上讲，流动人口是人口在空间上的位移，这种位移是瞬间的还是永久的，是短暂的还是长久的，决定了流动人口的不同性质。因此，我们可以根据人口居留时间的长短，将流动人口分为三大类。

(1) 常住流动人口。即在城镇中居留时间半年以上的外来人口，他们中的主体是打工人口——在居留地寻找就业机会并融入当地经济生活中的劳动人口。此外还有投亲靠友者、各种派出常驻机构工作人员等。他们和当地市民在各种日常活动以及对城市各种服务设施的需求上差别不是很大，并且期望获得所在城市的接纳与认同。

(2) 暂住人口。即居留时间在半年以内、三天以上的外来人口，包括探亲会友、求医治病、短期打工和公务出差人员等。他们一般以个人活动为主，即办完事便走、办不成就留，较少带有家庭色彩。

(3) 过往人口。即居留时间在三天以内的外来人口，他们因公或因私目的在当地经过与停留，从事的活动主要是旅游、观光、度假、会议、购物、演出、访问、讲学等，因此他们对于城市的需求比较集中和单一，与一般市民差异较大。

2. **流动人口的目的构成**

流动人口之所以流动，总是基于各种经济的、社会的、私人的或公务的目的。

(1) 经济型。即务工经商、以就业为目的的流动人口，是流动人口中的大多数。2005年北京市外来人口的职业和行业构成，可见表6-6。

表6-6 2005年北京市外来人口的职业、行业构成 %

职业	构成比例	行业	构成比例
高级管理、技术人才	8.8	生产性、商务、仓储等行业	80.0
办事人员和有关人员	6.7	金融、房地产、社会服务等行业	14.0
各类生产、运输设备操作人员和有关人员	41.3	文教、卫生、党政机关、科学研究等社会团体	5.5
商业、服务业人员	43.2	其他行业	0.5
合计	100.0	合计	100.0

资料来源：任强、陆杰华. 北京市未来流动人口发展趋势以及政策思路. 人口与发展——首都人口与发展论坛文辑. 北京：清华大学出版社，2006

表6-6表明，从职业上看，北京市的外来人口从事商业、服务业的比例最高，占43.2%；从事各类生产、运输设备操作的人员占41.3%；二者合计为84.5%。从行业上看，从事生产性、商业、仓储行业的人员合计占80%。

(2) 社会型。即以社会交往等非经济行为为目标的流动人口，包括：探亲访友、随亲属在京生活；科技协作、驻京联络、开会考察、办班讲学、培训人员；治病疗养、恋爱结婚、生育休假等。

表6-6表明，从职业上看，北京市的外来人口中，从事社会性的管理和技术工作的人员比例只占15.5%；从行业上看，从事金融、社会服务、文教、卫生、党政机关、科学研究等社会团体工作的人数较少，其比重只占19.5%。

3. **流动人口的自然构成**

流动人口以男性和青壮年为主，这与其经济导向型为主是一致的。其自然状况分别如下。

(1) 性别构成。我国各类城市的男性普遍多于女性。据2000年北京第五次人口普查数据资料显示，城镇常住流动人口为211.29万，其中男性为122.9万，占58.2%；女性为88.39万，占41.8%，男女性别比为13∶9。

(2) 年龄构成。流动人口中以青壮年为主，少年儿童和老年人口基本上留守家乡。据2005年北京市人口抽样调查显示，流动人口中15～59岁的适龄劳动人口占79%，少年儿童占17.5%，老年人口只占3.5%。

(3) 流动人口的文化程度构成。出于对劳动力文化素质的不同要求,流入大城市和中心城市人口的文化程度总体上高于流入中小城市和边远城镇者。例如2000年北京市第五次人口普查数据资料显示,北京市的外来人口中,大专以上流动人口占总流动人口的11%,高中及中专以上流动人口占总流动人口的28%,初中文化程度流动人口占总流动人口的51%,小学文化程度流动人口占总流动人口的16.5%,文盲占总流动人口的3.5%。

4. 流动人口的流向构成

由于在流动人口中经济型占大多数,因此根据他们的来源与去向,可以清楚地看出他们的流向呈现为四种情况。

(1) 向心流。即从农村流向城市,这是流动人口的最主要部分,其比重为80%~90%。

(2) 梯度流。即从落后地区的城镇流向发达地区的城市、从中小城镇流向大城市、从内地城镇流向沿海城市,总之从经济势能的低梯度地区流向高梯度地区。

(3) 反差流。和第二种类型相反,有部分流动人口是从高梯度地区流向低梯度地区,其目的是以自己的资金、技术和市场营销优势,在这些地区从事有利可图的工商活动。在1994年,北京市有18.7万人流向外省市,占全市人口的1.7%。其中有30.3%的人流向河北,有23.2%的人流向广东、海南,流向新疆、内蒙古乃至西藏、青海的亦不乏其人。

(4) 跨洋流。即跨越国家或地区的出境流动,如1994年,在北京市的外来人口中,港、澳、台和外国人员有4.4万人,占全市外来人口的1.3%左右;而当年北京市的市民中,亦有4.8万人流向境外,占流出人员的25.9%。

5. 流动人口的特点

从以上对流动人口的构成分析中,可以总结出城市流动人口的几个突出特点。

(1) 以经济导向为主、逐渐高层化。流动人口经济目的明确,就业欲望强烈,且所从事的职业逐渐向第二、三产业的较高层次演化,不少"打工仔、打工妹"已开始登上了所在单位的管理阶层。

(2) 流动范围集中、局部组织化。流动人口具有很大的示范效应,一人成功往往导致众人追随,且乡邻藩属观念较强,因此他们容易自发地形成自己的社团组织和聚集场所,并倾向于在某一个行业或某一个地区进行集团型的垄断经营,以寻求共同利益的最大化。

(3) 流动季节性强、流向规律化。这一点,从年复一年春节过后如雪团般扩大的"民工潮"中即可明显看出,还有"麦收队伍"、"农产品运输队伍"等。

二、流动人口对城镇发展的重要作用

1. 农民工有力地推进了我国工业化、城镇化的进程

当前我国有流动人口近1.5亿,主体是农村的剩余劳动力。他们为求生存、谋发展,

大量迁移到城镇中从事工业生产和城镇建设，为城镇发展作出了有目共睹的贡献。例如上海市，户籍人口已开始出现负自然增长，老龄人口占20%以上，城市中的青年人主要在求学，劳动力严重不足。因而，浦东的开放开发、上万条工业生产流水线、成千个建筑工地上，劳动的主力军是农民工。据统计，2004年上海有农民工375万人，其中制造业有127万、建筑业有74万、商业服务业有74万。又如珠三角的东莞市，全市有本地户籍的人口仅156万，却拥有585万在第一线生产的农民工。广东、福建、海南等农民工集中的地区，近几年由于农民工回乡创业或到其他城市就业，已深感劳动力不足。

2. 农民工是勤奋而廉价的劳动力，降低了产品成本，增强了市场竞争力，促进了城市经济的发展

“中国制造”的各类产品由于物美价廉而畅销全世界。为什么会价廉？主要是劳动力要素的成本低。我国出口的大多数产品，其工人的工资相当于欧美国家同类产品工人工资的1/8～1/20。这表明，我国的工业发展和城镇建设在吃农村人口的“红利”（农村提供大量的20～40岁劳动力），而农村和农民却付出了很大的代价：农村的集体土地不能上市和自由买卖，而城市政府却低价征用；农民工在城镇中干脏活累活，还要加班加点，为城镇经济的发展作出了重大贡献，但收入却是“半工资”状态，在劳动保护、失业保险、医疗保险、养老保险等方面也不能享受与城镇职工同等的待遇。

3. 农民工进城学技术、学管理、增长见识和才干，回乡后促进农村致富

许多进城务工经商的农民工，特别是受教育程度较高者，通过实践学到了先进的生产技术和管理方法，提高了文化素质和创业素质，成为有知识、有技能的新型农民。有许多城市还专门对农民工进行培训，例如杭州市的一些街道开办培训班，组织农民工学电脑、学修理、学缝纫、办读书会等。他们回归故乡后，集资办工厂、经商和搞运输业，不仅起到了传播技术、扩散信息的作用，更重要的是加速了当地第二、第三产业的发展，推动了中小城镇的建设，使更多的农民成了市民。

三、改善对流动人口的管理，构建和谐社会

1. 剔除二元体制的影响，取消限制农民进城就业以及损害其合法权益的管理制度

相当长时间以来，城市有关部门对流动人口的管理是不公正的，对农民工进城就业缺少扶持，例如重重设置“关卡”，层层抬高“门槛”，一些用人单位（甚至包括个别政府部门）大量拖欠工资，有些农民工甚至被收容、遣送回家。各级政府逐渐认识到：当今我国各城市的正常运转一时一刻都离不开这些农民工；必须转变观念、以人为本，为农民工提供必要的服务，保护其合法权益，共同构建社会主义和谐社会。

例如北京市已取消了暂住证、就业证、健康证、人口管理、住房管理、入学借读、购房管理、婚育证等十多项收费项目，其中仅办理暂住证、就业证和健康证三项就每年给每位民工可省去350多元。据人民日报2007年3月23日报道：上海市政府公布了2007年要办的实事工程中，有三项与外来务工人员有关——对常住的400万外来务工人员要平等地"同城待遇"、要为300万打工者办理综合保险、对50万民工进行技术培训。

2. 尊重农民工社会管理的参与权，加强自我管理，与当地市民和谐共处

长期以来，人们在认识上片面强调农民工素质差、难管理，采取的是防范甚至强制性的管理措施。近几年，在一些农民工集中的城市，随着人们观念的转变，管理的办法也不断创新，取得了很好的社会效益。例如，江苏的昆山市，经济持续高速发展，打工人口超过了户籍人口，2003年市委发布了《关于加强"新昆山人"建设工作意见》，以往常见的"严打整治"、"防范"、"清查"等提法不见了，取而代之的是要维护打工者的就业权、受教育权、政治民主权、经营利益权、安全卫生健康权、生活居住权等。又如，浙江省义乌市的大陈镇，打工者中凡在镇上实际居住一年以上的公民，都可以参加当地的人大选举；深圳市推荐优秀农民工参选各级人民代表。农民工受到政治上的平等待遇，就会更加自尊自爱、敬业守法。而城市的管理部门不仅节省了不少人力和财力，还使社区日益安定与和谐。

3. 逐步解决农民工居无定所、家庭分居的生存状态，促进城乡社会的稳定发展

城镇中的农民工居住问题，长期以来基本上处在放任自流的状态。农民工买不起商品房，经济适用房则因农民工无本市户口而不能买。建筑工人住在冬冷夏热的工棚里，从事服务业的住在城乡结合部或"城中村"，卫生条件很差。农民工的父母妻儿留在农村，形成了"一家两制"的状态，从而引发了许多婚姻、教育、赡养等社会问题。农民工由于脱离了家庭和社区组织行为的约束，一些人容易进入"游民"群体，甚至铤而走险走向犯罪。因此，已有许多城市在逐步解决农民工的居住问题。例如，深圳市的福田区建造了专门适合单身打工者住的公寓和适合家庭居住的一室一厅、两室一厅的成套住宅；同时，配套有农贸市场、小学、医院、银行、邮局等社区服务设施。这些农民工由于安居就会更加敬业，成为发展经济、稳定社会的重要力量。

第四节　城市人口发展预测

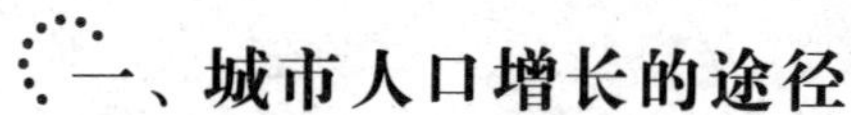

一、城市人口增长的途径

从古到今，绝大多数城市的人口都是由少到多不断增加的，只有个别城市因为自然灾害、战争、资源枯竭等不可抗拒的因素而由盛至衰，甚至淹没无痕。研究城市人口的增长规律，对规划城市未来的发展规模、制定城市总体的发展战略具有特别重要的意义。

城市人口增长的途径，有以下三方面。

1. 自然增长

即由城市的现有人口通过生育这个自然现象而获得的增长，它在数量上等于一年中的出生人口减去死亡人口。在人口学上，常用人口自然增长率来反映一国或地区的人口再生产能力：

$$\alpha = \frac{P_B - P_D}{P} \times 1\,000‰$$
$$= b - d$$

式中：α 为人口自然增长率；P_B 为当年出生人口；P_D 为当年死亡人口；P 为全年平均总人口；b 为人口出生率；d 为人口死亡率。

一般认为：$\alpha > 10‰$，属于人口高速增长；$5‰ < \alpha \leqslant 10‰$，属于人口稳定增长；$\alpha \leqslant 5‰$，属于人口低速增长；而 $\alpha \leqslant 0$，则属于人口零增长甚至负增长。国际经验表明：人口自然增长率与经济发展水平、社会文明程度成反比。2005 年，我国人口自然增长率为 5.89‰，已进入稳定增长阶段。

2. 机械增长

即因为人口迁移或行政区划变动而获得的人口增长。由于行政区变动属于一种例外现象，故机械增长主要指人口迁移造成的人口数量改变：

$$\beta = \frac{P_C - P_G}{P} \times 1\,000‰$$

式中：β 为人口机械增长率；P_C 为当年迁入人口；P_G 为当年迁出人口；P 为全年平均总人口。

需要指出的是，机械增长在统计上是指城市有本市户籍者的变动，至于无本市户籍者的变动则属流动人口的增加。机械增长基本上不是一个自然变量，而是受控于户籍管理部门的人口控制计划。自然增长率与机械增长率之和即为人口增长率 i：

$$i = \alpha + \beta$$

1993 年，北京市的人口机械增长率为 5.81‰，天津市为 4.49‰，上海市为 3.80‰。可见，有些特大城市的机械增长已超过自然增长，成为人口增长的主要途径。

3. 流动增长

当前，流动人口已成为城市实际人口组成中的一部分。在制定城市经济社会发展战略、编制城市总体规划时，必须考虑流动人口，尤其是常住流动人口的实际存在。在沿海许多经济发达地区的城市中，外来打工人口已是城市劳动力的主力军。因此，人口流动增长不容忽视，只是如何测算他们的现实数量与未来增长，还有待进一步探讨。

二、城市人口发展的预测方法

所谓人口发展预测，就是根据人口基础资料，以科学的手段、运用数学方法推算未来的人口总数和人口构成。城市人口发展预测是城市经济学研究城市经济发展必不可少的内容。通过预测，可以预先了解今后一个时期内城市的人口规模和年龄结构，可以推测由此产生的一系列社会经济后果——例如今后城市劳动力供应、就业需求量，学龄儿童数量，负担赡养人口比例。人口预测为城市制定经济政策、就业计划、城市建设计划提供了决策依据；城市的计划、规划、建设和管理部门，据此可以对城市的产业发展、住宅建设、教育设施、社会福利事业等提前作出安排。

人口预测的方法很多，有的适用于短期，有的适用于中长期；有的适用于小城镇，有的适用于大中城市；有的简单易学、但精度稍差，有的精度较高、但繁琐复杂。我们仅举几例比较常用的方法在此介绍。

1. 综合增长分析法

该方法是从城市人口的增长途径入手，把它分为自然增长、机械增长、流动增长，分别估算这三种途径所获得的人口增量，将其加总，即为计算期的人口总量。其计算公式为：

$$P_t = P_0(1+\alpha+\beta)^t + P'$$

式中：P_t 为第 t 年的总人口；P_0 为基期总人口；α 为人口自然增长率；β 为人口机械增长率；P' 为常住流动人口（打工人口）。

α 值可根据计划生育部门的控制指标得出；β 值可根据户籍管理部门的控制指标得出；至于 P'，即常住流动人口的数量，则可根据经济部门（主要是工商部门）的发展需求定出，其数据值等于发展所需要的总劳力与本市能提供的总劳力之差，为正则表明需引进劳力，为负则可向外输出劳力。

2. 数学计量模型法

现代科学的发展，特别是计算机的应用使得许多社会科学走上了定量化的阶段。城市人口的预测亦可通过建立数学的模型，借助电子计算机求解的方法进行。大型的、完整而严密的城市人口增长模型可以考虑众多因素对城市人口的影响，预测结果比较准确，但它需要人口学、城市规划和计算机等多方面的专家共同配合完成，所需时间、费用都很大。在这方面，国内外都有不少的尝试，也取得了许多成果。

（1）一元线性回归模型。假设人口增长趋势符合下式：

$$P_t = a \cdot t + b$$

式中：P_t 为预测期末城市人口，a，b 为系数，t 为从标准年到预测期末的年数。

其中系数 a，b 可由最小二乘法解出：

$$a=\frac{\sum_{i=1}^{n}p_it_i-\frac{1}{n}\sum_{i=1}^{n}t_i\sum_{i=1}^{n}p_i}{\sum_{i=1}^{n}t_i^2-\frac{1}{n}(\sum_{i=1}^{n}t_i)^2}\quad b=p-at$$

式中：n 为预测期总年数，且有：

$$\overline{P}=\frac{1}{n}\sum_{i=1}^{n}p_i\quad \bar{t}=\frac{1}{n}\sum_{i=1}^{n}t_i$$

一元线性回归只需要以往多年的人口总数作为基础资料，故准确度不高。

(2) 多元线性回归模型。与一元线性回归模型类似，但是能考虑多种因素对人口增长的影响，模型为：

$$P=b_0+b_1x_1+b_2x_2+\cdots+b_nx_n$$

式中：P 为城市总人口；b_0，b_1，…，b_n 为回归系数；x_0，x_1，…，x_n 为影响城市人口增长的因素；n 为因子数。

影响城市人口增长的因素很多，如：工业总产值、人均收入、人均居住面积、城市用地、能源消耗、食品消费等。多元线性回归通过对以往多年城市人口及因子数值的调查，运用回归分析，求得各回归系数，并进而预测未来各年的人口总数。此外，还可以通过相关分析找出其中影响最大的若干因子。

(3) 指数回归模型。城市人口的增长未必完全符合线性模型，各城市可根据已有的人口资料，选择合适的模型，也可选用非线性模型。指数模型是非线性模型的一种。

指数增长模型假设城市人口的增长符合以下指标形式：

$$P_t=P_0e^{\frac{a}{b}(1-e^{-bt})-ct}$$

式中：P_t 为第 t 年城市总人口；P_0 为基准年城市总人口；a，b，c 为待定系数。

城市人口增长率 $\gamma(t)$（含自然增长和机械增长）则可由下式推出：

$$\gamma(t)=ae^{-bt}-c$$

根据以往资料，进行回归计算，定出系数 a，b，c 后，即可用来预测未来人口。

此模型好处在于可以同时得到各年度的人口增长率，把人口增长率和城市人口规模都考虑成了动态的量。缺点在于预测人口时不能分析人口增长的原因，也没与经济、社会的发展相联系。

第七章 城市土地经济

第一节 土地的特性及权属关系

土地是极其宝贵的自然资源，是生产力的重要要素，是人类生产和生活最基本的物质资料，也是城市发展最重要的依托，对于城市经济发展具有重大作用。

一、土地的自然特性

我们所生存的地球基本上是颗蔚蓝色的“水球”，在其表面总面积约5.1亿平方公里中，陆地只占1.49亿平方公里，不到30%；而其中除去山地、沙漠、荒滩和极地等不能利用或难以利用的部分外，可供人类利用的土地面积只有0.7亿平方公里，只占表面积的13.73%左右。以我国为例，我国国土陆域总面积约为960万平方公里，而2005年年底的全国实有耕地面积为19.5亿亩，平均每人占有耕地仅有1.49亩，只相当于美国人均耕地11.1亩的13%左右，还不到世界平均水平(3.7亩)的一半。因此，中国是一个典型的人多地少、人均土地资源十分紧缺、资源困境相对明显的国家。

土地是一种天然形成的自然物，它具有化学的和物理的各种特性，是一种十分复杂的、综合的物质。对于土地的定义，各个学科都有阐述。英国经济学家马歇尔指出：“土地是指大自然为了帮助人类，在陆地、海上、空气、光和热各方面赠与的物质和力量。”[①]从经济学的角度来看，则应把土地视为由地球的表层及其附属物构成的、一个上下垂直的立体，即土地是地球表面上空一定的高度，以及地球表面地下一定的深度组成的物质整体，它包括空气、土壤、水域、植被、岩石、矿藏等一切自然物质，是它们的综合体和抽象物，并由此决定了它的自然属性。

土地的自然特性是土地自然属性的反映。

1. 存在的永恒性

如果不考虑一个非常漫长、足以发生沧海桑田之巨变的时间跨度，而是放到一段可度

① [英]马歇尔. 经济学原理. 北京：商务印书馆，1991，157

量的历史时期内，则土地是永恒存在的，它不增不减，既不能凭空创造也不会无故消失。土地存在的永恒性，决定了土地供人类持续利用的可能性以及土地作为资产传承的恒久性。

2. 位置的固定性

土地是大自然的造化物，总是处在地球上的某个确切方位(即一定的经纬度)上——这是其绝对固定性；两个不同地块之间的相互距离在空间上也总是不变的——这是其相对固定性，交通条件的改善只能使距离在时间上发生缩短而已。土地位置的固定性，决定了土地就地利用的必然性和土地财产交易的特殊性。

3. 功能的差异性

世界上没有两块土地是完全一致的，在地质地貌、水文植被、温度日照、土壤肥力等方面，总会存在各种差异。即使科学技术的进步使得自然差别缩小，也会因使用性质的不同而得到不同的回报。土地功能的差异性，决定了土地利用遵循因地制宜原则的必要性和土地资产价格的个别性。

4. 使用的耐久性

一般来说，无论是生产资料、还是生活资料，都会在使用过程中由于磨损而逐渐丧失其原有的价值。然而土地却能始终被人类利用，永远不会丧失其使用价值。已经开垦、精耕细作的农田总是能比荒地生产更多的农作物；即使土地肥力殆尽，也可改作非农业用途而不会被白白废弃。对此，马克思曾有一段精辟的论述："投在机器等等上的固定资本不会因为使用而得到改良，相反地，它会因为使用而受到磨损。新的发明在这里也会引起一些改良，但在生产力一定发展阶段上，机器只会日益陈旧。在生产力迅速发展时，全部旧机器必然会被更有利的机器所取代，也就是说，必然会丧失作用。与此相反，只要处理得当，土地就会不断改良。土地的优点是，各个连续的投资能够带来利益，而不会使以前的投资丧失作用。"[①]土地使用的耐久性，决定了土地开发的连续性和土地资产保值增值的现实性。

二、土地的经济特性

土地的上述自然特性，客观上决定了它的经济特性。土地的经济特性，是人们在使用土地时引起的经济关系的集中体现，主要表现如下。

1. 资源的稀缺性

由于土地是自然赋予的不可再生物，因此对于不断增加的人口和不断增长的需求来说，

① 马克思恩格斯全集．第25卷．北京：人民出版社，1965年版，879、880

土地资源永远是稀缺的。土地的有限性不仅是指土地总量的恒定不变,而且主要是指在某一地区,尤其是城市地区,用于某种特定用途的土地数量是有限的、排他的。增加某种用途的用地就必然减少其他用途的用地,永远无法达到满足所有需求的状态。城市规模越大,则往往供需缺口也越大。大城市商业中心地段之所以"寸土寸金",正是因其稀缺性导致的。

2. 资产的基础性

土地原是一种天赐的自然物,但是一经被人们利用,就会转变成为一种资源、一种资产或资本、一种据以取得经济回报的生产要素。离开了土地,人类一切物质生产活动都无法进行,甚至不可能生存。土地对于我们的重要性,无论怎么估计都不为过。对此,古代的许多先贤哲人曾有不少论述。如《管子》中说:"地者,政之本也。"《荀子》中说:"夫天地者,天下之本也。"《礼记》也指出:"有地斯有财。"这些朴素的观点无不生动地揭示了土地作为一种资产的基础性地位。

3. 区位的效益性

决定经济活动的不同的地理位置,称作区位。在城市,区位对于土地效益具有决定性作用。因此加拿大经济学家 M. 歌德伯戈和 P. 钦洛依在《城市土地经济学》一书中强调指出:"城市不动产的三条最重要的特征,第一是区位,第二是区位,第三还是区位(location,location and location)。"城市土地的区位效益之所以如此明显,是因为人们对不同区位的土地有不同的直接或间接的投入,而高投入理应得到高回报。

4. 边际产出的递减性

所谓"边际产出递减"(diminishing marginal product),是西方微观经济学的重要理论。它是指在其他生产要素投入量不变时,某生产要素的投入量超过特定限度后,其边际产量会随投入量的增加而递减。对于城市土地来说,边际产出递减性表现在对土地的使用强度超过一定限度后,收益开始下降。因此,任何过度开发不仅是对环境的破坏,在经济上也是不合算的。

例如,美国《全国不动产》杂志在 1922 年 9 月 11 日登载了一篇论文《办公大楼经济高度》,该文指出,美国某城市曾作过一项研究,在一块 160 英尺×172 英尺的土地上投资盖写字楼,当楼高为 5 层时预期投资利润率为 4.36%;盖第 5～20 层时每增高一层,投资利润率上升 0.18%;而盖第 20～30 层时每增高一层,投资利润率却下降 0.14%。由此可见,超过 20 层后,这块土地的边际产出开始递减。

三、土地的开发与利用

对稀缺的土地资源适度开发、合理利用是人类进行可持续的生产、生活活动的基本前提之一。

1. 土地开发利用的方式

尽管"野生"状态的土地同样能够生长植被、蓄养动物，但是经过人类有意识、有目的的开发之后，将会提供更多更好的产出，得到更高效、更优化的使用。广义而言，土地开发利用的方式主要有：

(1) 初次开发，即对从未被人类利用的土地投入一定的劳动和技术，使之成为适合农业或非农业使用的土地，通俗地说，就是将"生地"变为"熟地"；

(2) 二次开发，即对已经被人类利用的土地持续投入劳动和技术，增加其单位产出或提高利用的集约度，如低产田的改造、旧城更新等；

(3) 变更开发，即通过投入劳动和技术，转变土地的原有性质、改为其他的用途，如将农田开发为城市建设用地。

2. 影响土地开发利用的因素

(1) 自然因素。包括土地的位置、面积、地形、地貌、地质、水文、土壤、地下矿藏、地面景观等方面的情况。这些因素决定了土地的可用性之大小、可达性之难易，以及适合于何种性质的用途——是做农用，还是做城市建设；是做风景旅游区，还是做自然保护区等。

(2) 经济因素。在保持大地的完好生态系统和环境质量的前提下，人们总是追求以更小的投入取得更大的产出。因此，在规划、开发土地资源时，人们必须遵循节约用地、合理利用、永续使用的原则，把宝贵的土地资源投放到最佳的用途上；不断挖掘土地的潜力，改进土地的状况，提高土地的效益，走集约型发展而非外延型发展之路，为子孙后代留有足够的土地资源和发展空间。

(3) 技术因素。科学技术是第一生产力，科技进步可以化腐朽为神奇——把不毛之地变成良田沃土，在废弃之地建起高楼大厦，甚至围海造地(例如荷兰、新加坡和中国香港就是如此)以解决人多地少的尖锐矛盾。当然这些技术改造必须遵循科学规律和自然规律，否则就会得不偿失。

(4) 制度因素。正如英国古典经济学家威廉·配第所言："劳动是财富之父，土地是财富之母。"自有人类开始，人们就为了保有土地、拓展疆域，进行了无数次的竞争甚至战争，这就越发显出了制度因素(领土划分就是一种由国家之间达成的、神圣不可侵犯的制度安排)在土地利用中的重要性。从国际法到国内法(包括宪法和其他与土地相关的法律)，以及政策、规章、契约、合同等，都是规范和指导土地利用行为的制度因素，对于用地者具有强制性的约束力。

四、土地的权属关系

土地的权属，是土地制度最根本的内容，也是社会政治经济制度的重要体现和生产关系的重要方面。土地的权属包括土地的所有权、土地的使用权以及土地的其他权利。

1. 土地所有权

土地所有权(land ownership)是物权的一种,是土地所有关系在法律上的体现,是土地所有者依法对土地实行占有、使用、收益和依照国家法律规定作出处分,并排除他人干涉的权利。我国土地所有权是以社会主义公有制为前提的,土地归国家和农村集体经济组织所有。土地所有权体现在占有、使用、收益、处分四个方面。

(1) 占有权。是指所有人依法对土地进行实际支配和控制的权利,既可以体现为所有人对土地的直接掌握,也可以体现为所有人依其意志、将土地交由他人支配和利用。即占有权通常由所有人行使,但在一定程度上也可由非所有人行使,因为使用的前提是占有。

(2) 使用权。是指所有人按照土地的性能和合适的用途进行事实上的利用和运用的权利,如在土地上建造房屋或修筑道路;在耕地上进行种植;在牧地上进行放牧等。土地所有人也可以将土地使用权通过一定的法律手续由非所有人行使,如政府可以通过出让土地使用权这一法律行为,将国有土地交给用地者实际使用。在土地使用权由非所有人行使的情况下,所有人并不因此丧失对土地的所有权。

(3) 收益权。是指所有人依法收取土地所产生的天然或法定孳息①和收益的权利,如城市土地的使用者按规定向国家缴纳土地使用的税费;农村土地的使用者在其经营的土地上取得种植或养殖收入等。

(4) 处分权。是指所有人决定土地在法律上的命运,它最集中地体现和决定了所有权的命运。土地的处分权是受法律严格限制的,只有土地所有人享有最终的处分权,而且必须依照法律的规定行使,不得任意处分土地,不准凭借行使处分权而买卖或以其他形式非法转让土地。

在现阶段,我国土地的所有人拥有的处分权主要包括:

- 出让权,即依法出让土地使用权的权利;
- 出租权,即依法出租土地使用权的权利;
- 回收权,即在出让、出租合同期满后依法回收所出让、出租土地的权利;
- 赠与权,即依法以其土地赠与他人的权利。

土地所有人行使其权利,不是无限制的,而是有限制的。所有人必须在法律允许的范围内行使其权利,不得借口行使所有权而任意处置土地和侵犯他人的合法权益。这种限制体现为所有人在行使土地所有权时所承担的责任,如土地所有人不得买卖或者以其他形式非法转让土地;不得破坏环境和影响生态平衡,不得危害社会生产和人们的正常生活;城市建设和乡镇建设必须节约使用土地,可以利用荒地的,不得占用耕地;可以利用劣

---

① "天然孳息"是指自然产生的收益,如母牛生出小牛、果树结出果子等;"法定孳息"是指依照法律或合同规定取得的收益,如在银行存款产生的利息、出租房屋取得的房租等。

地的,不得占用好地;土地所有人不得无理阻挠国家为了建设需要、按照法律规定的条件和程序对土地实行征用;行使土地所有权,应当有利于发展生产、方便生活、促进团结,不得损害相邻方的合法利益。

2. 土地使用权

土地使用权(land-use right)是指土地使用人根据法律、合同的规定,在法律允许的范围内,对国家或集体所有的土地享有使用的权利,也叫使用经营权。它是土地使用制度在法律上的体现,是在他人所有物上设定的他物权,是以物的使用和收益为目的的用益物权。土地使用权是行使占有权的形式之一,也是实现收益权和处分权的条件之一。

土地使用权可分为两类:一类是土地所有人对自己拥有的土地享有的使用权,另一类是非土地所有人对他人的土地享有的使用权。前者称为所有权能的使用权,或叫所有人的使用权;后者称为与所有权相分离的使用权,或叫非所有人的使用权;前者不是独立的权利,只是所有权的一项权能;后者是一种独立的民事权利,是与所有权有关的一种财产权利,它从所有权中分离出来并独立于所有权。

土地使用权同样分为占有、使用、收益、部分处分四个方面。

(1) 占有权。是指使用人依法对土地进行实际控制和支配的权利,它是产生使用权的前提和基础。如房地产开发商在依法取得使用权的地块上进行合法的开发建设活动时,是完全排他的、独立进行的。

(2) 使用权。是指使用人依法对土地进行实际利用和运用的权利。使用土地必须依照法律和合同的规定进行。如企业使用土地是利用土地进行生产经营,因此不得把土地改作他用,也不得征而不用;又如农民承包经营者使用土地是通过对土地的耕种以获取收益,因此不得对土地弃置不耕,不得违规在农地上取土、建房、葬坟等。总之,土地使用人不得擅自改变土地的法定用途或违反使用合同规定的用途,不得危害他人的合法利益。

(3) 收益权。是指使用人依法收取所使用土地产生的天然或法定孳息和收益的权利。使用人取得土地使用权,其目的就是通过使用和经营土地以获取一定的利益。

(4) 处分权。是指使用人依法对土地进行处分的权利。这里的处分不同于所有权人的处分。在非所有人使用的情况下,使用人无权决定土地的最终命运,只能严格依照法律和合同的规定行使权利。

在现阶段,我国土地的使用人拥有的处分权主要包括:

- 转让权,即依法转让土地使用权的权利;
- 转租权,即依法转租土地使用权的权利;
- 回收权,即在转让、转租合同期满后依法回收所转让、转租土地的权利;
- 赠与权,即依法以其土地使用权赠与他人的权利。

3. 土地的他项权利

我国国家土地管理局在 1989 年制定的《土地登记规则》第四十八条中规定："本规则所称的他项权利系指与土地使用权、所有权有关的各项其他权利。"一般来说，土地的他项权利主要包括：

- 抵押权。又称担保权，是指土地的所有人或使用人在债务行为中，依法以其土地所有权或使用权为抵押或担保，得以取得借贷的权利。
- 入股权。是指土地的所有人或使用人在合作、合资行为中，依法以其土地所有权或使用权作价入股，得以取得收益的权利。
- 地役权。是指土地的所有人或使用人在使用土地的行为中，为了自己使用土地的便利或者提高土地利用的价值，依法通过约定，得以利用他人土地的权利。在这里，需要利用他人土地的，称为需役地；提供土地给他人利用的，称为供役地。例如，农村中甲地块的承包者为了自己的灌溉需求，要通过乙地块引水方能进行，则需与乙地块的承包者达成协议；再如，城市中甲地块的使用人为了自己的交通需求，要通过乙地块穿行，则需与乙地块的所有人或使用人达成协议。获取地役权可以是有偿的，也可以是无偿的。
- 相邻权。是指土地的所有人或使用人在使用土地的行为中，对于相邻土地提出合法主张或限制的权利。例如，要求相邻方不得影响自己正常的采光、通风、通行、排水等，不得从事损害自己的利益、降低土地价值的行为，或对于上述损害行为给予补偿。

五、各国土地制度的比较

世界各国依其政治与经济制度的不同，制定了不同的土地制度。如果将其归纳分类，大体上可以分为三种模式。

1. 完全市场模式

在这种土地制度下，土地主要属于私人所有。土地像其他商品一样，可以在地产市场上自由买卖，其价格决定于市场的供求关系。发达国家多数采取这种模式。

美国自 1776 年独立以来，一直是联邦制国家。目前，全美国的土地中 59%为私人所有；39%为公有，其中联邦政府所有占全国土地的 32%、州及地方政府所有占全国土地的 7%；另有 2%为印第安人保留地，专门辟给土著居民。

日本的土地所有结构是：国家所有占国土面积的 23.7%；公共所有，即地方公共团体所有，占 5.6%；其余 70.7%均为私人和法人所有。

英国的情况比较特殊：自 1066 年建立诺曼王朝以来，英国的全部土地在法律上都归英王所有,而土地实际持有人的产权分为四种:无条件继承的产权、限定继承的产权、终身保有的产权和限期保有的产权。其中的前三种属于永业权(freehold),后一种属于租业权(leasehold)。拥有永业权者可视为实际上的土地所有者,因为只要他不违法,就可以随心所欲地利用和处分土地。从这个意义出发,英国的土地也分公有与私有。如1985年英国中央统计局曾推算全英土地所有制结构为:公共所有占15.4%,其中的中央政府为2.6%、地方政府为11.0%、其他为1.8%;民间所有占84.6%,其中的私人为65.5%、法人为14.4%,其他为4.7%。

2. 非市场模式

这是以苏联为代表的社会主义国家的土地制度,即土地全部归国家或集体所有,消灭私有;由国家对土地的使用进行统一分配,不允许私自转让或买卖土地,否则即为非法。新中国成立后,长期实行的也是非市场模式,直至20世纪80年代中期城市土地使用制度改革为止。目前世界上还有朝鲜等极少数国家坚持这种土地非市场制度。

3. 政府控制下的市场模式

在这种土地制度下,土地所有权全部归国家(即中央政府)或各级政府所有;私人通过土地批租获得土地的使用权;政府从总体上控制着土地市场。这种模式以新加坡和中国香港地区为代表。

1997年香港主权回归中国,《中华人民共和国香港特别行政区基本法》第七条明文规定:"香港特别行政区境内的土地和自然资源属于国家所有,由香港特别行政区政府负责管理、使用、开发、出租或批给个人、法人或团体使用或开发,其收入全部归香港特别行政区政府支配。"

在实际运行中,香港土地的配置有四种情况:对于公共机构,如行政、学校、医疗、公园、军事等用地,以免费划拨方式进行;对于非营利团体,如慈善机构、各种公众社团等用地,则以"私人合约"方式免费或以象征性收费方式批复出去;对于特殊企业,如投资巨大、技术先进、对经济发展有重大贡献、客观上要求占地广阔的企业用地,亦以"私人合约"方式廉价批租出去;对于其他土地,则以拍卖与招标方式进行。从总量上看,通过市场进行交易和流通的土地占大多数。

在我国,《中华人民共和国宪法》第十条规定:"城市的土地属于国家所有。农村和城市郊区的土地,除由法律规定属于国家所有的以外,属于集体所有;宅基地和自留地、自留山,也属于集体所有。国家为了公共利益的需要,可以依照法律规定对土地实行征收或者征用并给予补偿。任何组织或者个人不得侵占、买卖或者以其他形式非法转让土地。土地的使用权可以依照法律的规定转让。"由于城市土地可以依法出让和转让,因此我国的城市土地制度比较接近于政府控制下的市场模式。

第二节　地租理论与土地区位选择

土地作为一种生产要素，必然产生了地租。地租的实质是什么？对此，马克思指出："不论地租有什么独特的形式，它的一切类型有一个共同点：地租的占有是土地所有权借以实现的经济形式。"①

一、西方经济学地租理论

1. 古典经济学地租理论

西方古典经济学创始人威廉·配第在其劳动价值论和工资理论的基础上，首次提出了地租理论。他认为，商品的价值是由商品中包含的劳动时间决定的；工人的工资等于工人最低限度的生活资料的价值；从农产品的价值中扣除掉生产费用，余下的价值部分就成为地租；地租是土地的恩赐，而不是劳动的产物。

亚当·斯密则是最早系统地研究地租问题的人。他认为，资本主义社会有三大阶级：资本家阶级、工人阶级和地主阶级。正如利息是资本的收入、工资是劳动的收入一样，地租是土地所有者的收入。从本质上看，土地是地主的资本，地租是土地资本所带来的利息。

大卫·李嘉图是古典经济学的最后完成者。他提出了级差地租的概念，即从农业用地的角度来考察地租问题。他认为，地租的产生有两个前提条件：其一是土地的稀缺性；其二是土地的差异性。如果土地是无限的、同样肥沃的，那么就不会产生地租；但情况不是这样，种地者愿意到距离近的、肥沃的土地上去耕种，不愿到远的、贫瘠的土地上去劳作，因此，土地就出现了由于位置不同、肥力不同而形成的等级；如果有三块同样大小但等级不同的土地，投入的资金与劳动相同，而产出也分为三等，那么三块土地收入的差额就是级差地租。级差地租不仅存在于超额利润中，还存在于土地的素质差异之中。

2. 新古典经济学地租理论

兴起于19世纪末、20世纪初的新古典经济学派，以马歇尔(A. Marshall)、庇古(A. C. Pigou)等人为代表。在新古典经济学家们看来，李嘉图的地租理论是不完善的，尽管地租是因为使用了土地而给予的支付，但它还与土地这个生产要素的一大特性相关联——土地的供给是非弹性的。

---

① 马克思恩格斯全集. 第25卷. 北京：人民出版社，1965：714

使用土地的报酬只是“商业租金”(commercial rent),它包含两种成分:“转移收入”(transfer earnings)和“经济租金”(economic rent)。前者是对地力消耗的补偿,后者则是一种反映土地稀有价值的支付,二者关系可见图 7-1。

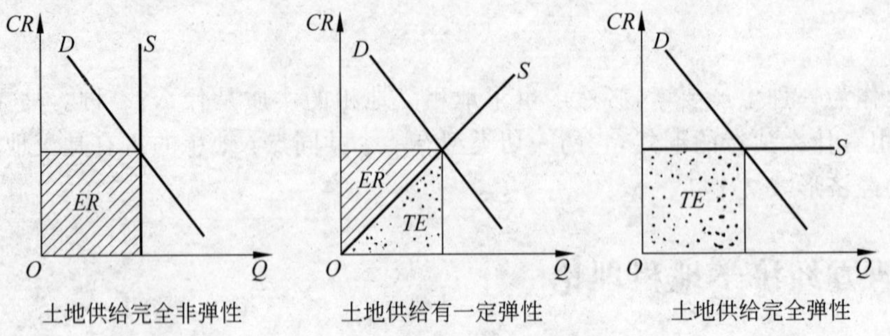

图 7-1　土地供给弹性与地租构成

图中,横轴 Q 为土地供给量,纵轴 CR 为商业租金,阴影部分 ER 为经济租金,灰色部分 TE 为转移收入。则土地供给弹性与地租构成之间存在如下关系:

- 当土地是大量的,供给完全弹性时(如新开发的城镇),则商业租金完全由转移收入组成,经济租金可以忽略不计。
- 当土地是有限的,供给有一定弹性时(如城市郊区),则经济租金与转移收入同时存在,二者的比例关系取决于供给弹性的大小。一般来说,城市规模越大,土地供给弹性越小,则经济租金比例越高;反之亦然。
- 当土地是短缺的,供给完全非弹性时(如城市中心区),则商业租金完全由经济租金组成,转移收入可以忽略不计。

新古典经济学还认为,地租实际上是一种分配工具,总是把土地分配给出价最高者,即所谓的“最高租金原则”。关于这一点,我们将在下一节详细讨论。

二、马克思的地租理论

马克思批判地继承和发展了古典经济学的地租理论。马克思的地租理论有以下要点。

1. 地租的性质和来源

(1) 地租的性质。地租是因使用土地而支付的使用费,它是土地所有权在经济上的实现形式,也是土地使用权的价格。

(2) 地租的来源。地租是一种超额利润,是由劳动者的劳动所创造的剩余价值在各个资本之间按社会平均利润率分配之后所剩余的部分。它表现的是一种生产关系,是对生产资料的占有关系和对社会产品的分配关系。

马克思曾经指出："凡是自然力能被垄断并保证使用它的产业家得到超额利润的地方（不论是瀑布，是富饶的矿山，是盛产鱼类的水域，还是位置有利的建筑地段），那些因对一部分土地享有权利而成为这种自然物所有者的人，就会以地租形式，从执行职能的资本那里把这种超额利润夺走。至于建筑物使用的土地，亚当·斯密已经说明，它的地租的基础，和一切非农业土地的地租的基础一样，是由真正的农业地租调节的。"①

由此可以得出结论：一切地租，都是由于土地被垄断占有和垄断经营而产生的；地租的实质是超额利润；城市地租的基础和农业地租一样，由农业地租来调节。

同时，根据地租形成的原因和条件的不同，地租一般可分为绝对地租和级差地租两种形式。

2. 绝对地租

土地所有者凭借对土地所有权的垄断，占有农产品价值中超过社会平均生产价格的那部分超额利润，由于它不论土地本身条件优劣如何，只要土地所有权与使用权分离了，即向土地所有者租用了土地，就必须支付这部分差额，故称绝对地租。

在资本主义经济发展过程中，农业技术总是落后于工业技术，因此农业的资本有机构成总是低于工业的资本有机构成。即投在生产资料上的固定资本 C 与投在劳动上的可变资本 V 之比，农业低于工业，故等量资本投在农业中比投在工业中会带来更多的剩余价值。同时，土地所有权的垄断阻碍着资本自由地转入农业，使农业中较多的剩余价值可以保留下来，不参加利润率平均化的过程，这样，农产品不是按社会生产价格，而是按高于生产价格的价值出售。于是，农业资本家在获得平均利润之外，还能把农产品价值与社会生产价格的差额部分，缴纳给土地所有者，成为绝对地租。

绝对地租的形成过程，可见表 7-1。

表 7-1 绝对地租的形成示例

生产部门	资本有机构成	剩余价值	商品价值	商品利润率	平均利润率	生产价格	绝对地租
食品业	$70C+30V$	30	130	30%	20%	120	—
纺织业	$80C+20V$	20	120	20%	20%	120	—
机械业	$90C+10V$	10	110	10%	20%	120	—
农　业	$60C+40V$	40	140	40%	20%	120	20

假定工业部门平均资本有机构成是 80∶20，剩余价值率为 100%，那么，剩余价值和

① 马克思恩格斯全集．第 25 卷．北京：人民出版社，1965：871

平均利润都是20，商品的生产价格就是120。再假定农业部门的资本有机构成是60∶40，剩余价值率为100%，那么，剩余价值就是40，而农产品的价值就是140。根据平均利润和部门之间竞争的原则，农业资本家只能得到与工业资本家相同的20的平均利润。因此，农产品的生产价格，即与工业品相同的社会生产价格，也是120。但是，农产品总是按高于它的生产价格的价值，即按照140的价格出售，这样，农业资本家就多得到了20的超额利润。这个超额利润转到土地所有者手中，就成为绝对地租。

3. 级差地租

由于使用了土地而必须支付的地租是绝对地租；那么，因为土地等级不同而形成价格不等的地租则是级差地租。级差地租又包含以下两种形式。

(1) 级差地租Ⅰ。即在不同的地块上进行等量投资，但由于土地肥力的大小和土地位置的优劣所形成的级差地租。如表7-2所示。

表7-2 级差地租Ⅰ的形成示例 元

土地等级	单位产量	预付资本	平均利润	个别生产价格总额	每吨粮的个别生产价格	社会生产价格总额	平均利润以上余额	级差地租Ⅰ
劣等	4吨	100	20	120	30	120	—	—
中等	5吨	100	20	120	24	150	30	30
优等	6吨	100	20	120	20	180	60	60

从表7-2可见：级差地租Ⅰ等于个别生产价格总额与社会生产价格总额之间的差额，即平均利润以上的余额。这种超额利润除了劣等地不能获得以外，中等地与优等地都能得到。在这里，土地产品的社会生产价格之所以决定于劣等地的个别生产价格，是因为如果社会生产价格决定于中等地或优等地，那么劣等地就无法取得平均利润，从而退出经营。这就使中等地与优等地变得十分紧缺，土地产品供不应求、价格上涨。当价格涨到劣等地的经营者也能得到平均利润时，劣等地就可重新加入经营，价格上涨方告终止，于是社会生产价格依然取决于劣等地的个别生产价格。

(2) 级差地租Ⅱ。即在同一地块上由于连续追加投资而形成的级差地租。它与级差地租Ⅰ一样，也是农产品的个别生产价格与社会生产价格之间的差额，即超额利润。

由于在同一地块上连续追加投资会有不同的劳动生产率，因而各次投资产量的个别生产价格不同。而产品的社会生产价格仍由劣等地的个别生产价格所调节，这使追加投资生产的农产品的个别生产价格低于社会生产价格。由此产生的超额利润转归土地所有者手中，形成级差地租Ⅱ。

级差地租Ⅰ是级差地租Ⅱ的基础，而级差地租Ⅱ则是级差地租Ⅰ的另一种表现。两者的区别是：级差地租Ⅰ不能在劣等地上获得，但级差地租Ⅱ则可以；级差地租Ⅰ与粗放经营相联系，级差地租Ⅱ与集约经营相联系；级差地租Ⅰ以土地的自然丰度为基础，级差地租Ⅱ则以土地的经济丰度为基础。

从总体上看，级差地租Ⅰ与级差地租Ⅱ是一致的，都是劳动生产率不同的结果；而级差地租又包含在绝对地租之中，都是由劳动创造的超额利润。

三、地租杠杆对城市经济的调节作用

城市地租和农业地租产生的基础与表现形式都是一样的，也存在绝对地租与级差地租(包括Ⅰ和Ⅱ)。在城市经济中，由于土地这个生产要素的稀缺性表现得更为突出，因此地租作为一种经济杠杆，对于城市经济运行的调节作用也体现得更加明显。这些调节作用主要反映为以下几点。

1. 绝对地租促使土地的集约经营

由于只要使用土地就必须缴纳一定的成本，即由于绝对地租的存在，迫使土地使用者把土地的租用数量减少到最低限度；并在已租的土地上追加投资，以尽可能提高土地的产出率。这在客观上有利于节约土地资源、改良土地素质、实行集约化经营，从而达到最经济利用土地的目的。

2. 级差地租影响城市产业的布局

不同的产业，由于其生产过程的特殊性，对土地位置的要求和敏感程度不同，因此在同一地块上安置不同的产业，会导致不同的产出率、形成不同的经济效益。如日本投资协会在20世纪70年代的一项调查表明：东京地区用于第一、第二、第三次产业的土地的单位面积产出价值之比为1∶100∶1 000。因此，在城市空间上由于各产业支付高低悬殊的级差地租的能力有差别，就会自动形成一种产业的布局方式(详见下文关于区位选择的分析)，从而促进了土地资源的最优配置，使土地潜在的效益得到最大限度的发挥。

3. 级差地租控制城市规模的膨胀

级差地租不仅存在于同一城市的不同区位上，也存在于不同规模的城市之间。一般来说，大城市的级差地租总要高于小城市，因此，大城市昂贵的地价最终会形成一种排斥力，将那些占地过大的企业推向周围的中小城市。这样一方面控制了大城市规模的无限膨胀；另一方面也带动了中小城市的发展，有利于城镇体系的合理布局。

4. 级差地租调节国民收入的分配

由于级差地租的实质，是将从土地上获得的级差收益进行分配，这样就消除了土地区位因素对企业经营状况的影响，使企业站在同一起跑线上公平竞争。将企业收益中的土地因素合理地收归一部分还于土地所有者，对于土地国有制的社会主义国家来说，还能增强国家财力、增加城市建设资金，有利于国民收入在国家、企业和劳动者个人之间的合理分配。

四、城市土地的区位选择

1. 城市土地的投标租金

新古典经济学地租理论认为，在土地的商业租金中，包括转移收入与经济租金两部分。而德国经济学家屠能（von Thunen）在1826年发表的《孤立国》一书中，提出了投标租金的概念，建立起了一套投标租金模型。屠能指出，投标租金是投标者对各种不同区位的土地所愿意支付的最高租金，它由土地使用者在对土地使用权的竞争中产生。

屠能假设：有一个孤立的城市坐落在一个均质的平原上，农产品由平原上生产并被运至城市；土地供给是完全非弹性的，且只用于农业；运输成本与到城市中心的距离成正比；农业生产有固定比例的资本与劳动投入。对于某一土地需求者来说，在城市地区影响投标地租的最重要因素是土地的位置：地块距市中心越近，愿意支付的租金越高。若以$r(d)$代表某一土地需求者的投标租金曲线，d代表到城市中心的距离，p为产品价格，q为产量，c为与距离无关的单位生产成本，f为单位距离的运费率，π为平均利润率，则在一定利润水平下每块土地的租用者所能支付的最大地租（即投标租金）为：

$$r(d)=q(p-c-\pi-fd)$$

可见，相对于不变的p、c、π和f来说，投标租金$r(d)$是距离d的线性函数。反映在图7-2中，则AB为投标租金曲线，其斜率为f。只要企业选址在这条曲线上，则无论其位置在AB线段上的何处，企业的利润率π都是一定的。

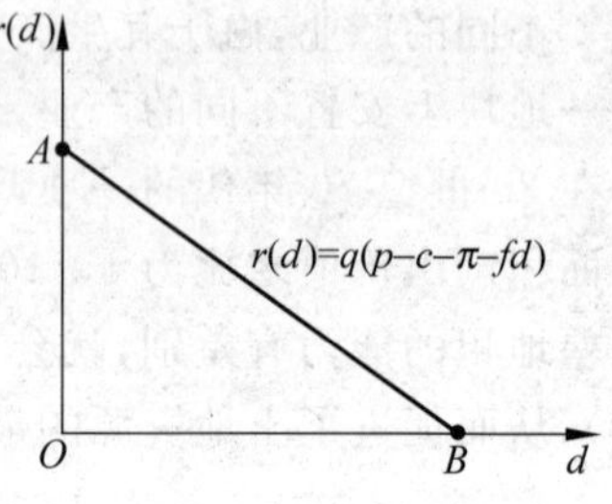

图7-2 农业的投标租金曲线

屠能的分析虽是针对农业而言的，实际上由于城市地租和农业地租的基础是一样的，并由农业地租来调节，因此在城市中，投标租金曲线同样是距离的线性函数。价格或生产成本的变化会引起投标租金曲线的平行移动；而运输成本的变化，则会引起投标租金曲线斜率的变动。

2. 城市土地地租曲线的形成

在完全竞争条件下，城市土地在不同用途的使用者进行分配时，总是遵循“最高租金原则”，即愿意支付最高租金者得之。而不同的使用者，对于城市不同区位上的土地，所给出的投标租金是不同的。当然不论选址在投标租金曲线上的哪一点，企业的获利都是一样的。一般来说，商业单位由于对位置的敏感性最强，故其用地的投标租金曲线最陡；居住单位对位置的敏感性较弱，投标租金曲线也较缓；制造业单位则居于二者之间。

现假设有A、B、C三类土地使用者，分别是商业零售业、制造业、住宅业，它们各自给出了自己的土地投标租金曲线、也即在一定利润水平下所愿意支付的最大地租曲线：其中 AA' 为商业用地的投标租金，BB' 为制造业的投标租金，CC' 为住宅业的投标租金。当土地处在 OE' 区段时，商业用地的投标租金 AE 最高，土地所有者理所当然将 OE' 区段的土地给了商业；同理，$E'F'$ 区段的土地给了投标租金最高的制造业，$F'C'$ 区段的土地给了投标租金最高的住宅业。于是，这就形成了针对三个土地使用者的城市土地的投标租金包络线 $AEFC'$，它也是实际上的城市土地市场地租曲线，如图 7-3。

将上述情况推广开来，则在拥有任意多个使用者的城市土地市场上，地租曲线就是所有使用者的投标租金曲线的包络线。可以看出，如果按照这个原则进行城市土地的分配，将会实现城市整体土地经济效益的最大化。

那么，对于某一具体土地使用者来说，面对一条实际的城市土地市场地租曲线 $R(d)$，如何找到一个合适的位置，以使自身的利润达到最大呢？假设该土地使用者的利润为 π，则：

$$\pi = v - c - r(d) - fd$$

式中：v 为收入；c 为与距离无关的成本；$r(d)$ 为投标租金；f 为单位距离的运费率，d 为到市中心的距离。根据数学方法推导得知：当该土地使用者的投标租金曲线 $r(d)$ 与城市土地市场地租曲线 $R(d)$ 相切时，切点处 A 所对应的 d_1 的位置是适宜的，在这时土地的所有者获得最大租金，土地的使用者取得最大利润。如图 7-4。

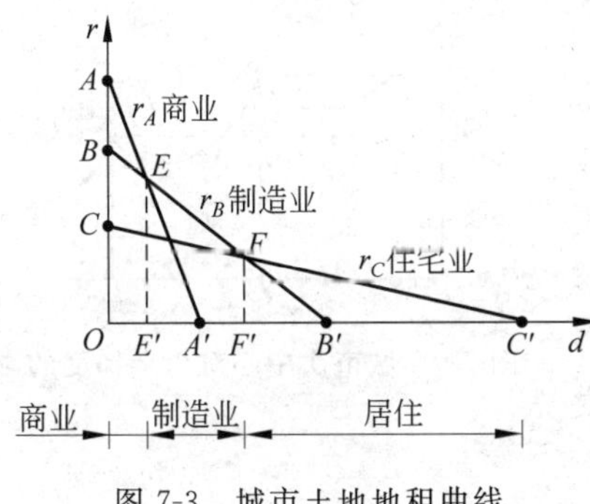

图 7-3　城市土地地租曲线

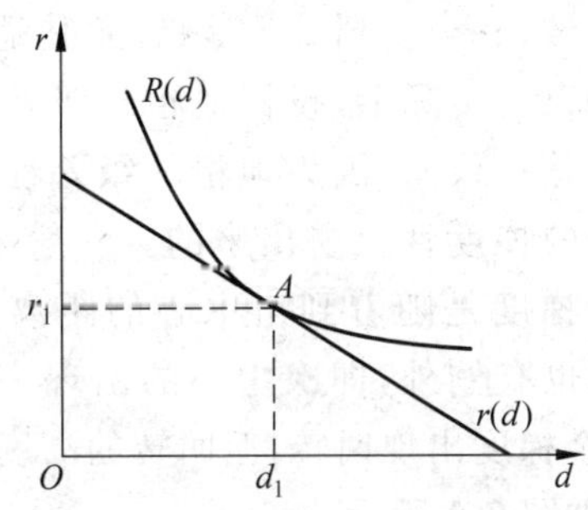

图 7-4　城市土地市场上的均衡选址

3. 商业竞争促进城市中心区的形成

在城市中，中心区的形成除了有历史的、社会的因素在起作用外，经济因素更为重要。其中商业竞争与土地区位选择显得尤为突出，在这二者之间，存在着不可分割的联系。

一般的商业企业在选址时都要考虑其竞争者的位置，因为这关系到市场的占有份额和各自市场的覆盖范围。相同的商业企业总倾向于在相邻的地段选址，其道理可见图 7-5。

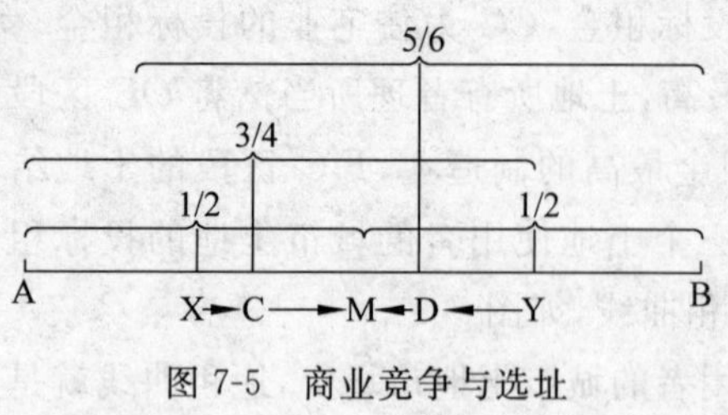

图 7-5　商业竞争与选址

在图 7-5 中，假设城市横剖面的范围是从A到B，有两家商业企业 X 和 Y，它们开始时按照城市规划的均衡布局原则，分别被放在 AB 线段的四分点位置上，分别占有等量的 AM 段市场与 MB 段市场，即市场份额各为 1/2。这时本该相安无事，市民购物所走的距离也是最短的，应视为最佳均衡模式。但出于追求更大利润的目的，X 悄悄向 M 移动，挪到 C 点位置，试图使市场份额从1/2 增至 3/4；此举使 Y 的市场份额被压缩至 1/4，它必会作出反应，报复性地也向 M 靠拢，并进一步占据 D 点位置，使自身市场份额增至 5/6；而 X 亦不甘示弱，继续向 M 逼近……于是最后 X 与 Y 都落到了 AB 段的中点 M 处，其市场覆盖面都是 100%，出现了新的均衡局面。对于 X 和 Y 来说，这种市场分配皆大欢喜；而城市中心区也开始在 M 点形成，并吸引更多的商业企业向它聚集。

上例说明，在城市用地分配中，各用地单位是从自身利益出发决定其选址行为的。它们较少考虑公众利益和城市综合利益，由此形成的城市空间结构不一定是最合理的。

当然，城市中心区的形成，绝非简单地由商业竞争所致，它会受到城市地租，尤其是级差地租的有力约束。实际上，投标地租与级差地租在数量表现上是一致的，因为地租的级差性正是通过投标租金的梯度性反映出来的。一般来说，城市投标租金梯度是随着到市中心的距离增大而下落的。但也有例外，即次中心的出现——在次中心处，租金梯度出现回转，但回转的高度依然是渐次降低，如图 7-6 所示。

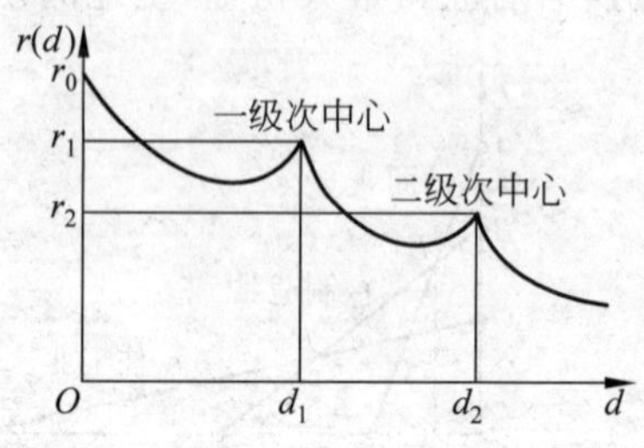

图 7-6　城市次中心对租金梯度的影响

第三节　城市土地使用制度与土地市场

城市土地制度，包括土地所有制度与土地使用制度。社会经济基础与政治体制决定着城市土地所有制度，并由此进一步决定了城市土地使用制度。

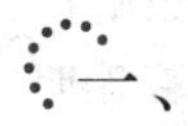

一、我国城市土地使用制度的变革

1. 城市土地国有制的建立

解放前，中国是一个半封建半殖民地的国家，存在着多种复杂的经济成分。城市土地的所有权也呈现出各种形式，主要有：以蒋、宋、孔、陈四大家族为代表的官僚资本所有的土地；外国帝国主义、殖民主义者占有的土地；民族工商业者和房地产业主所有的土地；城市个体业主和城市居民占有的土地；以及各级政府所有的土地。从总体上看，属于土地私有制形式。在这种土地私有制中，据统计，解放前我国城市土地的所有权结构大致为：外国资本所有约占 20%，官僚资本所有约占 10%，其余主要属于民族资本和个体业主。

解放后，我国政府在城市中是通过以下三种方式，逐步将私有土地收归为国有的：

- 对于帝国主义、官僚资本和反革命分子等占有的土地，予以没收；
- 对于资本主义工商业者、房地产业主等所有的土地，进行赎买；
- 通过颁布宪法，宣布城市中一切土地属于国家所有。

据 1982 年对全国 226 个城市的调查统计：城市建成区总面积 7 438 平方公里的土地中，仍有 334.7 平方公里属于私有，主要是城市个人自有自住房屋及在社会主义改造起点以下的个人出租房屋的宅基地。它们虽然仅占全国城市建成区面积的 4.5%，但由于十分分散，给城市规划与建设带来很大困难。因此，1982 年经第五届全国人民代表大会第 5 次会议通过的《中华人民共和国宪法》，规定城市的土地属于国家所有。这就从根本上决定了我国城市土地国有制的建立。

2. 城市土地使用行政划拨制的弊端

在新中国成立后至改革开放以前的 30 年间，我国城市土地使用实行的是单一的无偿、无限期使用的行政划拨制。制定这种制度的依据，是随着土地私有制的消灭、地租将不复存在的理论模式所推断。因此，我国同当时的苏联等社会主义国家一样，长期禁止土地市场，对国有土地使用实行行政划拨的分配方法。

实践证明，这种城市土地使用行政划拨制，使国有土地的使用者变成了实际上的所有者，国有土地的所有权不能从经济上得到实现，在理论上也不符合马克思主义地租理论。恩格斯曾经指出："消灭土地私有制并不要求消灭地租，而是要求把地租——虽然是用改变过的形式——转交给社会。所以，由劳动人民实际占有一切劳动工具，无论如何都不排除承租和出租的保存。"①

城市土地行政划拨制，造成了我国城市土地管理与城市建设中的种种弊端，概括有以下几方面。

---

① 马克思恩格斯全集．第 18 卷．北京：人民出版社，1965：315

(1) 土地产权的模糊。产权是财产关系的法律表现，是用以硬化财产归属、约束财产使用行为、维护一定经济秩序的法权措施。而城市土地的行政划拨，导致土地所有权无明确的法人代表，实质上从国有演变为单位、部门所有，从而造成城市土地的使用与管理混乱。

(2) 土地资源的浪费。城市土地的无偿无限期使用，客观上刺激了占而不用、多占少用、好地劣用的用地行为，使城市走上不合理外延扩张、恶性膨胀的道路。根据 20 世纪 90 年代初的一项调查：当时我国城市土地约有 3%～5%处于闲置状态，约有 40%处于低效利用状态。以此推算，若按低效利用土地相当于 1/4 的闲置空地计，则当时全国城市土地中约有 13%～15%处于闲置中；而 1991 年全国城市建设用地为 1.29 万平方公里，因此空闲土地多达 0.18 万平方公里；若按当时城市新区的土地开发成本为每平方公里 2 亿～3 亿元计，则这些闲置土地相当于闲置资金 4 500 亿元；以当时年利率 8%计，相当于每年净流失资金 360 亿元，如果再加上这些空闲土地被占用的机会成本，则浪费更为惊人。

(3) 土地配置的不当。国有土地不以土地的价值规律为依据，而是按国家指令性计划划拨，使城市土地的配置很不合理，主要表现是工业用地、行政用地所占比例过大，而商业、服务业等第三产业用地所占比例过低；且非经营性单位多占地、占好地，土地创造的价值收益率明显小于发达国家，土地的生产潜力被人为地禁锢在“高墙大院”之中。

(4) 土地收益的流失。城市土地无偿使用导致土地收益大量流失，一方面是土地使用者自发地将土地投入隐形市场而谋取报酬，导致国有土地绝对地租的流失；另一方面是土地使用者凭借占据城市较好区位和国家对土地的连续投入而获取超额利润，导致国有土地级差地租的流失。据建设部和国家土地管理局在 20 世纪 90 年代初的一项调查：城镇划拨的土地约有 5%～10%不当地进入市场，其中商业用地约有 20%～30%进入市场。因此导致有些大城市每年流失逾千万元的土地应得收入，一般县市达上百万元，全国每年流失约 30 亿～40 亿元。而据当时国务院政策研究室测算：国有土地收益的流失每年高达上百亿元，其中仅因房产买卖而直接流入居民手中的地租即达 20 亿元。

3. 城市土地有偿使用制的改革

我国城市土地使用制度的改革，是自 1982 年深圳特区开始的。当年深圳率先按城市土地的不同等级向土地使用者收取不同标准的使用费，从此拉开了国有土地有偿使用改革的序幕。1987 年国务院第一次提出“土地使用权可以有偿转让”的政策，并在少数城市进行试点；1988 年通过的《中华人民共和国宪法修正案》中明确规定：“土地的使用权可以依照法律的规定转让。”这标志着我国城市土地有偿使用制度得到了法律上的肯定与保证，是城市土地开始进入市场经济轨道的重大突破。

我国城市土地使用制度的改革，遵循以下四条原则。

(1) 坚持城市土地单一国有制。这是由社会主义性质所决定的，不能有丝毫动摇。

（2）实行土地所有权与使用权相分离。国家只允许城市国有土地使用权的有偿和有限期出让，而所有权则不能进入市场流通。

（3）对部分依法取得使用权的城市国有土地，可以进行商品化经营。国家通过立法和法律监督，规范与管理地产市场。

（4）城市土地使用权实行有偿有限期出让。除由国家财政拨款的党政军机关和行政事业单位的办公用房、公共设施及公用事业等建设用地继续采用划拨方式供应外，其他新增建设用地，包括工业、商业、金融、旅游、服务业、商品住宅和涉外工程建设用地，都要通过土地出让和转让方式获得土地使用权。

由于国家出让的是土地使用权而非所有权，因此土地进入市场不会丧失我国的社会主义基本经济特征，也不会影响到国家主权问题。总之，城市土地使用制度的改革，是与国家经济体制改革的总目标相一致的，即同社会主义市场经济相适应，运用价值规律和市场机制，主要通过土地市场来调节城市土地的供求关系，合理配置土地资源，完善城市用地结构，提高土地利用效益，从而达到最大限度节约土地的目的；同时，创造和增加国家及城市的财政收入，为城市工商企业创造良好的、公平的竞争条件和环境，促进企业改革的不断深化。

二、城市土地有偿使用的途径

城市土地使用制度的改革中，最根本的是两条：一是有偿使用，二是有限期使用。因为若是无限期使用，等于变相获得土地所有权；若是无偿使用，亦无法使国有土地的所有权得到经济上的实现，等于实际上废除土地所有权。

1. 城市土地有偿使用的相关税费

我国城市土地的有偿使用，主要是通过征收税费形式来实现的。

（1）土地出让金。依照1990年5月国务院颁布的《城镇国有土地使用权出让和转让暂行条例》的规定：由占用土地的使用者，向土地所有者一次性交付使用期限内的土地使用权出让金；支付行为必须在签订土地使用权出让合同后的60天内完成，否则出让方有权解除合同，并可请求违约赔偿。土地出让金实际上是将出让期限内各年度的年租金予以折现后的总额，也即土地使用权的价格。它体现的是国家与土地使用者之间的经济关系。

（2）土地使用税。依照2006年12月国务院修订的《城镇土地使用税暂行条例》的规定：由使用土地的单位和个人按期向所在地税务机关缴纳土地使用税。土地使用税实际上就是绝对地租，它体现的是国家与土地使用者之间的经济关系。修改后的城镇土地使用税每平方米年税额在原规定的基础上提高了2倍，详见表7-3。

表 7-3　城镇土地使用税的税额标准

所处的城镇类型	年税额标准/元/平方米	所处的城镇类型	年税额标准/元/平方米
大城市	1.5～30	小城市	0.9～18
中等城市	1.2～24	县城、建制镇、工矿区	0.6～12

依法免缴土地使用税的主要有：国家机关、人民团体、军队自用的土地；由国家财政部门拨付事业经费的单位自用的土地；宗教寺庙、公园、名胜古迹自用的土地；市政街道、广场、绿化地带等公共用地；直接用于农、林、牧、渔业的生产用地；其他法律规定的免税土地。

土地使用税的具体税额幅度，由各省（自治区、直辖市）人民政府根据市政建设状况、经济繁荣程度等条件确定；并由市、县人民政府根据实际情况，将本地区土地划成若干等级后，在已确定的税额幅度内，制定相应的税额标准，报省（自治区、直辖市）人民政府批准执行。表 7-4 即为修订后的北京市城镇土地使用税纳税额度。

表 7-4　北京市城镇土地使用税纳税额度

土地等级	年税额标准/元/平方米	土地等级	年税额标准/元/平方米
一级	30	四级	12
二级	24	五级	3
三级	18	六级	1.5

(3) 土地增值税。依照 1993 年 12 月国务院颁布的《土地增值税暂行条例》的规定：凡转让国有土地、地上的建筑物及附着物并取得收入的单位和个人，均为纳税义务人，征税对象是房地产转让所取得的增值额。土地增值税实际上是级差地租的另一种形式，它体现的仍是国家与土地使用者之间的经济关系。

纳税人转让房地产所取得的收入（包括货币收入、实物收入和其他收入）减除下列扣除项目金额后的余额为增值额：取得土地使用权所支付的金额；开发土地的成本、费用；新建房及配套设施的成本、费用或者旧房及建筑物的评估价格；与转让房地产有关的税金；财政部规定的其他扣除项目。增值率按增值额与允许扣除项目金额之和的百分比率计算；增值税实行四级超率累进税率，如表 7-5 所示。

表 7-5　土地增值税的税额标准　　%

增值率	应税率	增值率	应税率
<50	30	100～200	50
50～100	40	>200	60

土地增值税的开征，目的就是为了把国有土地的级差收益收归国有，防止国有资产继

续大量、隐性地流失，从而真正体现出国家作为土地所有者的权威，因为这部分收入本来就属于国家。

(4) 耕地占用税。依照 1987 年 4 月国务院发布的《耕地占用税暂行条例》的规定：对于占用农田耕地建房的单位和个人，均须缴纳耕地占用税。占用前三年内曾用于种植农作物的土地，亦视为耕地。耕地占用税的征收共分为四个等级，按实占耕地面积一次性计征，具体税额标准详见表 7-6。

表 7-6　耕地占用税的税额标准

人均耕地面积/亩	计征标准/元/平方米	人均耕地面积/亩	计征标准/元/平方米
≤1	2～10	2～3(含)	1.3～6.5
1～2(含)	1.6～8	>3	1～5

注：农村居民占用耕地新建住宅，按上述规定税额减半征收；经济特区、经济技术开发区和经济发达、人均耕地特别少的地区，可以适当提高税额，但最高不得超过上述标准的 50%。

(5) 其他规费。与土地利用相关的其他规费主要包括：

- 防洪费：按所占用的土地面积，以 20 元/平方米缴纳；
- 土地闲置费：对土地使用者超过土地出让合同约定的开发日期满一年尚未动工的，按土地出让金的 20%缴纳；
- 地价评估费：由土地地价评估机构进行收取(如按评估总额的 1%)；
- 资金占用费：土地使用者有正当理由在两个月内不能交清地价款的，可申请缓交地价款；但在缓交期(从合同签订之日起的 6 个月)内，须每月按所欠交金额的 0.1%～0.2%缴纳该费用；
- 其他费用：包括土地登记发证费、国土资源管理部门的审批费或管理费等。

2. 城市土地有偿使用的征收原则

在征收土地使用的有关税费中，应秉持因地制宜、区别对待的原则，具体是按以下四点来征收。

(1) 按不同的城市征收，即根据城市规模的大小、经济实力的强弱和改革进程的快慢来确定具体收费办法。

(2) 按不同的区位征收，即根据土地级差收益主要来自土地区位的优劣这一前提，确定土地的等级，从而按等级高低征收不同费用。

(3) 按不同的性质征收。由于同一块土地用于不同性质的用途，会有悬殊的产出效益，因此应将由此产生的超额利润的一部分合理地收归国有。

(4) 按不同的对象征收。土地使用者包括国有单位、集体单位、个人和“三资”企业等多个对象，他们对国家经济社会发展的贡献、土地使用的历史情况以及负担土地费用的能力都各不相同，故应区别对待，或减或免。

3. 城市土地有偿使用的经济意义

城市土地有偿使用,具有多方面的积极意义,从经济角度看,主要内容如下。

(1) 广开财源,增加收入。来自土地的收益是一笔十分丰厚而稳定的财富,它几乎是生生不息的财源。从实际经验来看,土地收入也是国家或地区财政收入中重要的组成部分。如表 7-7 所示,香港政府土地收入与财政收入的状况在 1971 年到 1989 年近 20 年里,土地收入占了港府财政收入的 14.5%。

表 7-7 香港政府土地收入占财政收入的比重 亿港元

年 度	A. 财政收入	B. 土地收入	B 占 A 的比重/%
1971—1975	226.64	17.58	7.8
1976—1980	527.49	67.63	12.8
1981—1985	1 609.01	319.84	19.9
1986—1989	2 142.60	247.62	11.6
合 计	4 505.74	652.67	14.5

(2) 取之于地,用之于城。国家对于城市国有土地有偿使用所征收的税费收入,规定了上缴中央与返还地方的提留比例。本着取之于地、用之于城的原则,大部分,甚至绝大部分土地收入成为地方政府城市建设资金。这对于城市的建设来说,起着重要的经济支撑作用。

(3) 优化资源配置,促进公平竞争。国有土地使用权的有偿出让,一般情况下按"最高租金原则"实行,这使土地资源能依其经济效益最大化的方向实现优化配置;并且,土地级差收益中的大部分收归国有,这就消除了企业收入中由土地带来的差额利润,企业的真实业绩得以显现,使不同土地区位上的企业能站在同一条起跑线上开展公平竞争,有利于提高企业的综合素质。

三、城市土地市场的运行模式与经济特征

土地市场是社会主义市场经济体系的一个重要组成部分。土地本身虽然不是商品,但其使用权却可以依法进行商品化经营,这是由土地所有权与使用权相分离的性质所决定的。城市土地市场从狭义上说,是指土地使用权流通的场所;广义地讲,则包括体现在这种流通全过程中各种经济关系的总和。

1. 城市土地市场的运行模式

目前,我国城市土地市场呈三级市场结构模式。

(1) 一级市场。即国家以土地所有者的身份,通过出让、出租等行为,将土地的使用权投放市场运行。它表现为政府与土地经营者、使用者之间的纵向交易的市场行为,反映的是土地的使用权价格,具有完全垄断性质。

(2) 二级市场。即由获得土地使用权的经营者,直接将土地,或通过建设商品房从而间接地将土地投入市场流通。它表现为土地经营者与使用者之间的横向交易,是扩大供给条件下的市场行为;反映的是以开发经营价值为基础的企业价格,具有垄断竞争性质。

(3) 三级市场。即由土地的使用者通过房产的交易而使土地间接进入市场流通,它表现为土地使用者之间的横向交易,是调剂需求条件下的市场行为;反映的是以效用为尺度的市场价格,具有不完全竞争性质。

由于土地的三级市场实际上是房产交易市场,土地仅仅是依附并隐含在房产交易之中,不能独立进行交易,因此通常狭义上的土地市场一般是局限于土地的一级市场和二级市场。

我国城市土地市场运行模式可见图 7-7。

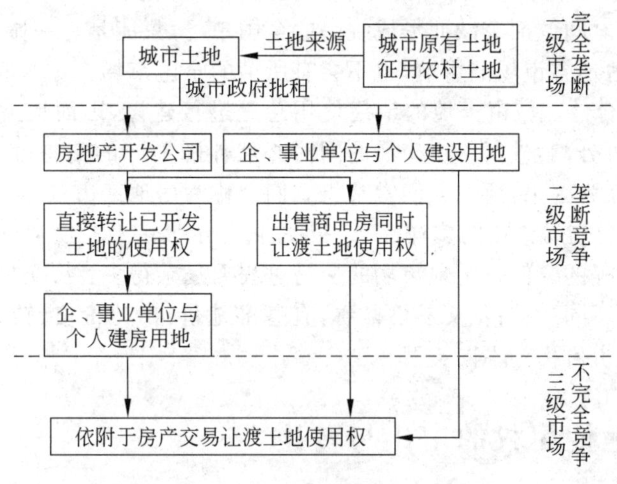

图 7-7 我国城市土地市场运行模式

以上三级市场相互联系,形成土地的批发、零售、调剂三种市场形态。其中,一级市场是二、三级市场的前提和基础,起导向作用;二、三级市场是一级市场的延伸和扩大,起促进市场发育和繁荣作用。国家建立土地市场的基本政策是:垄断控制一级市场,规范搞活二、三级市场。

2. 城市土地市场的经济特征

土地市场由于经营商品化土地使用权的特殊性,使其和一般商品市场相比,具有几个明显的特征。

(1) 需求的竞争性。伴随人口的增长、经济的发展以及城市化的进程,城市规模不断扩大,城市内的各企业、组织、团体乃至个人对于建设用地的需求不断增长。而相对于如此巨量的土地需求,总体稀缺的土地资源必定是长期处于供不应求的状态,于是在众多的用地者之间便不可避免地形成了十分激烈的竞争格局,土地拍卖中出现"天价"的"地王"记录也不断被刷新。

(2) 供给的垄断性。我国宪法规定了城市的土地属于国家所有,排斥任何其他所有形式,土地的所有权牢牢掌握在国家手中,只将部分土地的使用权有限期、有计划地投放市场,直接控制了土地供给的来源及数量;而土地的去向与用途又受到城市规划部门与土地管理部门及其制定的各项规划和法规的限定,不得擅自变更。因此从总体上看,整个土地市场是受到一级市场制约和支配的,供给具有高度垄断性。

(3) 地产的不动性。土地是不可移动的,地产即为"不动产"(real estate),不会随交易对象的变动而改变位置,所以地产市场上只有"商流"而没有"物流",任何交易都是个案,都要一一定价。

(4) 市场的地方性。由于地产的不动性,就决定了土地不可能像其他普通商品那样在不同的地方市场之间调剂余缺而形成统一的全国市场,只能是每一城、每一地独立地存在和运行,不受其他地方市场的影响,也不会有所谓的全国市场。

(5) 房地的融合性。城市土地的最终使用总是进行建设,因而地上的房屋与房下的土地融为一体、不可分割,进行房产交易的同时必然伴随地产的交易;而且后者往往隐含在前者之中,二者互为因果,所以人们常常将它们合称为房地产市场。

(6) 交易方式和交易价格的多样性。一般的商品绝大多数是明码标价、公开议价,买卖双方的地位是平等的。但是土地市场的交易过程要复杂得多:从交易方式看,有协议、招标、挂牌、拍卖等不同途径;从交易价格看,有基准地价、出让价格、转让价格、租赁价格以及划拨土地的上市价格等不同类型。

四、城市土地使用权的出让与转让

1. 土地使用权出让

土地使用权出让,是指国家以土地所有者的身份,将土地使用权在一定年限内让与土地使用者,并由土地使用者向国家一次性支付土地出让金的行为。

土地使用权出让的最高年限,依照《城镇国有土地使用权出让和转让暂行条例》的规定,分别为:居住用地 70 年;工业用地 50 年;教育、科技、文化、卫生、体育用地 50 年;商业、旅游、娱乐用地 40 年;综合或者其他用地 50 年。

土地使用权的出让,可以采取以下四种方式进行。

(1) 协议出让。即土地使用者直接向国有土地的代表人(土地管理部门)提出有偿使用土地的要求,双方进行一对一的谈判,通过协商取得一致并达成土地出让合同。协议出让的过程包括：申请阶段、协商阶段和签约阶段。

协议出让土地使用权一般适用于：高科技项目用地；福利住宅如廉租住房、经济适用房用地；党政机关、部队、文化、教育、科研、卫生、体育和市政公共设施等非营利性用地；政府认为适宜的其他用地。以协议方式出让的土地，由于缺乏竞争而往往能得到价格上的优惠。但也因为它是一种不公开、不透明的"暗箱操作"，容易滋生权钱交易的腐败行径而普遍遭到社会的非议。因此，2007年3月通过的《物权法》第一百三十七条明文规定："工业、商业、旅游、娱乐和商品住宅等经营性用地以及同一土地有两个以上意向用地者的，应当采取招标、拍卖等公开竞价的方式出让。"

(2) 招标出让。即国有土地的代表人发布招标公告，邀请特定或者不特定的公民、法人和其他组织参加国有土地使用权的投标，根据投标结果择优确定土地使用者。

招标出让土地使用权大多适用于大型区域发展用地、小区成片开发用地以及技术难度较大的项目用地。招标出让的过程分成以下几个步骤：

第一步，招标：又分公开招标和定向招标两种，前者为一种无限制的竞争，由大众传媒发出招标广告；后者为一种有限定的竞争，由招标人向指定的对象发出招标通知，邀请其参加。

第二步，投标：投标人向招标人报送申请表、索取招标文件，并缴纳保证金，而后在规定的期限内将密封的投标文件投入指定的标箱。投标文件一经投入标箱，即不得取出和修改，否则无效。

第三步，开标和决标：招标人聘请有关人士组成评标小组(包括出让人代表、有关专家，人数为5人以上的单数)，对有效标书进行评审，决定中标者。其过程均在公证机关监督下进行。决标结果也可以无人中标，称为废标。未中标者可如数领回保证金。选择中标的标准可以是，但不一定是出价最高原则。

第四步，签约：由中标者与招标人签订土地出让合同，土地出让即告完成。

(3) 挂牌出让。即国有土地的代表人发布挂牌公告，按公告规定的期限将拟出让宗地的交易条件在指定的土地交易场所挂牌公布，接受竞买人的报价申请并不断更新挂牌价格，根据挂牌期限截止时的出价结果，以出价最高原则确定土地使用者。它是介于招标与拍卖之间的一种竞争方式。挂牌出让的过程分成以下几个步骤。

第一步，挂牌公布：由出让人将欲出让宗地的各项交易条件在指定的土地交易场所挂牌公布。

第二步，报价并更新竞价：符合条件的竞买人填写报价单进行报价；出让人确认不同的报价后，将最高报价予以公布并不断更新竞价结果。

第三步，挂牌截止：挂牌时间不得少于10个工作日；到截止时间，按照出价最高原则确定竞得人，但是其报价低于底价或不符合其他条件的，不予成交。

(4) 拍卖出让。是指国有土地的代表人发布拍卖公告，由竞买人在指定时间和地点进行公开竞价，根据出价结果，按照出价最高原则确定土地使用者的行为。拍卖由于完全是在交易现场进行，竞争激烈，具有最强的公开性，因而也就保证了最大的公平和公正。

拍卖出让土地使用权一般适用于竞争性很强的商业、旅游和居住类用地，以及区位条件很好的城市中心区土地等。

正是因为各种土地出让方式所具有的竞争性和公开性不同，所得的出让价格也就相差悬殊，一般从低到高依次排序是：协议、招标、挂牌、拍卖。可见采取协议出让容易导致国有土地资产价值的极大浪费。据统计，1992 年，全国通过招标、挂牌和拍卖方式出让的国有土地面积仅仅占国有土地出让总面积的 1%；到 2002 年，这一数字则上升到 15%，出让的价款则占到 40%。2003 年上半年，全国城镇出让土地面积 4.7 万公顷，获得出让价款 1 279.22 亿元；其中协议出让的面积和价款分别占 66.19% 和 40.22%，招标、挂牌和拍卖出让的面积和价款分别占 33.81% 和 59.78%；可见协议出让的单位地价为 165.4 元/平方米，而招标、挂牌和拍卖出让的单位地价则为 481.2 元/平方米，后者是前者的近 3 倍[①]，无疑更充分地体现了国有土地资产的真实价值和土地资源的稀缺性。

2. 土地使用权的转让

土地使用权转让，是指土地使用者将土地使用权再转移的行为，包括出售、交换和赠与。根据《城镇国有土地使用权出让和转让暂行条例》的规定：未按土地使用权出让合同规定的期限和条件投资开发、利用土地的，土地使用权不得转让。在土地使用权转让时，其地上建筑物、其他附着物所有权随之转让。土地使用权可以依法多次转让，但每次转让后的土地使用权的使用期限，都为土地使用权出让合同上规定的使用年限减去前面使用者已使用的年限后的剩余期限。转让价格明显低于市场价格时，市、县人民政府有优先购买权。

为了防止炒买炒卖地皮以牟取暴利的行为，各地都规定：取得使用权的土地不得直接进入市场流通，而必须在土地上投入规定比例的开发资金后方可允许转让。如深圳市规定这一资金比例为 25%，杭州市规定为 50%。

五、城市土地使用权的划拨、出租、抵押与终止

1. 土地使用权的划拨

土地使用权划拨，是指土地使用者通过各种方式，依法无偿取得土地使用权的行为。根据《城镇国有土地使用权出让和转让暂行条例》的规定：划拨取得使用权的土地，在补缴土地出让金或者以转让、出租、抵押所获收益抵缴土地出让金，并报经土地管理部门批准之后，方可予以转让、出租、抵押；因迁移、解散、撤销、破产或者其他原因而停止使用土地的，政府应当无偿收回划拨的土地使用权；而根据城市建设发展需要和城市规划的要

① 国土资源部有关负责人就规范土地市场情况答记者问，http://www.xinhuanet.com，2003 年 6 月 25 日

求，政府也可以无偿收回划拨的土地使用权；在无偿收回时，对其地上建筑物、其他附着物，政府应当根据实际情况予以适当补偿。

2. 土地使用权的出租

土地使用权出租，是指土地使用者作为出租人，将土地使用权随同地上建筑物、其他附着物租赁给承租人使用，由承租人向出租人支付租金的行为。根据《城镇国有土地使用权出让和转让暂行条例》的规定：未按土地使用权出让合同规定的期限和条件投资开发、利用的土地，土地使用权不得出租。租赁合同不得违背国家法律、法规和土地使用权出让合同的规定。

出租和转让相比，有着性质上的不同：转让是权利的让与，意味着将土地使用权一次性买断，出让合同上规定的土地的权利和义务完全转移给新的土地使用权的受让人；而出租则是出租人保持自己对土地的使用权的前提下，把土地租赁给他人使用，出租人仍需履行土地使用权出让合同的各项内容，对土地原有的权利和义务并不发生转移。

3. 土地使用权的抵押

土地使用权抵押，是指土地使用者以土地使用权作为履行债务的担保，当抵押人不能按期履行债务时，债权人享有从变卖土地使用权的价款中优先受偿的一种债务担保形式。根据《城镇国有土地使用权出让和转让暂行条例》的规定：当土地使用权抵押时，其地上建筑物、其他附着物随之抵押；反之，当地上建筑物、其他附着物抵押时，其使用范围内的土地使用权也随之抵押。抵押合同不得违背国家法律、法规和土地使用权出让合同的规定。

4. 土地使用权的终止

因土地使用权出让合同规定的使用年限届满、提前收回土地及土地灭失等原因，土地使用者获得的土地使用权即告终止。

在土地使用权期满后，土地使用者可以申请续期，对此《物权法》第一百四十八条规定："建设用地使用权期间届满前，因公共利益需要提前收回该土地的，应当依照本法第四十二条的规定对该土地上的房屋及其他不动产给予补偿，并退还相应的出让金。"第一百四十九条规定："住宅建设用地使用权期间届满的，自动续期。非住宅建设用地使用权期间届满后的续期，依照法律规定办理。该土地上的房屋及其他不动产的归属，有约定的，按照约定；没有约定或者约定不明确的，依照法律、行政法规的规定办理。"可见唯有住宅用地是自动续期，这是由于住宅用地的出让年限为70年，而现代建筑物在70年后很可能仍能维持正常使用，为了保护广大人民群众的切身利益，法律才作出更人性化的弹性规定。但是对于自动续期时是否要重新补缴土地出让金，则未明确规定。

根据《城镇国有土地使用权出让和转让暂行条例》的规定：国家对土地使用者依法取得的土地使用权不提前收回。在特殊情况下，根据社会公共利益的需要，国家可以依照法律程序提前收回，并根据土地使用者已使用的年限和开发、利用土地的实际情况给予相应补偿。

第四节　城市土地的定级与价格评估

城市土地的有偿使用必须有一个前提，就是制定合理的有偿使用的费用或者称为地价。而地价的制定，则有赖于土地的分等论级。

一、城市土地的定级与级差收益

1. 土地定级的类型

城市土地等级的形成，是由于土地使用中级差收益的客观存在并在空间上得到反映。评定城市土地的等级，是进行土地管理、房地产交易、城市规划等工作的重要条件。

城市土地定级一般有两种类型。

(1) 综合定级。是指对影响城市土地优劣状况的各种自然、经济、社会、技术等因素进行综合分析，根据综合评价的分值差异划分土地的等级。它是在将土地的具体用途予以抽象统一、视为一个无区别整体的前提下进行的，能够总体上反映城市土地的级差收益分布规律：从中心区向外围递减，从交通干线的沿线向两侧纵深递减，从人口密集区向人口稀疏区递减。这种定级方法比较适用于中、小城市或土地等级差异不太明显的城市。

(2) 分类定级。是指对影响城市某一确定用途之土地优劣状况的各种自然、经济、社会、技术等因素进行逐一分类分析，根据分类评价的分值差异划分该类土地的等级，如居住用地定级、工业用地定级、商业服务业用地定级等。它能更详细、更客观地反映出不同用地之间自身存在的差异，更便于具体实施土地出让、转让时的操作运用。这种定级方法比较适用于大城市或土地等级差异明显的城市。

就一个城市而言，土地究竟分为几等则取决于城市规模以及土地构成状况。一般来说，城市越大、构成越复杂，则等级可越多；反之，则越少。根据现有开展土地等级评定城市的资料可以看出：特大城市通常为7～11级，大城市为6～9级，中等城市为4～7级，小城市为3～5级。

2. 土地定级的方法

土地定级是一项十分复杂的工作。在我国，由于土地有偿使用的历史并不太长，相应的理论和实践还在不断探索和完善之中。现行的土地定级有如下主要步骤。

(1) 地块划分。首先，将全市建设用地根据自然界限(如山丘河湖、公园绿地)，人工边界(如铁路、道路、桥梁)，行政边界，用地性质，用地权属，建设强度等条件，划分成若干宗地块。地块面积不宜大小悬殊，数量也不宜过多过细。需要注意的是，这些地块的划分纯属土地分级的需要，并不代表今后实际的开发意向，也不影响地块可能发生的用途变更或调整。

(2) 影响因素的确定。在地块划分完毕之后，就要分析、判断对土地等级的影响因素。通常是以商业服务业用地为代表进行分析(例如杭州市)，原因在于：第一，商业用地的单位经济效益最高，能使土地价值得到最大实现；第二，商业用地对等级差异的反应最灵敏，能准确体现土地的级差收益。

决定商业服务业用地级差收益的影响因素主要有下面几个。①商业服务区的性质与网点数。城市的商业服务区依其服务半径和网点数量，一般可分四级——全市中心级、全市次中心级、地区中心级和居住区级。显然，在同样经营面积上所获得的利润是依序降低的。例如，1982 年有人曾调查过北京市相同性质的商业零售网点的单位面积创利润情况，结果是：王府井、新街口、五道口、清华园地区的比例关系为 22∶11∶3∶1。②基础设施条件与交通的通达性。毫无疑问，商流、物流、人流的顺畅与否与本地的基础设施条件与交通的通达性密切相关。③人口构成与分布状况。越是人口密度大、流动人口多、人均收入水平高的地区，必然商业服务业的需求越旺盛，繁华程度也就越高。④环境质量状况。环境质量对土地等级的影响表现为两个方面：一是对人们的居住、工作、游憩等日常活动具有限制性或适宜性，会明显地影响人们的进驻愿望和竞投意向；二是治理污染必然要付出“额外”的环境成本，从而降低土地的价值。⑤其他因素。包括自然地形地质、产业集聚程度、历史文化传统、民俗风情习惯等，都会影响到商业服务业的发展，并体现在土地的级差收益上。

(3) 因素权重的设定。在确定有关影响因素后，根据其重要性的大小，分别给出各因素的权重。这项工作通常可以通过“特尔菲法”来进行。

特尔菲法又称专家调查法，是 20 世纪 40 年代由美国兰德公司首创的一种对各类决策问题按一定程序征询专家意见的定性预测方法。应用中，先将需要预测的问题分发给事先选定的有关专家，向其函询调查；然后将他们的意见加以综合整理，把归纳结果在不公布姓名的条件下寄给各位专家，再征求意见，再综合、统计；如此几经反复，使意见逐渐趋于集中，最终得出一个专家预测资料。特尔菲法的特点是客观性强，可以避免被调查者之间的消极影响。显然权重设定得准确与否，对于最后的定级结果影响很大。

如表 7-8 和表 7-9 所列，即分别为杭州市商业用地、住宅用地的定级因素体系及权重。

表 7-8　杭州市商业用地定级因素体系及权重

定级因素层	繁华程度	交通条件		基本设施状况
权重值	0.442	0.327		0.231
定级因子层	商服中心影响度	道路通达度	对外交通便利度	基础设施完善度
权重值	1.00	0.72	0.28	1.00

资料来源：蔡兵备、欧阳安蛟．城市地价评估方法．北京：社会科学文献出版社，2002，227

表 7-9　杭州市住宅用地定级因素体系及权重

定级因素层	繁华程度	交通条件		基本设施状况		环境条件
权重值	0.174	0.266		0.323		0.236
定级因子层	商服中心影响度	道路通达度	对外交通便利度	基础设施完善度	公用设施完备度	环境质量优劣度
权重值	1.00	0.70	0.30	0.55	0.45	1.00

资料来源：蔡兵备、欧阳安蛟.城市地价评估方法.北京：社会科学文献出版社，2002，227

(4) 评分计算。将各个地块针对不同的影响因素进行评分，根据下列公式计算出总分值：

$$P_t = \sum_{i=1}^{n} F_i \alpha_i$$

式中：P_t 为第 t 个地块的总分值；F_i 为该地块在第 i 个影响因素上的评分；α_i 为第 i 个影响因素的权重值。

(5) 划等定级。将上述计算出的各地块总分值予以一定的修正，即为该地块的最后得分。再对各地块的得分进行归纳、排序，依照一定的幅度分成若干等级，就可得到全市土地的定级结果。

3. 土地级差收益的测算

土地级差收益的测算，首先必须进行大量的实例调查，掌握一定样本数的实际资料，即商业企业在不同等级土地上单位面积创利润的平均值，以及单位面积资金占用平均值；然后按照世界银行对中国投资效益 20% 的投资收益率标准，计算资金的利润量；最后，从每一级单位面积平均利润中剔除该等级的平均资金利润量，就可以求出该级土地所取得的超额利润，也即级差收益。

北京市在测算土地级差收益时，采用了如下计算公式：

$$Y = b_0 + b_1 X_1 + b_2 X_2 + b_3 X_3 + \mu$$

式中：Y 为每平方米土地商业企业的利润；X_1 为土地等级；X_2 为每平方米资金占用量；X_3 为每平方米工资量；b_0 为基数；b_1 为当 X_2 和 X_3 不变时，土地每提高一个等级，对单位面积利润额的影响；b_2 为当 X_1 和 X_3 不变时，单位面积资金每增加一个单位，对单位面积利润额的影响；b_3 为当 X_1 和 X_2 不变时，单位面积工资量每增加一个单位，对单位面积利润额的影响；μ 表示影响商业利润额的其他因素。

20 世纪 80 年代末，北京市把建成区土地分为 8 个等级，用上述数学模型测算出的各等级土地级差收益如表 7-10 所示。其中第 8 级土地的级差收益为 7.68 元，实为绝对地租；其余各级土地的级差收益与第 8 级土地的级差收益之差额，就构成了各级土地的级差地租。当然,级差收益的测算不仅北京方案一种,具体方法还应根据城市的自身条件和资料情况来确定。

表 7-10　北京市各级土地级差收益(20 世纪 80 年代末)

土地等级	级差收益/元/平方米	环比指数	定基指数
1	206.16	160	2 680
2	128.85	160	1 670
3	80.53	160	1 640
4	50.33	160	650
5	31.46	160	400
6	19.66	160	256
7	12.29	160	160
8	7.68	160	100

资料来源：张跃庆、张连城. 城市土地经济问题. 北京：光明日报出版社,1990,48

二、城市土地价格的类型与评估

1. 土地价格的性质

商品都具有两重属性,即价值与使用价值。但土地作为一种特殊商品,却只有使用价值而没有价值。因为按照马克思的劳动价值论,只有劳动才能创造价值,而原始的、未尽幵垦的土地作为一种自然物,不是人类创造的,因此,"这种土地没有价值,因为没有人类劳动物化在里面。"①

虽然如此,土地却有价格,这是因为"资本化的地租表现为土地价格或土地价值。"②在这里,马克思所说的土地价值是指土地上的投资,即土地资本;而土地价格就是地租的资本化,是地租的购买价格。土地价格和一般商品的价格有显著的不同,这是因为土地的自然属性与经济特性,都决定了土地使用价值的不可替代性,即没有任何其他商品可以替代土地的效用。这使土地价格表现出其特殊性。

首先,土地价格受主观因素影响较大,偶然性、个别性大于必然性、共同性,正如马克思所说的："必须牢牢记住,那些本身没有任何价值,即不是劳动产品的东西(如土地),或

---

① 马克思恩格斯全集. 第 23 卷. 北京:人民出版社,1965,121

② 马克思恩格斯全集. 第 25 卷. 北京:人民出版社,1965,704

者至少不能由劳动再生产的东西(如古董、某些名家的艺术品等等)的价格,可以由一系列非常偶然的情况来决定。”①

其次,土地价格随着时间的推移,不仅不会有折旧现象,反而会不断增值,这使得投资房地产具有可靠的保值作用。

最后,土地价格有多种表现形式。

2. 土地价格的类型

(1) 土地的理论价格。即完全等同于土地价值的价格。这里的土地价值是由生产和再生产土地的使用价值所花费的劳动时间来决定的。因此,一块土地的价值等于为了取得同样的使用价值需要在劣等土地上追加的投资。

(2) 土地的经济价值。即其资本化价格,也即地租的资本化。它相当于把地租收入看做是存入银行的一笔资本所获得的利息收入,而这笔资本就是土地的价格。即:令 P 为地价,R 为地租,i 为利息率,则有

$$P = Ri$$

若有一块土地,年地租收入是 5 000 元,银行存款的年利息率是 10%,那么这块土地的价格就是 5 000÷10%=5 万元。可见,地价与地租成正比,与利息率成反比。

(3) 土地的成本价格。即为了开发利用这块土地而物化在其中的人类全部劳动的费用。对于城市土地来说,则有:

$$P = P_0 + P_1 + P_2 + \cdots + P_n = \sum_{i=0}^{n} P_i$$

式中:P 为地价,P_0 为该土地的原始开发费用,P_1 为该土地作为农业用途的投入,P_2 为将该土地从农业用途第一次转变为非农业用途的投入,……,P_n 为第 n 次的开发费用,它们的总和即为地价。

(4) 土地的影子价格。即使土地资源达到合理配置时的预测价格。当土地按一定的比例在各部门、各企业之间进行分配,由于生产技术条件不同,土地利用的边际产出也不同。在土地资源的约束条件内,只有把土地从边际产出较低的用地单位划给边际产出较高的用地单位,一直到各单位的土地边际产出相等时,社会总体经济效益达到最大,这一土地的影子价格才能得到确定,即等于土地在资源最优配置条件下的边际产出。

影子价格可以用数学方法——对偶规划法来求出:先计算出土地资源在各个部门内的影子价格,得到它的边际产出的差额;然后根据线性规划灵敏性分析原理,调整土地在各部门之间的分配量,重新计算其影子价格和边际产出的差额……这样反复进行

① 马克思. 资本论. 第3卷,北京:人民出版社,1976:714

后，直到各部门的边际产出基本接近，就得到土地的最优分配方案，从而找出土地的影子价格。

(5) 土地的交易价格。作为一种商品，价格不能不受供求状况的影响，因此土地的市场价格即是土地在地产市场上的均衡价格，它取决于市场上对土地的需求量以及土地的供给量。虽然土地供给总体上是高度非弹性的，但对于某一地域内的某一特殊用途的土地来说，其供给仍是具有一定弹性的，即土地可以面临多种选择——工业、商业、农业、居住等等；已利用的土地也可转变用途，这时地价往往取决于市场协调情况，受供求规律支配。

(6) 基准地价。即政府按照城市中各级土地或商业、住宅、工业等不同类别用地，分别评估得出的某一时点单位面积土地进行使用权出让的最低限制价格。它是由市、县人民政府的国土管理部门通过土地定级、地价评估后取得的"官方"地价，目的是为了对城市土地交易市场进行调控，限制过低价格的交易导致土地收益的流失；并为宗地地价评估或地产投资进行可行性研究提供测算基础。城市政府定期测算、审定、发布和更新本市的基准地价。

以北京市为例：北京市基准地价的计算公式为：

$$P = A\times\alpha + (B + C)\times\beta + D\times\gamma + E(\text{或 } F)$$

式中：A 为土地出让金；B 为市政及四源费；C 为小区建设配套费；D 为城镇拆迁费；E 为近郊区县征地费；F 为远郊区县征地费；α 为容积率修正系数；β 为容积率；γ 为调整系数。

自 2002 年 12 月施行的北京市基准地价见表 7-11 和表 7-12 所示。

表 7-11　北京市出让国有土地使用权基准地价表一　　元/平方米

类　别	价格类型	一　级	二　级	三　级	四　级	五　级
商业用地	楼面熟地价	7 210～9 750	5 680～7 680	4 530～6 130	3 720～5 090	2 720～4 000
	楼面毛地价	2 660～4 900	1 680～3 120	1 500～2 420	1 240～1 860	970～1 450
综合用地	楼面熟地价	5 540～8 250	4 440～6 000	3 620～4 940	2 650～3 900	1 960～2 790
	楼面毛地价	1 640～4 500	1 460～2 200	1 130～1 690	880～1 320	660～990
居住用地	楼面熟地价	4 740～7 000	3 800～5 760	2 730～4 590	2 090～3 600	1 500～2 790
	楼面毛地价	1 710～3 000	900～2 100	550～1 300	400～930	300～680
工业用地	楼面熟地价	1 200～1 800	1 000～1 220	850～1 050	600～900	420～680
	楼面毛地价	620～850	430～530	340～440	270～360	195～300

表 7-12 北京市出让国有土地使用权基准地价表二 元/平方米

类别	价格类型	六 级	七 级	八 级	九 级	十 级
商业用地	楼面熟地价	1 970～2 900	1 150～1 980	530～1 180	250～540	140～260
	楼面毛地价	720～1 090	500～740	360～540	180～380	90～190
综合用地	楼面熟地价	1 290～2 080	880～1 320	430～900	200～450	140～260
	楼面毛地价	500～740	400～600	250～470	140～260	90～150
居住用地	楼面熟地价	1 060～1 820	630～1 080	330～650	180～370	140～260
	楼面毛地价	190～430	150～350	120～280	100～220	90～150
工业用地	楼面熟地价	310～510	220～330	150～240	100～170	—
	楼面毛地价	135～225	100～160	100～600	20～60	—

注："楼面熟地价"即为基准地价，是指各土地级别内，完成"七通一平"或"五通一平"的土地在平均容积率条件下，每建筑面积分摊的完整土地使用权的平均价格；"楼面毛地价"是指各土地级别内，在平均容积率条件下，政府收取的某种用途法定最高出让年期内的土地出让金、市政基础设施配套建设费的平均楼面价格。商业、综合、居住用地之一级至六级的平均容积率为 2，七至十级的平均容积率为 1；工业用地之一级至九级的平均容积率为 1。

(7) 标定地价。即在各级各类用地中，根据宗地的本身情况（如面积、形状、地貌等），区位条件，建筑性质，容积率限制等因素，挑选出若干具有代表性的宗地，在基准地价的基础上进行修正而得出的宗地价格。它同样是政府的国土管理部门制定的"官方"地价，予以定期发布和更新，其作用在于①：

- 为确定国有土地出让价格提供基本依据，即为出让的底价；
- 为企业清产核资和土地作价入股、政府行使土地的优先购买权、核定和征收土地增值税时提供地价标准；
- 为划拨土地使用权转让、出租、抵押时，补缴土地出让金提供地价标准；
- 为土地投资者、使用者转让、出租、抵押土地使用权时，提供地价参考。

3. **土地价格的评估**

城市土地价格的评估是一项科学性、专门性很强的工作，必须由国家予以资质认定的专业估价师和估价机构来进行；并且评估行为和评估过程受到国家的法律、法规和行业制度的严格限制与监督，从而保证评估结果的独立性、公正性与合理性。

在土地价格中，要区分两种概念——楼面地价与土地单价。它们的含义与相互关系是：

$$楼面地价 = 宗地总价格 \div 建筑总面积$$

---

① 周诚. 土地经济学原理. 北京：商务印书馆，2003，374

土地单价 = 宗地总价格 ÷ 土地总面积

楼面地价 = 土地单价 ÷ 容积率

容积率 = 建筑总面积 ÷ 宗地总面积

在实际使用中，城市土地会有所谓"生熟"之分："生地"指的是将要征用或已经征用、但未经任何开发的农业用地或其他非建设用地；"熟地"则是指原有的建设用地或已经过一定开发强度、达到一定建设标准的新征用地，如完成了"三通一平"或"七通一平"[①]的地块。同样一块土地，"生熟"不同会造成价格的不同，因为各自凝结的劳动与投入不同。

城市土地价格的评估有若干种方法，其中主要介绍如下。

(1) 收益还原法。又称"地租资本化法"，是一种运用适当的还原利率，将未来的纯收益折算为现值的估价方法。其基本计算公式为：

$$P = \frac{a}{r}\left[1 - \frac{1}{(1+r)^n}\right]$$

式中：P 为地价；a 为土地带来的每年不变的纯收益；r 为还原利率；n 为土地的使用年限或有收益的年限。

在这里，土地的纯收益 a 被认为是固定不变的，例如地租；但若 a 每年发生变动，则需分别计算各年的情况再折算为现值，计算较复杂一些。还原利率的确定，可以通过安全利率加上风险调整值的方法来求取。所谓安全利率即无风险的资本投资的收益率，例如银行一年期的定期存款利率。

(2) 市场比较法。又称"交易案例比较法"，是将估价对象与在较近时期内已经发生了交易的类似地产案例加以对照比较，从类似案例的既知价格，根据评估对象的实际情况加以修正后得出该地产价格的一种估价方法。运用市场比较法必须满足以下条件：

- 地产市场发育比较充分和成熟，收集到的交易案例比较丰富和全面；
- 选取的参照系的条件应尽量与评估对象相同或相似，这些条件包括土地用途、建筑性质、土地区位、交易日期、价格类型、土地使用权年限等。

在参照系的既知价格基础上加以修正时，重要的是交易日期与区位因素，这需依据市场变动和实际情况予以增减，其幅度和精度有赖于估价师的职业素质与从业经验。

(3) 成本估价法。又称"合同法"或"加法"，是一种以建造地产所耗费的各项费用之和为主要依据，再加上一定的利润和应纳税金来确定地产价格的估价方法。其计算公式为：

$$P = G + T + I + S$$

式中：P 为地价；G 为土地的购置费；T 为土地的开发费；I 为利润；S 为应纳税费。

---

① 所谓"三通一平"是指通水、通电、通路、平整场地；所谓"七通一平"是指通供水、通排水、通电力、通电信、通燃气、通热力、通道路、平整场地。

例如，若征用土地承建商品住宅，则土地价格等于下列各项费用之和：征地费、拆迁补偿费、前期工程费、基础设施费、管理费（按上述各项之和的2%～3%计）、贷款利息（自有资金也视如贷款计息）、利润（按上述各项之和的8%计）、有关税费及其他规费。其中，前面两项为G，中间四项为T，后面两项为I和S。

(4) 假设开发法。又称"剩余法"、"倒算法"或"减法"，是将一块待开发的土地假设为已经按规划条例和允许条件建设完毕后的混合楼价（包括房价与地价）或估价对象本身就是已落成的建筑物的混合楼价，减去房屋的建筑安装工程费、勘察设计等专业费、贷款利息、正常利润和应缴税费后的余额，即为土地的价格。计算公式为：

$$P = L - A - B - R - I - S$$

式中：P为地价；L为混合楼价；A为建安工程费；B为各项专业费；R为利息；I为利润；S为税费。

在这里，混合楼价的测算十分重要，它可以根据市场资料获得，或通过其他方法估算出来。同时，混合楼价中的地价与房价在客观上也存在着一定的比例关系，如表7-13所示。当然表中所列只是一般情况，在实际应用中应以测算为准。

表 7-13 楼价中地价与房价的一般比例关系 %

用地性质	地价占混合楼价的比重	房价占混合楼价的比重
商业	50	50
办公	40	60
低层、多层住宅	30～40	70～60
高层住宅	20～30	80～70
工业	5～10	95～90

(5) 申报法。即由城市政府有关部门公告各地段的基准地价，然后由土地使用者根据这个基准价格加一定幅度的修正（如±20%）后，申报其所占用的土地价格。对于申报价，政府有权照价征税或优先购买，以防止申报额畸高或畸低。

其他地产估价方法还有路线价法、长期趋势法、购买年法等等。总之，不论何种方法，都应在大量实地调查和案例分析的基础上进行。否则，估价将失去其科学性，违背市场规律，没有实际意义。

三、城市土地价值总量与地价差异

1. 城市土地的价值总量

城市土地是国家的重要财富，并能为社会创造巨大的收益。2005年年底我国城市达

661 个，城市建成区总面积(视为城市土地资产存量)达 32 521 平方公里。

根据中国建筑技术研究院建筑与房地产经济研究所的一份研究报告《城市地价评估方法研究与城市土地收益流向分析》测算：1994 年我国城市征用农地的实际价格约为耕地价格的 15 倍，为每平方米 50 元左右；将征用的农地开发为可建设用的"熟地"所需投资，小城市约为 1 亿～1.5 亿元/平方公里，大城市约为 3 亿～5 亿元/平方公里，平均按 2 亿元计，则每平方米开发费用为 200 元；工业用地平均地价可视为征地费与开发费之和，即为 250 元/平方米；根据若干城市测定的基准地价来看，工业用地、居住用地与商业用地的地价水平之比约为 1∶1.5∶4，即各自地价分别为每平方米 250 元、400 元、1 000 元；建成区其他类型用地按征地价计为每平方米 200 元；这样可推算出 1994 年底我国城市建成区的土地资产价值量约为 5.5 万亿元，其中收益性土地资产约为 4.1 万亿元，详见表 7-14。

表 7-14　1994 年我国城市土地资产价值量估测

用地类型	用地规模/平方公里	用地构成/%	平均地价/元/平方米	价值总量/亿元	价值构成/%
工业仓储	4 863	27.1	250	12 158	22.1
居住	5 615	31.3	400	22 460	40.8
商业金融娱乐	682	3.8	1 000	6 830	12.4
其他	6 779.5	37.8	200	13 559	24.7
合计	17 939.5	100	310	54 997	100

当时我国城市房地产的收益率水平平均为 8%～13%，土地收益率略低，约 9%；则根据城市收益性土地资产量 4.1 万亿元计算，每年城市土地的社会收益量应可达到 3 729 亿元，相当于 1994 年全国国内生产总值的 1/10 左右，超过了当年全国城市市区创造的国内生产总值之和，无疑是一笔巨大的财富。

2. 城市土地地价差异

城市土地地价的高低，受多种因素的影响，表现出与其他商品所不同的独特性和差异性。

(1) 地价有明显的地段差异。即在同一城市的不同区域，同一用途的地块价格相差悬殊。如表 7-11 和表 7-12 所示北京市 2002 年公布的基准地价中，一级商业用地的楼面熟地价上限为 9 750 元/平方米，而十级商业用地的楼面熟地价下限则为 140 元/平方米，前者是后者的近 70 倍。

(2) 地价有明显的用途差异。即在同一城市的同一区域，不同用途的地块价格也是相差甚巨。如表 7-11 和表 7-12 所示北京市 2002 年公布的基准地价中，一级工业用地的楼面熟地价的下限为620元/平方米，只是一级商业用地楼面熟地价上限的1/8左右。

(3) 地价有明显的地区差异。即东部沿海发达地区的城市与中西部内陆地区的城市之间，地价迥然各异。如重庆市2002年公布的城市国有土地出让基准地价中，一级工业用地的价格为1 499元/平方米；而上海市2003年公布的城市国有土地出让基准地价中，三级工业用地（无一级和二级）的价格为4 200元/平方米，相当于前者的2.8倍。

(4) 地价有明显的出让方式差异。即同一地块若采取不同的方式出让，则地价水平不一。目前的情况一般是拍卖出让的地价最高，挂牌和招标出让的次之，协议出让的最低。如前所述，2003年，全国城市国有土地出让中，以招标、挂牌、拍卖出让的土地价格约是以协议方式出让的土地价格的3倍。

第八章 城市住宅经济

第一节　住宅的特征与属性

住宅是人类赖以生存的基本物质条件，它集生存资料、享受资料与发展资料于一体，和食物、衣服、交通工具一起，构成了人们每日不可缺少的消费品。住宅的需求与供给、建设与分配，是国际公认的重大经济与社会问题。在科学技术已经高度发达的21世纪初，世界上还有10亿人口缺少住房，其中更有1/10，即1亿人口无家可归。解决居住问题，已是各国政府所普遍面临的紧迫任务。

一、住宅的自然特征

住宅作为城市中最大量的一种人工创造物，表现出独有的几个自然特征。

1. 耐久性

现代住宅绝大部分是钢筋混凝土结构或砖木混合结构，十分坚固可靠，赋予住宅很长的自然寿命。只要维护及时、修缮得当，住宅具有很突出的"耐久性"，一般可正常使用50～70年。即使是历经数百年沧桑的古老民居建筑，在中国和欧美的一些历史文化名城里也屡见不鲜，依然大体保持当年的格局与风貌。因此住宅是典型的耐用消费品，是家庭中少数几种可以跨代传承的物质财富之一。

住宅的耐久性使得它价格高昂，许多人甚至要穷其一生的积蓄才能拥有一套自己的住宅，因此人们往往退而求其次——通过租赁的方式来获得它的使用权，亦即"但求所用，不求所有"。

2. 不动性

除了个别可移动的特殊类型(如机动车屋)外，住宅一经建成便与其赖以扎下根基的大地融为一体、须臾不可分离，表现出"不动性"、"空间固定性"，人们无法将它像其他财产一样携带转移，故以住宅为主体的房地产又被称为"不动产"。这种空间的固定性直接派生出住宅的其他特性。

(1) 市场的区域局限性。因为住宅不能移动,所以房地产市场具有很强的区域局限性,即本质上是地方市场而无法形成全国性市场。只要没有贸易壁垒,一般商品可以不受限制地在各地自由流通,其市场覆盖面可以是全省、全国甚至全世界;而住宅商品则完全不同:A 地建成的住宅不可能运到 B 地去销售和消费,供需状况有别的 C 地与 D 地之间的住宅市场也不可能互通有无、调剂余缺。

(2) 使用权与所有权分离的普遍性。因为住宅不能移动,所以无法像其他商品那样由物的流动去适应人——被消费者购买和置放在任意的消费场所,而只能由人的流动去将就物——不断搬家以另觅新居,从而使得住宅所有权与使用权相分离的情况变得十分普遍。

3. 环境的共有性

除了极少数住宅是位于人迹罕至的深山密林、戈壁荒漠以及海上孤岛等地之外,绝大多数的住宅都在人口稠密的城镇或村寨,与周边的其他住宅组成一个或大或小的居住区,并且形成彼此相互影响的一个特定的居住环境,而这个环境是由本区内所有住宅及其住户共有、共享的,因此可以视之为是一个"环境共同体"。

二、住宅的经济特征

作为一种特殊商品,住宅还表现出许多不同于一般商品的经济特性。

1. 昂贵性

如前所述,住宅的耐久性使得它的使用价值可以在相当长的时间内持续稳定地释放出来。同时建造住宅本身亦需要耗费大量的人力、财力和物力,因此即便是一所普通住宅也表现出明显的"昂贵性",几乎找不出其他商品能够与之匹敌。

联合国的一项住房调查项目显示,1991 年世界各国住房售价与住户年收入的平均比值为 5;其中温饱型国家约为 3,小康型国家约为 4,发达国家则一般为 5~6。联合国人居中心 1996 年发布的《世界人居报告》中则认为:一套住宅的平均价格是住户年收入的 2~3 倍为合理,超过 5 就会使大多数家庭买不起房子。而在我国,城市住宅的房价相对于居民的年收入比之其他国家来说普遍偏高:2005 年全国商品住宅的平均售价为 2 937 元/平方米,当年全国城镇居民人均可支配收入为 10 493 元①;若按照一个三口之家购买一套建筑面积为 80 平方米的三居室住宅计,平均房价(为 234 960 元)与家庭年收入(为 31 479 元)之比为 7.5∶1,超过了前述发达国家的同一指标水平。至于北京、上海、广州等大城市,这一比例更是令人咋舌。

---

① 2006 中国统计年鉴

2. 异质性

尽管人们时常抱怨自己周围的居住区看起来大同小异,所有的住宅仿佛是一个模子里刻出来的,缺乏独特个性,但实际上,它的空间固定性决定了它的"异质性"——住宅不能移动,所以处在某一具体空间位置上的住宅必定是一种刚性的、排他的存在,不可能被其他同类所置换。每一户住宅都具有独一无二的空间特征,两所住宅即使面积大小、平面设计、建造年代、室内装修等因素如出一辙,也总有位置、楼层、朝向、周边环境、维护水平等方面的具体区别。也就是说,你不可能真正找到两所完全一样的住宅。

3. 区位性

房地产的"区位性"在商业物业上表现得最为明显,以至于经商者都会有意无意地遵循"金角银边草包肚"的选点行规。其实住宅也与之类似:同样面积和档次的两套房子,位于大城市和位于小城镇、位于市中心和位于远郊县,在价格上往往有天壤之别,其缘由就在于住宅的空间固定性和异质性。

4. 外部性

人们发现,在一个居住区里,一幢住宅状况的好坏会影响周边住宅的价格高低,形成"一损俱损、一荣俱荣"的局面,原因就在于人们对于住宅的要求不仅体现在本体空间上,也十分在意其所处的环境,环境质量构成了住宅本身的特征之一。中国古代有孟母三迁的故事,说的就是孟子的母亲为了给儿子寻求一个最合适的居住环境和邻里氛围,不得不三次搬家。

5. 绩优性

所谓"绩优性",是指若某种商品具有其真实价值比人们所能认识到的表面价值更为优越的特性,则被称为"绩优商品"。由于人们不能充分认识到绩优商品的实际好处,所以总是吝于拿出足够的代价去获取并消费它们。

绩优性的概念是由经济学家马斯格雷夫(Richard A. Musgrave)在《公共财政理论》一书中首先提出的。和教育、医疗保健等公共服务产品一样,住宅也具有明显的绩优性,它给人们带来的各种好处总是远远超过我们肤浅的认识(很多人认为住宅只不过是能住人的房子而已)。因此,如果不采取某种经济上的干预措施,人们(尤其是低收入者)在自发地进行住宅消费时,往往会倾向于忍受消费不足的状态,而把钱更多地花在其他商品与服务上面。

6. 房产与地产的合一性

住宅的空间固定性,即住宅与其所依附的土地不可分割,导致了"房产与地产的合一性”。当人们买卖住宅时，所交易的其实是两样财产的支配权：一个是直接的、显性的房产，另一个是间接的、隐性的地产（在我国则是城市土地的使用权而非所有权），你不可能从中择一而获——只买房而不买相应的那块住宅用地。也就是说，住宅价格当中，实际上有相当大的一部分是隐含于其中的土地价格，地价的任何风吹草动势必最终会反映在房价的起伏波动上。房产与地产唇齿相依的“捆绑式”并行流通方式对于住宅而言，经济意义十分重大，令其业主获益匪浅，因为它带来了住宅的下一个有利特性。

7. 投资收益性

所谓“投资收益性”，是指住宅作为一种可以投资的对象，具有保值增值的特点。可谓“买房等同置业、有房即为有产”，这与住宅的财富储备功能是一脉相承的。

以我国为例：1997 年全国商品住宅的平均售价为 1 790 元/平方米，到 2004 年则涨到 2 549 元/平方米，按照可比价格年均增长 5.2%；而在这 7 年中全国商品零售价格却下滑了约 6.4 个百分点，这意味着同期商品住宅售价的年均实际增长率达到了 11.6%的水平。对于租赁用途的住宅而言，涨幅更加明显。本应不断贬值的住宅之所以能够逆势而动、不降反升，其奥妙全在于房产与地产的合一性，即土地价值的增长带动了整个房地产价格的不断提高。这种现象的形成，是因为以下因素使然。

（1）城市土地具有“稀缺性”。在城市化进程中，相对于人口与经济活动的不断积聚和由此导致的需求扩大而言，城市土地总是供不应求，表现出高度的非弹性，尤其在经济繁荣地区、大城市和城市的中心区更是如此。于是在供需关系的市场调节下，地价也就必然持续看涨。

（2）城市建设具有“累积性”。随着城市的发展，需要对城市建设投入大量资金用于改善道路交通、给水排水、电力电信、园林绿化、科教文卫等各项基础设施和公共服务设施的条件，这些投资又都物化在城市土地上。年复一年、日积月累，对土地的投入最终体现在土地的产出——级差地租上，于是地价理所当然会稳步上升。

正因为住宅具有相当可观的投资回报，许多人已把住宅作为一种重要的投资手段，就像投资于股票、债券、期货等市场一样，以图赢得预期收益。例如在香港，买楼出租已是一种十分普遍的大众投资行为。

8. 资金杠杆性

和其他投资品（例如有价证券、字画、邮票等）相比较，住宅还具有一项十分与众不同的特性：它能通过资金杠杆作用，以较小的实际投入获得较大的投资回报。因为人们在购买住宅时可以申请抵押贷款，只需付出占房产价值很少一部分比例的首付款。换句话说，通过特殊的住宅金融机制，人们在购买住宅时获得了一个资金杠杆，可以花较小的代价撬动较大的资金流，收益性自然提高。

例如：若投资一笔价值 100 万元的有价证券，当即支付的现金流就是 100 万元；年底该有价证券涨价 10%，则实际投资收益率就是 10%；但是若购买一套价值 100 万元的住宅，只需支付一笔 20%的首付款，到年底该房产同样升值 10%，则以 20 万元的投入赚取了 10 万元的利润，投资收益率高达 50%。

三、住宅的社会特征

住宅这种商品的特殊之处不仅体现在经济特性上，还表现在它的一些社会特性上。

1. 作为人类生存的基本条件，是人权的重要组成部分

人要生存，离不开衣、食、住、行这四大条件的基本保障。因此住宅是人类不可或缺的基本需要，承担着满足人类生理生活需求和精神生活需求的功能。

没有适当的住宅以供栖身、给予庇护，一个人连生命都有可能受到种种不测因素的威胁，谈何发展？所以“住宅权”构成了人类生存权的前提，是基本人权不可分割的核心组成部分之一。对此，许多重要的国际法规性文件都有明文规定。例如：1948 年联合国第 177 次全体会议通过的《世界人权宣言》指出：“人人有权享受其本人及其家属康乐所需之生活程度，举凡衣、食、住、医药及必要之社会服务均包括在内……。”1981 年在伦敦召开的国际住宅和城市问题研究会议上通过的《住宅人权宣言》申明：“有环境良好适合于人的住处，是所有居民的基本人权……衷心期望把供应关系人类尊严的良好住宅作为国家的责任。”2001 年第 25 届联合国大会特别会议上通过的《关于新千年中的城市和其他人类住区的宣言》中亦庄重承诺：“再次确认《人居议程》所规定的人人有适当住房和在日益城市化的世界中发展可持续的人类住区的各项目标和原则，它们是我们的各项承诺的依据。”

2. 维系家庭、关系福祉

住宅是每个家庭最基本的生活场所，是家庭赖以存在的物质条件。住宅本身的面积大小、结构好坏、设施多寡及其位置优劣，包括是否有足够的空间、清洁的饮水、充分的日照、适宜的能源、良好的通风以及合理的私密性等，都会对每个人的身心健康、人际关系等造成直接的影响，从而关系到住户的根本福祉。

3. 体现公平、衡量进步

“安居乐业”一词十分生动地道出了居住问题的重大意义之所在，在一个多数人对自己的安身立命有后顾之忧的地方，是不可能有经济发展和社会进步的。美国经济学家波兹德纳(R. J. Pozdena)指出：“住宅状况的质量是一种普遍的尺度，被用于衡量某个经济体的发展程度和其人民的福利水平。"[①]正因为如此,各国和地区的政府无不把住房政策纳入其施政纲领之中,把解决住房短缺和分配不公问题与振兴经济、控制失业、发展教育、打击犯罪等要务一起,作为重点和优先的施政领域。

4. 联系社区、稳定社会

住宅的空间固定性使得其住户天然地与其周边人群之间组成了稳定、密切的邻里关系,形成了社区组织。社区里的居民以住宅为纽带,通过某种机制相互联系在一起(如成立居民委员会、业主委员会),具有某些共同的利害关系和利益诉求,或有自己独特的地域文化特征和可识别性。很多实例证明:一个社区越是凝聚力大、认同感强、居民参与度高,它对社会的稳定作用就越是突出而持久;相反,恶劣的居住环境不仅会导致人们的身体健康受损,也容易使人们的心理状态失衡,助长滋生各种褊狭极端行为,甚至诱发违法犯罪行为。

在许多国家,居住问题上体现出来的过分悬殊的贫富差距往往直接导致事实上的社会阶层分化和地域隔离。它和种族隔离的成因不同、结果相似,都是人类阶级关系的物化标志和个人社会地位的外在显示,常常引起社会不满和对立情绪的蔓延。因此,关注和解决居住问题就不只具有技术层面上的一般意义,更是关系社会稳定的极为重要的举措,绝不可掉以轻心。

5. 承载文化、寄托民俗

常言道:"物以类聚,人以群分",这说明早期决定人类群居聚落的主要因素是血缘、种族和宗教信仰等,不同的人群有着迥然各异的物质生活方式和行为特征,构成了不同的文化类型。它们与作为人类最主要行为场所的住宅之间产生了千丝万缕的联系,或者说,住宅本身就是一种文化的载体,有许多人文气息浓厚的民俗活动在住宅里进行,并得以在家庭沿袭的基础上代代相传。

四、住宅的属性

长期以来,学术界曾经对这样一个问题争论不休:住宅究竟是福利品还是商品?抑或二者兼而有之?如何回答这个问题,是建构一个国家住房制度最基本的理论根据。

1. 住宅的商品属性

自从有了住宅以来,它在相当长的一段时期内还只是人们自建自用的一种生活设施,建造它的初衷显然是为了解决房主自身的居住问题。真正完全出于谋利目的而大规模地建造住宅,并把它当做一般商品那样拿到市场上进行批量交易,才有不过二百多年的历

① Randall Johnston Pozdena. The Modern Economics of Housing. New York: Quorum Books, 1989: 1

史，是在工业化和城市化浪潮席卷世界之后的事情。

今天，人们已越来越清楚地认识到，由于城镇住宅的所有权或使用权可以通过，并且主要通过市场交易来获取，因此它归根到底是一种商品。但是住宅往往又带有一定的社会福利性质，因此它是一种特殊商品。任何一国政府若企图将住宅作为纯粹的福利品由财政统包统揽，既无经济上的长久支撑能力，又为现实的分配不公所否定；而唯有走住宅商品化的道路，才是顺应历史发展潮流的大势所趋。所以说，住宅的商品属性是它的根本属性。

2. 住宅的福利属性

承认住宅的商品属性并不是要彻底取消住宅福利。相反，在国家财政资源允许的情况下，竭尽所能地向低收入者提供各种直接或间接的住宅援助，始终是一个负责任的政府应该对其人民作出的承诺。

由中国建设部和外交部共同对外发布的《中华人民共和国人类住区发展报告(1996—2000)》，关于解决低收入者的住房问题便是其中重要的内容。1949 年美国通过的《住宅法案》同样包含了一个著名的条款："国会特此声明：基于国家的基本福利和安全，以及国民的健康和居住标准要求……尽快以可行的方式，实现为每一个美国家庭提供适宜的住所和适当的居住环境的目标。"国家之所以必须将一定的福利举措纳入住宅政策之中，是出自以下考虑。

首先，住宅物贵价高、远非一般商品所可比拟，它动辄几十万元、上百万元的身价对于普通工薪族来说不啻为天文数字，更不用说温饱有忧的低收入阶层。如果不向这些人提供适当形式与数量的住房福利，他们就很可能要沦为无家可归者而露宿街头。

其次，通过多种形式(包括实物的或现金)的住房补贴把国民收入的一部分从富人手中转移到穷人身上，正是国家财政扮演"转移支付"和社会平衡的角色所应具有的功能，也是实现社会公平的必要手段之一，否则穷人的利益得不到必要的保障，社会进步便无从谈起。

由此可见，住宅商品的福利属性是它性质中重要的组成部分，也是它有别于其他一般商品的关键所在。

第二节　住宅的供求与流通

一、住宅的需求

1. 住宅需求及其相关概念

"住宅需求"是指在各种可能的价格水平下，消费者愿意并且能够购买的住宅服务的数量。它取决于消费者对住宅的消费欲望与其财政资源共同作用的结果。有些住宅需求可以凭借消费者自身的经济力量去实现，而有些则只能在外界(国家和地方政府或其他机构)的公共资助下去实现——那就是住宅福利或住房补贴。无论个人、政府或社会组织如何努力，总有一部分人的住宅欲望不能得到完全满足。

在讨论住宅问题时，以下两个概念必须分清。

(1) 住宅存量。它是指形成住宅结构的物质实体或物质财产，表现为住宅单元的数量，由建筑材料(包括相应配套的建筑设备)、占有的土地和当初建造时投入的活劳动所组成。

(2) 住宅服务流量。它是指在单位时间里住宅向居住者提供的服务的数量，由住宅存量，人员劳动(如清洁、保安、管理、维护、修缮等)以及其他使住宅得以正常运行的必备条件(如电力、电信、采暖、供水、排水、绿化等)组成。

住宅存量与住宅服务流量之间既相互联系、又各自不同，表现为：住宅存量是一种物质实体、一种客观存在并可以进行准确的测量(有量纲，如×幢、×套、×间或××平方米)，而住宅服务流量则是一种非物质效果、一种主观感受并很难进行具体的计量；任何住宅服务流量都必须从住宅存量中产生，而任何住宅存量只要没有空置和报废，就一定能持续地产生住宅服务流量；相同的住宅存量不一定能产生相同的住宅服务流量，住宅存量的单位变化也不一定带来住宅服务流量的同等变化。反映住宅存量水平的最主要指标是人均住宅使用面积、人均居住面积和人均住房间数。从表 8-1 可见，经济收入水平与人均住房面积之间，存在着极为密切的正相关关系。

表 8-1　1993 年不同收入国家 52 个城市的住房状况比较

按收入水平的国家分组	人均住宅建筑面积/平方米	每间房屋居住人数/人	永久性结构住宅所占比例/%	有供水设施住宅所占比例/%
低收入国家	6.1	2.47	67	56
中低收入国家	8.8	2.24	86	74
中等收入国家	15.1	1.69	94	94
中高收入国家	22.0	1.03	99	99
高收入国家	35.0	0.66	100	100

资料来源：联合国人居中心编著.沈建国等译.城市化的世界.北京：中国建筑工业出版社，1999，215

2. 住宅需求的性质

对于住宅需求，我们可以根据不同的性质划分为以下 3 类。

(1) 住宅投资。当一个人在市场上购买住宅以供对外出售或出租时，是在进行住宅投资，因为他是出于营利的目的购买住宅的所有权，然后将住宅加价后再予以转手，或者将住宅的使用权与所有权相分离并将使用权让渡出去。

(2) 住宅消费。当一个人在市场上租赁住宅以供自己住用时，是在进行住宅消费，因为他是出于消费的目的而购买住宅的使用权。

(3) 业主自用(owner-occupied)。当一个人购买住宅以供自己住用时，情况就变得较为复杂了，这时他一身二任：既是房东、又是房客，既是投资者、又是消费者，相当于在无形中扮演了将自己拥有的住宅出租给自己使用的角色。

3. 住宅需求的阶段

人们对住宅的需要是越大越好、越舒适越好。然而，住宅作为一种昂贵消费品，在很大程度上取决于人们的支付能力。因此住宅的需求是有差别的，表现为不同的需求类型。

(1) 温饱阶段——基本的住宅需求。在经济不发达、生活水平仅够温饱状态时，人们对于住宅的需求只能是满足最低要求的量和质，通俗地说，就是“每人一张床”。这种住宅需求属于生存型阶段。

(2) 小康阶段——标准的住宅需求。当生活水平提高到小康阶段后，人们对住宅的需求就趋向标准化——各项设施配备齐全、功能分区合理、饮食起居不受干扰。住宅成套率达到100%，人均居住面积在8平方米以上，实现“每户一套房”。这种住宅需求属于卫生型阶段。

(3) 富裕阶段——舒适的住宅需求。在经济高度发达、生活水平迈向富裕以后，人们对于住宅的需求就日益提高为私密性和舒适性了。即每人有足够的居住与活动空间、有停车泊位、有户外场所、有周全的服务等。人均居住面积在12平方米以上，做到“每人一间房”。这种住宅需求属于享受型阶段。

目前发达国家的城市住宅需求，已普遍进入了享受型阶段。例如美国在1980年人均住房居室数已达1.7间，是世界上住得最宽敞的国家之一。

4. 影响住宅需求的因素

(1) 住户收入因素。这是诸因素中最重要的，它直接决定着人们用于住宅支出的支付能力。对此，可以用住宅需求的收入弹性来说明。

住宅需求的收入弹性 E_{DM}，是指住户收入 M 的单位变化引起的住宅需求 Q 的变化的幅度。根据定义有：

$$E_{DM}=\frac{\Delta Q}{\Delta M}\cdot\frac{M}{Q}$$

若 $E_{DM}=1$，为单一弹性，说明需求与收入等比例变动；$E_{DM}>1$，为富有弹性，说明一个单位的收入变动会引起大于一个单位的需求变动；$E_{DM}<1$，为缺乏弹性，说明一个单位的收入变动会引起小于一个单位的需求变动。经济学上一般认为富有弹性的商品多为奢侈品，缺乏弹性的商品多为必需品。

许多国家的经济学家对于住宅需求的收入弹性进行过详细研究和测算，但得出的结论却是五花八门、大相径庭，所得数值从最低的 0.24 到最高的 2.05 都有分布，大多数集中在 0.5～1.5 的区间内。表明收入对于住宅需求弹性来说情况较为复杂，但亦不乏规律可循，即住宅需求收入弹性的大小与家庭收入的高低有关：①当家庭收入水平较低时，住宅主要是一种生存资料，人们对它没有额外的需求，也不能减少基本的生存空间。这个阶段的住宅需求收入弹性小于1，属于缺乏弹性。②当家庭收入水平较高时，住宅除了满足正常的生存需要之外，还逐渐成为一种享受资料和发展资料，人们对它会有额外的需求(例如用于保值增值或投资)。这个阶段的住宅需求收入弹性有可能大于1，属于富有弹性。③对于租房者而言，收入的需求弹性小于买房者，表明前者的回旋余地比后者更为狭窄。当收入下降到一定程度，人们可以不买房，可还是不能不租房；反之，当收入大幅度提高时，租房者显著增加住宅消费的冲动也要逊于买房者，这与人们的生活经验是一致的。

(2) 住宅价格因素。它对于住宅需求产生的影响，可能与住户收入旗鼓相当，现同样用住宅需求的价格弹性来加以说明。

住宅需求的价格弹性 E_{DP}，是指住宅价格 P 的单位变化引起的住宅需求 Q 的变化的幅度。根据定义有：

$$E_{DP}=\frac{\Delta Q}{\Delta P}\cdot\frac{P}{Q}$$

同类研究表明：人们的住宅需求相对于价格是比较缺乏弹性的(即小于1)，取值主要分布在 0.6～0.8 的范围内，表明家庭在决定住宅消费时，尽管会有些，但却不是太在意住宅的价格水平，即对于价格变动不很敏感。这个结果告诉我们：住宅这种商品基本上没有替代品，它和食物与医疗一样，是日常生活中不可或缺的必需品。也就是说，无论收入怎样变动，人们都不可能不消费住宅，而只能在一定的范围内适度调整消费量；人们既不会因为房价猛涨而放弃居住要求(最多缩减房屋面积而已)，也不太可能因为房价下跌而盲目抢购和过量消费。

(3) 人口与家庭因素。住宅总是为人服务的，人口数量的多寡在很大程度上决定了对住宅需求的强弱。在大城市里，新增人口和流动人口的压力要远远高于中小城市，他们的住宅问题也就显得格外紧迫。即使同等数量的人群，也可能引致不同的住宅需求，这是因为人口构成对住宅需求有潜在影响，例如：①职业构成的影响：行政管理、专业技术、文教艺术人员，由于工作性质的需要，相对来说会比工人、职员、店员等的住宅需求量更大(譬如需要书房、琴房、画室、办公空间等)。②年龄构成的影响：老年人一般拥有银行储蓄、退休金、养老保险等，经济上自立能力较强，可以部分或全部负担购买或租赁住宅的费用，对住宅需求的实现能力比年轻人要强一些；现代社会中越来越多的老年人与子女或亲属分居，而未成年人则几乎百分之百的与父母或长辈同居，基本上不对住宅产生独立的额外需求；未成年人依赖家庭供养的时间段是比较固定的，一般为 0～18 岁(若读大学则为

22岁)。由此可见,在同等人口规模下,一个老龄型社会要比一个年轻型社会或成年型社会的住宅需求更高。③家庭构成的影响:传统的主干家庭一般由直系超过两代以上的亲属组成,人口较多;而现代家庭则往往分裂成一个老人户家庭及一个或多个核心家庭(即夫妻二人加未婚子女)。这样使得家庭日趋小型化,从户均5~6人变为2~3人,由此派生的住宅需求也随之上升——在人口总数不变的情况下,户均人口减少意味着住宅需求增加。

此外,城市居民消费结构与消费偏好、人们的居住传统与行为方式、住宅市场的发育与金融支持等等,也都不同程度地影响着城市住宅的需求量。

二、住宅的供给

1. 住宅供给及其相关概念

所谓"住宅供给"是指由市场向住宅投资者和住宅消费者提供其所需的住宅存量与住宅服务流量的过程。

(1) 存量供给。即令住宅存量在数量上得到增长,它与住宅生产相关,是一种为大家熟知的、显性的供给方式。

(2) 流量供给。即令住宅服务流量在质量上或数量上得到提高。它与住宅改进和住宅维护相关,是一种不太容易为人们察觉的、隐性的供给方式。

住宅供给的行为主体一般是房地产开发商和建筑承包商。但如果业主自己动手建房,或对已有的住宅进行诸如重新粉刷、修缮、装饰、改造、增添设施等工作,则他也是一个暂时的住宅供给者,只不过大多数情况下提供的是更多更好的住宅服务流量。

(3) 住宅状况。它是指一套住宅单元依据其既有条件向使用者提供住宅服务的情况。显然,住宅状况的好坏关系到住宅需求与供给两个方面:住宅状况较差,表明住宅有效供给不足,它会导致人们提出更多的住宅需求;住宅状况较优,表明住宅供给充分而且有效,则更进一步的住宅需求至少暂时会被延迟提出。

(4) 住宅特征。它是指某一住宅单元的各个组成要素与其他住宅单元的同类要素之间的差异性。体现住宅异质性的特征包括:房间数量(通常指卧室和可作卧室的房间)、浴室数目、室内装修、建造年代、场院规模、停车设施、社区环境、邻里气氛、地理位置、交通条件、服务设施和周边物业等。

2. 住宅供给的方式

住宅供给的方式主要有以下几种。

(1) 住宅生产。它是指通过新建、改建或扩建等手段,令住宅存量得以增加的过程。

住宅生产量(无论是开工还是竣工量、是新建还是改扩建量)并不正好等于住宅供给量,因为在一部分新增住宅存量投放到市场上的同时,也有一部分原有住宅存量退出了流通领域(例如因为破旧濒危而废弃,或因为城市改造而拆毁);所以在一定的时间内,实际的住宅供给量应等于住宅建设量减去住宅灭失量。

(2) 住宅改进。它是指通过对住宅进行结构和平面的改造、场地的整治、环境的美化、设备的添置以及室内外装饰装修标准的提高等手段,令住宅服务流量得以增加的过程。

住宅改进并未使住宅存量发生数量的变化,而只是让住宅服务流量有了质量的提高。许多成功的住宅投资者会适时进行巧妙的住宅改进(例如室内装修),使自己的物业实现升值,以达到"四两拨千斤"的经营目的。

(3) 住宅维护。它是指通过对住宅进行不涉及面积与基本结构改变的修缮、装修以及设备的更换和清理等方法,令住宅服务流量得以持续的过程。

如前所述,住宅自从完工之日起便不可避免地开始了其折旧的历史。两栋同一地段、同样设计、同时落成的住宅,之所以在最后会有迥异的使用寿命(这在旧城屡见不鲜),主要原因就在于是否得到及时和妥善的维护——维护是对已经降低和减少的住宅服务质与量的一种有效补充,将大大缓解其经济价值退化的进程,使之免于或延迟退出住宅市场。

3. 影响住宅供给的因素

住宅是一种特殊商品,它的生产一般以三种方式进行:公共投资(包括单位自建)、开发商投资和个人自建。其中前两种是主流,因此对影响住宅供给的因素分析也是针对它们而言的。

(1) 住宅价格因素。住宅供给与住宅价格成正向运动;至于这种相关性有多大,则取决于住宅供给的价格弹性。国外有不少经济学家对此进行了比较深入的研究和分析,得出的结论却差异较大,从0到2.36都有分布。人们对于住宅供给的价格弹性比较趋于一致地认为是缺乏弹性的,这个结论与住宅生产的特性是相吻合的。因为在众多的商品生产中,难以调整产量的物品在供给上缺乏弹性。而住宅生产正是难以调整产量——组织施工建设须经过冗长的手续和论证,一旦开工了便不好中途停顿下来。

(2) 要素投入因素。它主要包括:①土地要素。在房地产开发活动中,土地要素无疑具有举足轻重的地位,起到一种刚性约束的作用,任何建筑产品都必须依附并固定在土地上,离开了土地的供应,就没有建设和开发的行为,即所谓"皮之不存、毛将焉附"。不仅如此,土地对于住宅生产绝不只是提供一个承载体而已,它还从根本上决定了住宅的价格,并将自身的经济价值转移到住宅产品中,成为住宅得以保值增值的经济源泉。②资金要素。长期以来,我国城镇的住宅建设由国家统一承担,但又因为把住宅视为非生产性建设而得不到应有的投资保证。在1980年以前的30年间,住宅投资一再被挤占,甚至不断萎缩,导致我国城市居民人均居住面积在建国后不仅没有提高反而有所下降,即从1949年的人均4.5平方米降至1978年的3.6平方米,造成全国普遍出现严重房荒。进入 20 世纪 90 年代以来，我国住宅建设开始加速，1995—2005 年的 11 年间，我国住宅建设年均投资达到 8 525.7 亿元，年均竣工住宅建筑面积达到 11.58 亿平方米，住宅建设投资占全国 GDP 的比重稳定在 7.5%～8.5%，使得城乡居民的居住状况得到了显著改善。

(3) 市场需求因素。供给的多少取决于需求的多少，这是市场运行的基本准则。在市场调节的体制下，住宅的供给受到需求力度以及需求结构的支配。

(4) 政策法规因素。在住宅领域，政府的力量主要来自三个方面：一是法律的，如立法规范房地产开发行为和交易行为；二是行政的，如指定某些厚利项目必须搭配建设一定量的廉价住宅；三是经济的，如以税收和土地优惠吸引开发商经营住宅，或者直接建设、收购面向低收入者的住宅，从而压低整体的房价等。实际生活中，住房政策对住宅供给的影响是深刻的，有远见的开发商不会不对此细心筹谋以显示自己对社会和公众的贡献。

另外，宏观经济形势、建筑科技发展等因素，也都会影响城市住宅的供给。

三、住宅的流通

1. 住宅流通的方式

在现代社会里，住宅流通的渠道多种多样，主要有以下几种。

(1) 售买。它是指在住宅市场上，甲方（卖主）按照市场价格（或管制价格）将住宅的业权一次性交割给乙方（买主）的行为。在此，住宅的所有权、使用权以及其他权利同时发生了转移。

今天，购买商品住宅业已成为我国城镇居民解决居住问题的主要手段。据统计，截至 2005 年底，我国城镇的住宅私有率为 81.6%[①]。

(2) 租赁。它是指在住宅市场上，甲方（出租人）按照市场价格（或管制价格），将住宅的使用权在约定期限内让渡给乙方（承租人）的行为。但住宅的所有权保持不变，依然持有在甲方的手里。

(3) 配给。它是指由国家或社团组织将非商品属性的住宅无偿分配给某些特定的人员居住的行为，例如政府官员的官邸。

(4) 自建自用。它是指业主对于自己入住用的住宅，通过自己筹资建设的方式来实现消费目的的行为。实际上这种住宅没有经过显性的流通环节，而是在隐性市场上完成了从生产到消费的过渡，生产结束之日即流通完成之时。

在一些小城镇和城乡结合部，居民个人建房仍不失为扩大住宅建设投资来源的有效途径之一。在 1995—2004 年的 10 年中，我国城镇（含工矿区）居民个人建房完成的住宅

① 蒋彦鑫、张学冬. 北京人均住宅建筑面积排第三. 新京报，2006 年 7 月 4 日，A06 版

竣工面积达到17.91亿平方米，占同期全社会完成住宅竣工面积的15.7%，居民自建自用的比重约占城镇住宅建房总量的1/7。

(5) 差价互换。它是指已有住宅的双方自愿相互交换各自的房产，并对所交换的房产因住宅特征不同所造成的价值差异，由一方向另一方给予适当的货币补偿。它多发生在公房上市流通的环节之中，因为在我国很多城市，人们出于各种目的需要变更居住地点，却又限于经济能力不能再购买异地新房，于是通过以房换房的方式各取所需，以达到皆大欢喜的结果。

2. 住宅售价的构成

住宅售价就是住宅存量的价格。在我国，目前商品房价格的构成内容主要有如下几项。

(1) 土地成本。包括地价款(含土地使用权出让金、基础设施配套建设费、土地开发费等)，土地相关税费(如土地增值税等)，以及其他规费。

(2) 拆迁成本。包括安置补偿费、拆迁补助费、管理费、服务费等。

(3) 建设成本。包括前期工程费、建安工程费，以及其他建设费用。

(4) 资金成本。如贷款利息、银行手续费、资金管理费等。

(5) 管理成本。即房地产开发和营销企业在住宅建造和销售过程中发生的各类管理费用。

(6) 缴纳税金。包括营业税、城市维护建设税、教育费附加、印花税等。

(7) 企业赢利。即住宅的销售收入扣除全部成本和税金之后的剩余部分。

(8) 效用调节。住宅商品的一个显著特点，是其效用大小主要取决于消费者的偏好；因此，在同一开发项目和同一户型面积的不同住宅中，会因具体地段、朝向、楼层等外在因素而导致人们选购上的兴趣差异；把这些差异考虑进去并对价格进行修正，就是效用调节。

在上述各项费用中，第1～6项相加即为成本价；第1～8项相加即为销售价。在商品住宅开发中配套建设的居住区公共服务设施(如商业店铺)，若其建设开发费用已经计入商品住宅成本并出售或出租，应当相应冲减商品住宅成本，从房价中予以扣除。

3. 住宅租金的构成

住宅租金就是住宅服务流量的价格，实质上也是住宅所有者零星出卖住宅使用权的价格。和房价相类似，房租的构成主要有以下几种。

(1) 地租。建房必须用地，用地则必须支付地租——包括绝对地租和级差地租两类，具体表现为土地出让金、土地转让费、土地使用费等。这些土地费用虽然落在房产所有者的头上、由房东负担，但在租赁行为中，房东必然将地租转化为房租的一部分而转嫁到租户的身上。

(2) 折旧费。它是逐渐转移的住宅商品原值的货币形态，是在零售过程中按照住宅的使用寿命和磨损程度来逐年分期回收住宅的原始造价。折旧费的计算公式一般是用直线法，即：

$$D = \frac{V_0 \cdot (1-c)}{N}$$

式中：D 为折旧费；V_0 为房产原值；c 为残值率(即在房产的使用寿命终了报废时，残余价值占原值的比率)；N 为折旧年限(也即是房产的使用年限)。

钢混结构的住宅使用年限一般为 60～80 年，残值率为 0～2%；砖混结构的使用年限一般为 40～60 年，残值率为 2%；砖木结构的住宅使用年限一般为 30～50 年，残值率为 3%～6%。

(3) 保险费。住宅价值高昂，业主为尽量减少一旦发生不测事件(如失火、水淹或外来的人为破坏)时自己可能蒙受的巨额经济损失，必须为房产投保，而这笔保费作为房产的经营成本会进入到租金之中。通常高层住宅或砖混多层住宅的保险费率(即年保险费占房产保险金额的比率)为房产现值的 1‰，平房则为 1‰～10‰左右。

(4) 维修费。即为保证住宅在规定的使用年限中正常使用而进行必要的维护修缮所追加的后续投资(但不包括租户自己进行的小型修缮和改装开支)。

(5) 管理费。即房东在房屋出租过程中所投入的物质与劳务支出(例如清洁、保安、广告和办公费用)。

一般情况下，维修费和管理费之和约占折旧费的 80%。其中，维修费占两项之和的 85%，管理费占 15%左右。

(6) 贷款利息。即在建房或购房时从银行获取的商业贷款的利息。

(7) 缴纳税金。包括营业税、城市维护建设税、教育费附加、房产税、城镇土地使用税和印花税等。但从 2003 年起，为了鼓励房屋租赁市场的发展，北京市地税局已经率先将以上多种税目归并为一项，将个人出租房屋所得收入按照 5%的综合税率一次性征收。

(8) 房东赢利。即将租金收入扣除必要的成本和税金后的剩余部分。

在上述 8 个租金的构成部分中，第 1～7 项之和通常称之为"成本租金"，是对住宅业主先期支付的最低补偿，是其出租行为的盈亏平衡点，也是确定合理租金的经济底线。一旦低于此标准，则住宅的经营者无法维持简单再生产，势必影响经营积极性。第 1～8 项之和则为市场租金。

4. 房价与房租的关系

住宅的出售，相当于将住宅这种商品一次性批发卖出；而住宅的出租，则相当于将它分期分批地零售卖出。如果每一期的房租都保持恒定不变，住宅的使用寿命无限延长，则在一个完美的市场里，从住宅投资中获得的回报率会等于在同样的风险和资本流动性等情况下的其他资产的投资回报率，这时售价 P 与租金 R(指年租金)的经济关系便可以简化为：

$$P = \frac{R}{i}$$

式中：i 为市场折现率，可以用一年期的定期储蓄利率或政府债券年利率来近似代替。

例如，某处住宅的租金为 3 万元/年，当前政府债券年利率为 5%，该所住宅的正常售价应为 3 万元/年÷5%＝60 万元。

人们不难发现：在住宅的房价与房租之间，客观上存在着一定合理的比价关系，称为“售租比”，以 η 来表示，即：

$$\eta = \frac{P}{R}$$

考虑到住宅是耐用消费品，使用年限一般在 50 年左右。如果不计资金的时间价值，则 50 年的房租之和应等于房价；一旦要计入资金的时间价值，则 η 的正常取值范围应在 15 到 25 之间，意味着投资于房产的年收益率约为 4%～6%。考虑到房产一般还会有未来房价上涨所形成的增值收益，所以这个售租比是国际房地产业界比较公认的合理关系。因此，售租比这项指标的意义在于：

- 若售租比的值过大，$\eta > 25$，说明房价过高而房租过低，人们就会倾向于租房而不买房；
- 若售租比的值过小，$\eta < 15$，说明房价过低而房租过高，人们就会倾向于买房而不租房；
- 只有售租比的值大小合适，$15 < \eta < 25$，说明人们无论买房还是租房，在经济上都没有明显的得失差异，则消费者就能依据自己的个人消费偏好作出或买或租的决策。

联合国曾做过一次“住房指标调研项目”，其成果显示：1991 年世界各国的商品住宅的平均售租比为 28 左右，属于正常范围之内；而我国同期的商品住宅售租比竟达 247！远远超过了合理幅度，说明当时房价过高、房租过低，从而使得人们几乎统一选择租房而不买房。这也正是在住房制度改革中必须坚持实现住宅商品化的同时，要稳步提高公房租金的理由之一。

第三节 住宅市场与住宅金融

住宅作为一种商品，必然要借助于市场进行流通；而住宅市场的正常运行和居民对住宅的投资或消费，都离不开金融的支持。

一、住宅市场

1. 住宅市场的性质

广义上说，“住宅市场”是指以住宅存量和住宅服务流量以及与住宅相关的生产要素为流通对象，在住宅需求者与供给者之间提供沟通机会和便利条件，以促成住宅商品完成交易的场所或机制。而从狭义来看，住宅市场指的是进行住宅买卖和租赁行为的经济组织。

在大多数城市，住宅市场是一个垄断竞争的市场。而在一些小城镇和经济不发达地区，它也可能是一个寡头垄断市场甚至完全垄断市场。之所以得出这种结论，原因在如下。

(1) 可替代性很低。住宅是一种异质性的商品，众多的住宅特征赋予每一住宅单元与众不同的个性，不同的个体之间不能完全互相替代。

(2) 市场门槛高。住宅价格高昂、投资巨大，无论作为生产者还是消费者，要想进入住宅市场都绝非易事。

(3) 信息不对称。完成一桩住宅交易必须具备一系列的相关专业知识，涉及城市环境、建筑工程、金融、法律等多个门类，作为一个普通消费者是不可能事事精通、样样在行的，在市场信息的占有上处于与供给者不对等的不利状态，因此在与房地产开发商进行一对一的交易博弈时，往往由于专业知识匮乏而被动。

2. 住宅市场的类型

住宅市场可以从不同的角度进行分类。

(1) 根据交易对象划分。可以分成：①住宅存量市场，交易的对象是住宅存量，包括新建住宅和旧有住宅(即所谓的“二手房”)；②住宅服务流量市场，交易的对象是住宅服务流量，包括房东向房客提供的服务和业主向自己提供的服务。

(2) 根据权益关系划分。可以分成：①住宅业权市场，以住宅业权为标的物，通过售买或差价互换的方式进行交易的市场，包括消费者自用的住宅和投资者用以经营套利的住宅；②住宅租赁市场，以住宅使用权为标的物，通过租赁的方式进行交易的市场，包括完全供出租的商品住宅和业主将自用以外的剩余部分出租的多户混用住宅；③住宅信托市场，以住宅使用权为标的物，通过财产信托的方式进行交易的市场。即住宅业主将住宅的经营、管理、维修等活动，委托给专业机构去操作而付给服务费。

(3) 根据市场体系划分。可以分成：①住宅一级市场，以新建商品住宅(初次上市的住宅)的所有权为交易对象的市场；②住宅二级市场，以旧有住宅(二次或多次上市的住宅)的所有权为交易对象的市场，包括已购公房和自有私房(即通过自建或购买方式取得所有权的商品房)两类房产；③住宅三级市场，以住宅的使用权为交易对象的市场，包括私人住宅的租赁、已租公房的差价互换及转租、已租公房使用权的有偿转让和交换产权等交易行为。

3. 住宅市场的特点

(1) 地区性。住宅不可移动，只能按就近原则为周边一定半径范围内的消费者提供服务，使得它的客户人群受到很大的地理局限，与之相关的需求和供给都被限制在较小的地区范围内。由此会带来如下结果：①为市场垄断和半垄断提供了先天便利条件：异地的要素和产品难以参与到本地的市场竞争中来，不利于消费者完全自主自愿地选择商品。尤其在价格上和性能上容易形成一定的卖方市场，而买方处于相对较弱势的地位，如果没有政府干预，消费者的权益难以得到根本保障。②增大了市场的风险：市场无法从广域上对住宅商品进行流动调配，甲地的住宅即使过剩，也不可能拿到相对短缺的乙地去出售和出租，因此常常容易造成区域性的市场波动，给投资者带来较大的风险。③难以从全局把握市场走向：我们看到的每一个市场，无论观察得多么深入和细致，都只能代表这个特定地方的情况，并非市场的全貌，也就无法从一个或几个地方市场的供需状态变化，去对整体的市场趋势加以判断。

(2) 分散性。住宅是异质性商品，每一户住宅都具有自己独特的住宅特征，因此有不同的价值构成基础。反映在价格上，任何一户住宅的成交价都仅仅是个案，只对其他住宅的价格起到参考借鉴作用，而无法成为单一的均衡价格予以普遍运用。此外，人们很难建设一个类似于超市的集中市场来进行房产交易，而必须分散到各个住宅的所在地去进行一对一的踏勘与谈判，因此有关整个地域内的住宅市场的交易详情就无法集中收集和发布，信息传递具有某种天然的缺损、失范和不透明，这便是其“分散性”。

(3) 多元性。住宅市场的“多元性”表现为：①商品属性多重。一方面，住宅是家庭最大宗的消费品，人们选购和选租住宅，基本动机和最终目的是为了消费，所以住宅市场主要具有消费品市场的属性；另一方面，住宅的特殊之处在于它具备保值增值的能力，无论是专门把住宅作为一个投资项目来经营，还是在消费住宅的同时“额外”享有增值收益，住宅都可以为业主带来经济上的好处，所以住宅市场又具有投资品市场的属性；最后，在政府干预能力较弱的时期以及住宅短缺的地区，投机者炒买炒卖、兴风作浪的现象屡见不鲜，所以住宅市场一定程度上也有投机品的属性。②交易形式多样。即住宅交易具有买卖、租赁、典当、抵押、信托等不同的方式，体现的经济关系也因此不同。

(4) 反复性。一般的商品，在完成从生产者到经营者再到消费者这个过程之后，流通活动便告结束，从而退出市场运行环节。但住宅由于具有使用寿命长、在使用中还能实现保值增值的特点，于是可以在整个寿命期内反复多次地进入市场流通领域，频繁地更换业主和用户，而且每一次的交易价格都是有起有伏、涨跌不定，这便是其“反复性”。

4. 住宅市场的过滤效应

如果一个城市的住宅市场是均衡的，并且高收入的家庭相较于低收入的家庭对新住宅有更高的需求收入弹性，那么当家庭收入普遍提高，或者有新住宅进入市场（也即供给扩大）时，市场将会作出何种反应呢？

实践证明，这时会有一系列的住宅迁移现象发生：高收入家庭搬到价格昂贵的新居，他们遗留下来的旧宅被中等收入家庭接手；而中等收入家庭腾出来的旧宅又被低收入家庭看中；低收入家庭迁走后，他们的廉价而劣质的旧宅则被最低收入家庭和外来贫民阶层所占住——整个过程好似层层过滤的流水一般，因此住宅经济学专门给这种现象起了一个形象的名词，即住宅市场的"过滤效应"（filter down effect）。英国经济学家海尔布伦（Heilbrun）将过滤效应定义为：它发生在当较高收入者迁出，使得遗留的原住宅对于较低收入者能够以较低成本入住的过程。

在住宅市场的过滤效应中，不同等级的房子在不同收入的家庭之间逐层传递着，它们环环相扣，构成了一个"住宅链"。但是，这个链条上的每一环并非都是正好吻合的。例如，加拿大学者费尔斯通（Firestone）曾做过一个调查：在某地建成了 500 个单位的新住宅，当最高收入者将这些新住宅购买一空后，接下来的四个收入阶层虽然都有家庭进行了置换到更好条件的住宅的迁移，但也都发生了原有住宅的空置现象，且空置住宅的数量分别是 127、35、9、1。这说明从最高收入阶层到最低收入阶层，住宅状况获得改善（即向上一级迁移）的家庭数目分别是 500、373、338、329、328。

5. 住宅市场的空置现象

在欧美国家，空置住宅是指现有未被居用的住宅；相应的"空置率"则是指空置住宅占全部存量住宅之比。造成空置的原因，或是由于房东的主观因素（不愿推向市场）而闲置不用，或是由于市场的客观因素（无法找到客户）而空屋以待。在我国，根据 1995 年 8 月国家统计局发布的《固定资产投资统计报表制度》中的解释："空置面积，是指报告期末已竣工的商品房屋建筑面积中，尚未销售或出租的部分，包括以前年度竣工和本期竣工可供出售或出租而未售出或租出的房屋面积。"

从实际情况看，处于空置状态的商品房一般包括以下部分：建成竣工后的时间在一年以下的待售商品房；建成竣工后的时间多于一年、少于三年的滞销商品房；建成竣工后的时间在三年以上的积压商品房。

任何一种商品，从其出厂到进入消费者手中，都会有一个正常的销售和流通阶段，何况是像住宅这样价值高昂的特殊商品？把上述第一项的待售商品房也归入空置商品房之列，是不恰当的计算方法，容易混淆视听。因此，空置商品房是指建成竣工后达一年及以上而仍未售出或租出的商品房。空置率不应该只是一个"时点"的指标，而应该是一个"时段"的指标。不光要看当前空置的结果，还要考察空置所处的时间。所以，正确的商品房空置率的计算方法是：计算期内空置商品房面积与同期竣工的商品房面积之比(分子和分母均不含一年以内的竣工商品房)，即：

$$V=\frac{\sum_{t=2}^{n}A_t}{\sum_{t=2}^{n}Q_t}\times 100\%$$

式中：V 为商品房空置率；A_t 为商品房空置面积；Q_t 为商品房竣工面积；t 为考察的计算期年数。

既然从总体上看，住宅是一种相对短缺的绩优商品，即总有一部分人群处于缺房甚至无房的状态，为何市场上还存在空置现象呢？经济学家们把它归因于市场的“不完美性”，并存在着较高的搜寻成本——既有金钱上的花销，也有时间上的投入；既有直接费用(如代理费、广告费、交通费等)，也有间接费用(如业主和房东在住宅空置期间的经济损失)。当然导致空置的因素不仅限于此，有时房东和业主基于某种判断(例如市场热销或萧条)，会有意地退出市场以伺机而动、待价而沽——其实这也属于搜寻策略的一种，只不过相关房产并未在市场上挂牌而已。

二、住宅金融

住宅金融属于房地产金融的一部分，是指在住宅的投资、生产、流通、经营、消费的过程中，通过金融机构和金融市场，运用各种金融工具和方式，进行资金的筹集、融通、借贷、结算及提供相关的金融服务。住宅金融可以分为两大类：一是住宅生产融资，即银行等金融机构为住宅开发机构提供资金及相关的信用服务，满足企业生产住宅的需要；二是住宅消费融资，即银行等金融机构为住宅消费者提供资金和相关的信用服务，满足人们获取住宅的需要。

1. 住宅融资渠道

在我国，对于居民个人而言，当需要为购置或建设住宅而筹集资金时，可供选择的住宅融资渠道主要有以下几种。

(1) 商业性住宅抵押贷款。是指商业银行发放的，用于具有完全民事行为能力的自然人购买商品住宅以及进行住宅再交易(即二手房买卖)时的贷款。

(2) 住房公积金贷款。又称“个人住房担保委托贷款”，是指由各地住房公积金管理中心运用住房公积金，委托银行向购买、建造、翻建、大修自住住房的公积金缴存人和缴存单位的职工发放的贷款。对于一般工薪阶层而言，住房公积金贷款具有低息优势。但在贷款额度与年限上有一定的限制，而且由于审批、放款的时间较慢，有些商品住宅项目不予采用。

(3) 住房储蓄贷款。是指客户与专业的住房储蓄银行签订合同,以每月的常规存款或额外多存款的形式进行储蓄;当储蓄额达到合同金额的一定比例(譬如为50%)并满足其他放贷条件时,银行将向客户按照合同金额放贷用于住宅购买。

(4) 合作建房。是指居民在自助与公助相结合的原则下,参加住房合作组织(如住房合作社),按照一定的条件逐步取得住房的建房方式。一般是在政府和单位的支持下,面对社会中低收入阶层或单位职工展开的。居民个人取得的是不完全产权,将来出租、出售住房要受事先约定的有关条件限制。

住房合作社的资金来源一般有：社员一次性缴纳或分期缴纳的建房资金、社员个人的住房公积金、政府和所在单位的资助、合作建房专项贷款、社员个人或合作社的其他合法收入。

(5) 集资建房。是指居民个人之间组织起来,通过共同出资、统一兴建、按照出资额进行内部分配住宅的方式。

集资建房和合作建房方式不同之处在于：前者的出资是一次性投入,而后者则可分期缴纳;前者的合作组织在住宅建成并分配完毕后即告终止解散,而后者是一个长期的、稳定的组织;前者在法律关系上(例如土地使用权的分割、公有面积和内部配套设施的分摊)目前尚缺乏明确的规范,容易潜伏一些法律纠纷、难以得到政府部门的大力支持,而后者则有相对完备的管理规定和运行经验,是政府予以鼓励的一种民间投资住宅建设的有机补充。

(6) 典当。是指当户将其房地产作为当物进行抵押给典当行,交付一定比例的费用,取得当金,并在约定期限内支付当金利息、偿还当金本金以赎回当物的行为。在购房者急需使用大笔资金而又一时难以通过其他渠道进行筹措时,典当不失为一种拾遗补缺、纾困解难的资金融通方法。

2. 住宅抵押贷款的概念

所谓"抵押贷款"(mortgage),是指在房地产交易中,银行等金融机构向购房者贷出一定比例的购房款,借款人以其稳定的收入按照约定的期限和还款方式进行分期逐次偿还;在本息未完全还清期间,借款人将购房契约所标明的房产向放款方作抵押;若借款人到期不能还本付息,则放款方有权将被抵押的房产进行拍卖等处置并优先受偿以抵消欠款。在我国港台等地,抵押贷款又称为"按揭"。

在发生住宅抵押贷款时,常用到以下概念。

(1) 首付款。是指借款人在申请抵押贷款时,必须先自行支付给卖方的一笔款项;首付款加上贷款额即为房产总值。设定首付款的目的,一方面是约束借款人的借贷行为,使之免于盲目的、不负责任地负债;另一方面也是金融机构规避自身的信贷风险的必要举措，即它们以不足100%的放款获得了100%的房产抵押。

(2) 贷款条件。是指在抵押贷款合同中所议定的偿还抵押贷款的各种条件，包括利率、还款期限、还款方式等。

(3) 还款期限。是指借款人偿还全部贷款本利和的时限，通常根据借款人的经济收入、信用状况以及年龄等因素确定，个人住宅抵押贷款的期限一般最高为30年。

(4) 还款方式。是指借款人自贷款合同签订并获得放款之后，在约定的还款期限内，将全部的本利和予以偿还的方式。常见的方式有：

① 一次性清偿法。即在整个借贷期都不发生还款，而在期末将所有本利之和一次性还清。计算公式为：

$$F = P_0(1+i)^n$$

式中：F 为期末一次性还款数；P_0 为借款本金；i 为贷款的月利率；n 为按月计的还款周期数。

② 等额付息法。即在还款期内，只在每个还款周期(一般为月)支付等额的利息而不还本，等到期末再一次性偿还本金。计算公式为：

每月等额付息数为：

$$R = P_0 \cdot i$$

期末共计支付本利和为：

$$F = P_0 \cdot (1 + i \cdot n)$$

式中各符号含义同前。

③ 等额还款法。也称为“完全均付法”，即在还款期内，每个还款周期所偿还的本息之和均是相等不变的。计算公式为：

$$A = P_0 \cdot \frac{i(1+i)^n}{(1+i)^n - 1}$$

式中：A 为每月等额还款数(俗称“月供”)，其他符号含义同前。

如果在还款期间内，借款人要转让房产或是提前结清贷款，需要计算“贷款余额”(即经过一段时间的偿还后，尚未清偿的贷款本金数额)。贷款余额可用年金现值的方法计算，公式为：

$$P_m = A \cdot \frac{(1+i)^{n-m} - 1}{(1+i)^{n-m} \cdot i}$$

式中：P_m 为该时点的贷款余额；m 为已经偿还贷款的周期数，其他符号含义同前。

等额还款法的优点在于：每月还款数固定不变、简单易记，便于借款人进行资金规划，每月及时还款。但其缺点在于：由于此方法是先还息、后还本，即在每期的偿还额中，所还利息是递减的、所还本金是递增的，因而总体上利息负担较重，不利于经济收入不宽裕者。

④ 等本还款法。即在还款期内，每个还款周期所偿还的本金是相等的，但偿还的利息则是不等的（根据剩余的本金计算而呈递减态势），因此体现出来的每期还款额是不等的。计算公式为：

$$A_t = \frac{P_0}{n} + P_0 \cdot \left(1 - \frac{t-1}{n}\right) \cdot i$$

式中：A_t 为第 t 期的还款数，其他符号含义同前。

等本还款法的优点在于：由于本金优先偿还，故而总体上利息负担较轻。但其缺点在于：前期还款压力较大，而且每期还款数不等，不便记忆。

⑤ 等额（或等比）累进还款法，也称"等额（或等比）递增法"，即将整个还款期划分成若干时段（以年或几年计），每个时段的还款数都比上一个时段按照约定的固定额度（或比例）多还款项，而在每个时段内的每月还款数仍是等额的。其优点在于：借款人可根据自己未来的收入预期灵活组织还款，尽量减少总的利息负担，并尽快形成自己对房产的权益。但其缺点在于：一旦选择了递增的还款方式，若今后经济状况有不利变化，会形成雪上加霜的局面。

⑥ 气球式还款法：又称"膨胀式还款法"或"飘浮式还款法"，是指在还贷的前几年中每月按照固定数额还款，最后到期时一次性还清所有贷款余额。由于其最后一次的还款额比前面任何一次都要大得多，就像气球一样突然被吹得膨胀起来而得名。其优点在于：借款人的前期还贷压力很小，适合于刚参加工作而无积蓄、未来经济收入可望有较大增长的年轻人。但其缺点在于：正因为前期还贷压力很小，客观上容易诱使一些人利用这个空子进行房地产的投机炒作，在短期内转手倒卖以牟取暴利。

(5) 贷款成数。是指贷款额占房产总值或房价的比例。当前我国商业银行提供的个人住宅抵押贷款的贷款成数最高为 80%，而公积金抵押贷款的贷款成数则最高可达 90%。

(6) 提前还款。是指在抵押贷款的还款期限内，借款人全部或部分提前偿还贷款的本金。由于提前还款行为本身是对贷款合同所规定还款条件的一种违约，会造成银行在资金管理上的不可预期性，并带来预期利息收益的损失，因此银行一般会要求支付一定的罚息作为补偿，除非双方另有约定。

(7) 拖欠还款。是指借款人违反抵押贷款合同所标明的还款条件，未能及时或足额偿还应付本息，若继续拖延还款将会导致放款人采取法律行动，直至取消借款人的抵押赎回权。

近年来，我国商业银行个人住宅抵押贷款业务有了很大发展，贷款余额从 1998 年年末的426.2 亿元，发展到 2004 年年末的 15 922.3 亿元，年均增长率高达 82.8%，远远超过了全部贷款余额年均增长率 12.8%的水平，详见 8-2。

表 8-2　近年来我国金融机构发放贷款余额情况

统计年份	全部贷款余额		个人住房贷款余额			房地产开发商贷款余额		
	总额/亿元	增长率/%	总额/亿元	增长率/%	所占比例/%	总额/亿元	增长率/%	所占比例/%
1998	86 524.1	—	426.2	—	0.5	2 028.9	—	2.3
1999	93 734.3	8.3	1 357.7	218.6	1.5	2 350.4	15.84	2.5
2000	99 371.1	6.0	3 376.9	148.7	3.4	2 628.2	11.82	2.6
2001	112 314.7	13.0	5 598.0	65.8	5.0	3 494.3	32.96	3.1
2002	139 803.0	24.5	8 258.0	47.5	5.9	4 465.1	27.78	3.2
2003	169 771.0	21.4	11 779.7	42.7	6.9	6 657.4	49.10	3.9
2004	178 197.8	5.0	15 922.3	35.2	8.9	7 810.9	17.3	4.4

资料来源：2004 中国房地产金融报告；2006 中国统计年鉴等

但是，我国居民个人住宅抵押贷款与西方发达国家相比仍偏小，还有较大的发展空间。2004 年年底，我国居民个人住宅抵押贷款占 GDP 的比例为 11.7%，而 2001 年欧盟国家居民住宅抵押贷款占 GDP 的比率平均达到了 39%（其中英国为 60%，德国为 47%，荷兰达到 74%）[①]，美国 2000 年各种物业类型抵押贷款余额占 GDP 的比例达到了 70.3%（其中独户住宅抵押贷款余额占 GDP 的 52.9%）[②]。说明我国面向居民个人的住宅金融增长潜力巨大。

3. 住宅抵押贷款的类型

(1) 按照贷款性质划分。根据贷款本身具有的属性，可以分成：

① 商业性抵押贷款，即完全按照市场的供求关系来确定利率、放贷与偿还方式，由商业性金融机构向普通借款人提供的住宅抵押贷款。

② 政策性抵押贷款，即政府直接或间接参与，以一定的优惠和补贴，通过政策性金融组织，向特定的人群（如城市低收入者、退伍军人等）提供的住宅抵押贷款。我国的住房公积金贷款即属于此类。

③ 组合性抵押贷款，即将商业性贷款和政策性贷款组合在一起、各占一定的比例，向符合资格（指政策性贷款所要求的条件）的借款人提供的抵押贷款。

④ 储蓄性抵押贷款，即由专业住房储蓄银行向自己的储蓄客户发放的贷款。

(2) 按照贷款利率划分。根据贷款的利率固定与否，可以分成：

① 固定利率抵押贷款，是指利率在贷款合同中予以确定后便不再调整变动的抵押贷

① 中国人民银行房地产金融分析小组. 2004 中国房地产金融分析报告，2005 年 8 月 5 日

② 刘洪玉、张红. 从系统的角度认识和防范房地产金融风险，http://www.westernforum.com.cn，2005 年 10 月 24 日

款。这种贷款方式要求借款人与放款人共担利率风险，通常情况下，固定利率抵押贷款的利率水平要高于浮动利率抵押贷款。

② 分段固定利率抵押贷款，是指把整个还贷期分成若干阶段，各阶段的利率水平不同，且呈现前低后高、逐渐递增的特点。

③ 浮动利率抵押贷款，是指利率在贷款合同中虽已议定，但可以根据中央银行的利率调整或者是市场利率指数的变化而上下变动的抵押贷款。作为一种分期偿还的、分阶段对利率进行重新协议的机制，它实际上等于若干个短期贷款的组合；而由于短期贷款利率低于长期贷款利率，因此这个短期贷款组合的平均利率水平也会低于同等时间长度的长期贷款利率，对于借款人来说显然是有利的。

④ 可转换利率抵押贷款。是指借款人可以在还贷期内根据市场情况和合同规定的条件进行选择性的调整，在市场利率水平持续下降时，把原先确定的固定利率改为浮动利率；或者是在利率水平持续上升时，把浮动利率改为固定利率的抵押贷款。只不过经过转换后的利率比当前执行利率略高一点；或者是利率一样，但放款人要向借款人收取一定的手续费。

(3) 按照抵押时序划分。根据贷款的设定时序，可以分成：

① 初次抵押贷款，即借款人对某一特定的房产初次设定抵押而申请的贷款。

② 二次抵押贷款，又称“再抵押贷款”或“加按揭贷款”，是指同一借款人对已经设定抵押、尚未结清贷款的房产再次设定抵押而申请的贷款。

③ 再交易抵押贷款，又称“转按揭贷款”，是指某一已经设定抵押、尚未结清贷款的房产需要转让过户，而新的买方仍需要通过另一笔抵押贷款才能筹措资金完成交易；两次借贷的债务人不同，则第二次的贷款为再交易抵押贷款。

4. 住宅抵押贷款证券化

它是指银行将所持有的住宅抵押贷款债权，出售给专业证券化机构以取得现金流；由该机构把这些长期的、收益固定的、流动性不是很好的资产收益权变成标准证券，然后在资本市场上向投资者发行和流通的行为。

住宅抵押贷款证券化的意义主要如下。[①]

(1) 改善银行资产的流动性。在开展住宅抵押贷款业务的银行里，“短存长贷”现象十分普遍，即负债多为5年以内的短期储蓄，而资产则多为10～30年的抵押贷款，二者极不匹配。当长期的住宅抵押贷款在银行的资产负债表的资产方积累到一定的比例(通常为25%)时，银行便出现了资产流动性的风险——一旦利率倒挂(即短期利率上升，接近甚至超过长期利率)时，该银行就有可能面临资不抵债的风险。因此，住宅

---

① 殷红、张卫东. 房地产金融. 北京：首都经济贸易大学出版社，2002，323

抵押贷款证券化使得固化沉淀的长期贷款得以活化流动，从根本上解决了短存长贷的矛盾。

(2) 降低银行的融资成本。在住宅抵押贷款证券化的过程中，通过对存量资产的剥离，借助担保资产和担保机构的信用，银行可以发行比自身信用级别更高的抵押证券(所发行证券的信用级别主要取决于证券的信用评级和未来的投资收益率)，从而降低了融资成本。

(3) 提高银行的资本利用率。根据《巴塞尔协议》的规定，商业银行的自有资本不能低于资产总值的8%，其中4%必须是一级资本(即普通股和非累积优先股等)。如果银行经营高风险的资产，其资本金和存款保险金的要求也相应提高。而住宅抵押贷款证券化则使得银行可以通过出售高风险的资产，来有效降低资产结构中的风险资本的比例，提高资本的杠杆效应。

(4) 创新金融产品，增加金融体系的安全性。住宅抵押贷款证券化是根据资产的特点进行分解、重组和定价，重新分配风险与收益，实际上是对传统金融产品的深加工，使得金融产品的质量和信用等级得以提高。同时，它也对银行的中介功能进行了分解，将过去由一家银行承担的发放贷款、持有贷款和回收贷款本息等职能，转化为多家存贷款金融机构和机构投资者共同参与的活动，将抵押贷款的风险部分转移到更能承担长期债权风险的机构，从而提高了整个金融体系的效率、增加了金融体系的安全性。

(5) 降低居民购房的贷款成本，刺激住宅有效需求。住宅抵押贷款证券化的出现，有助于降低银行的融资成本，进而降低居民购房的贷款成本。而贷款成本的下降，会直接刺激居民对于购房消费的热情，扩大住宅市场的有效需求，带动住宅产业的健康发展。

第四节　我国城市住房问题与住房制度改革

一、我国城市住房问题及其成因

住房制度改革作为我国城市改革中的一项重要内容，深刻地影响着城市社会经济的发展和人民群众生活水平的提高，长期以来一直受到各方面的高度关注。从新中国建立以后直至1980年以前，这段时期我国城镇住房制度可称为“旧住房制度”。1980年以后，在渐进式改革中所逐步摸索和确立的城镇住房制度则可称为“新住房制度”。

1. 旧住房制度的特征

长期以来，我国实行的是计划经济体制，住宅不被认为是一种商品，因此不能进行自由买卖和租赁，也不存在住房市场；住宅的建设和配置都要按照计划执行，其他因素无法介入。所以，旧住房制度的特征可以概括为：低租金、广覆盖、国家统建、行政分配。

(1) 低工资前提下的低租金。在世界上绝大多数国家，住房支出都是家庭消费性支出中最主体的部分，一般要占到总支出的 1/5～1/3。据联合国住房指标调研项目显示：在 1991 年，世界各国的平均房租占生活支出的比重为 18%。而在我国，未进行房改之前的城市公有住宅一直都是在较低工资水平的前提下以极低的租金向居民出租。20 世纪 80 年代中期，全国的住宅使用面积月租金平均只有 0.13 元/平方米，这使得住房支出在城市居民的消费支出结构中所占的比例几乎到了微不足道的地步，甚至随着收入水平的提高而向下滑落。到了 1989 年，这一比例仅有 0.7%！详见表 8-3。

表 8-3 我国城镇居民家庭消费结构的变化 %

统计年份	吃的比重	穿的比重	住的比重	用的比重	其他比重
1957	58.4	12.0	2.3	7.6	19.7
1964	59.2	11.0	2.6	6.0	21.2
1981	56.7	14.8	1.4	9.6	17.5
1989	54.5	12.3	0.7	11.1	21.4
1994	50.0	14.0	1.0	11.8	23.2

资料来源：根据历年中国统计年鉴整理

(2) 广覆盖基础上的泛福利。在旧住房制度下，住宅成为一种近乎纯粹的福利品被国家统包统揽，只要是具有城镇户口的国家机关和国有企事业单位的正式职工，都享有从单位要求分配住房的权利。当然由于各个地方、部门和单位的经济能力不同，真正能兑现这个权利的人群仍然远小于应该享有的总体，以至于普遍出现了住房困难问题。换句话说，这种泛化到几乎每一个人的福利，虽然覆盖很广，实际效能却很低。

(3) 国家统建。住宅建设作为一项固定资产投资，纳入国家的基本建设计划之中，由国家通过财政拨款的方式进行集中统一建设。而住宅作为一种"非生产性建设"，自然而然地被置于不重要的地位，竞争不过那些具有直接经济效益的"生产性建设"项目，使得住宅建设投资在基本建设的投资总盘子中所占份额被一再挤压。

(4) 行政分配。国家机关和国有企事业单位必须通过自行建房或购房，来对住房的实物性进行行政配置；而单位职工则按照一定的内设标准（例如考虑职务级别、工作年限、家庭人口、现有居住条件以及对单位的贡献等综合因素）来排队轮候以获取住宅的使用权。职工不仅不需要为获取住宅支付任何费用,在租住的过程中,连住宅的正常维护、修缮、采暖、运行和管理等相关费用也大多由产权单位进行补贴。

2. 旧住房制度带来的住房问题

旧住房制度带来了一系列的城镇住房问题。

(1) 投资一元化导致住宅欠账过多、短缺严重。作为一个发展中国家,中国的短缺经济现象长期十分突出,相比于建设与发展需求,国家财力总是显得捉襟见肘、入不敷出。"一五"时期,我国城镇住宅建设投资占基本建设投资的比例为 9.1%;可到了"二五"、"三五"时期,这一比例下降到 4.1%和 4.0%;在 1950—1980 年的 31 年间,总计的城镇住宅建设投资所占份额只有 7.5%,详见表 8-4。而在 1953—1979 年,日本的住宅建设投资占固定资产投资的份额为 14%~21%,联邦德国为 21%~25%,英国为 16%~26%,美国则高达 15%~33%。可见和发达国家相比,我国的住宅投资所占份额只有它们的 1/2~1/4 左右,差距十分明显。

表 8-4 改革开放前我国城镇住宅建设投资情况

统计的时期	A. 基本建设投资/亿元	B. 住宅建设投资/亿元	B 占 A 的比重/%
"一五"时期	588.47	53.79	9.1
"二五"时期	1 206.09	49.56	4.1
1963—1965 年	421.89	29.09	6.9
"三五"时期	976.03	39.32	4.0
"四五"时期	1 763.95	100.74	5.7
"五五"时期	2 342.17	277.29	11.8
1950—1980 年	7 298.60	549.79	7.5

资料来源:根据历年中国统计年鉴整理

投资不足必然导致住宅建设的欠账过多、住宅短缺严重。1949 年新中国成立时,城镇居民的人均居住面积为 4.5 平方米。1978 年,城镇居民的人均居住面积只有 3.6 平方米,比解放初期反而下降了 20%,当年的无房户、缺房户和拥挤户等住房困难户竟占居民总户数的 1/3。到 1990 年底,全国城市中还有住房困难户 500 多万户,占城市居民总户数的 12%左右;其中人均居住面积在 2 平方米以下的特困户有 40 多万户;另外城市危房还有 3 232 万平方米,住宅成套率只有 46%。

(2) 行政分配制造成消费苦乐不均,凸显出社会不公。住房依靠行政分配容易滋生以权谋私,某些掌握较多资源的实权单位以及有权者往往贪大求多、一人多房,而所谓的"清水衙门"以及无权者则求助无门、缺屋少房,形成不同阶层、不同部门、不同职级之间,以及同一阶层的不同群体、同一行业的不同单位、同一职级的不同个人之间，在住房条件上苦乐不均，甚至有天壤之别，人为地加剧了住宅分配上的社会不公平现象。

社会不公平还反映在住房补贴的受益者方面。由于这种补贴是通过先无偿占有住宅使用权、后无偿享有住宅维持费的实物形式来体现的，结果是只有那些分到了房子的人才有、未分到房子的人没有，更进一步地加剧了无房户和缺房户的受歧视现象。以1988年为例，当年全国城市职工人均房租补贴额约为571.9元，职工的人均年工资为2 070元，前者为后者的27.6%——相当于国家给每一位分到了住宅的职工每年额外增发了3个月零10天的"福利工资"，而那些无房户却分文未得！

(3) 低租金、广覆盖加重国家财政负担、陷入恶性循环。面向城市居民无偿提供住宅已经使得国家财政不堪重负，而极低的公房租金更如同雪上加霜，所收取的微薄的租金甚至连进行最基本的住宅维护和修缮都不可能，政府和单位必须不断投入巨额资金以补贴住宅的正常使用，如何能改善居住条件？据统计，在1981年至1988年的8年间，我国用于城镇职工房租补贴总规模达2 307.55亿元，竟比同期全国城市住宅建设投资的总额还高！这就意味着：如果按照成本租金收取，则国家本可以将用于住房补贴的那笔钱用于建设新住宅，并能使得同期住宅建成量翻一番，住宅短缺现象将大为改观。

(4) 租金过低抑制了人们的购房意愿、阻碍了住宅商品化的进程。房改之前，人们承租一套两居室、使用面积为40平方米的单元楼房的月租金只有5元多，仅仅是相当于一包香烟的价格！在这种情况下，人们如果选择买房，在经济上显然是极不合算的。因为若把买房的钱存入银行，将能得到远比缴纳房租要高得多的利息收入，于是几乎不会有人愿意购买住宅，商品化进程便无从谈起。可见，房租过低成为住房制度改革所要面对和革除的第一块顽石。

综上所述，旧住房制度使住宅需求趋于刚性，使住宅供给后继乏力，使住宅分配凸显不公，由此带来的一系列经济社会问题日益激化，已到了非改革不可的地步，这是社会各界形成的共识。

二、城市住房制度改革的思路

城市住房体制的改革，是一项复杂的系统工程，牵涉到方方面面，是一次利益大调整。从总体上看，这次改革是在以下几方面为重点来进行。

1. 住宅投资多元化

即改变单一由国家投资的旧体制，实行多元化投资政策，调动鼓励各方面的建房积极性，做到国家、集体、专业房地产开发经营者、居民个人、外资一起上，集腋成裘、聚沙成塔，加速建房、共同解困。对于建设低收入居民住宅的投资者，从土地到税收等多个环节、实施多方面的优惠政策，从而有效降低开发成本，使普通工薪阶层有能力买房或租房。

2. **住宅经营商品化**

即住宅是一种商品，应该逐步走向商品化经营，即主要通过市场来调节供需、组织流通，实行等价交换，而不是以行政手段分配。住宅商品化是房改的根本目标，它一方面可以促成住宅建设资金的良性循环，为迅速增加住宅总供给提供充足财力；另一方面又可以抑制城市人口对住宅的过分需求，使总供给与总需求趋于平衡、同步发展。要做到商品化经营，则需从两方面入手。

(1) 新建住房主体商品化。即新建的增量住房要以商品房为主，同时兼顾不同收入阶层人们的购买能力——对高收入者和中等收入者实行完全的市场价，对低收入者实行政府控制下的成本加微利的限定价甚至低于成本的福利价。

(2) 原有公房逐步商品化。即对原有的存量公房也要实行商品化经营，从小步提租开始，分批出售已分配的公房，并允许已出售的公房上市流通，最后与商品房市场融为一体。

3. **住宅服务社会化**

社会化服务是现代化的要求，住宅服务尤其如此。通过聘请专业的物业管理公司对住宅物业实行管理和服务，把各个单位从繁琐冗杂的居民生活服务中解脱出来，不仅进一步理清了投资者、经营管理者、消费者之间的责、权、利关系，也使服务更有效率、居民更有实惠。

三、城市住房制度改革的进程和措施

从总体上看，我国的城镇住房制度改革可以大致分成三个时期：酝酿准备阶段、渐进探索阶段和全面深化阶段。

1. **酝酿准备阶段**(1978—1987 年)

1980 年 6 月，中共中央、国务院在批转《全国基本建设工作会议汇报提纲》中提出："准许私人建房、私人买房，准许私人拥有自己的住房。"正式拉开了住房制度改革的序幕。其后出台的主要举措有：

- 公房出售。可以说，对公房进行出售是打破几十年一贯住房行政分配制的关键之举，是启动住宅商品化的前提所系。
- 公房提租。在公房出售的同时，把过低的公房租金逐步提高到适当的水平是房改的另一大战略举措。因为如果低租金的局面不改变，将会极大地影响人们的买房积极性，改革也就难以为继。

1978—1987 年酝酿准备阶段的 10 年房改主要是以“摸着石头过河”的思想进行试点，试图从公房出售和公房提租入手，回收和积累一部分资金用于扩大住宅建设、缓解住宅短缺。

2．渐进探索阶段（1988—1997 年）

1988 年 2 月，《国务院关于印发在全国城镇分期分批推行住房制度改革实施方案的通知》（国发[1988]11 号）指出：“我国现行的住房制度存在着严重弊端。国家为城镇居民建房花了大量资金，但由于不能从经济机制上制约不合理的需求，城镇住房问题并没有得到缓和。住房分配上的不公正，已成为一个严重的社会问题。城镇住房制度改革，是经济体制改革的重要组成部分。搞好这项改革，不仅可以正确引导和调节消费，促进消费结构趋向合理，在经济上有很大的意义，而且在住房领域的不正之风会大大减少，在政治上也有很大意义。几个试点城市的实践说明，住房制度改革可以取得很大的经济效益和社会效益，是一件利国利民的事情。要从 1988 年起，用三五年时间，把住房制度改革在全国城镇分期分批推开。”

要实现这个目标，住房制度改革主要包括以下主要内容：

- 改变资金分配体制，把住房消费基金逐步纳入正常渠道，使目前实际用于职工建房、修房资金的大量暗贴转化为明贴，并逐步纳入职工工资。
- 改革现行的把住房作为固定资产投资的计划管理体制，确立住房作为商品生产的指导性计划管理体制。
- 通过财政、税收、工资、金融、物价和房地产管理等方面配套改革，在理顺目前围绕住房所发生的各种资金渠道的基础上建立住房基金，逐步形成能够实现住房资金良性循环的运行机制。
- 调整产业结构，开放房地产市场，发展房地产金融和房地产业，把包括住房在内的房地产开发、建设、经营、服务纳入整个社会主义有计划的商品经济大循环。

1989 年底，经过对前些年房改经验的梳理和扬弃，房改进入了全方位的改革攻坚阶段，其中最引人注目的便是“增量改革”（存量指现有的公房，增量指新建的住房）。鉴于福利分房的观念已经根深蒂固，改革会受到既得利益者的抵触，因此避开旧有公房而从新增住房入手，在新房的建、售、租等方面实行新政策，然后再对腾出的旧有公房进行改革，便可以减少阻力。

1991 年 10 月，第二次全国住房制度改革工作会议召开，国务院批转了房改领导小组起草的《关于全面推进城镇住房制度改革的意见》，认为城镇住房制度改革是城市经济体制改革的重要组成部分，提出要调高公房的低租金，将实物福利分配逐步转变为货币工资分配。同时，大多数城市开始测算、研究和拟定本地房改的整体方案。职工可以标准价购买公房的部分产权，房改从少数试点城市推进到全国。

1994 年 7 月，《国务院关于深化城镇住房制度改革的决定》（国发[1994]43 号）是一份具有纲领性指导地位的重要文件，它指出：城镇住房制度改革作为经济体制改革的重要组成部分，其根本目的是建立与社会主义市场经济体制相适应的新的城镇住房制度，实现住房商品化、社会化；加快住房建设，改善居住条件，满足城镇居民不断增长的住房需求。文件明确城镇住房制度改革的基本内容是：

- 把住房建设投资由国家、单位统包的体制，改变为国家、单位、个人三者合理负担的体制。
- 把各单位建设、分配、维修、管理住房的体制，改变为社会化、专业化运行的体制。
- 把住房实物福利分配的方式，改变为以按劳分配为主的货币工资分配方式。
- 建立以中低收入家庭为对象、具有社会保障性质的经济适用住房供应体系和以高收入家庭为对象的商品房供应体系。
- 建立住房公积金制度。
- 发展住房金融和住房保险，建立政策性和商业性并存的住房信贷体系。
- 建立规范化的房地产交易市场和发展社会化的房屋维修、管理市场，逐步实现住房资金投入产出的良性循环，促进房地产业和相关产业的发展。

1988—1997 年渐进探索阶段的 10 年房改主要特点在于：一是继续推进公房出售和公房提租；二是在制度创新上有所突破，如建立住房公积金、建设经济适用住房等；三是房地产业发展迅猛，为实现住房商品化、社会化铺平了道路。

3. 全面深化阶段(1998 年以后)

1998 年，我国面临亚洲经济危机的冲击，对外贸易形势恶化，国家力图扩大内需来刺激经济增长，住宅产业的发展更加受到重视。7 月，《国务院关于进一步深化城镇住房制度改革，加快住房建设的通知》(国发[1998]23 号)是对国发[1994]43 号文的再次完善和补充，它指出：

- 深化城镇住房制度改革的指导思想是：稳步推进住房商品化、社会化，逐步建立适应社会主义市场经济体制和我国国情的城镇住房新制度；加快住房建设，促使住宅业成为新的经济增长点，不断满足城镇居民日益增长的住房需求。深化城镇住房制度改革的目标是：停止住房实物分配，逐步实行住房分配货币化建立和完善以经济适用住房为主的多层次城镇住房供应体系；发展住房金融，培育和规范住房交易市场。
- 深化城镇住房制度改革工作的基本原则是：坚持在国家统一政策目标指导下，地方分别决策，因地制宜，量力而行；坚持国家、单位和个人合理负担；坚持“新房新制度、老房老办法”，平稳过渡，综合配套。

上述“国发[1998]23 号文”明确提出：1998 年下半年开始，全面停止住房实物分配，逐步实行住房分配货币化，具体时间、步骤由各省、自治区、直辖市人民政府根据本地实际情况确定；停止住房实物分配后，新建经济适用住房原则上只售不租；职工购房资金来源主要有：职工工资，住房公积金，个人住房贷款，以及有的地方由财政、单位原有住房建设资金转化的住房补贴等。

1998 年以后全面深化阶段的房改主要特点是：一是停止住房的实物分配，实行住房分配货币化，从源头上中断了旧有体制的沿袭；二是大力培育住宅市场，通过政府指导、市场调控、多方参与、各尽其力的方式来解决城镇居民的住房问题；三是推进经济适用住房体系的建立和廉租住房的建设，以保障低收入者的合理居住需求。

城市基础设施经济

第一节　城市基础设施的构成与特性

一、城市基础设施的构成

1. 基础设施的概念

基础设施又称基础结构(infrastructure),该词源自拉丁文(infra),意为“下面”、“底部”。人类生产与生活离不开一些最必要的物质条件,这些物质条件从不同角度看,包括以下几类。

从空间结构看,可以分为两大类:一类是位于土地垂直空间结构上部的,称为上部设施;另一类是位于土地垂直空间结构下部的,称为基础设施。

从功能角色看,也可以分为两大类:一类是决定城市性质、规模和主导功能的,即决定城市个性一面的,称为主体设施;一类是附属于城市和各部门并保障其活动顺利进行的,即决定城市共性一面的,称为基础设施。

从自身属性看,则可以分为三大类:一类是从事城市的生产与流通等经济活动的,如工厂、商店、宾馆等,称为经济设施;一类是从事城市社会公共活动等非经济行为的,如住宅、医院、博物馆等,称为社会设施;还有一类是为以上两类提供服务的,称为基础设施。

综上所述,基础设施就是为社会生活与生产提供服务的不可或缺的物质载体与基本条件。

2. 基础设施的三个层次

根据基础设施服务的范围和其作用力与重要性的差异,可以把它划分成3个层次。

(1) 宏观层次——全国性或区域性基础设施。即在全国或区域范围内发挥作用,沟通城市与城市之间、城市与乡村之间经济社会和空间联系,对国民经济、社会发展和国家建设有重大影响的基础设施,例如大型水利枢纽、铁路、高速公路、机场、港口、邮电通信等。

(2) 中观层次——城市性基础设施。即主要为城市自身服务，它们有的是上一层次的节点与终端，如火车站、邮电局；有的是自成体系的独立网络，如自来水管网、公交站场。

(3) 微观层次——小区性或单位性基础设施。即服务局限于小区(包括生活小区和工业小区等)，或大单位内部自设的基础设施(如自备水源、集中供热等)，是城市基础设施的延伸与继续。

这三个层次基础设施的关系，犹如一棵参天大树：全国性或区域性基础设施是其主干，城市性基础设施是其支干，小区性或单位性基础设施则是其枝条；而其他一切设施以及居民自身，都是树上的叶子、花朵和果实。

3. 城市基础设施的含义

城市基础设施是城市物质形式主要的组成部分，是城市建设的物质载体，是城市维持经济与社会活动的前提条件，是城市存在和发展的基础保证，也是城市现代化的重要体现。

城市基础设施的发端，可以追溯到城市的产生。自从人类聚居而出现城市以来，就有了城市内部的道路和供水、排水等设施，只不过它们还处于一种无序的、低效的原始状态。随着城市的发展，人们对城市提供的服务有了更高和更多的要求，因此一些新的技术手段与物资设备不断被采用，促使新的基础设施部门诞生。真正使基础设施成为系统化、社会化和专门化产业的诱因是工业革命，它对城市基础设施的最终形成起了决定性作用。自那时起，城市基础设施就成为城市经济发展的载体和支撑体系；而城市经济发展又是完善城市基础设施的内在动力机制，二者相辅相成，互为因果。

作为中观层次的城市基础设施，它们既有独立性，又有其联系性。从独立性来说，每个城市都有一套相对完整的基础设施系统，它保证了城市昼夜不息的活动得以持续。从联系性来说，每个城市又都不是孤立的，它必与外界有千丝万缕的关系，有能量的交换，有信息的传递，有物质的出入，有人员的往来，这一切都依赖于区域性与全国性基础设施而进行。城市基础设施便是其中的节点与终端，是宏观大系统中的无数子系统。因此，城市基础设施不仅起到了承上启下的桥梁作用，而且发挥了担负国民经济运行的重要渠道作用。

4. 城市基础设施的构成

现代的城市，不论何种性质、何等规模，其基础设施的构成大体上是一样的，而只有数量和质量的差别。城市基础设施的概念及其包含的内容，有狭义与广义的区别：狭义的城市基础设施包括给排水、能源、交通、邮电、通信、环境保护、防灾等工程性基础设施；广义的城市基础设施除上述内容外，还包含住宅、文化、教育、科技、卫生、体育等部门，统称为城市社会设施。本书分析研究的是狭义范围城市工程性基础设施的内容。

从系统论的观点，我们可以把城市基础设施分为 6 个子系统，及其下属的 22 个分系统。

(1) 城市供水与排水系统。它包括 4 个分系统：

• 水资源的开发、利用和管理系统；
• 自来水生产与供应系统；
• 污水排放及处理系统；
• 雨水排放系统。

(2) 城市能源系统。它包括 3 个分系统：

• 电力生产与输送系统；
• 煤制气、天然气、石油液化气的生产及供应系统；
• 热源的生产与热力输送系统。

(3) 城市交通系统。它包括 4 个分系统：

• 道路与停车设施系统；
• 公共交通系统(如公共汽车、无轨电车、出租汽车等)；
• 快速交通系统(如地铁、轻轨等)；
• 对外交通系统(如铁路、机场、高速公路、港口等)。

(4) 城市通信系统。它包括 4 个分系统：

• 邮政设施系统(如信函、电报等)；
• 电信设施系统(如电话、传真等)；
• 广播设施系统(包括无线电和有线广播)；
• 电视设施系统(包括无线电视和有线电视)。

(5) 城市环境系统。它包括 3 个分系统：

• 环境卫生系统(包括垃圾收集、处理、公共厕所、公共场所保洁)；
• 环境保护系统(环境监测与保护)；
• 园林绿化系统(包括公园、绿地、行道树等)。

(6) 城市防灾系统。它包括 4 个分系统，即：

• 消防系统；
• 防洪系统；
• 抗震及防地沉系统；
• 人防备战系统。

以上 6 个子系统、22 个分系统构成了城市基础设施的大系统，它们各成一体、相对独立，又紧密配合、协调运转，从而保证了城市生产与生活的顺利进行。城市基础设施与人体相关生理系统可以类比，见表 9-1。

表 9-1　城市基础设施与人体生理系统的类比

城市基础设施	功能与作用	人体生理系统
道路交通系统	建立城市整体与延伸的分支构架、组织人流、车流、物流	骨骼系统
能源供应系统	发生和组织能源流循环	血液循环系统
给水、排水系统	组织水流和废物流循环	
环境卫生系统	组织和处理废物流循环	消化排泄系统
邮电通信系统	组织信息流循环	神经系统
园林绿化系统	净化生态环境和美化景观	呼吸系统和美容
防灾系统	防护自然和人为灾害	免疫和防护系统

我国城市建设和管理中，将城市基础设施分为三大类，即统计部门把基础设施划分为电力建设、运输邮电与市政公用设施三个部门。其中电力建设、运输和邮电由上级政府部门负责建设与管理；而市政公用设施的建设和经营管理则由城市政府负责。市政公用设施又分为公用事业与市政建设两部分：公用事业包括市内交通、自来水与煤气的生产、供应；市政建设包括市政工程(公共照明、排水、防灾等设施)，园林绿化，清洁卫生，环境保护等。

二、城市基础设施的特性

1. 服务的公共性与效益的间接性

城市基础设施和城市主体设施的主要区别是，后者可能只为某些方面、某些人提供服务，但前者却必须为全社会、全体市民提供服务，它是一个公共的开放系统，不能拒绝任何使用者的需求。因此，基础设施产业所提供的产品和服务，有的属于福利品(如道路、公厕)，有的属于商品(如自来水、电话)。即使属于商品范畴，也和“私有品”(private goods)不同，而是大多数为“公共品”(public goods)，即一个人的使用不能以排斥其他人的使用为前提，也不能选择特定的服务对象并收费，这是由基础设施的性质所决定的。

由于基础设施服务的公共性，就带来了效益的间接性(这里的效益是指经济效益)。城市基础设施产业大多为公用事业，所提供的产品与服务也大多为具有福利性质的半公共品或公共品，必须坚持不能以营利为目的，即不能以经济效益为主的准则，而应以社会效益和环境效益为重。所以，城市基础设施部门有的无经济收入，全靠政府财政补贴(如消防、人防、公共绿地等)；要么收不抵支或收支大体平衡(如公交、自来水等)；只有少数是有收益和盈余的(如电信、电力等)。

2. 产业的综合性与管理的协调性

城市基础设施部门涉及两大产业(第二、第三产业)的几十个行业,因此是一个综合性极强的大系统。这个系统是否运转顺畅、高效优质,就在于它能否做到管理协调。正因为城市基础设施涵盖了方方面面,处于多头管理的局面,相互协调、统一步骤就尤为重要。例如,建成一片住宅由于通水不通路、通电不通热,依然不能投入使用,这就会造成财力的很大损失。城市基础设施各部门之间是相互依赖、缺一不可的,它们的效益是综合效益而非个别效益的加总,不认识这一点,就会制约城市生产与生活的顺畅发展。

3. 开发的统一性与建设的超前性

任何人、任何单位、任何建设项目,都离不开城市基础设施,而基础设施产业部门的多元化,又使得它的开发活动必须统一进行,否则,此消彼长、互不配套,势必造成相互牵制。此外,基础设施点多线长、系统性强,需要有序地组织在一起(如在道路的下部埋设各种管线),如果不能统一规划、统一开发、统一管理,则会造成人力物力的极大浪费。

城市基础设施建设的内容多、牵涉面广、投资大、周期长,必须全系统建成后才能发挥作用;并且建成后在相当长时期内固定不变。因此,要求它的建设要有超前性。这里的超前性有两个含义:一是时间的超前,即提前建设,在建设项目开工前就应完成建设用地的“三通一平”或“七通一平”;二是容量的超前,即预测未来一段时期中需求的增长而留出一定的富余量,否则刚一建好又不敷使用,使基础设施永远处于瓶颈状态。这方面的教训俯拾皆是,切不可重蹈覆辙。

第二节　城市基础设施与经济社会发展的相关性

一、城市基础设施与经济发展

城市基础设施是城市存在与发展的基础,在城市经济活动中发挥着极为重要的作用。这种作用不仅体现在生产有形产品和提供有价值的服务上,即直接经济效益上,更体现在它带来的外部效果,即间接经济效益上。城市基础设施与经济发展休戚相关,主要体现为两方面。

1. 直接参与生产、服务生产

很多基础设施部门提供的产品,本身就是生产原料,或生产过程中必需的物质条件,如电力、自来水、热力、煤气供应等,都是直接投入到生产之中,是不可或缺的生产资料与手段,是经济发展的物质基础,为城市带来巨大的直接效益。据统计,我国城市自来水供应量的70%、煤气供应量的77%、液化石油气供应量的30%、电力供应量的80%都是直接用于生产之中。

2. 间接支持生产、保障生产

有一些基础设施部门虽不直接参与生产过程，但却是生产所依赖的外部支持条件和技术保障，如电信的发达、道路的畅通、污水的及时处理与排放等，都是经济发展所必需的基本条件。如果它们出了问题，会直接威胁到生产的进行，使之难以为继。

城市基础设施所发挥的经济效益，很难像普通经济部门那样去衡量，尤其是那些外部效果和间接效益更难以准确把握。但基础设施与经济发展之间存在高度的相关性却是毋庸置疑的。

3. 互为因果的相关性

城市经济实力的增长为城市基础设施的建设提供资金保证，反过来，城市基础设施水平的提高又为经济的发展提供了支撑条件，二者有明显的因果关系。现以成都市为例分析城市基础设施与城市经济增长之间的相关性。2003年，在全国27个省会城市中，地处大西南地区的成都市当年的地区生产总值位居第三，仅低于沿海省会城市广州（位居第一）和杭州（位居第二）；但高于中部地区的省会城市武汉（居位第四）和东北老工业基地的省会城市沈阳（位居第五）。成都市并非最先改革开放的沿海城市，为什么经济总量会持续高速增长？很重要的原因之一是认识到基础设施对推动经济持续增长的重要作用，因而加大了城市建设维护资金的投入，使基础设施的建设先行、快行，从而促进了城市经济的持续高速发展。

从表9-2中可看到：1990—2001年的11年中，成都市的经济总量平均每年增加118个亿，年均增长率为20.37%，在全国的省会城市中名列前茅。同期城市建设维护资金的投入量每年增加近4个亿，年均增长率为29.04%，如此高的增长率在我国中西部地区的城市中是很少见到的。特别是在持续11年中，城市建设维护资金的年均增长率比地区生产总值的年均增长率高出将近9个百分点，这是非常突出的、难得的。

表9-2　成都市基础设施与经济增长的情况

分　项	1990年总量	2001年总量	2001年与1990年比较	
			年均增长量	年均增长率
地区生产总值/亿元	194.09	1 492.04	118	20.37%
城市建设维护资金支出/万元	27 642	456 567	38 993	29.04%

资料来源：2002年成都市统计年鉴

我国许多城市的普遍情况是：长期以来城市建设维护资金投入量的增长率远低于地区生产总值的增长率，致使基础设施供不应求，缺口很大，迫使一些工业企业限产，制约了城市经济的可持续发展。但是,成都市吸取了历史的经验教训,不断加大城市基础设施的投入,其增长率在较长时期中高于地区生产总值的增长率,从而使成都市的地区生产总值能在11年中保持高增长。这表明,城市基础设施推动城市经济的发展具有极强的相关性。

二、城市基础设施与社会进步

1. 城市基础设施与人口增长的关系

城市基础设施是为居民服务的,是居民从事一切活动的物质条件,因此城市人口的增长必然会对城市基础设施提出相应的增长要求。考虑到居民生活水平的不断提高,基础设施的增长应比人口增长更快才能满足发展的需求。

以成都市为例分析城市基础设施与城市人口增长之间的相关性,详见表9-3。

表9-3 成都市基础设施与人口增长的情况

分　项	1978年	2001年	2001年为1978年的倍数
市区人口/万人	228.8	341.52	1.5
生活用水总量/万吨	8 119	42 605	5.2
生活用气总量/亿平方米	10.4	18.31	1.76
生活用电总量/亿千瓦小时	19.7	90.2	4.6

资料来源:2002年成都市统计年鉴

从表9-3可看出:改革开放以来的1978—2001年的23年中,成都市的人口增加了1.5倍,但是2001年的生活用水总量、生活用气总量、生活用电量分别是1978年的5.2倍、1.76倍和4.6倍;各项基础设施总量增加的倍数,都高于同期人口总量增加的倍数,这表明成都市不仅满足了居民最基本的水、电、气的需求,而且提高了供应水平。很明显,要达到这种状况,必须加大市政公用设施资金的投入,而且还需超前进行建设,才能达到人口增长与公用设施协调发展的目标。

2. 城市基础设施与提高社会生活质量的关系

城市基础设施作为人类物质文明成果的重要组成部分,是衡量社会进步的重要因素之一。国际上考察一个国家、一个地区或一个城市文明发展的程度时,除了选取人均国内生产总值、人均预期寿命、人口识字率等指标外,还经常采用城市基础设施指标,如自来水普及率,用气普及率等。

以成都市为例,研究其市政设施水平提高的情况。近些年成都市大力推进"植绿"生态化、"治水"循环化、"治尘"清洁化等措施,市政设施水平有很大的提高,详见表9-4。

表 9-4　成都市基础设施水平提高的情况

分　　项	1990 年	1995 年	2000 年	2001 年	2001 年比 1990 年增加
用水普及率/%	61.4	66.2	72.6	84.7	23.3
用气普及率/%	34.3	55.2	66.8	79.6	45.3
每万人拥有公共交通车辆/标台	3.4	5.0	6.2	7.8	4.4
人均拥有道路面积/平方米	1.6	2.9	4.6	6.5	4.9
人均公共绿地面积/平方米	1.6	1.4	2.7	2.8	1.2
建成区绿化覆盖率/%	21.9	20.3	22.6	22.0	0.1

资料来源：2002 年成都市统计年鉴

从表 9-4 可看出，改革开放初期，成都市的市政设施水平并不是很高，但是近些年来在原有的基础上提高的较快，从 1990 年到 2001 年的 11 年中，自来水普及率提高了 23.3 个百分点，用气普及率提高了 45.3 个百分点，人均拥有道路面积从 1.6 平方米提高为 4.9 平方米。成都市市政设施水平的提升，有效地提高了成都市居民的生活质量，明显改变了城市环境的面貌，因而在我国西部城市中率先获得了"国家环境保护模范城市"的称号。这表明成都市在经济高速发展的同时，也取得了社会进步的显著成效。

3. 城市基础设施与创建"宜居城市"、"文明城市"、"健康城市"的关系

当今世界已有 50%以上的人口生活在城镇中，人们希望城市是宜居的、健康的、文明的。但是，无论是发达国家、发展中国家与欠发达国家，都被普遍存在的"城市病"——交通拥挤、环境恶化、住房短缺、土地昂贵、犯罪率上升、噪音扰民等所困扰。因此，加强城市基础的建设，不仅是为了医治"城市病"，更重要的是要创建"宜居城市"、"健康城市"和"文明城市"。

(1) 建设宜居城市已成为城市发展的重要目标。国务院《关于北京市总体规划的批复(国函[2005]2 号)》的第八条"坚持以人为本，建设宜居城市"中指出：要采取有效措施，进一步改善居住环境，满足人民群众物质、文化、精神和身体健康的需要，切实提高人民群众的居住和生活质量。要解决好人居环境和交通、上学、就医等关系人民群众切身利益的问题，构建和谐社会，把北京市建设成为我国宜居城市的典范。

但现实的情况是，2005 年全国宜居城市的评比中，北京市列在深圳、上海、东莞之后位居第四。北京市为建设宜居城市并成为典范，正大力治理环境、交通、社会治安等。并且已经取得了成效，中国社科院发布的《2007 年中国城市竞争力蓝皮书》中指出：北京市在全国 50 个主要城市中，宜居品牌位居第二位。

(2) 城市基础设施是建设"健康城市"、"文明城市"的基本保证。"健康城市"的概念是世界卫生组织(WHO)于 1994 年界定的，其主要评价指标包括：城市居民的收入与分配、就业率、犯罪率、大气排放物、道路交通噪音、废弃物的处理、电力覆盖网、室内外空气质量、饮用水质量等方面。这些指标与城市基础设施的水平密切相关。

创建“文明城市”是我国所提倡的。2004 年 9 月 14 日我国的中央精神文明建设指导委员会印发《全国文明城市测评体系(试行)》。其中评选标准的第七条要求：城市规划体系完备，城市环境清洁有序，绿化美化成效显著，主要道路交通顺畅，无障碍设施建设达到国家标准。2005 年 7 月，中央精神文明建设委员会表彰了全国文明城市(区)，其中城市共 9 个：张家港、厦门、青岛、大连、宁波、深圳、包头、中山、烟台；文明城区共 3 个：天津和平区、上海浦东区、北京西城区。这些文明城市(区)的普遍特点是不仅加大基础设施的投入，并且非常重视基础设施的超前建设，控制“城市病”的蔓延，有效地推动了城市经济的发展，而且城市居民的生活质量日益提高。

三、我国城市基础设施的建设与问题

我国正处在加速实现工业化、城镇化的阶段，城市人口大量增加，对城市基础设施的需求不断增长。因此，加快城市基础设施的建设是我国经济发展社会进步中的重大任务。进入 21 世纪以来，中央政府和各级地方政府推行积极的财政政策，对城市基础设施建设加大力度，取得了突出的成效。

1. 城市基础设施的有效供给能力不断提高

随着城市基础设施投资额度的增加，其有效供给能力的增长很明显，详见表 9-5。

表 9-5　2000—2004 年我国城市基础设施每年新增有效供给能力

指标名称	2000 年	2001 年	2002 年	2003 年	2004 年
供水日综合生产能力/万平方米	569	870	853	596	621
人工煤气日生产能力/万平方米	143	104	403	182	897
天然气储气能力/万平方米	1 256	757	280	496	82.3
城市道路长度/公里	3 550	5 400	6 890	8 935	10 212
城市污水日处理能力/万平方米	362	714	707	747	660

资料来源：根据相关年份的《城市建设统计年报》整理

从表 9-5 中可看出：进入 21 世纪以来，我国城市基础设施新增的有效供给能力逐年在增加，供水日综合生产能力每年增量在 500 万～800 万平方米；人工煤气日生产能力每年增量从 2000 年的 100 多万平方米上升到 800 多万平方米；新增道路长度从 2000 年的 3 000 多公里上升到 1 万多公里；城市污水日处理能力 5 年中翻了一番。以上这种供给能力迅速增长的情况在 20 世纪是从未出现过的。

2. 城市市政公用设施服务功能不断增强

要建设现代化城市，要创建文明城市，首要的条件是提高城市市政公用设施的服务功能。进入 21 世纪以来，我国城市的市政公用设施服务功能不断增强，详见表 9-6。

表 9-6　2001—2004 年我国城市市政公用设施服务功能的增长情况

市政公用设施服务	2001 年	2002 年	2003 年	2004 年	4 年共增加	平均每年增加
城市燃气普及率/%	60.23	67.17	76.70	81.50	21.27	5.3
城市人均道路面积/平方米	7.00	7.90	9.34	10.30	3.3	0.8
城市污水处理率/%	36.50	39.97	42.12	45.60	9.1	2.3
城市建成区绿化覆盖率/%	28.40	29.80	31.15	31.64	3.24	0.8
城市用水普及率/%	72.33	77.85	86.20	88.83	16.5	4.1

资料来源：根据相关年份的《城市建设统计年报》整理

表 9-6 表明，从 2001 年到 2004 年，我国城市公用设施的服务功能提高较快。城市燃气普及率 4 年共增加 21.27 个百分点，平均每年增长 5.3 个百分点；城市用水普及率 4 年共增加 16.5 个百分点，平均每年增长 4.1 个百分点；城市污水处理率平均每年增长 2.3 个百分点；城市人均道路面积和城市建成区绿化覆盖率由于和城市用地的开发利用密切相连，能达到平均每年只增加 0.8 平方米和 0.8 个百分点，也是很不容易的。

3. 城市基础设施建设存在的主要问题

(1) 资金缺口仍然严重。据世界银行统计，当一个国家人均国内生产总值从 700 美元提高到 1 000～1 500 美元时(我国 2005 年人均 GDP 达到 1 700 美元)，城市化进程加快，城市化水平将达到 40%～60%，对城市基础设施将产生巨大的资金需求。据中国建设部建设司测算，若按城市基础设施投入占 GDP 的 3%，则每年需要 3 000 亿元以上。但我国在 1952—1990 年长达 38 年的时期中，城市基础设施投资只占 GDP 的 0.24%～0.7%。由于资金的严重不足，城市基础设施建设不仅"欠账"很多，甚至导致许多地方"城市病"日益严重。1991 年以来，我国城市基础设施的投入明显增加，占到 GDP 的 1.3%以上，2002 年达到 2.45%，基础设施的投资总额达到 3 000 多亿元。这是我国城市基础设施建设前所未有的大好态势，必然对全国经济社会的持续发展产生巨大的推动作用。

(2) 融资渠道不畅。我国在计划经济时期，城市基础设施建设资金的来源依靠国家财政。改革开放以来，资金的来源有所扩大。但由于基础设施的投资额度大、建设周期长、还贷能力差，商业银行一般不愿大量放贷。近些年利用国际金融机构贷款有所开展，但又受到种种条件的限制而尚未起到较大作用，从事基础设施建设的有关企业自筹资金的能力较弱。所以，迄今城市基础设施的建设资金大部分还是依靠财政拨款。

(3) 管理体制不顺。我国城市基础设施行业采用的是行政事业管理和企业化经营管理方式并存的混合管理模式。在实际操作中，长期以来的观念是重视建设项目的管理，忽视运营和维护管理，激励与考核机制不健全，导致各部门各自为政，难以整合协调，工作效率低下。2003 年，据国家审计署对利用国债建设的 526 个基础设施项目建设效果进行审计发现：已建成的320个项目中，有32个项目（占10%）可正常运营；18个项目（占6%）处于半停产状态；69个已运营的项目达不到原设计能力；还有34个项目（占11%）工程质量和设备严重不合格。

第三节　城市基础设施的投资与管理

一、城市基础设施建设的投资比例

城市基础设施是国民经济与社会发展不可缺少的物质载体，它的建设状况直接关系到城市经济发展速度与人民生活水平的高低。因此，基础设施建设的投资应保持一定的比例关系，才能确保它的基础地位稳固可靠。

我国各历史时期城市基础设施投资的情况详见表9-7，国外城市基础设施投资比例详见表9-8。

表9-7　我国各历史时期城市基础设施投资比重　　亿元

年　份	GDP	固定资产投资总额	基本建设投资总额	基础设施投资			
				投资额	占GDP百分比/%	占固定资产投资百分比/%	占基本建设投资百分比/%
1952	(683)	4.56	43.56	1.64	0.24	3.76	3.76
1953—1957（“一五”）	(5 364)	611.58	588.47	14.27	0.27	2.33	2.42
1958—1962（“二五”）	(6 357)	1 307.00	1 206.09	25.63	0.40	1.96	2.13
1963—1965（调整时期）	(4 121)	499.45	421.89	9.02	0.22	1.81	2.14
1966—1970（“三五”）	(9 316)	1 208.09	976.03	13.17	0.14	1.09	1.35
1971—1975（“四五”）	(13 203)	2 266.37	1 763.95	19.26	0.15	0.85	1.09
1976—1980（“五五”）	(17 538)	3 186.22	2 342.17	51.25	0.29	1.61	2.19

续表

年　份	GDP	固定资产投资总额	基本建设投资总额	基础设施投资			
				投资额	占 GDP 百分比/%	占固定资产投资百分比/%	占基本建设投资百分比/%
1981—1985（“六五”）	32 227.0	5 330.43	3 410.12	180.99	0.61	3.40	5.31
1986—1990（“七五”）	72 550.1	20 586.60	7 349.07	511.79	0.70	2.49	6.96
1991—1995（“八五”）	188 128.5	63 809.50	23 584.31	2 449.55	1.30	3.84	10.39
1996—2000（“九五”）	393 578	139 912	56 000	6 911.28	1.75	4.93	12.34
2001	95 933	36 898	14 567	2 352	2.45	6.04	16.10
2002	79 395.7	43 202	17 251	3 119	3.92	7.2	18.08

资料来源：历年中国统计年鉴，并根据相关年份《城市建设统计公报》整理

表 9-8　国外城市基础设施建设投资比重　　%

国　　别	占国内生产总值比例	占固定资产投资比例
美国(1950—1983 年)	1.17～1.75	5.98～10.20
日本(1960—1980 年)	2.08～4.16	6.41～12.80
联邦德国(1976—1980 年)	1.70～1.90	7.30～7.90
联合国推荐发展中国家的比例	3～5	9～15
国际经验	1.44～3.99	9.09～12.3

注：联合国推荐的比例中包括我国城市市政基础设施的主要内容，而美国和联邦德国则仅指排水、道路、煤气设施，日本则增加了园林和环卫设施在内。

从表 9-7 和表 9-8 明显地可以看出，我国城市基础设施的投资比重长期以来太低，到 21 世纪初有较大的增长，但与发达国家和联合国推荐的比重，还有很大差距。

1. 城市基础设施投资占 GDP 的比重开始上升

我国城市基础设施投资占 GDP 的比重，从 1952 年至 1990 年的 38 年中，均低于 1%。特别是 1966 年至 1970 年的“文革”时期，只占 0.14%，是同期日本的 1/30，美国的 1/13，导致全国城市严重的破旧、脏、乱、差，城市居民的日常生活极为困难。进入 21 世纪以来有明显提高，如 2002 年城市基础设施投资占 GDP 的比重达到 3.92%，高于美国、联

邦德国和日本的水平，已接近联合国推荐的发展中国家的比例3%～5%，达到了国际经验的上限1.44%～3.99%，这是非常重要的进步。

2. 城市基础设施投资占固定资产投资的比重有较大的增加

我国城市基础设施投资占固定资产投资的比重，1952—1995年的43年中，都在4%以下，是同期日本的1/4、美国的1/3左右。当时许多工程项目建成后由于水、电供应不到位，道路、桥梁不通达而不能正常使用，造成极大的浪费。到2002年这一比重上升到7.2%，但仍低于美国和日本的上限，尚未达到联合国推荐发展中国家的比重9%～15%和国际经验9%～12%的下限，差距仍很大。但是，比1971—1975年的"四五"时期0.8%的比重，已上升了7.5倍，这对今后经济的发展和社会的进步将起到显著的推动作用。

3. 城市基础设施投资占基本建设投资的比重已大幅度增加

2002年我国城市基础设施投资占基本建设投资的比重达到18.08%，比1971—1975年"文革"后期的1.09%，高出15.6倍。这表明，我国的城市基础设施建设，已经基本上能与工程项目的建设同步配套进行，甚至有些方面能达到超前建设的状态。

二、城市基础设施建设的资金来源

1. 资金来源渠道

按照我国现行的行政管理体制，城镇基础设施建设实行以地方为主、国家适当给予补助和多途径、多层次筹集资金的办法，主要有以下几种渠道：

- 城市维护建设税。由地方政府从纳税单位和个人缴纳的产品税、增值税、营业税中按一定税率征收。国家统一规定：城市为7%，县城和建制镇为5%，其他为1%。
- 公用事业附加费。由地方政府按供水、供电、煤气、公共交通、市内电话等营业额的5%～8%征收。
- 中央和地方财政拨款。如一些国家级历史文化名城，中央对其每年都有一定的专项财政拨款。
- 国家预算内用于城市基础设施的基本建设投资。这部分资金用于中央有关部门负责投资建设的基础设施，包括电力、铁路、民航、邮电等区域性基础设施的建设。
- 城市基础设施有偿使用收费。如自来水增容费、水资源费等。
- 城市建设部门经营性收入。如园林收入、环境卫生收入等。
- 国内和国外贷款。

2. 资金来源构成

城市基础设施建设资金可进行如下分类：

- 根据其在国家预算中所处的级次，可以分为中央财政和地方财政两类。中央财政主要指国家基本建设投资和中央财政专款两项；地方财政则包括城建税、地方财政专款和其他收入等。
- 按不同的管理方式，可以分为预算内资金和预算外资金两类。预算内资金有城市维护建设税和国家预算内投资；预算外资金包括城市公用事业附加费、地方机动财力和其他收入等。
- 按形成来源，可以分为固定性资金与非固定性资金。固定性资金是指经常性的、稳定的资金，包括城建税和公用事业附加；其他来源则变化较大，属非固定性资金。

3. 国际比较

(1) 资金来源比较。国外的城市基础设施建设资金的来源，与我国相比有很大的不同，其来源渠道主要有：

- 政府部门的无偿拨款。西方发达国家一般把城市基础设施建设的投资列入国家各级政府部门的年度预算之中，构成国家干预经济活动的一个重要内容。如日本的基础设施建设资金的50%左右来自国家政府部门。
- 政府和银行的低息贷款。如日本从1953年起，对基础设施建设实行财政投资优惠低息贷款制度。
- 市政公用设施的经营收入。由于建立了比较成熟和完备的有偿使用收费制度，市政公用设施的经营收入成为其维护和建设的主要资金来源之一。
- 各种优惠政策对亏损企业的扶持。如公共交通企业，绝大多数国家在税收上减免、财政上补贴。
- 其他多层次的来源渠道。

(2) 资金构成比较。以日本为例，从表9-9可以看出，政府税金在资金来源中呈下降趋势，从1960年的80%降到了1980年的58%，而财政贷款、发行债券所占比重节节上升，从20%升至42%；说明资金来源渠道较多，资金的市场化成分较重，充分依靠市场调剂资金余缺，并同时使资金的使用受市场力量约束，投入产出效益较高。

表9-9　日本公共基础设施建设资金构成比例　%

年　份	各级政府税金	财政投资贷款	市场发行债券
1960	80	8	12
1970	66	18	16
1980	58	24	18

三、城市基础设施的经营管理体制改革

我国城市基础设施建设普遍滞后,已成为制约经济进一步腾飞和城市实现现代化的主要因素。从根本上说,这是由于基础设施经营管理体制所造成的,是在长期计划经济条件下形成的,它弊端丛生,已不能适应市场经济的需要。因此,必须对原有城市基础设施经营管理体制进行彻底改革,其中改革的主要目标如下。

1. 城市基础设施产业实行企业化经营走向市场

在深化改革的形势下,我国已具备了城市基础设施产业面向市场筹集资金的条件。因此,"政府支持+市场机制"应成为我国市场经济条件下城市基础设施的发展模式,主要措施是政企分开、消除行政垄断,尽快分离存在于某些国有企业中的行政性职能,如行业规划、结构调整、整顿市场秩序、技术监督等交由政府部门管理;将国有独资的经济组织改造成为公平竞争的企业法人,由企业通过引进国内民间资本或外资,实现产权多元化。股份制改造之后,企业不再享受有悖竞争的各种特权和补贴,也不再承担超越企业经营目标的各种政策性任务,走向市场参与竞争实现自身的发展。

2. 拓宽城市基础设施建设资金渠道

(1) 证券化集资。所谓"证券化",就是以证券手段为城市开发融通资金,从而打破城市建设单纯由国家投资的传统体制,把市场经济的基本原则和手段应用于城市建设之中,它包括国家债券、开发公司债券、单项工程债券和其他金融证券。

在欧美和日本等发达国家,为了促进城市开发项目的实施,除了采用传统的间接金融方式(如银行贷款、土地信托、等价交换等)融通资金外,还利用证券机制寻求新的集资手段。市场决定一切反映证券化的本质。如果能将证券发行所得的利息以及部分资产售出所得归还给投资者,直接金融方式(即证券方式)将比间接金融方式(即信贷方式)有更大的市场和更充足的资金来源。

20 世纪 90 年代,我国的少数城市曾试行发行市政债券筹集城市基础设施建设资金。但中央政府为了防止地方政府出现债务危机,不允许地方政府再发行债券,致使这种有效利用社会闲散资金的融资方式未能发挥作用。今后随着债券市场的健全,可以先从经济效益好的受益型债券入手,待积累经验后逐步过渡到一般债务型市政债券。城市基础设施建设项目一般耗资较大、建设周期长,如果仅仅依靠税收就会使这一时期的纳税人负担过重。而采取举债的方式就可以将负担分散到受益的后几代人之中,就可以在一定程度上解决城市发展建设中存在的代际之间的社会公平问题。

(2) 利用各类贷款、引入民间资本。我国现阶段可以用于城市基础设施的贷款种类较多,如政策性银行贷款、商业银行贷款、国际金融机构贷款、外国政府贷款等。但是,无

论哪类贷款都必须按期还本付息，这是与财政拨款根本的不同点。因此，基础设施项目的建设、经营必须进行可行性研究，具有投资回收和偿还贷款的能力，金融机构才敢于投资。

引入民间资本包括国内民间股权资本和外商股权资本。城市基础设施项目引入民间资本有多种途径，如发行股票、特许经营权、经营权转让、资产证券化等。民间资本的使用，可以打破国有企业垄断市场的局面，可以提高城市基础设施的经营效率。但是，企业为了还贷往往容易片面追求利润最大化，损害公众社会福利。因此，需要强化政府的监管和督察机制。

3. 城市基础设施的合理定价与收费

城市基础设施中，有些是纯粹福利品，免费提供给公众；有些则是商品，按商品化经营方式向使用者收取一定的费用，其目的在于维持再生产的继续。对于这部分收费使用的基础设施，其定价方法有其特殊性，现介绍两种。

(1) 二段定价法。对于自来水、电力、电信等公共事业，其成本随产量扩大而递减。从图 9-1 可知，如果按边际成本定价，即 $P=MC$ 时，价格为 P_1，产量为 Q_1，符合效率原则，但生产者存在亏损为 P_1ABP_5，不符合公平原则；如果按平均成本定价，即 $P=AC$ 时，价格为 P_2，产量为 Q_2，符合公平原则，但产量过小，造成消费量短缺为 Q_1-Q_2，又不符合效率原则。

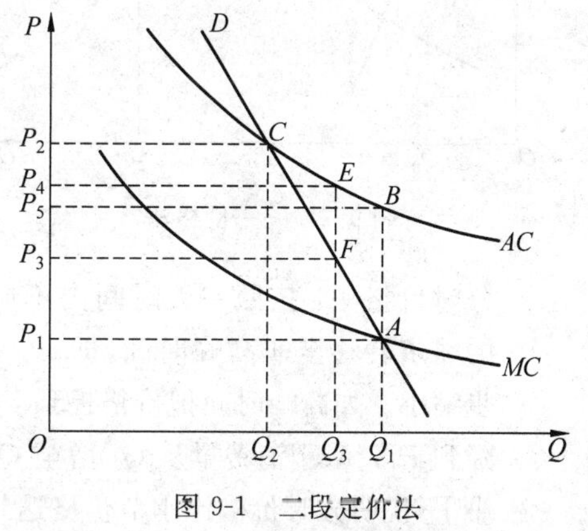

图 9-1　二段定价法

这时，就可采用二段定价法（two-part pricing），先对消费者收取固定费用（即相当于每个消费者平均应该担负的由于边际成本定价法所造成的生产者亏损）；再根据其消费数量收取费用，即在 P_1 与 P_2 之间选择一个定价 P_3，产量为 Q_3，这时生产者的损失由 P_1ABP_5 减少到 P_3FEP_4，消费者负担的固定费用相对降低；其余损失由政府给予补贴，这样兼顾了公平与效率原则。

(2) 高峰定价法。一些基础设施的使用往往集中在一个时期或一个时段，如夏季比冬季更耗水、晚上比白天更耗电，这时存在资源浪费与供给不足现象的交替出现，使经济效益降低，因此可采用高峰法，具体有三种选择：

- 统一价格法。即在某一规定的统一价格下，平时的利润与高峰的亏损相抵。如图 9-2 所示，D_0 为平时的需求曲线，D_P 为高峰时需求曲线，选择一个适当的价格 P_0，产量为 Q_0，使得平时的盈余利润 $AB\times OQ_0$，能够等于高峰时的亏损 $CF\times OQ_1$，则均衡价格 P_e 应为：

$$OP_e = \frac{OQ_0 \times Q_0Q + OQ_1 \times Q_1F}{OQ_0 + OQ_1}$$

- 季节价格法。即按不同季节的需求，制定不同的价格，使产量随价格而变动，从而减少亏损。如图 9-3 所示，在高峰季节，把价格提高到 $P_1 = MC$，消费量将从 Q_1 降为 Q_1'；而在平时季节，将价格降为 $P_2 = AC$，消费量便从 Q_0 增至 Q_2，这时高峰季节与平时季节消费量的差额为 Q_2Q_1'，小于统一定价时的差额 Q_0Q_1，这就提高了经济效益。

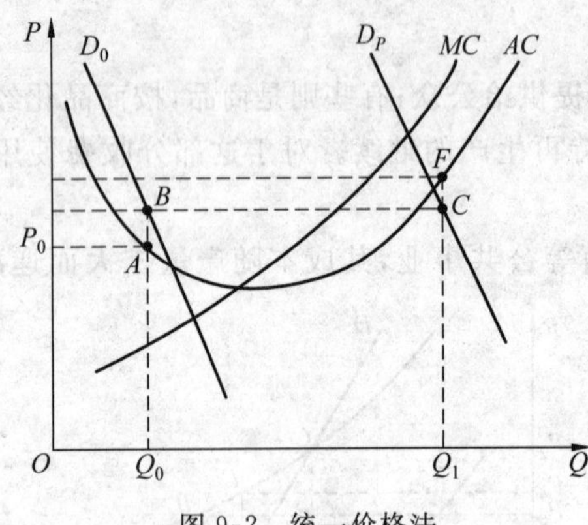

图 9-2　统一价格法

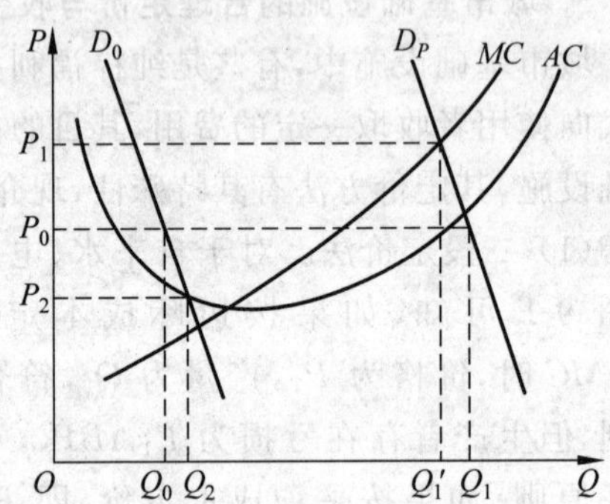

图 9-3　季节价格法

- 分时价格法：按照一天时间内不同的需求，制定不同的价格，就能促使高峰时间的需求转移至非高峰时间，即 D_P 减为 D_P'，而 D_0 增至 D_0'，使消费量的差额进一步缩小。如高峰时间把价格提到 $P_3 = MC$，消费量从 Q_1 降至 Q_3；非高峰时间把价格降到 $P_4 = MC$，消费量从 Q_0 增至 Q_4。这样按 $P = MC$ 定价，消费量的差额 Q_4Q_3 更小了，说明分时价格比季节价格达到了更高的经济效益，详见图 9-4。

我国城市基础设施行业长期存在的主要问题是价格偏低，抑制了行业的发展。为此，改革开放以来，我国对城市基础设施行业进行了几次大幅度的提价。如售电价格由 1978 年的 0.065 8 元/千瓦时，涨到 1996 年的 0.33 元/千瓦时，再涨到 2004 年的 0.49 元/千瓦时；市话由 1985 年的每分钟 0.04 元涨到 1996 年的 0.30 元，到 2004 年又降到 0.21 元/分钟；煤气价格由 0.05～0.10 元/立方米涨到 0.70～1.20 元/立方米，到 2004 年又涨到 1.87 元/立方米；自来水价格由 0.07 元/吨涨到 0.90 元/吨，2004 年又涨到 1.76 元/吨，详

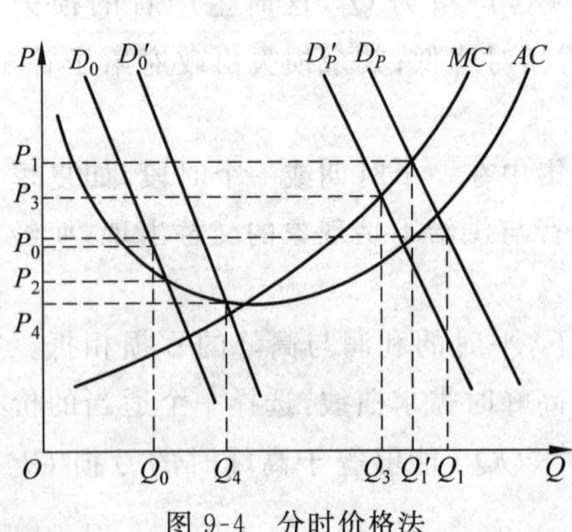

图 9-4　分时价格法

见表 9-10。

表 9-10　部分城市基础设施产品提价情况

年　份	售电价格/元/千瓦时	市话价格/元/分钟	煤气价格/元/立方米	自来水/元/吨	污水处理费/元/吨
1978	0.0658	—	0.05～0.10		
1985	0.08	0.04	0.05～0.10	0.07	—
1996	0.33	0.30	0.70～1.20	0.90	—
2004	0.49	0.21	1.87	1.76	0.41

资料来源：根据相关年份的《城市建设统计年报》整理

伴随着以上提价过程，城市基础设施行业产品价格普遍过低的现象在很大程度上得到了纠正，但在提价中又出现了价格偏高和偏低并存的现象。即一方面，有些城市基础设施行业价格上涨过度，超出了市场合理限度。如与 1985 年相比，1996 年售电价格由 0.08 元/千瓦时涨到 0.33 元/千瓦时，上涨了 3.13 倍；市话由 0.04 元/分钟涨到 0.30 元/分钟，上涨了 6.5 倍；煤气价格由 0.05～0.10 元/立方米涨到 0.70～1.20 元/立方米，上涨了 10 倍多；自来水价格由每吨 0.07 元涨到 0.90 元，上涨约 11 倍。而同期的全社会物价指数仅上升 212%。最近几年，在全国其他行业价格下降的大趋势下，大部分垄断性行业的价格却呈上升状态。以 2001 年为例，全国居民消费价格指数比上年上升 0.7%，但垄断性行业中的市内公共交通费比上年上升 5.8%，城市间交通费上升 4%，通信服务上升 1.1%，水电燃料上升 2.5%；而电信资费中的国际长途电话至今仍然大大高出国际平均水平。这些垄断行业的价格偏高现象已经影响到普通居民的正常使用。

第四节　城市交通的作用与问题

城市交通是城市主要的基础设施，在城市经济、社会活动中具有特别重要的地位和作用。而交通紧张又是我国城市的"通病"，因此研究城市交通存在的问题和缓解的对策，是城市经济学的重要课题。

一、城市交通的构成

所谓"交通"，是指人和物的流动，交通是通过一定的方式(工具)，使用一定的设施(通道)，完成空间位移的运输任务。城市中的交通由城市对外交通和城市交通两大系统组成。①

1. 城市对外交通系统

城市对外交通是指城市与城市范围以外的运输所产生的交通，包括航空、铁路、公路、水运等交通。城市对外交通常设的相应设施有：航空港；铁路客站和货站、铁路线路及配套的运输设施；公路客站，货站，各级公路(高速公路、国道、省道、县道、乡道)；水运的客码头、货码头以及配套的设施。

城市无论大小都是所在地区的经济、政治、文化活动中心，与其周围的城镇、农村进行着大量的人流、物流和信息流。因此，城市的对外交通对城市的生存、发展起着绝对不可中断的重要作用。我国的许多城市主要依靠铁路对外联系，所以我国铁路的建设对沿线城市的发展起着推动作用。但随着我国汽车工业的发展，以及高速公路、县乡级公路的建设，汽车运输将成为现代城市对外交通的主流。

2. 城市交通系统

城市交通是指城市范围以内的运输所产生的交通，或称为城市各点之间人和物的流动。这些流动都是从城市的这一地点到达那一地点，主要是在城市道路上进行(包括地铁和船运)。城市交通系统由以下三部分组成。

(1) 城市道路系统。它是担负城市交通的主要设施，既是城市生产、生活活动的动脉，又是组织城市布局的骨架和城市工程管线的埋设空间。对于不同规模的城市，城市道路系统又可分为城市快速道路系统和常速道路系统(包括自行车专用路和步行专用路)，一般划分为城市主干道、次干道、支路及街坊内部道路。

(2) 城市运输系统。可分为城市货运系统(包括专业货运、社会货运)，城市公共交通系统(包括公共汽车、轨道客运、市内航运、出租客运等)两部分。它们分别在城市中设置相应的客、货运输设施，如货运枢纽、公交枢纽、公交车场等。

(3) 城市交通管理系统。它是对城市道路交通系统进行现代化管理的系统，城市中需要设置相应的管理中心及管理信号、标志等设施。

城市交通的发展状况是城市活力和经济社会发展水平的重要标志。城市交通繁忙，表明城市的兴旺；城市交通完善和高效率，将使城市的活力大大增强，经济社会加速发展。

二、影响城市交通建设需求的因素

城市内外交通系统的建设需求，决定于城市所处的地理环境、经济活动以及城市的规

---

① 文国玮. 城市交通与道路系统规划设计. 北京：清华大学出版社，1994

模。城市对交通建设的需求,成为城市基础设施投资需求的重要组成部分。

1. 城市地理环境对交通建设的需求

城市的地理区位是影响城市对外交通建设的重要因素。有的城市位于国家或区域的交通中心地段,往往成为国家和区域的铁路和公路枢纽、航空港或沿海沿江的港口城市。而铁路枢纽、航空港、大码头的建设,占地大、投资多,在计划经济体制下虽有国家投资,但资金有限,建设速度相当慢。在社会主义市场体制下,大部分要城市政府多方筹资,资金的压力虽大,但通过市场运作,一般见效较快。

2. 城市经济活动对交通建设的需求

城市的经济发达对城市交通建设的需求大,但投资能力强,可以加速交通的建设;反过来,城市对内对外交通设施的完善,又能推动城市经济的持续发展,特别是城市航空港、港口的建设,可以有效地扩大城市的辐射能力和吸引力,并促进外向型经济的发展。改革开放以来,珠江三角洲、胶东地区高质量的公路建设驰名全国;之后又在经济实力增强和经济外向度扩大的条件下,修建高速公路达到了高效率和高效益的目标。

3. 城市规模对交通建设的需求

城市对外对内道路系统的建设、交通工具的选择,是随着城市规模的扩大、经济的发展而不断增长其需求的。城市人口增加、用地扩大、出行距离延长,就要有更快速的道路系统和交通工具。交通工具每变革一次,就使企业和市民的"腿"伸长一次,使"时空观"不断发生变化,提高了交通速度和运载能力,并赋予城市新的活力。

城市的规模和形状与交通工具密切相关:古代城市以步行为主,城市用地半径一般为1～4公里,城市平面多为团状;以公共客运为主的城市用地半径扩大到10公里以上,城市沿着道路向外延伸,城市呈现为星状,交通工具以公共汽车、电车为主,我国目前许多大中城市多为此种状态;快速道路交通的建设和私人小汽车、摩托车的发展,使城市用地沿线路扩张形成许多新的组团或小城镇,城市范围扩展到50～80公里。我国长江三角洲地区已出现几个大中城市沿交通轴线向外延伸,并带动了周围大量小城镇的发展。

三、交通运输对城市经济社会发展的作用

1. 交通影响着城市的兴衰

城市的兴起和衰落经常是与对外交通紧密相连。古代城市沿江河汉口而生存发展,如武汉、重庆。铁路及其枢纽的建设,又兴起了一批城市,如哈尔滨、柳州、株洲,它甚至影响到省会的搬迁,如河南省会由开封迁往郑州、河北省会由保定迁往石家庄。近年来,随着公路和桥梁的建设、民用航空的开通,汽车、飞机在一定程度上又取代了河流、铁路的客货运输,从而促进一些原先较落后的地区经济开始腾飞,一批城市脱颖而出,如温州、佛

山、盐城、烟台等市。

特别值得一提的是地处湘西的怀化市，20 世纪 70 年代以前它原本是一个落后的山区小镇，人口有 4 000 多，用地不到 1 平方公里。但随着湘黔、枝柳两条东西向和南北向全国性铁路干线的开通，怀化成为重要的铁路枢纽；同时又有 209、320 两条国道和 1802、1832 两条省级公路的通过，使怀化又成为公路交通枢纽。铁路和公路成为怀化市的“孵化器”，工商业迅速发展。2005 年怀化市区已有 24 万常住人口、34 万总人口，成为湘西地区南下广东、西达广西、北上贵州的中心城市。

2. 交通运输是保证和促进城市生产活动的重要条件

物质生产是城市最基本的经济活动，它需要的原材料、机器设备、能源和劳动力，要靠交通运输到城市中来；它的产品又要靠交通运送到城市和乡村中去销售，并且城市的生产活动是由多部门、多层次共同来完成的，需要交通运输从中联络，一旦受阻则无法继续生产。因此，城市的交通运输越发达、越先进，则城市的生产效率越高，产品和资金的周转期越短，从而可获得较好的经济效益。

3. 客运交通是城市居民生活正常进行的必要手段

绝大多数城市居民去上班、上学、购物、旅游观光、探亲访友，以及参加各种经济、社会、文体活动，都需要客运交通的服务，而且在社会主义市场经济条件下“时间就是金钱、效率就是生命”，人们对交通的快速、安全、舒适的要求也越来越高。快速便捷的交通可以给居民节约出更多的休息和学习时间，产生社会效益；相反，一个城市的客运交通落后而又混乱，不仅人们会怨声载道，而且会伤害市民与城市的“亲和感”。因此，为城市居民提供必要的交通设施，组织高效率、安全的运行是城市改善和提高居民生活质量的重要方面。

4. 交通运输是扩大城市辐射力和吸引力的重要途径

任何城市都与周围的广大农村和众多的城镇有着密切的联系，绝不是独立存在着，而是相互依存的。农村为城市提供工业原料，提供产品市场，又是“米袋子”和“菜篮子”的基地。在社会主义市场经济条件下，各个城镇又相互分工协作，组成了经济网络，彼此之间的人流、物流、信息流十分频繁。因此，城市与乡村之间、城市与城镇之间的这种联系就需要交通运输成为桥梁和纽带。许多城市提出要“打开城门，扩大市场”，关键在于交通运输的发展水平。只有开创四通八达、畅通无阻的交通条件，才能扩大城市的辐射力和吸引力，达到“财源茂盛达三江、生意兴隆通四海”之目的。

四、我国城市交通的问题与缓解对策

1. 我国城市交通的主要矛盾

城市交通问题，是世界各国都不同程度存在的棘手问题。我国自建国以来，随着城市的发展，城市对外交通和市内交通有很大的发展。特别是改革开放以来，人们普遍认识到“要想富、先修路”的道理，所以交通快速发展，成绩巨大。但是，由于原有基础薄弱、欠账太多，城市对内对外的交通设施仍然严重滞后于经济社会发展的需求，存在的主要问题有以下几方面。

(1) 城市对外交通系统的设施和运输能力严重不足。我国的铁路从线路运力(多为单线)、编组能力、站场能力均出现超负荷运输情况，亟待进行扩建、改建，以满足城市运输量的需求。但从20世纪90年代以来，不仅新建了京九干线，带动了中西部地区城镇的发展；并将原有的铁路干线开通为复线，铁路运行从而多次提速；同时，有些省市自筹资金建设专用支线，激活了本地的物流、人流，特别是为世人瞩目的青藏铁路于2006年开进了拉萨城，它所产生的经济社会效益和影响是难以估量的。

我国的公路在近十多年中有较大的发展，但等级普遍偏低，难以达到高速化和汽车专用化的要求，在客货运中未能担当起运输的主要任务。按照现代化运输的合理结构，在今后的城市对外交通建设中，其位序的排列应当是公路、水路、铁路、航空。

(2) 我国大多数城市的道路既窄又稀，未形成分工明确的道路网络系统。人均占有道路面积和万人拥有的公共交通车辆的水平都相当低，难以适应日益增长的物流、人流运输的需求。

现对东京、纽约、华盛顿的城市道路设施水平与我国上海、北京、天津的道路设施水平进行比较，详见表9-11。前者是20世纪70年代的数据，后者是90年代的数据，时间相差20年。但是，我国城市现代化水平处于前列的上海、北京、天津的道路设施水平远低于20年前的东京、纽约和华盛顿。例如人均道路面积(平方米/人)上海仅为纽约的1/8；北京只有华盛顿的1/3、伦敦的1/2。

表9-11　国内外城市道路设施水平对照

指　　标	上海	北京	天津	东京(23区)	纽约	华盛顿(市区)	伦敦(内区)
人口/万人	894	550	499	854	798	276	274
建成区面积/平方公里	446	470	239	581	819	178	310
道路用地面积/万平方米	4 640	5 170	2 580	7 900	28 672	7 654	5 146
汽车保有量/万辆	64	100	20	274	363	231	217
自行车保有量/万辆	200	385	280				
人均道路用地/平方米/人	4.4	9.4	5.2	9.2	35.9	27.8	18.8
数据统计年份	1997	1995	1995	1976		1974	1976

资料来源：朱庆芳，莫家豪，麦法新. 世界大城市社会指标比较. 北京：中国城市出版社，1997

(3) 我国城市交通中很大一个特色是交通混杂。道路上行驶的有货车、客车、小汽车、摩托车、马车、人力车、自行车,它们速度不一、互相干扰、事故不断。我国号称"自行车王国",自行车产量居世界第一,许多城市平均每位职工有一辆自行车,自行车成为城市中客运的主要交通工具。从我国的国情出发,自行车具有经济实惠、灵活方便和不污染环境的优点。如果在道路分工和管理上加以改善,则可以缓解每日上下班时如潮水般的自行车流与机动车混行、争抢道路的状况。

(4) 随着城市经济的发达和社会的进步,居民的出行次数增多,对公共交通的需求增加。特别是城市流动人口不断增加,一般要占本市居民的 1/5～1/4,他们对城市交通运输的需求更甚于一般市民。但是长期的资金短缺和过低的客运票价,使公交企业长期亏损,缺乏扩大运营的能力,所以乘车难问题难以缓解。另外,许多外省市的货车、客车长驱直入市区或停留、或过境,而城市中又缺少停车场(库),使原本狭窄的道路又被停靠的车辆堵塞,结果使通行效率极低,车祸频繁。据统计,2005 年我国交通事故死亡 98 738 人,平均每天死亡 270 人。这已成为广大市民和城市政府最为关切的"城市病"之一。

2. 综合治理城市交通的对策建议

(1) 建设现代化的道路系统和运输网络。城市政府应把投资的重点放到城市干道系统的建设和改造上来,增加干道网密度和道路面积率,初步建成城市干道骨架,把城市的交通要道连接成网;重点拓宽市中心交通拥挤的路段,而不要赶时髦,耗巨资大搞实效并不突出的立交桥。要建设以公共交通为主导和骨干的客运交通体系。在特大城市逐步发展现代化、大运量的快速交通,如地铁、有轨电车等。

(2) 实行多种所有制的经营方式,利用经济杠杆提高交通运输的水平。我国现在许多城市已经改变了交通运输由政府独家经营的老体制,全民、集体、私营、个体共同经营展开竞争,有的城市已开始搞中外合资经营。另外,要使国营的公交企业成为独立经营的企业,独立核算,适当提高客运票价,要以收抵支,略有盈利;政府再在财政、税收上给予必要的扶持,并贯彻按劳分配的原则,调动职工的积极性,以便改善服务态度,提高服务水平。

(3) 加强管理,逐步实现城市交通指挥管理现代化。我国许多城市交通拥挤,在很大程度上是由于管理不善造成的。我们常看到一些城市将原来不足 10 米的商业街拓宽到 40～50 米,机动车道有 4 车道、非机动车道两侧各 7 米,再加上 8 米宽的人行道和绿化,蔚为壮观。但是缺乏有效的管理,很快在人行道和马路上就摆满了个体商摊和两侧商店的货摊。结果行人没处走,只好进入非机动车道;而非机动车又与机动车混行。投资很多,道路拓宽了不少,而人行、车行却更加混乱,其根本原因是管理太差。

发达国家的城市交通管理,一般都经历了从点控制、线控制到面控制的过程,最后实现了自动化控制系统。随着我国新技术的应用,我国城市交通指挥管理也必须积极创造条件,有计划、分步骤地实现全自动化的指挥与控制。首先,是普及点控制技术,根据交叉路口的不同特点,分别采取让路控制、信号控制等方式,提高交叉路口的通过量;同时,大力推广线控制技术，京、津、沪等城市的实践表明，线控制对提高车速和减少停车率有很大作用，大中城市应尽快推广使用这项技术；少数特大城市应逐步实行面控制，即在一个区域内对道路交通网络用电子计算机实行综合调控，以使车辆的停车次数最少，道路通行能力最大。

(4) 制定符合时代发展和国情的跨世纪城市交通政策。关于我国城市交通工具的发展政策，近来引起了激烈的争论：有的认为大中城市应大力发展大型公共交通工具，限制小汽车的大量使用。理由是小轿车大量发展会污染城市空气、造成公害；大量占用道路面积、加剧交通的拥挤；噪声扰民、损害健康；能源消耗过大。有的则认为，我国的汽车工业已列为支柱产业，随着国民经济的发展和人民生活水平的提高，汽车企业将逐步以生产载重汽车为主转变为以生产轿车为主；然后又以生产公用轿车转向生产家用小汽车为主，这两个战略重点转变将使我国家用轿车的保有量，到 2020 年在大城市达到每 20 人一辆。这是汽车工业的发展目标，它将带动一系列产前和产后工业的发展，为社会创造巨大的财富。

国外发展小轿车有着深刻的教训。近年来在持续发展的新战略下，许多国家正在酝酿跨世纪的交通运输大变革，以适应保护环境、节约能源的要求，并与信息革命衔接(家庭办公的趋势)。其设想是：减少小轿车，发展大众交通系统。例如，荷兰实行公共运输系统通用票，小轿车收取路面税和燃料税；英国鼓励骑自行车；新加坡在城市规划中以减少长途活动为导向来组织商业、居住、工业区的布局，城区发展大轿车，用高注册费、公路税、汽油税和停车费等限制私人汽车的发展。

我国发展汽车工业的政策是正确的。城乡居民经济收入增加到一定程度后，家庭拥有小轿车是必然的趋势。但应吸取国外经验并结合我国的国情，在大力发展公共交通的同时，鼓励多用自行车，通过政策和管理防止小轿车泛滥成灾。

第十章 城市环境经济

第一节 城市环境的污染

城市环境问题，既是一个技术问题，更是一个社会问题和经济问题。围绕着生态的保护、环境的治理以及城市的可持续发展，不同的学科从各自的角度，纷纷提出相应的对策，其中经济学亦担当重任，由此产生了一门新兴的学科——环境经济学。

一、城市生态系统与城市环境构成

1. 城市生态系统的组成

所谓"生态系统"(ecological system)，又称"生态系"，是指生物群落及其地理环境相互作用的动态平衡系统。生态系统按其接受人为的影响和干预的程度不同，可分为三类：自然生态系统(如海洋)，半自然生态系统(如开垦的农田、养殖的水域、放牧的草原)和人工生态系统(如城市、矿区、乡镇)。地球表层的每一部分都可以视为一个相对独立的生态系统，如一片草地、一片森林、一个湖泊、一条河流、一方沼泽……生态系统包括四个基本组成部分：

- 无机环境，即生态系统中各种无生命的无机物和自然因素；
- 生产者，主要指绿色植物，凡是能进行光合作用制造有机物的植物种类，均属此类；
- 消费者，草食动物直接以植物为食，是一级消费者；肉食动物中以草食动物为食者，是二级消费者；以其他肉食动物为食者，为三级消费者；
- 分解者，即腐生微生物，它们把动植物尸骸分解成简单的化合物，以供生产者重新利用。

生态系统中各生物间通过食物链(或食物网)相互联系：太阳能通过绿色植物的光合作用转化为生物能，并借食物链(或食物网)流向动物和微生物；水和营养物质(碳、氧、氢、磷等)也通过食物链(或食物网)不断合成和分解，在环境与生物之间反复地进行着生物—地球—化学的循环作用。以生物为核心的能量流与物质循环，是生态系统最基本的功能和特征。生态系统内的生物种类、种群数量、种群分布与具体的地理环境的联系,构成各自的结构特点。

在生态系统中,各种对立因素(相互排斥的生物物种和非生物条件)通过相互制约、转化、补偿、交换等作用,达到一个相对稳定的平衡阶段,即为"生态平衡"(ecological balance)。一旦这种平衡被打破,若想恢复平衡则需要较长的时间和一定的条件,因此生态平衡是一种动态平衡。如果破坏力量超过可恢复的某个限度,则生态的失衡往往是不可逆的,例如土地大面积沙漠化后,就很难以人力改变。自然生态平衡的条件是低级营养大于高级营养,即供大于求。

城市作为地球上特殊的地理聚落,其生态系统既有共性的一面,即同样包括四个组成部分及其相互关联;也有个性的一面,即城市生态系统独具的特点。

2. 城市生态系统的特点

城市生态系统是城市地区以人为主体、生物群体与城市环境相互依赖构成的综合系统,它具有如下特点。

(1) 以人为主体,非生物因素起主导作用。城市是人群在有限地域高度密集的产物,密集的人口构成了城市社会;并通过人们的生产与生活、政治与经济等各项活动,改变城市环境,消耗自然资源,创造物质财富。因此,与建立在生物因素基础之上的自然生态系统与半自然生态系统相比,城市这个人工生态系统的非生物因素,对于系统的发生与发展,有着举足轻重的作用。

(2) 消费者数量远大于生产者数量,系统的完整性较差,对外界依赖严重,是开放系统。城市中的绿色植物是如此之少,从生态学角度来说,城市生态系统中的生产者只是消费者的1/8～1/10,远远不能建立一个以太阳能为基本能量来源的自我平衡的封闭生态系统,而必须依赖于外界源源不断地输入能量、营养和其他物质,否则,城市生态系统就无法维持。

(3) 物种单调、结构简单,系统的自然调节力较差,处于极脆弱状态。由于城市生态系统中的生产者、消费者与分解者处于不平衡状态,所以它的自然调节能力低下,对于城市新陈代谢中产生的大量废物、排泄物,城市环境的自身容量十分有限,极易造成环境的污染、破坏生态的平衡。城市发展的历史,已证明了这一点。

以美国一个百万人口的城市为例,在它每天的新陈代谢中,输入和输出的物质总量,参见表10-1。

3. 城市环境的构成要素

环境通常是指作用于人类的所有外界影响因素的总和,是人类赖以生存的空间的总称。城市环境包括两大部分:城市的自然环境和城市的人工环境。

城市的自然环境。即由城市地域空间范围内的地质、地貌、土壤、大气、地表水以及城市生物系统等自然资源构成的自然环境的总体。

表 10-1　美国百万人口城市新陈代谢情况

输入物质/吨/天		输出物质/吨/天	
水	625 000	污水	500 000
粮食	2 000	固体废物	2 000
燃料	9 500	空气污染物	950

资料来源：杜闻贞.城市经济学.北京：中国财政经济出版社，1987

城市的人工环境。它是建造在自然环境基础之上的经济系统、社会系统和建设系统(包括地上建筑物、构筑物和地下工程、管线)等的总和。人工环境是人类利用自然、改造自然的结果。

城市环境既是一种客观存在，又是一种主观创造。它是城市一切活动的现实基础和一切劳动成果的直观体现，同样也是人们各种不理智行为的最终承受者。

由此可见，城市环境是由城市自然因素、城市生态系统与城市人工活动综合决定的。而在环境经济学中，城市环境则是特指城市的自然环境以及部分人工环境(主要是物质环境)。

4. 城市环境的相关概念

在关于城市环境问题的讨论中，下列概念十分重要：

- 环境容量。是指自然环境对污染的承受量或负荷量，也是考察污染是否发生的重要标准。
- 环境污染。是指自然环境诸要素中，混入对人体有害、破坏自然生态的物质或非物质形式，并达到一定的程度、超出环境自我净化能力的现象。换句话说，环境污染是由于有害物质或非物质形式的积累超过了环境容量的结果。
- 环境保护。是指采取各种手段保护环境，使之适于人类的生存发展和自然生态平衡的实现。它包括两部分工作：一是防止污染的发生和过度积累；二是对已受到污染的环境进行综合整治，使之恢复原貌。
- 环境质量。是指自然环境构成的诸要素(大气、水体、土壤、生物)之一或环境整体受到污染的程度。

二、城市环境污染的内容与表现

城市环境污染的形式按其性质，可以分为以下几个方面。

1. 大气污染

每个人每天大约需要摄入空气 15 公斤、食物 1.5 公斤、水 2.5 公斤。如果 5 分钟不呼吸就会死亡。一旦人们呼吸的空气中的正常成分被改变或正常成分的比例发生变化即为污染，表现为空气中有毒有害物质的积累，例如粉尘、悬浮颗粒物、二氧化硫、一氧化碳、氟化氢、氮氧化物等等。

常规的城市环境空气污染主要是由于能源利用（燃煤、燃油、燃气等）导致的二氧化硫、二氧化氮和悬浮颗粒物污染。而以细粒子为特征的灰霾问题，已经成为困扰我国乃至世界上很多城市的空气污染问题，对人体健康有严重危害。目前，有1.5亿美国市民呼吸的空气被美国环境署正式认定为不合格；而在墨西哥城，呼吸这里空气等于一天吸两盒烟；新德里、北京和沈阳，大气中悬浮颗粒物含量，是世界卫生组织制定的安全标准的6倍，到冬季更达10倍以上。此外，我们还普遍受到“酸雨”与“臭氧空洞”的侵扰。

酸雨一词最早见于1872年英国人的一份调查报告：硫和氮的氧化物一旦与空气中的水蒸气结合，就形成了高腐蚀性的硫酸和硝酸，它们伴随降雨落下，当雨水的pH值低于5.6即成为酸雨。当水体的pH值低于5时，大多数鱼类就会死亡。而斯堪的纳维亚、日本、北美、中欧的一些城市，酸雨的pH值竟达到3.5，其酸性介于苹果汁和柠檬汁之间；美国的宾夕法尼亚州甚至还出现过酸性相当于食醋的降雨；德国中部一些美丽的黑森林正在走向死亡，也是酸雨在作祟。

臭氧是一种既有益、又有害的气体。在大气层的上层，它可以保护我们免受太阳有害紫外线的照射；若没有臭氧，过分强烈的太阳辐射将使人们容易患上皮肤癌和白内障。不幸的是，一种被广泛应用于制冷剂、发散剂、发泡剂等方面的化工制品——氟利昂（CFCs），正在一点点破坏、耗竭臭氧层，使之出现大面积的“空洞”。2002年9月，南极上空的臭氧空洞面积达到2 830万平方公里，已经相当于美国领土面积的3倍。21世纪初，欧洲上空臭氧层的臭氧含量比1980年时减少了6%左右；2000年七八月间，北极上空臭氧层的臭氧含量降到了创纪录的程度，如不采取行动加以控制，前景堪忧。

2. 水体污染

它是指地表水及地下水中由于有毒有害物质而使水质恶化，其表现形式有：

- 生活污水污染。在生活污水中，常含有病原性微生物、毒性有机物和大量的植物营养素（植物营养素是指碳、氮、磷等能刺激水中藻类植物生长的物质）。这些污染物通过饮用水和其他途径进入人体、导致疾患，或使水体无法直接使用。
- 工业废水污染。在工业废水中，常含有一些有毒性的重金属成分（如汞、铅、镉等）或非金属成分（如砷、硫等），以及一些放射性成分。它们对人体的危害极大，且能在水体中蓄积和在水生动植物体内富集，然后通过食物链使人体中毒，造成农灌二次污染。

据世界卫生组织（WHO）调查显示：全世界80%的疾病是由饮用被污染的水造成的，此类患病人数高达12亿，因水污染引发的霍乱、痢疾和疟疾等传染病的患病人数超过500万；全世界死亡儿童的50%与污染有关，每年有2 500万儿童因此夭折。现在，污染已经从陆地的河流、湖泊、池塘和地下水，扩大到了海洋，一些海域变成了地球上最大的垃圾场——如黑海、渤海，甚至蔓延到了风光旖旎的地中海。

3. 固体废物污染

它是指工业废渣、生活垃圾等固体废弃物由于不当堆积和遗弃，造成对环境的污染。在固体废物中，有很多难以降解的合成物(如橡胶、塑料)的危害时间更长。这些废弃物的堆放既占用大量土地，又损害自然景观，并成为严重的二次污染源，污染土壤、水体和大气。

4. 噪声污染

它是指不同频率和强度的声音毫无规则地组合在一起，造成对人体健康的影响，其来源有：

- 工业噪声，即由工厂中的机械振动、摩擦、撞击和气流扰动等所产生的噪声；
- 交通噪声，即由飞机、火车、汽车、摩托车等机动交通工具在行驶过程中发出的或鸣笛时所产生的噪声；
- 生活噪声，即由人群的各类非生产性活动所产生的噪声，如大声喧哗、使用家用电器时放音过大等。

噪声的危害主要在于影响人们的休息、降低工作效率、损伤人的听觉和神经系统、诱发疾病，严重的甚至还会破坏建筑物、引发事故。科学实验表明：噪声在65分贝以上就对人正常的工作、学习有不利影响；若长期处在90分贝的环境中，会使人持久性地听力下降；若长期处在100～120分贝的环境中，会导致哮喘、肠胃炎、高血压、心脏病、失眠、精神紧张等各种病症。噪声污染已经成为现代城市中一个日益突出的环境问题。

5. 热岛效应

它是指因能源消耗而引起的环境温度增升效应，使城市中心区相对郊区和农村犹如孤立的“热岛”，影响烟尘和空气污染物的扩散与稀释；并且加剧大气污染的程度和持久度。在人口稠密、工厂密集和能源消耗量大的城市区域，其温度可比外围增高0.5℃～2℃，有的甚至高出8℃。

与城市热岛效应相对应的是全球范围的“温室效应”——该词首创于瑞典的诺贝尔奖获得者、化学家斯文蒂·阿伦纽斯。他于1896年警告人们说：如果大气中的二氧化碳含量增加1倍，地球表面的温度就将增高4℃～6℃。在过去10年中，大气里二氧化碳含量年平均增长幅度为1.8ppm，到2003年大气中的二氧化碳含量提高到了397ppm，这种趋势持续下去，将使地球以每10年增高0.3℃的速度变暖，预计到2100年将使地球平均气温升高3℃，大大超过以往1万年的速度。其直接后果是：北极冰川和南极冰盖融化，令海平面以每10年上涨6厘米的速度抬升；这样，一些岛国和濒海低地的城镇将面临灭顶之灾，我国富饶的长江三角洲、珠江三角洲地区也同样岌岌可危。

三、城市环境污染的根源与危害

1. 城市环境污染的产生与蔓延

环境问题是一个古老的问题。自从城市诞生以后，有关环境恶化的记载就不断见诸于历史文献。例如，古罗马由于环境卫生状况差而导致令人窒息的恶臭；英国在13世纪由国会发布文告，禁止伦敦的工匠和制造商在国会开会期间使用烟煤，因为讨厌的烟尘和浓雾有损于议员的健康。不过，由于当时社会生产力水平还比较低下，人类的生产领域还比较狭窄，对资源的利用和对环境的改变在规模上还都比较有限，因此没有造成普遍的环境问题，而只是个别国家的个别城市先后出现过环境污染的现象。

工业革命之后，尤其是第二次世界大战结束以来，社会生产力获得巨大发展，机器大工业的迅速推广形成大量的工业废弃物；而这些严重破坏环境、损害人类健康的废弃物统统直接排入城市及其周围地区的空气、河湖和土壤之中。日积月累、年复一年，终于使“城市病”普遍流行，出现了世界性的公害：

- 1880年、1892年、1952年，英国伦敦先后发生三起烟雾事件，最后一次在4天内就有4 000人死亡，两个月后，又有8 000人丧生；
- 1943年，美国洛杉矶出现光化学烟雾事件；
- 1955年，日本出现石油化工废气和重金属粉尘污染城市的“四日事件”；
- 1956年，日本又出现重金属汞污染海湾的“水俣事件”，受害者高达5万人；
- 1984年，印度博帕尔发生震惊世界的毒气泄漏事件，致使几万人丧命、几十万人失明和瘫痪；
- 1986年，苏联发生切尔诺贝利核电站泄漏事件，引起世人对核能利用的深度恐慌和深刻反思。

2. 城市环境污染日益严重的根源

自人类进入20世纪以来，环境污染问题日趋严重的原因有很多，归结起来主要有以下几条。

(1) 工业化、城市化进程的空前加速，是城市环境污染的物质原因。科学家的研究表明：在其他因素不变的条件下，环境污染与人口密度和经济开发强度成正比。这就使污染在大城市比中、小城市为甚，工业城市比其他城市为甚，尤其是以重工业和化学工业为主的大城市更为明显。

20世纪50～70年代，冶金、电力、石油化工、汽车制造业发展迅猛，成为独领风骚的支柱产业，而它们也恰恰是高耗能、耗水、耗原材料且排污量大的产业。全世界每年排入自然环境中的工业废渣超过30亿吨、废水约4 200亿立方米，排入大气中的二氧化硫不少于15亿吨、烟尘20亿吨、二氧化碳260亿吨，比20世纪初增加了25%。许多发展中国家的工业化与城市化的水平快速提高，于是环境污染也迅速蔓延而成为世界性公害。

(2) 片面强调经济数量增长、因循“先污染后治理”的落后发展模式，是城市环境污染的政策原因。相当长一段历史时期里，人们对于环境污染的恶果缺乏认识，存有侥幸心理，总以为和发展经济比起来，环境问题不过是暂时性的一种牺牲和必不可少的代价。对此，恩格斯早已以睿智的目光审视着在一个又一个经济奇迹背后潜伏的危机，并警告后人：“不要过分陶醉于我们对自然界的胜利，对于每一次这样的胜利，自然界都报复了我们。”①

(3) 环境的外部性和市场机制失灵是城市环境污染的经济原因。例如，造纸厂排放的污水使河流水质变坏，从而使印染厂和啤酒厂的产品质量受损；而火电厂排出的烟尘造成酸雨，使建筑物遭受腐蚀、果木因此枯萎。由于环境的外部性，致使外部费用不能反映在价格信号上。如前例的造纸厂排污水、火电厂排烟尘的数量多少及其造成污染的大小，并不会直接反映在该排放企业的财务状况上，即不直接影响该企业的经济效益，因而无法通过其产品的价格杠杆来控制排污量。市场这只“万能的”“看不见的”手在环境的外部性上也无能为力，厂商行为不受市场机制的约束，这使环境污染如沉疴痼疾一般经久难愈。

(4) 过分追求豪华舒适的生活模式和铺张奢侈的消费习惯，是城市环境污染的社会原因。统计表明，发达国家在创造了高度物质文明的同时，也对世界贻患无穷——用作制冷剂的氟利昂是破坏臭氧层的元凶；无所不包的家用电器使电力消耗登峰造极；而普及化的家用小汽车更是城市空气污染的罪魁祸首；美国以世界5%的人口，使用了全球23%的能源和28%的纸张，每年人均能源消耗量是全球平均水平的9倍，温室气体排放量是后者的8倍，人均生产垃圾量则是后者的3倍。因此，不加节制地追求享受必然导致城市的堕落。

(5) 防治和清除环境污染的技术手段还比较落后，是城市环境污染的技术原因。今天，有些技术措施虽然对于污染防治有一定功效，但由于费用高昂而难以获得推广，尤其是在发展中国家和欠发达地区更是如此；而有些领域的技术攻关迄今仍不得要领(如小汽车的燃油替代品)。因此，科学的进步是人们祈求最终控制和消除污染的厚望所在。

3. 城市环境污染的危害

城市环境污染对人类的生存与发展构成了极大的危害，具体表现在以下几个方面。

(1) 损害人体健康。污染物通过人体的呼吸、消化系统进入体内，或通过皮肤接触与感官刺激作用于体表，其中的有害有毒成分对人体造成损害，引发疾病，甚至夺去人的生命。据世界卫生组织2002年提供的资料，全球城市肺癌死亡率是农村的2.7倍，而历史上那些杀人于无形的环境公害事件也几乎总是发生在城市。因此，尽管今天的医疗卫生

① 马克思恩格斯选集.第3卷.北京：人民出版社，1972，517

条件比以前不知要优越多少倍，城市里的人却依然每天为自己脆弱的健康而忧心忡忡。

(2) 造成经济损失。环境污染造成的各种直接与间接、当前与潜在的经济损失是很难准确估量的，但那肯定是一个天文数字。据有关专家统计，仅因大气污染造成的直接经济损失，美国每年达 200 亿美元，德国为 25 亿马克，法国为 30 亿法郎。另据欧盟国家的调查，环境污染造成的经济损失通常占国民生产总值的 3%～5%。若美国也是类似，则美国在 1990 年一年中的污染损失达 1 600 亿～2 700 亿美元之巨，取其中线则为 2 150 亿美元，正好为当年美国各级政府的财政总收入。2004 年，中国因环境污染造成的经济损失为 5 118 亿元，占当年 GDP 的 3.05%。其中，水污染的环境成本为 2 862.8 亿元，占总成本的 55.9%；大气污染的环境成本为 2 198.0 亿元，占总成本的 42.9%；固体废物和污染事故造成的经济损失为 57.4 亿元，占总成本的 1.2%；虚拟治理成本为 2 874 亿元，占当年 GDP 的 1.8%。

(3) 恶化生存条件。许多本来就缺水的城市，由于地表水与地下水遭到污染而处于雪上加霜的境地。例如在 20 世纪末期，处处小桥流水、久有“东方威尼斯”美誉的姑苏古城，市民们对于其纵横成网的水系的环境质量，却流行着这样的民谚：“60 年代，淘米洗菜；70 年代，水质变坏；80 年代，鱼虾绝代；90 年代，不能洗马桶盖。”与此同时，我国西北、华北地区的许多城市则要在年年如此、频频光顾的“沙尘暴”中静候荒漠化的威胁。

(4) 破坏城市景观。日趋严重的环境污染使有的城市从山清水秀变得花木凋零、鸟兽绝迹、文物古迹遭受腐蚀，可谓日益憔悴、面目全非，越来越不适合人类的生存和发展。

四、我国城市环境的污染问题

1. 大气污染加剧，酸雨危害严重

我国大气污染主要是燃煤造成的，集中在城市和工矿区。近年来一直呈上升趋势。据《中国环境状况统计公报》显示，2003 年全国工业废气排放量为 19.89 万亿标立方米，其中二氧化硫排放总量2 158.7 万吨，烟尘排放总量 846.2 万吨。同年全国城市大气总悬浮微粒年日平均值达 291 微克/立方米，其中北方城市为 381 微克/立方米，南方城市为 200 微克/立方米；同年全国城市大气二氧化硫浓度年日平均值为 45 微克/立方米，其中北方城市为 49 微克/立方米，南方城市为 41 微克/立方米。据世界银行研究报告表明，我国一些主要城市大气污染物浓度远远超过国际标准，在世界主要城市中“名列前茅”，位于世界污染最为严重的城市之列。

我国由于二氧化硫的大量排放，造成酸雨危害日趋扩大。20 世纪 90 年代以来，酸雨在空间分布上从南到北呈现逐渐加重的趋势，并形成了以城市为核心的多中心分布态势。其中四个明显的酸雨区为：以重庆为中心的西南区、以南昌为中心的中南区、以厦门为中心的东南区和山东半岛区。以上四大区域的酸雨出现频率超过 90%，已对动植物的生存

和建筑物造成危害。

2. 大江、大河城市段水质恶化

我国水体污染主要来自工业废水和生活污水的排放，污染最重的是有机化学废水和重金属。2004年，全国城市废水排放总量428亿吨，其中工业废水排放量221.1亿吨，生活污水排放量261.3亿吨，废水中化学需氧量排放总量1 339.2万吨。2003年，全国城市污水处理量为148亿吨，处理率为42.1%（而发达国家的城市污水处理率大都在70%以上，瑞典更达100%）。2003年《中国水资源公报》中，在监测的229个省界水体中，水污染严重的劣V类占34.5%，黄河、海河、松花江、辽河和淮河5个区水质较差，污染最为严重。

3. 固体废弃物处理利用率低

我国工业固体废弃物排放量日益增多，处理和利用率不高。2005年，工业固体废弃物排放量1 064.7万吨，综合利用率为56.1%；城市垃圾粪便无害化处理率只有52%，城市人均年产生活垃圾440公斤，且以每年8%～10%的速率不断增长。工业废渣和生活垃圾大都堆积在城市郊区和河流荒滩上，累积堆存量达67.5亿吨，占地5.6万公顷，对于土地资源是一种浪费，对于环境的二次污染更是威胁极大。

4. 噪声污染仍有增无减

目前我国城市噪声污染的主要来源是交通产生的噪声，占54%；其次是施工产生的噪声，占16.9%；生活中的噪声占15.9%。2004年全国47个重点城市区域环境噪声等效声级范围在51分贝到58分贝之间，对居民正常的工作与学习影响较大。

第二节 城市环境的保护

一、城市环境保护的观念

全世界日趋严重的环境污染问题，引起了有识之士的大声疾呼。1972年，卡尔逊女士(Rachel Carson)写出了《寂静的春天》一书，这是她对当时世界上滥用农药造成生态灾难所发出的孤独而又悲愤的呼声。从此，越来越多的人认识到，在繁荣的经济、忙碌的贸易和富足的社会背后，潜藏着多么巨大而深刻的环境危机，其破坏性力量也许不亚于一次全面核战争给地球的打击。同年，斯德哥尔摩会议召开，这是人类第一次坐在一起讨论自己家园的问题。会后发表了人类环境宣言，并成立了联合国环境规划署。

斯德哥尔摩会议明确指出，“先发展、后环境，先污染、后治理”是一条十分危险的道路，且不说有些环境创伤是永远无法治愈的（如热带雨林消失、草原沙漠化和水资源枯竭），单从经济效益上来说，先污染、后治理也是得不偿失的。据经济合作与发展组织这个“富国俱乐部”的统计测算，其成员国用于预防污染和用于治理污染的费用之比为1∶20。换句话说，如果人们吝惜当前的一份投入，则日后将以20倍的代价偿还，而由此造成的各种污染损失更是无法估量。英国的泰晤士河，用了25年时间、花费5亿英镑治理才使之恢复生机；美国的芝加哥河，则用了80年时间、花费6亿美元才使之清澈如初。

围绕环境保护与经济发展这一对看似矛盾的两难抉择，人类徘徊于十字路口。对此有三种不同的声音。

1. 极端的增长极限论

对人口、经济和环境持悲观论点者，以罗马俱乐部为代表，如人口学家汤普森、生态学家保罗·埃利希和美国麻省理工学院的梅多斯教授等，他们提出了“零增长论”，即除非到2000年人口和经济增长停止下来，否则社会就会超过限度并垮台。在此基础上产生了自然主义思想，认为经济技术发展是环境恶化的根源，要保护生态环境，就只有放弃经济增长和技术进步，保持“原点状态”的“零增长”。

极端的自然主义是一种回避现实的妥协思想，它特别受到广大发展中国家的批驳。因为按照这种逻辑，只能让“富国永远是富国、穷国永远是穷国”的世界不平等格局变得合理化，因而遭到世界上绝大多数国家政府的摒弃。

2. 片面的发展决定论

针对上述观点，以美国学者赫曼、卡恩和经济学家朱利安、西蒙等为代表的乐观主义派提出了经济发展决定论。他们认为环境问题相对于发展来说，是第二位要考虑的事，一个形象的比喻就是：“在饥饿和空气污染中，当然是面包更重要。”

发展决定论代表了许多发展中国家的想法，但也极容易使之走上发达国家曾经走过的“先污染、后治理”的老路。而我们赖以生存的这颗脆弱的星球实在已经承受不起更大的环境灾难了。

3. 新环境观的形成

1982年5月，联合国环境规划理事会特别会议认为，通过10年来的环境工作，已逐渐形成了新的环境概念。其内涵主要有以下六点。

第一，资源的合理利用与资源的保护战略应符合经济发展的基本要求，而且应被视为经济持续增长的先决条件。

第二，对不同的消费模式、技术类型和土地使用战略需要进行研究，并提供必要的经济、法律和教育资助。

第三，经济社会发展计划必须慎重考虑到在地球生命保障系统中的各个要素和各种反应过程之间的相互联系，对一个部门的有利行动，可能会对其他部门造成意想不到的损害,这种后果在规划阶段就应考虑到。

第四,由于环境要素的各种反应过程在不同时间与不同空间里都有极大的可变性,而且技术和社会的变化模式也可能对环境产生不利影响,因此,环境发展与环境管理规划应该富有弹性,并经常进行环境监测。

第五,经济与社会发展计划必须考虑到环境系统的稳定性的"极限",以消除环境系统稳定性失衡引起对社会经济计划的干扰。

第六,必须防止转让不适当的技术,出口有毒物质和有害物质给环境带来的严重危害。

二、城市环境保护的行动

1. 可持续发展战略的出台

对环境问题的深化认识和新环境观的形成,最终导致了环境与经济的可持续发展战略的出台。1992 年 6 月 3 日～14 日,在巴西里约热内卢市召开了举世瞩目的联合国环境与发展大会。会议通过了《里约环境与发展宣言》和《21 世纪议程》两个纲领性文件,表明全球 50 亿人终于在生死攸关的前途问题上达成了共识,那就是——可持续发展。

"可持续发展"(sustainable development)的思想首见于 1987 年以挪威首相布伦特兰夫人为首的国际环境与发展委员会撰写的《我们共同的未来》报告中,它指的是:"既满足当代人的需要,又不对后代人满足其需要的能力构成危害的发展。"这个定义有两层含义:优先考虑当代人,尤其是世界上贫穷人的基本需求;在生态环境可以支持的前提下,满足人类眼前和将来的需要。它寻求的不是在几个地方或几年内的发展,而是整个地球遥远未来的持续发展。

《里约环境与发展宣言》指出:"人类应享有以与自然相和谐的方式,过健康而富有生产成果的生活的权利,并满足今世后代在发展与环境方面的需要,求得实现发展的权利。""为了实现可持续的发展,环境保护工作应是发展进程的一个整体组成部分,不能脱离这一进程来考虑。"可持续发展既把环境保护作为它极力追求实现的最基本的目的之一;同时又把建设舒适、安全、清洁、优美的环境作为实现发展的重要内容。因为环境建设不仅可以为发展创造出许多直接或间接的经济效益,还可以为发展提供适宜的环境与资源。可持续发展把环境保护作为衡量发展质量、发展水平和发展程度的客观标准之一。因为现代的发展越来越依赖环境与资源的支撑,而环境与资源为发展提供持续动力的能力又越来越有限了。因此,环境保护成了区别可持续发展与传统发展的分水岭。

2. 西方国家城市环境的保护政策

各国在制定环境保护的政策和措施时,一般都从经济、政治、法律等多种角度出发,综合权衡,所制定的政策各有侧重,各有利弊。西方国家在城市环境保护方面的政策措施主要如下。

(1) 指令性管理。由政府制定专门法令,规定环境的质量标准和排污物的允许排放量,并设置专门的环境保护机构,对污染排放者(企业和个人)进行监督管理。美国广泛应用此办法,效果明显。

(2) 接管或经营。这是一种最为直接的污染控制政策。它是指由国家直接经营,或由国家指定私人经营某些污染特别严重的公共事业或企业。这种方式的优点在于:运用政府权力可以产生规模经济效益,并根据环境的变化及时调节生产。

(3) 收费。收费是典型的经济政策,它是指政府根据排污程度,向排放者征收不同数量的排污费(税)。收费措施可以使企业在排污过程中产生的外在成本内在化,使之调整产量,按照社会效益最大化来控制其排污。德国和法国普遍实施排污收费办法,取得了很好的效果。

(4) 补贴。这是一项与收费正好相反的经济性环境保护政策。主要是市政当局代表城市居民对那些能够减少其原有排污量的企业发给补贴,以资鼓励。补贴金额是根据减少排污的性质和数量,以及市政当局的财力而定,理论上则要求与减少了的污染物的外在成本相等。

(5) 分区制。这是一种城市规划措施,它是指市政当局根据城市中各类活动的特点,以及这些活动对环境质量的要求和影响程度,在空间上规定这些活动的特定范围,以改善城市的生活环境质量,如分别划出工业区、商业区、生活区、娱乐区。分区的重点是把有可能损害自然环境的许多经济与社会活动,从生活区中隔离出去,或设置绿化带等屏障。

三、我国城市环境的保护

1. 环境保护的目标

我国日趋严重的环境问题,已引起政府的重视,把环境保护和计划生育一样列为基本国策,环境意识逐渐深入人心。我国政府根据里约环境与发展大会精神,率先制定了《中国 21 世纪议程》。

“十五”期间,我国经济增长速度为 9.5%,《中国 21 世纪议程》中提出的环保目标基本实现。但也应该看到,在我国经济高速增长的同时,环境问题依旧严峻,加强环境保护刻不容缓。《中华人民共和国国民经济和社会发展第十一个五年(2006—2010 年)规划纲要》提出:到 2010 年,全国二氧化硫、化学需氧量(COD)排放量要比“十五”期末分别降低 10%。这意味着这两个指标必须在 2006—2010 年的 5 年里每年下降至少 2%。党的十六届五中全会提出:落实节约资源和保护环境基本国策,建设低投入、高产出,低消耗、少排放,能循环、可持续的国民经济体系和资源节约型、环境友好型社会。这为“十一五”期间中国经济社会新一轮发展确立了明确目标。

2. 环境保护的方针和措施

我国在1989年颁布了《中华人民共和国环境保护法》,其中第一条规定,我国城市环境保护工作的方针是:"保护和改善生活环境与生态环境,防治污染和其他公害,保障人体健康,促进社会主义现代化建设的发展。"

根据我国城市环境保护的目标和方针,有关部门制定了重要的措施。

(1) 城市合理布局。合理布局是保护城市环境的重要前提,它有利于充分利用自然界的自净能力,促进资源的综合利用和"三废——废水、废气、废渣"的集中回收与治理。不合理的城市布局一方面加重了城市的污染,造成环境的负荷过大;另一方面破坏了环境的自净能力,使环境容量变小,从而加剧了城市生态的失衡。

城市的布局涉及自然、经济、技术和环境等各方面因素,必须统筹规划、综合平衡。从保护环境的角度,主要应处理好以下两方面。

第一,城市的选址和工业布局要考虑地形、气象、水文等对环境的影响。我国有些城市和工矿区,地处河谷或山间盆地,大气流动缓慢,风速小、湿度大,常出现浓雾和逆温层,污染不易扩散,如兰州市和景德镇市。城市工业严重污染区,一定要布置在下风向。不仅要考虑常年的主导风向,还要兼顾冬、夏季节的盛行风向。一般规律是:大气的污染与风速成反比,与风向频率成正比。城市工业的布局要密切注意河流的走向、流量、泥沙运动规律和河流的自净能力。城市规划要与流域规划相结合,注意上下游全流域水资源的保护。

第二,城市内部布局应有利于保护环境。城市的布局形态对城市的生态平衡、环境保护有很大的影响。例如,单中心同心圆式的城市布局形态,使市中心与周围自然环境相隔越来越远,新鲜空气难以进入,污浊空气排放受阻,不利于空气的自然调节。而多中心的格局、放射状布局,则有利于改善城市的生态环境。如深圳市的总体规划采用多中心的组团式带状结构,分为三大片18个区,区间有几百米宽的绿化带,这种形态结构对减轻城市大气、噪声、热污染等具有良好的作用。

(2) 实行综合治理。环境是一个多元素组成的综合体。因此,在城市环境的污染防治上,必须考虑全局,采取区域综合防治的措施。它把防与治、环境规划、生产力布局、污染控制与经济发展协调地结合起来。例如,1994—1995年苏州市、无锡市和常州市在进行城市总体规划的修编时,就进行了地区环境整治的专题研究,把城镇十分密集、乡镇工业发达而环境污染严重的苏锡常地区作为一个整体来综合治理,提出了战略性的建议。

(3) 政府的扶持政策。首先是投资政策,为整治环境污染,政府必须适当提高环境保护的投资;同时,不断拓宽资金的来源,提高投资效果。我国绝大部分城市政府,投资办工业的积极性远远高于治理环境的投资,致使工业高速发展,环境急剧恶化。太湖的周边有大小城市38座,经济迅猛发展,但都面临着"水质型"(水体被污染)缺水状况。若不加大治理污染的投资,必然造成经济发展滑坡,生活环境恶化。例如号称"华夏第一县"的苏南某县1992—1994年连年被评为全国百强县之首,其国内生产总值增长率是全国平均的3

倍,但环保投资却低于全国的平均值,故使环境质量不断下降。

(4) 加强法制建设。我国现行的环境保护法律制度有防治污染的、保护自然资源的、保护文化环境的以及综合的环境保护法规等。这些法律制度虽已初具规模,但还不完备;特别是针对各个城市实际需要的具体法规还很少。因此继续加强环境立法工作,并加强执法的严肃性,都是极其重要的措施。

第三节 城市环境的经济分析

一、城市环境污染与城市经济的相关性

长期以来,有一种观点十分流行,即伴随经济增长,必然导致污染加剧。言外之意是如果要想促使经济增长,付出一点环境代价在所难免,也在所不惜。然而事实并非如此,环境污染不仅仅取决于经济规模,还取决于技术手段、经济投入和环境政策。那种极端地认为经济增长与环境污染必然同步的悲观论调,是没有根据的。

1. 经济增长与环境质量

图 10-1 是世界银行在 1992 年对各国人均收入与一些环境质量指标间的关系所作的定量描述。分析这些曲线可以发现经济增长(表现为人均收入提高)对环境的影响有三种表现形式。

第一种是当收入增长时,因为收入的增加而能为公共服务(如基本的卫生设施、安全饮用水和电力供应)提供资金来源,因此,与此相关的环境问题将随之改善。这是经济增长与环境质量间的一种积极的协同现象,如图 10-1(a)。

第二种是随着收入增加,初期环境质量趋向恶化,然后到达某一转折点又随收入增加而使环境质量趋向改善。例如城市大气中的悬浮颗粒物浓度即是如此,因为能源结构的改变和治理技术的提高,使大气污染加剧的趋势减缓并最终好转,如图 10-1(b)。

第三种是随着收入的增加,环境指标继续恶化,这主要是因为要减少这些污染物排放所需的费用太高,或这种污染的危害性还未被人们充分认识。城市生活垃圾即属此类,如图 10-1(c)。

从以上分析可以看出,污染状况是向好的方向转化,还是向坏的方向滑坡,并不能一概而论,它主要取决于人们对环境的认识、治理污染的决心和由此采取的行动。从总体上看,经济增长与环境污染之间存在一种相互促进又相互制约的关系。即经济增长既会引起某些方面污染的加剧,又能为治理污染提供经济能力;而环境污染最终会使经济增长的

外在成本上升，从而阻滞经济持续、健康的发展。

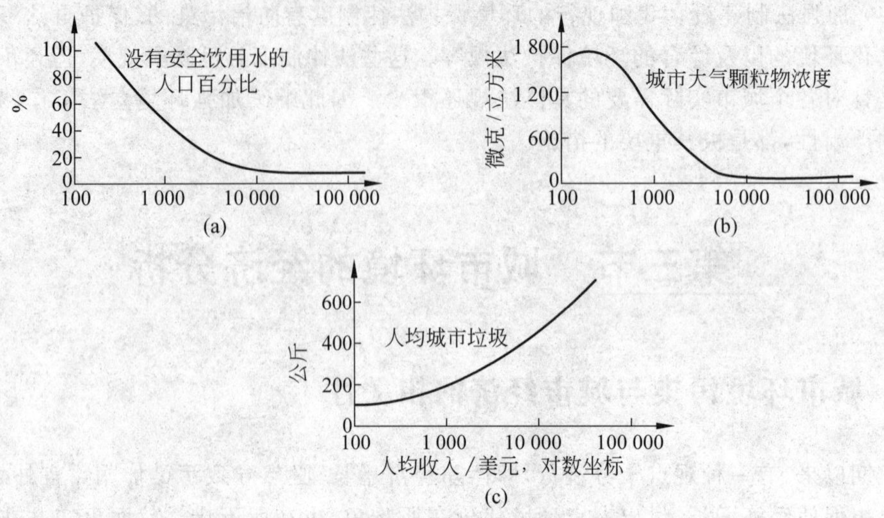

图 10-1　人均收入与环境质量指标的关系

2. 环境保护与经济手段

一般来说，环境保护费用是指进行环境保护行动所发生的费用总和，它直接反映了为保护环境所投入的经济力量，是环境保护事业中至关重要的一个指标。尽管各国对于其具体内容核算不一，但世界各国用于环境保护费用占国民生产总值的比例大都在0.5%～2%。详见表 10-2。

表 10-2　世界各国环保费用占国民生产总值的比重　%

国　别	时　　期	比　重	国　别	时　　期	比　重
中国	1981—1989	0.65	苏联	1980	0.8
美国	1970—1980	2	日本	1972—1975	1.8～2.9
英国	1970—1980	2.4	发展中国家	1970—1980	0.5～1
法国	1970—1980	1.4	发达国家	1970—1980	1～2
联邦德国	1971—1979	1.8～2.1	全世界平均	1970—1980	0.5～2

资料来源：王金南. 环境经济学. 北京：清华大学出版社，1994

从表 10-2 中可知，20 世纪 80 年代我国用于环境保护的投资占国民生产总值的比重仅仅为 0.65%，这个指标显然是偏低的，尤其是我国每年因污染而造成的经济损失高达国民生产总值的 8%左右，而治理与预防污染的费用却只有损失量的 1/12，这种投入的力度与实际需求相比远远不够。如何确保环境保护费用、保持它在国民生产总值中的应有份额，仍是各级政府和城市管理者应着力解决的问题。

在环境问题上，资金始终是一个敏感而关键的因素，因此经济手段在环境保护中也就显得至关重要。经济手段作为一种比较独立的环境政策工具，其理论依据为“污染者付费原则”（简称 PPP 原则）。

PPP 原则最早是经济合作与发展组织的环境委员会于 1972 年提出的，它是指污染者必须承担削减污染的措施所发生的费用，这种措施由公共机构决定，并保持环境处于一种可接受的状态。根据这一原则，运用经济手段来治理环境污染就有了一个强有力的资金后盾。这些手段包括以下几种。

（1）环境收费。收费就是与污染有关的活动者，为其所产生的污染所支付的价格，并对它们获取潜在的环境物品和劳务而支付的费用。环境收费是应用最广的一种经济手段，具体又可分为排污收费、产品收费、使用者收费、管理收费和征收税金等形式。

（2）财政补贴。补贴是各种财政补助形式的总称，一般是指对执行环境标准中面临困难的企业进行的财政鼓励。它可以理解为政府为购买有关环境物品和劳务向企业支付的价格，主要有补助金、长期低息（或无息）贷款和税收减免等形式。

（3）押金制度。它是指对有潜在污染的产品增收一定的额外费用，当该产品使用后的残余物回送到指定收集系统或污染处理达到规定要求时，就把押金退还给生产者或使用者。

（4）市场方法。它是指在企业或个人为实际或潜在的“污染权”或工艺废弃物的买卖交易建立一种市场，从而使污染控制在政府规定的环境目标或排放总量目标之下的一种经济刺激手段，包括排放交易、市场干预和责任保险等形式。

（5）强制刺激。即对违章者通过预付款或补交款给予惩罚，它是行政法律手段的补充，主要有罚款和履行保证金两种形式。

二、环境质量的效益评价

对于环境质量，人们可将它看做是一种人类必需的公共物品和劳务，因此可运用经济分析的方法来评价其效益。这些方法多种多样，如直接根据市场价值计算，或利用替代物的市场价值测算，或应用调查技术推算等等。

1. 市场价值法

这种方法把环境质量看做一个生产要素，环境质量的变化导致生产率和生产成本的变化，从而又引起价格和产量的变化，而后者是可以观察和计算的。这种方法是一种最直接、最简便的方法，可广泛应用于多种环境效益的评价中。它又分为以下几种。

（1）直接市场价格法。把由于环境质量的改变所引起的劳务与产品的产量变化，乘以各该产品和劳务的市场价格，然后加总，即为变化的环境质量的市场价值：

$$EV = \sum_{i=1}^{n} P_i \cdot \Delta Q_i$$

式中：EV 为环境质量效益；P_i 为 i 产品（劳务）的市场价格；ΔQ_i 为 i 产品（劳务）因环境而变化的产量。

(2) 人力资本法。该方法是用环境污染对人体健康和劳动能力的损害，来估计环境质量改变造成人体健康状况变化而产生的经济损益。这种经济损益表现为一个人的劳动价值，即他在有生之年的劳务收入，经贴现折算为现值，并考虑到年龄、性别和教育等因素。如美国学者莱克(Ridker)提出的收入损失的计算公式为：

$$V_X = \sum_{n=X}^{\infty} \frac{P_1^n \cdot P_2^n \cdot P_3^n \cdot Y_n}{(1+r)^{n-X}}$$

式中：V_X 为某个年龄为 X 的人未来收入的折现值；P_1^n 为他活到年龄 n 时的概率；P_2^n 为他在年龄 n 时还有劳动能力的概率；P_3^n 为他在年龄 n 时还有工作的概率；Y_n 为他在年龄 n 时的收入；r 为社会贴现率。

(3) 机会成本法。所谓"机会成本"(opportunity cost)，是指对于短缺的资源，由于选择一种使用方案而放弃的其他使用方案所可能带来的收益损失，也即把放弃的各种方案中，收益最大的那种的经济收益作为这种选择的成本。虽然机会成本只是一种潜在损失，实际并不在会计账务上反映，但用于衡量环境质量的变化所造成的经济损失，不啻为一种很有说服力的方法。

2. 工程费用法

环境的污染和生态系统的破坏所造成的损失，可以用对此进行预防、治理的工程设施费用来反映，或用恢复或取代原有环境功能的费用来估算。例如：地下水遭到污染使原有水源地破坏，则可将新建水源地的费用作为地下水污染造成的经济损失。

3. 调查评价法

在缺乏市场价格数据时，为了求得效益或需求信息，可以借助于公众调查，即通过调查了解消费者的支付意愿或他们对环境物品与劳务的选择愿望，从而确定效益或费用的大小。

三、污染控制的经济分析

污染是一种外部效应，是没有可标价成本或收益的，因而无法通过市场价格的变动来使其减少。英国福利经济学家庇古(Pigou)认为：最佳的解决办法是对污染者征税，其数额应等于污染的外部成本。从这个意义上说，外部成本就被内在化了。

从社会的角度看，污染控制的目标是要达到能使社会收益最大化的控制水平，这就是污染防治费用等于污染损失成本的地方。如图 10-2 所示：横轴为污染程度，纵轴为费用，图中边际防治费用曲线 MCC 是下行的，表明每减少一个单位污染量所需费用是持续上升的；而边际污染损失曲线 MDC 是上行的，表明每增加一个单位污染所造成的损失是持续增大的。P_1 点是完全没有治理时的污染水平，此时污染损失为 t_1。最初的污染治理成本是较低的，小于污染损失，直到 P_0 达到最佳控制水平，即治理费用等于污染损失，社会净效益为最大；如果继续增加治理力度，其费用就超过了污染损失，即成本超过了收益。

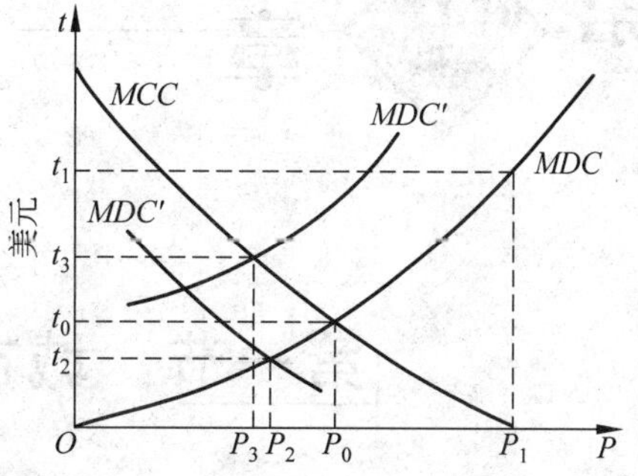

图 10-2　最佳污染控制水平

作为城市管理者，主要是城市政府，可以通过立法制定污染治理条例，确立以 P_0 为最高污染水平的环境质量标准，然后按照 P_0 点在 MDC 和 MCC 曲线上的对应点纵坐标 t_0 点来对每一个单位的污染征税。当污染为 P_1 水平时，税收为 Ot_1；随着 P 的减少，Ot 也减少；在 P_0P_1 区间，税收 Ot 是高于治理成本的，这促使污染者不断加大治理力度，直到治理成本恰好等于税收，即污染最佳控制点为止；超过这一点，在 OP_0 区间，税收 Ot 则低于治理成本，那么污染者就宁愿去交税也不愿继续治理了。

如果污染治理技术得以提高，则治理的单位费用会降低，即 MCC 曲线下移到 MCC′，它将与原有的 MDC 曲线交于新的平衡点，由此决定的污染最佳控制水平为 P_2，而 $P_2<P_0$，说明技术改进使环境质量标准提高了，而 $t_2<t_0$，也说明技术改进使税收降低了。

如果污染由于累积或新的污染源产生而使污染损失加大，则 MDC 曲线上移至 MDC′，它将与原有的 MCC 曲线交于另一平衡点，由此决定的污染最佳控制水平为 P_3，其结果是为达到这个控制点需要付出更高的污染税。

第十一章 城市财政与金融

第一节 城市财政的职能与作用

一、财政的含义与特征

财政属于经济范畴，是经济活动的重要组成部分。它对于现代城市经济发展与社会生活有着深刻的影响，是城市经济学的重要研究内容之一。

1. 财政的含义

财政(finance)一词起源于公元13～15世纪的拉丁文Finis，有结算支付期限的意思。后经演变，到16世纪转为法语，形成Finance，指公共收入和公共理财活动。17世纪后专指国家的理财活动。19世纪这一概念进一步扩展为一切公共团体的理财活动。20世纪初这一概念由法国传向其他国家。日本在引进Finance一词后，采用汉字中“财”与“政”的含义，创立“财政”一词。1882年在清朝官方文件《财政奏折》中首次出现“财政”的概念。

现代公共财政，是现代市场经济条件下规范政府经济行为的制度体系。它从与政府预算有关的组织政府收入、安排政府支出、提供公共产品和服务、矫正市场失灵、调节资源配置以及收入分配等方面，来界定政府的基本职能。

2. 财政的缘起

财政是人类社会发展的历史产物。它在阶级矛盾不可调和的历史条件下，随着国家的产生而产生，并同国家一起发展。在原始社会，生产力水平极端低下，社会产品除维持社会成员生存外很少有剩余，所以没有私有财产、没有阶级和国家，也就没有财政。随着生产力的发展和剩余产品的增加，出现了社会分工，出现了分配上的差别和私有财产，从而也出现了经济上互相对立的阶级以及代表统治阶级利益的国家。而一旦国家出现，为了维持这种公共权力，就需要公民缴纳费用——捐税。这就是财政的起源。

中国古代称财政为国计、国用、度支，如《荀子·富国》载：“潢然使天下必有余，而上不忧不足，如是则上下俱富，交无所藏之，是知国计之极也。”《礼记·王制》曰：“冢宰制国用，必于岁之杪，五谷皆入，然后制国用，量入以为出。”在当时的历史条件下，国家财政主要有三种形式：

- 劳务形式，称为“徭役”，包括征用力役、军役和杂役等多种名目；
- 实物形式，称为“贡赋”，即贡献丝绢、粟米、薪炭等多种财产；
- 货币形式，称为“捐税”，即直接向官府缴纳银两等货币。

到了封建社会后期，劳务与实物财政形式已不多见。至近代，则各国普遍采用货币财政形式。

3. 财政的特征

现代财政，具有如下几项特征：

- 分配主体，是作为政权组织和社会经济管理者的政府；
- 分配目的，是为了满足公共需要，具有非营利性；
- 分配形式，是凭借国家的政治权利经由非市场的渠道进行分配，具有强制性和补偿性；
- 预算编制，要求建立相应的公共预算体系，包括收入预算体系和支出预算体系；
- 实现方式，是建立比较规范的复式预算制度，实行国库集中收付制度，实行比较规范的分税制和转移支付制度。

4. 我国公共财政的体制

1994年以来，我国国家财政管理体制实行分级预算，即分税制的财政体制。国家财政实行中央、省(自治区、直辖市)、县(市)三级(目前实行“乡财县管”)财政的分级预算体制。各级政府为履行其职能，实现事权与财权的统一，一级政府有一级政府独立的财政预算，由各级人民代表大会进行审议监督。

城市财政属于地方财政，是国家财政的重要组成部分。从表11 1中可以看出近年来我国财政总收入与总支出及其构成情况：地方财政收入占财政总收入的近一半，而地方

表11-1　近年我国财政总收入与总支出及其构成

项　目	内　容	2001年	2002年	2003年	2004年	2005年
财政总收入	收入总额/亿元	16 386.04	18 903.64	21 715.25	26 396.47	31 649.29
	中央占比重/%	52.4	55	54.6	54.9	52.3
	地方占比重/%	47.6	45	45.4	45.1	47.7
财政总支出	支出总额/亿元	18 902.58	22 053.15	24 649.95	28 486.89	33 930.28
	中央占比重/%	30.5	30.7	30.1	27.7	25.9
	地方占比重/%	69.5	69.3	69.9	72.3	74.1

资料来源：2006中国统计年鉴

财政支出占财政总支出的比重更是达到了七成以上。城市财政是地方财政的主体，所以城市财政对国家财政有着重大影响。

二、城市财政的职能

从公共财政学的角度看，城市财政是指城市政府为满足社会公共需要，提供公共物品和服务的财政收支活动。

所谓社会公共需要，是指在市场经济体制下，市场难以充分提供的公共物品和服务。它一般包括国家向社会提供的安全、秩序、公民基本权利和经济发展的基础条件等方面的物品或服务。

在社会主义市场经济体制下，城市财政也和国家财政一样具有三大职能，即：资源配置、收入分配、经济稳定与增长。这三项职能是市场经济条件下的共有规律，自然也是市场取向的经济体制改革和政府职能转换的内在要求。

1. 资源配置职能

我国建立的社会主义市场经济体制，把市场作为配置资源的基础性要素。但这种市场机制也存在其固有的缺陷，如：

- 纯粹无盈利的社会公共物品或服务，不可能由市场自动提供。
- 为社会再生产提供基本条件的基础产业、基础设施，往往由于投资大、周期长、风险高，企业或个人不愿投资，形成需求的刚性增长与有效供给严重不足之间的矛盾，即所谓“瓶颈制约”。
- 外部性的存在，使得资源的配置在市场价格中未能准确或充分地反映经济成本或效益，导致资源配置扭曲。
- 不完全竞争甚至垄断是市场竞争失灵的表现，导致资源配置的失效。

当出现市场配置资源失败或低效时，财政的职能之一，就是通过预算、税收、财政投资等政策手段加以调节，从而优化资源配置：

- 提供公共品。财政主要通过税收和国有企业利润上交，并通过预算的经费拨款，参与社会产品的分配与再分配，保证行政、文化、教育、卫生、科学研究以及公共安全等社会事业的资金需要，从而向民众提供实物与服务等社会公共品。
- 对某些基础产业、基础设施和公益性项目进行投资。即由财政通过预算拨款或政府贷款直接投资；实行减免税的优惠，以鼓励社会资源配置于这类项目；利用政策性银行的支持，进行信用投资。
- 对一般竞争性项目实行政策引导。即根据其发展状况和社会需要程度，由国家制定产业政策；财政部门根据产业政策，对其生产经营分别征收高低不等的流转税和所得税，以体现政策诱导，优化资源配置。

- 对具有外部性的项目进行调节。即对于具有正外部性的项目，通过财政补贴等措施来矫正供给不足，如城市地区的卫生防疫、疫苗接种、城市废弃物处理设施建设等；对于具有负外部性的项目，如城市地区的环境污染等，则通过课征污染税或拍卖污染许可证等措施，迫使污染者减少产出水平，从而减少对环境的污染程度。
- 对市场竞争失灵加以干预，提高资源配置效率。即城市政府既可以对垄断厂商（如自来水、电力供应和城市公交）发放财政补贴，从而要求其增加产量和降低价格；也可以接管这类企业，直接规定产品低价出售，或按市场原则规范公共定价，调整产业组织形成竞争格局；以及运用法律等手段维护市场竞争的有效性。

2. 收入分配职能

市场经济自身的基本分配原则，是为提高效率而进行收入分配。这种按照效率优先的原则所组织的产品分配，从微观上看是合理的和必要的，但从宏观上看却不一定是公平的。

- 在一定的体制条件下，进入市场的经济主体所占有的生产要素是不公平的，它包括资金、技术、设备以及人的天赋和劳动技能的差别等等。
- 人与人之间的竞争机会是不均等的，各人的经济背景与家庭负担状况往往存在较大差别，因此，即使按照统一公正的效率原则进行产品分配，在现实中也必然表现为一定程度的不公平性。
- 企业之间由于价格、资源、地理位置、交通条件等客观因素的影响，也会出现盈利水平的高低悬殊和苦乐不均。
- 地区之间由于资源禀赋、文化历史背景的差异，以及人为的政策倾斜，也会出现经济发展程度和收入水平的重大差别。

这一系列的不公平因素，利用市场机制自身是无法解决的，而且这种不公平积累到一定程度，会反过来破坏效率。所以，必须借助政府的力量，通过税收和补贴等分配手段的运用，尽量消除严重的分配不公，促进公平和效率得以较好的结合，保证宏观经济稳定发展。

当出现上述分配不公的问题时，财政的职能就是运用其掌握的政策手段，“校正”原有的分配格局，促进公平分配目标的实现。

- 调节个人收入。即通过税收手段和累进税制，对收入高者多征税、收入低者少征税，缓解社会不同个体或群体之间过分悬殊的收入状况。
- 提供社会保障。即对丧失劳动能力或失去就业机会、缺乏正常收入来源的弱势群体，通过财政的社会保障支出给予必要的补助和救济。
- 促进公平竞争。即对企业之间由于客观因素造成的悬殊的利润差异，通过征收资源税等手段进行调节，以建立一个相对比较公平的市场竞争环境。
- 缩小地区差距。即对于地区之间的发展不平衡，通过财政体制中的转移支付制度，以及重点建设投资等方法给予扶植，以平衡地区之间的差距。

3. 经济稳定与增长职能

现代市场经济国家的实践已经证明：市场经济机制的自发作用，难以实现社会总供求的均衡和宏观经济的稳定发展。所以，保持社会总供求的大体均衡，是财政宏观调控的重要任务之一。

城市财政应该积极配合和执行国家的宏观财政政策。当出现了宏观经济波动时，财政的经济稳定与增长职能表现在：一方面可以借助于财政的某些制度安排来发挥对经济的自动稳定器功能，消除或减轻经济波动；另一方面，通过有意识地运用财政政策手段进行调节。

- 当社会总需求大于总供给时，政府应采取紧缩性财政政策。具体表现为：一方面增加税收和国债发行，减少企业投资和居民消费需求；另一方面减少财政支出，控制公共消费与投资，压缩社会总需求。
- 当社会总需求小于总供给时，政府应采取扩张性财政政策。具体表现为：一方面减少税收和国债发行，增加企业投资和居民消费需求；另一方面增加财政支出，扩大公共消费与投资，刺激经济的发展。

三、城市财政的作用

城市财政的运作对于城市的经济和社会发展有着至关重要的作用，它主要体现在以下几个方面。

1. 支援国家经济建设

城市财政除了积极参与对国计民生有重大影响的重点工程项目的建设，还体现在城市财政政策的正确制定和执行上。通过城市财政资金的合理分配以及有效使用，可以影响城市经济发展速度、经济结构和经济效益。

2. 进行城市建设与维护、实现城市规划

城市财政的首要任务是进行城市的建设与维护。因为城市硬件环境和基础设施建设水平与维护状况，直接关系到城市一切生产与生活活动是否能顺利进行。同时，城市规划目标的实现，也是城市政府的职责所在，它必须依靠城市财政所提供的人力、物力、财力来具体实施。

3. 促进城市各项社会事业发展

城市的文化、教育、科技、卫生、体育、社会福利、社会管理、公共安全等各项社会事业，都必须依靠城市财政的支持。由财政提供资金进行各项设施的建设、各项活动的开展，促进城市物质文明、精神文明和政治文明的协调发展。

4. 保障城市人民生活水平的稳定提高

我国城市财政还担负着保障城市人民生活水平的重任。即通过财政补贴的方式为城市居民的住房、食品、交通、燃料等多方面的消费提供资助，使居民的生活水平不会因为物价的过快上涨而下降。同时，对一些特殊居民，如残疾人、孤寡老人、烈士家属、失业者等提供抚恤与补助，建立起完善的社会保障制度。

归根结底，城市财政活动包含四个环节：生财、聚财、理财、用财。前两项涉及财政收入，后两项涉及财政支出，这四个环节互相影响、相互作用。

第二节　城市财政的收入与支出

一、筹集城市财政资金的原则

城市财政是一项政策性很强的工作，它涉及经济生活与社会事业的方方面面。因此，在筹集城市财政资金的过程中，就要遵循一定的原则，按客观经济规律和国家有关财政政策办事。筹集城市财政资金的主要原则如下。

1. 发展经济，广开财源

筹集城市财政资金必须在发展城市经济的基础上进行。如果城市的经济不发达，则财政资金有如无源之水、无本之木。我国古代的不少经济学家对于如何“生财”有着许多精辟的见解，即强调“培基固本”、“藏富于民”，反对“竭泽而渔”、“杀鸡取卵”，这些对于今天的城市财政工作仍然大有裨益。

实践证明，城市财政收入增长的规模与速度，取决于城市经济活动中经济效益的高低，取决于城市经济发展的规模、速度与积累水平。所以，只有大力发展城市经济，才能广开城市财政来源。

2. 公平分配，合理负担

城市财政的一项重要职能是收入分配职能，因此在筹集城市财政资金时，就要体现出这个职能，保证分配的公平性。在具体操作中，要坚持两个基本原则。

(1) 利益挂钩原则。对于那些享受了城市财政利益的单位和个人来说，应该承担筹集城市财政资金的任务，即“谁受益、谁出钱”，这是公平分配的体现，也是城市居民与组织的义务。当然，并非绝对地按照受益额的大小来决定出资额的多少，有些受益者(如儿童、老人、残疾人和非营利性组织)本身不具备支付能力，则无须承担这部分义务。

(2) 负担能力原则。不同的个人与经济单位，由于从事的职业和活动性质不同，会有经济收益上的差异。这样他们的负担能力也就有高下，应该区别对待，做到能力大者多负担，能力小者少负担或不负担，从而保证社会分配的公正性，缩小贫富差距，体现社会和谐。

二、城市财政收入构成

财政收入也称"预算收入"，它是通过财政分配渠道集中于国家预算的资金，通常按财政年度计算。中国的城市财政收入主要以税收、收费、上级政府的补助作为主要来源，土地收入等财产收入在一些地方也占据重要的地位。我国的城市公债目前虽然还未正式获准发行，但近年来也是备受关注的一个焦点问题。

1. 城市税收收入

税收是政府为履行职能，凭借其政治权力，依据特定标准，强制、无偿地取得公共收入的一种形式。

按照我国1994年分税制改革后形成的预算管理体制框架，属于地方的税收包括：增值税的25%；营业税(不含银行总行、铁道、保险总公司的营业税)；企业所得税；个人所得税(对个人在金融机构储蓄取得的利息所得征收的利息税归中央)；城镇土地使用税；土地增值税；耕地占用税；城市维护建设税；资源税(不含海洋石油资源税)；房产税；城市房地产税[①]；车船使用税；印花税；契税；遗产和赠与税(待开征)等。需要指出的是，从2002年1月1日起，我国所得税收入在政府间的分配做了调整：2002年企业所得税和个人所得税收入由中央和地方按五五分成，2004年后按六四分成。2007年1月1日起，内外资企业按25%的统一税率征收企业所得税，实现了"两税合一"。

在我国的城市财政收入当中，以流转税类、所得税类以及财产税类占税收总收入的比重最大。

就流转税来看，我国各城市的流转税占总税收的比重都比较高，这是因为在我国流转税被赋予主体税种的地位。城市流转税主要是增值税与营业税。增值税的征税对象主要是商品生产和流通中各环节的新增价值或商品附加值，可避免对流转税额全值课税造成的重复征税的弊端；增值税的征税范围广泛地涉及商品生产、批发、零售和服务业，税率相对单一，一般认为这样比较能体现税收的"中性"原则。

就营业税来看，按照1994年税改的相关规定，我国营业税的征收范围主要是提供应税劳务、转让无形资产和销售不动产，以营业额为计税依据。像北京等大城市，第三产业

---

① 根据国务院《关于外商投资企业和外国企业使用增值税、消费税、营业税等税收暂行条例有关问题的通知》(国发[1994]10号)的规定精神，城市房地产税的纳税义务人为在我国境内拥有房屋产权的外商投资企业、外国企业和外籍个人以及华侨、港澳台同胞。

中的金融保险、房地产和邮电通信、旅游休闲等行业构成了营业税的主要增长点。

2. 城市收费收入

我国目前纳入预算管理的城市收费主要是行政性收费、海域场地、矿区使用费及专项收入(即基金收入)。

除预算内收费外,城市政府收费还包括来源于预算外的收费以及一些游离于财政管理制度外的收费。从2007年1月1日起,在全国实行新的预算科目分类,将逐步使政府的预算外收入纳入预算内,统一编制预算。

从总体上看,当前我国地方政府的收费收入规模庞大,几乎与税收收入平起平坐,在不少地方甚至超过了税收收入。现行地方的收费主体有地方的财政、交通、国土资源、工商、卫生监督、公安、司法、检察、城建、环保、教育、市政设施等政府管理部门。

3. 城市补助收入

目前我国中央政府对地方政府的补助主要有五种类型。

(1) 税收返还。即中央对地方的两税(指增值税和消费税)的返还。税收返还额以1993年为基数,以后逐年递增;递增率按各地方增值税和消费税的平均增长率1∶0.3的系数确定,即上述两税每增长1%,中央对地方的税收返还额增长0.3%。

(2) 体制补助(或上解)。这是1988—1993年推行财政承包体制的延续。根据原体制的规定,中央财政向部分省级政府进行定额补助。同时,也有部分省级政府向中央财政进行定额上解。

(3) 专项补助。即中央财政向地方财政拨付的用于救灾、扶贫、价格补贴等目的的补助,包括中央有关部委掌握的对教育、卫生、环保、基础设施建设等项目的专项拨款。

(4) 年终结算补助(或上解)。即对过去的财政年度内因政策变化及中央与地方相互交叉收支对地方收支的影响所进行的调节。严格地说,这是中央与地方的双向财力转移,并非是中央对地方的定向补助。

(5) 一般性转移支付。这是在2002年与所得税分享改革同步推出的,替代1995—2001年间实行的过渡期财政转移支付的一种相对规范的,由中央财政向地方财政进行的补助。补助收入来源为中央通过所得税分享改革增加的收入,其投向主要为中西部地区。一般转移性支付采用规范的公式化的操作,计算公式为:

$$\text{某地区转移支付额} = (\text{该地区标准财政支出} - \text{该地区标准财政收入}) \times \text{地区转移支付系数}$$

4. 城市财产收入(含土地收入)

财产收入是城市政府财政收入的另一来源,它包括因拥有或处置政府财产而获得的收入。一般来说,在现代政府财政收入结构中,财产收入所占比重并不高。但近年来,我国地方政府的财产收入特别是土地收入增长很快,需要严加管理。

土地是一种重要的国有资产。据报道，截至2002年底，全国国有资产约为36万亿元，其中土地资产就占了25万亿元。按照我国对国有资产分级管理的做法，地方土地资产是由地方政府管理的。城镇土地使用权的有偿转让收入在20世纪90年代中期以前是由中央和地方分成的，但地方政府并没有上缴，现为地方政府所独有，计入预算外收入，已成为地方政府预算外收入的主要来源，甚至被称为地方政府的“第二财政”。

从2007年1月1日起，城镇土地出让金收支全额纳入地方基金预算管理，实行“收支两条线”。在地方国库中设立专账，专门核算土地出让的收入和支出情况。土地出让收入的使用要重点向新农村建设倾斜，逐步提高用于农业土地开发和农村基础设施建设的比重。同时，从土地出让收入中划出一定比例的资金，建立国有土地收益基金，用于土地收购储备，实行专户管理。

5. 发行城市公债

自1995年1月1日起施行的《中华人民共和国预算法》第二十八条规定：“地方各级预算按照量入为出、收支平衡的原则编制，不列赤字；除法律和国务院另有规定外，地方政府不得发行地方政府债券。”这就从预算编制上制止了各级财政发生赤字，杜绝了为弥补地方财政赤字而发行地方债券的可能性。

但事实上，随着我国城市化进程的加速，以及资本市场的走向成熟，发展和培育城市公债市场的必要性日益增强。发行城市公债，将有利于缓解中央财政压力，为地方财政履行其职能提供财力保障；有利于提高政府投资效率，增加财政透明度；有利于丰富和活跃我国债券市场，满足居民投资需求。

三、运用城市财政资金的原则

“生财”、“聚财”有道，还须“理财”、“用财”有方。在城市财政资金的运用中，应该体现出以下原则。

1. 量入为出，量财行事

俗话说：“巧妇难为无米之炊”，治国亦如理家——有钱多办事，无钱少办事。在一般情况下，社会主义国家应当坚持收支平衡、减少赤字的原则。所谓赤字，是指财政支出大于收入的差额，会计上习惯用红色表示。为了弥补赤字，如果不能通过借贷方式解决，国家就要增发纸币，扩大没有商品保证的货币供应量。因此，如果财政赤字过大，则容易引起通货膨胀，使人民群众的实际生活水平下降。在城市财政的支出中，避免产生赤字的基本原则就是量入为出、量财行事。

2. 坚持计划，讲求效益

财政支出应尽量根据预算执行，对一些大的建设项目尤其要进行深入细致的可行性研究和多方案比较，力求“少花钱、多办事、办好事”，减少财政支出中的低效利用和无效浪费现象；力求经济效益与社会效益并重，做到把“好钢用在刀刃上”，使有限的财力能实实在在地服务于城市建设与经济发展。

3. 取之于民，用之于城

城市财政资金主要来自于城市人民的劳动创造，除了按规定及时足额地上缴给国家的以外，其余大部分应该用于城市的建设与维护，完善城市基础设施，改善生态环境，优化投资环境，使人民群众的生活条件和环境质量不断得到提高和改善。

四、城市财政支出构成

城市财政支出是对城市财政收入有计划地进行分配的过程，可以大致分为以下三类。

1. 城市财政消费性支出

(1) 行政管理和公共安全支出。其中，行政管理支出是指公共部门维持正常运转所必需的支出，主要用于国家各级权力机关、行政管理机关和外事机构行使其职能所需的费用支出；公共安全支出则是指为了维护社会秩序和公共安全而发生的费用，这方面的公共机构主要包括公安、司法、法院、检察院等。

(2) 科研和教育支出。由于城市是高等院校、科研机构的集聚地，城市的集聚经济作用也体现在科研开发、成果转化和技术辐射方面的优势，所以科研支出是城市财政支出的一个重要项目。科学技术是第一生产力，教育则是科学技术发展的基础。通过教育，人们将已有的科学文化知识进行传承，并对新的科技成果进行推广；通过教育，劳动者获得相应的管理以及技术技能，进而提高社会劳动生产率；教育对城市的经济社会发展具有重要作用，所以教育的支出也就成为城市政府财政支出的重要内容之一。

(3) 公共保健和文化体育支出。当代社会对劳动力的身体素质与心理素质提出了较高的要求，社会必须提供相应的医疗卫生设施与保健服务，因此公共保健支出是城市财政的必要支出项目。同时，城市向来是文化和体育活动的中心，文体活动对于社会稳定与和谐发展有着深远影响，所以城市财政支出的常规项目也包含了对文化体育方面的必要投入。

2. 城市财政投资性支出

(1) 基础设施建设支出。基础设施是为整个社会生产、消费提供的“共同生产条件”和“共同流通条件”。城市基础设施部门效率的提高，可以降低整个城市的生产成本和消费成本，促进城市经济的健康发展，所以在城市财政的投资性支出中，基础设施建设的支出占了较大比重，但是我国基础设施建设依旧比较薄弱。联合国推荐发展中国家市政公用设施投资占国家 GDP 的 3%～5%，而我国市政公用设施投资占 GDP 的比例一直较低,"九五"、"十五"期间略有提高,2000—2003 年也仅达到 3.07%。

(2) 公共住宅建设支出。在经济迅速增长的进程中,部分社会成员不能获得充分的住宅和适当的居住环境,表明存在显著的收入分配不公,必须采取措施尽量改善低收入阶层的居住状况。因此,公共住宅计划就成为城市财政投资性支出的一个重要项目。

3. 城市社会保障支出

(1) 社会保险。社会保险是现代社会保障的核心内容,即国家根据立法采用强制手段,一般由保险受保人及其工作单位、国家财政共同出资投保。在受保人遭遇疾病、生育、年老、残疾、死亡、失业、工伤等变故时给予其基本生活保障的一种保险制度。与商业保险相比,社会保险具有强制性、社会补助性、受保人权利义务非严格对等性的性质。

我国的城市社会保险包括养老保险、失业保险、医疗保险、工伤保险和生育保险,其中以前三项为主:①养老保险。我国的基本养老保险采取的是社会统筹和个人账户相结合的部分积累养老保险制度,即现收现付制与基金制的结合。基本养老保险费由企业和个人共同缴纳。企业缴纳基本养老保险费的比例,一般不得超过企业工资总额的 20%,个人缴费比例不超过本人工资的 8%。②失业保险。1999 年国务院颁布《失业保险条例》,确定我国失业保险制度的基本原则和主要政策。我国的失业保险通过国家立法强制实施,由用人单位和职工个人共同缴纳保险费,单位缴费比例为本单位职工工资总额的 2%,职工个人缴费为本人工资收入的 1%。失业人员领取失业保险金的期限,根据失业人员失业前所在单位和本人累计缴费时间长短计算,最长期限为 2 年。③医疗保险。1998 年国务院发布了《关于建立城镇职工基本医疗保险制度的决定》,确定了医疗保险制度改革的目标任务、基本原则和政策框架,奠定了我国多层次医疗保障体系的基础。我国基本医疗保险制度引入医疗费用由单位和个人共同承担的分担机制和个人账户的约束机制,实行社会统筹和个人账户相结合的模式。医疗保险费由单位和个人共同缴纳,社会统筹部分由用人单位缴费,单位缴费的比例一般为职工工资总额的 6%左右,个人缴费比例一般为本人工资收入的 2%左右。用人单位缴费的 30%左右划入个人账户,其余部分建立统筹基金。个人账户用于支付门诊等小额费用,统筹基金用于支付住院等大额医疗费用。

(2) 社会救济。是指国家运用财政支出,向生活有困难的社会成员提供资助的社会保险计划。社会救济与社会保险相比,二者的主要区别在于:社会保险具有一定的普遍性,而社会救济具有特殊性;社会救济的资金不可能来自受援对象,而只能由国家财政提供,故社会救济具有较强的转移支付性质。

(3) 社会福利。广义的社会福利是指政府为全体社会成员创建有助于提高生活质量的物质和文化环境,提供各种社会性津贴、公共基础设施和社会服务,以不断增进国民整体福利水平。

狭义的社会福利是指政府和社会向老人、儿童、残疾人等社会中特别需要关怀的人群，提供必要的社会援助，以提高他们的生活水准和自立能力，主要包括老人福利、妇女福利、儿童福利、青少年福利及残疾人福利等。

(4) 社会优抚。社会优抚出于保护社会上受尊敬的群体的目的，对符合规定的社会成员提供经济保障。接受社会优抚的对象一般有现役军人及其家属、烈属、退伍军人等。社会优抚的资金来源基本上是政府财政支出，它的转移支付作用在于向为社会作出特殊贡献的人提供收入帮助，弘扬社会良好的风气。

第三节　城市财政管理体制改革与分税制

一、城市财政管理体制的改革

城市财政，属于地方财政的范畴，因此地方财政管理中的一些问题，城市财政也同样存在。同时，城市财政又有其特殊性，即城市经济是一个相对完整的独立经济体系，城市财政在其中担负着城市政府对经济发展进行宏观调控和直接干预的责任。从总体上看，城市财政管理体制的改革，应建立在国家财政管理体制和其他配套机制的改革基础之上。

1. 实行规范合理的分税制

所谓分税制，是一国的中央和地方各级政府按照税种划分财政收入的一种预算管理体制。实行分税制不等于划分税源，对同一税源，各级政府有权依法按照不同税率征收税款。实行分税制后，中央政府仍可对地方政府拨款补助。同时，各级政府可以分别设置税务机构征收税款。分税制的特点是中央对地方各级的财政关系比较明确稳定。这与我国各级财政按照企业隶属关系划分收入来源和地方负责组织收入，并按比例分别上解中央和留成的旧体制，有本质的不同。当前，世界上市场经济国家普遍采用分税制。实行规范合理的分税制，是我国财政管理体制乃至整个经济体制改革的重要战略举措。

2. 明确城市财政职责，转换城市政府职能

城市财政的职责，应主要集中于城市建设和维护，尤其是城市基础设施与社会公共设施的建设和维护；建立完善的社会保障体制，关注城市的弱势群体；保障城市发展、改善城市环境、提高城市居民生活水平等方面。城市财政主要体现的是公共性、服务性，而不应是投资性、生产性。

目前，我国城市财政依然把十分有限的财力投向工业生产，争资金、争项目、争原料、争市场，只重投入、不重效益，造成产业同构严重、低水平重复建设。有些城市对以间接效益、社会效益为主的城市基础设施建设缺乏投资动力，致使本已滞后的基础设施建设更为

困难，成为城市经济振兴与腾飞的绊脚石。

因此，城市财政管理体制的改革，要从指导思想上找症结，要从转换城市政府的职能入手。城市财政除了提供基本的公共物品和服务之外，还必须注重对城市环境的保护，确保城市的可持续发展。所以，明确城市财政职责，可以促使城市政府职能的转化，即由主要管理生产经营和投资活动，转向主要管理城市宏观外部社会经济环境；由直接的、行政的管理手段，转向间接的、法制的管理方式。

总之，城市财政管理体制改革的目的，就是要使城市财政分配关系规范化、科学化、制度化，使城市财政由过去被动的“出纳型”向主动的“理财型”转化；完善城市财政在组织城市经济社会发展中的功能，使城市在实现经济建设现代化的同时，也实现社会管理的现代化。

二、分税制及其改革

我国的预算管理体制经历了以下几个阶段：统收统支体制（1949—1953 年）；统一领导、分级管理体制（1953—1980 年）；财政包干体制（1980—1994 年）；分级预算体制或分税制体制（从 1994 年开始）。前三种体制，都是一种集权型的财政体制；而后一种体制，即分税制体制是一种分权型的财政体制。

1. 分税制的概念

所谓分税制，是在国家各级政府之间明确划分事权及支出范围的基础上，按照事权与财权相统一的原则，结合税种的特性，划分中央与地方的税收管理权限和税收收入，并辅之以补助金制的预算管理体制模式。

分税制是根据市场经济原则和公共财政理论确定的一种分级预算的财政管理体制，其内涵极为丰富，主要包括以下内容：

- 分税。即税收收入在中央和地方之间的划分，它是分税制的核心问题，一般是按税种或税源将全部税收划分为中央和地方两套税收体系。其中按税种分税，就是中央和地方各自征收不同的税种；按税源分税，就是中央和地方可对同一税源按不同税率征收。
- 分权。即税收的管理权限在中央与地方之间的划分，包括税收的立法权、税法的解释权、征管权、调整权及减免权等。
- 分征。即分别建立中央税与地方税各自独立的征收系统，中央政府设置国税局，负责征收中央税和共享税；地方政府设置地税局，负责征收地方税，以保证税法的贯彻和各级税收收入的实现。
- 分管。即中央政府与地方政府之间建立分级预算，分别管理各自的财政收入。

2. 我国的分税制改革

根据我国的国情，1994 年我国实行了分税制改革。

(1) 中央与地方事权和支出的划分。中央财政主要承担国家安全、外交和中央国家机关运转所需的经费,调整国民经济,协调地区发展,实施宏观调控所必需的支出以及由中央直接管理的事业发展支出。地方财政主要承担地区政权机关运转所需的支出,以及本地区经济和事业发展所需的支出。

(2) 中央与地方收入的划分。根据事权与财权相结合的原则,按税种划分中央与地方的收入。将维护国家权益、实施宏观调控所必需的税种划为中央税,如关税、消费税、中央企业所得税等;将同经济发展直接相关的主要税种划为中央与地方共享税,如增值税(中央分享75%、地方分享25%),资源税,证券交易税等;将适合地方征管的税种划为地方税,如营业税、地方企业所得税等,并充实地方税税种,增加地方税收入。

(3) 中央财政对地方税收返还数额的确定。为逐步达到改革的目标,中央财政对地方税收返还的数额以1993年为基年,核定1993年中央从地方净上划的收入数额(即消费税+75%的增值税−中央下划收入)。1993年中央净上划收入全额返还地方,并以此作为以后中央对地方税收返还的基数。1994年后,税收返还在1993年基数上逐年递增,递增率按全国增值税和消费税的平均增长率的1∶0.3系数确定。若1994年以后中央净上划收入达不到1993年的基数,则应相应扣减税收返还数额。

总之,1994年我国实行的分税制是通过对税收收入的合理划分来处理中央和地方政府之间财政分配关系的新型财政体制。从税收收入的实现看,实行分级征管,中央税和共享税由国税局系统征收,保证了中央掌握全国大部分预算收入的实现和分配。地方税由地税局系统征收,有利于地方培植财源,调动了地方增加收入的积极性。从总体上讲,1994年进行的分税制改革取得了明显成效,中央和地方财政收入稳步增长,经济结构得到进一步调整,一个适应社会主义市场经济要求的财政体制框架基本确立。

从分税制看,新的财政体制基本上避免了地方与中央的讨价还价,理顺了中央与地方的分配关系。分税制对地方政府扩大税收产生了激励作用,使地方政府由"眼睛向上看"变为"眼睛向下看",积极挖掘潜力、开辟新的财源,扩大财政收入。中央和地方财政收入都有了较大幅度的增长。但是部分地区税收收入增长不能满足财政支出,支出总量中债务依存度过高,税负结构还需要加以改进。完善分税制成为财政改革进一步深化的一个热点。

3. 建立转移支付制度

在完善分税制的过程中,科学规范的转移支付制度是一项重要的配套措施。科学规范的转移支付制度是以财税体制改革的深化和规范化为前提。只有明确划分政府间事权,完善税收管理体制和预算管理体制,才能进一步完善税收划分,相应确定各级政府财权,建立科学规范的转移支付制度,进而最终建立起完善的分税制财政体制。

财政转移支付制度,是指中央政府的财政收入转作地方政府的收入来源以满足其支出需要的一种财政制度。实施分税制的预算管理体制后,并不意味着要使地方拥有足以自我平衡的税收收入,划归地方支配的税收仅仅是地方相对稳定的一部分财政收入,其收支差额要通过中央政府的财政补助或转移支付予以弥补。

目前，在世界各国，有一些国家转移支付制度比较科学、规范，值得我们学习和借鉴。比如澳大利亚、德国、日本、美国、英国、加拿大等国家的转移支付制度都有一些先进的做法。大多数国家的共同特点是以公共服务能力的均衡化为基础来建立本国的政府间转移支付制度的。这些先进的经验值得我们在建立规范转移支付制度中借鉴。规范化转移支付方案体现了如下特点：

- 按税种测算收入能力。比较详细地计算出各地在各税种上存在的收入能力差异，消除了用总量测算方法的过于简单的弊病。
- 按项目测算支出需求。比较详细地计算出各地在各项支出上存在的需求差异，可以充分考虑不同的因素对各地区各项支出的影响。
- 计算的结果是一个分配系数，而不是一个绝对额。计算结果是一个切“蛋糕”的比例，既可以用它分配增量，也可以用它调整存量，中央财政能够根据分税制完善的进程以及中央财力的情况决定转移支付的数量。
- 该方案可以用几年(3 年或 5 年)的分配系数进行滚动平均。克服了转移支付资金在不同年度之间波动过大问题，保证了转移支付资金的分配稳定、合理。
- 方案本身具有较大的稳定性和可塑性。由于该方案是按照规范化的要求设计的，中央与地方的财力分配的基本框架今后不需要做大的变动，因此该方案具有较大的稳定性。同时，按税种、按支出项目的测算方法，随着统计资料的进一步齐全，项目可以分得更细，因素可以选得更全，结果会更加科学合理，因此该方案具有较强的可塑性。

总之，科学的转移支付方案必须能够客观地反映各地财政收入能力和支出需求，并且在基本不改变中央与地方利益格局的情况下，分配中央财政转移支付的部分增量，满足现实需要。

第四节　城市金融

一、金融的概念与机构

1. 金融的基本概念

所谓金融，是指资金的融通。它是以金融资产为对象，通过金融中介机构在金融市场上运作的活动。其中金融资产为一种无形的资产，其主要价值体现在对未来现金流的索取权上。金融活动是指金融资产的交易过程中所涉及的各项活动。

(1) 直接金融。是指没有金融中介参与,由投资人和筹资人直接完成的金融活动。主要是通过发行债券、股票等信用工具的方式,吸收社会剩余资金,当做资本,直接投入到特定的项目中去。

采取直接融资的主要优点是:可以把资金向经济效益高的方向和用途引导;促进企业提高资本使用效率;可以把社会上的一部分消费资金变为长期性生产建设资金;拓宽群众投资的渠道,分散投资风险。

(2) 间接金融。是指有金融中介参与完成的金融活动,主要资金来源是银行贷款。采取间接融资的主要优点是:可以降低交易的成本,提高交易的效率;提供信誉保障。

从事金融活动的主体包括投资者、筹资者和金融中介。金融中介作为专门从事金融活动的金融机构,对于金融活动的运作起着重要作用。现行金融中介机构主要包括银行、基金、保险公司、信托公司等。

2. 银行

银行是经营存款、放款、汇兑、储蓄等金融业务,承担信用中介的机构。现代银行的主要职能是:充当信用中介、充当企业之间的支付中介和提供信用工具。

银行按其功能又可以划分为以下三类。

(1) 中央银行。它是一个国家金融体系的核心,具有特殊的地位和作用。中央银行以稳定币值为首要目标,控制一个国家的货币政策和金融体系,支持国民经济的发展。通俗地说,中央银行是“发行的银行”或者是“银行的银行”。它的主要职能有:发行货币,调节货币流通;监督管理一国的金融业;制定和执行一国的货币政策,支持经济的稳定增长。

我国的中央银行是中国人民银行。美国没有中央银行,而是由联邦储备委员会行使有关中央银行的职能。

(2) 商业银行。它是主要为工商企业筹集短期资金和提供业务服务的银行。以吸收存款的方式汇集资金,放款给工商企业作为流动资金,还办理资金收付、汇兑,以及票据贴现和抵押贷款等业务。

目前我国的国有商业银行有:中国工商银行、中国银行、中国建设银行和中国农业银行。股份制商业银行主要有:交通银行、中国光大银行、中国民生银行、中信实业银行、招商银行以及华夏银行等。此外还有一批城市型的地方商业银行(如北京银行)。

(3) 专业银行。它是指具有特定业务范围,从事专门性金融服务的银行。专业银行的种类很多,但主要有以下几种类型:

- 投资银行:是指专门从事工商企业股票与债券投资活动,代办发行或报销证券,并为企业提供长期信贷业务的银行。
- 开发银行:是指专门为经济开发提供扶持性(利率和贷款条件比一般的商业银行要相对优惠)投资贷款的银行,可分为国际性、区域性和国家性开发银行,如我国的国家开发银行。

- 住宅储蓄银行：是指以设立存折储蓄账户和吸收居民储蓄存款为主要资金来源，并用于面向储户发放低息住宅抵押贷款的专业银行。
- 农业银行：是指专门向农业部门或农民个人提供优惠信贷的银行，如我国的中国农业发展银行。
- 抵押银行：是指专门从事土地、房屋等不动产的抵押贷款的银行，因此也被称为不动产抵押银行。
- 进出口银行：是为一国对外贸易而设立的专门银行，具有官方或半官方性质，目的是促进一国的商品输入和输出而非盈利，其资金主要来源于官方投资、向政府借款以及发行债券等，如我国的中国进出口银行。

3. 基金

(1) 投资基金。又称为投资公司，是向公众出售股份并将所获资金投资于多样化的资产组合的金融中介机构。投资基金主要分为开放式和封闭式两类。投资基金的出现将小额投资者的资金汇聚起来，进行了专业化的运作，有效地降低了交易费用和交易门槛。

(2) 养老基金。是作为社会保障制度的一个组成部分发展起来的，其资金来源是由职工和雇主共同出资积累的储蓄金。这些资金在雇员退休后可以按月领取，以保证雇员退休后的基本生活。

4. 保险公司

所谓保险，是指以集中起来的保险费建立保险基金，用于补偿因自然灾害或意外事故所造成的经济损失，或对个人的死亡、伤残给付保险金的一种办法。其实质是集合有同类同性质危险的多数人的资金，来分担其中少数人可能遭受的损失，即“一人为众、众为一人”。它开始于公元前2000年的海上保险。而保险公司则是指经营保险业务，与投保人订立保险合同，收取保险费，在保险事故发生时负责赔偿或给付保险金的金融企业。

目前，我国专营保险业务的有中国人民保险公司、太平洋保险公司、平安保险公司等。

5. 信托公司

所谓信托，是指接受他人的信任与委托，代为经管财物或代办事务，为指定的人谋利益的经济行为。而信托公司是指以盈利为目的，并以受托人的身份经营信托及投资业务的金融企业。

我国最早的信托公司，是1921年成立的上海通商信托公司。2002年5月，中国人民银行公布了《信托投资公司管理办法》，其中规定了信托公司可以经营的本外币业务，主要包括资金、动产、不动产的信托业务等9项。

6. 其他金融中介机构

(1) 信用合作社。是指城乡居民集资组成的合作金融组织，1849年由德国莱茵地区首创。在我国，目前有城市信用社与农村信用社两大类，属集体所有制性质，按照经济独立原则灵活经营，独立核算、自负盈亏，主要办理城乡集体、私营经济单位和个人的存、贷款业务。

（2）消费信用机构。是指为了刺激生产、促进消费而建立的一种信用组织，主要包括各种消费信用公司和典当行等两大类。

（3）财务公司。是指由一些大的企业集团或机构组建，并主要从事集团内部各企业的筹资和融通资金的金融企业。旨在促进其技术改造和技术进步，而不能像其他金融机构一样到社会上去开拓生存空间。

（4）金融租赁公司。是指通过融物的形式起融通资金作用的金融机构，在一定时期内以收取租金为条件将某物资财产交付承租人使用，实际上等于为承租人筹措了该项物资财产的购货款，差别只在于所有权不属于承租人。

二、城市金融市场

所谓金融市场，是指以金融资产为交易对象而形成的供求关系及运行机制的总和。它是金融资产进行交易的一个有形或无形的市场，反映了金融资产的供应者和需求者之间所形成的供求关系，包含了金融资产交易过程中所产生的运作机制（主要是价格机制）。

金融市场通过适当的金融活动，可以实现各部门之间资金的调剂以及资源的配置；实现市场价格的发现和确定；实现风险的分散和风险转移；降低交易的搜索成本和信息成本。

金融市场是个多样化的市场体系，主要包括以下几个市场。

1. 货币市场

是指专门融通短期资金的市场，故又称短期金融市场，一般期限在一年以内。其特点是融资期限短和被融通的资金主要是作为再生产过程中所需要的流动资金。其业务类型主要有以下几种。

（1）同业拆借。是指金融机构（除中央银行外）同业之间为弥补资金不足、票据清算的差额以及解决临时性的资金不足而进行的短期资金借贷。同业拆借分为头寸拆借和同业借贷。其主要参与者是各商业银行、非银行金融机构以及市场中介人。

（2）商业票据。是指出票人以贴现方式发行的承诺在指定日期按票面金额向持票人付现的一种无抵押担保的票据。其主要参与者是发行商业票据的规模巨大、信誉良好的公司、政府及私人商业票据投资者。

（3）承兑汇票。是指在商品交易活动中，销货方为了向购货方索取货款而签发汇票，经付款人在票面上承诺到期付款的“承兑”字样并签章的汇票。其主要参与者为创造承兑汇票的承兑银行、市场交易商和投资者。

（4）国库券。是指政府部门以债务人身份承担到期偿付本息责任的期限一般在五年以内的债务凭证。在我国,习惯将政府财政部门发行的政府债券都称为国库券。其主要参与者为国家财政部门以及自由市场投资者。

(5) 大额可转让定期存单。是一种银行定期存款凭证,由银行以大面值金额发行,存单在满期前可由持有者在二级市场上自由转让出去,转让价格受利率、期限和本金影响,一般转让时的市场利率与存单原定利率相比越高,转让价格就越低。其主要投资者为大型企业以及金融机构。

(6) 回购协议。是指证券出售者在货币市场上出售证券以融通资金时,与对方签订协议,约定在未来某一时间按协议的价格购回原证券。其主要参与者是大型银行机构以及政府证券交易商。

2. 资本市场

是指提供长期(一年以上)运营资本的市场,亦称长期金融市场,其融通的资金主要作为扩大再生产所需投入的资本使用。其业务类型分为以下两种。

(1) 银行中、长期贷款市场。是指银行为个人或企事业单位提供的用于固定资产购置、新建、扩建或改建的中、长期资金信贷市场。

(2) 证券市场。是指有价证券发行与流通的场所,在该市场上流通的长期信用工具是有价证券,包括债券和股票两大类:①债券。是债务人开给债权人的债务证书,持有人可凭此证书,在债券期满时向发行人收回本金和获得利息。②股票。是股份公司为筹集资金而发行的一种权益证明书,它是投资人的投资凭据,表示他拥有公司的股份所有权而成为股东,并进而享有股息收入及其他相应的权利和义务。股票可以转让,但不能抽回股金。

证券市场根据功能又分为初级市场和二级市场。前者是发行新证券的市场,亦称发行市场;后者是各种证券买卖的市场,亦称流通市场。证券交易所是高度组织化的二级市场,目前我国仅有上海、深圳两个城市开办了证券交易所。

3. 外汇市场

是指由各国中央银行、外汇银行、外汇经纪人和客户组成的买卖外汇的交易系统。按交易方式的不同,可分为固定的有形市场与开放的无形市场。有形市场是指外汇买卖双方在专门设立的外汇交易所中进行的面对面交易;无形市场是指没有固定的交易场所,外汇买卖双方通过电话、电传等电信工具进行的交易。当今世界上最大的三个外汇市场以及不同金融中心之间的外汇交易,都是在电子网络系统中进行的,所以现行的国际外汇市场更接近于无形的市场。外汇市场的中心是汇价。汇价既是各种交易活动的结果,又是外汇交易的指示信号。它表现了各种货币“价格”的变化趋势,决定着交易各方的利害得失,支配着市场交易活动的方向。

外汇市场由外汇交易机构和个人组成。其主体部分有以下几个方面。

(1) 中介者。即从事外汇买卖的商业银行和其他金融机构,为各类客户充当外汇买卖的中介以及为银行自身业务需要而进行买卖。

(2) 经纪人。即外汇买卖的中间人,其自身并不经营外汇买卖,而只充当外汇买卖的中介。外汇经纪人必须熟悉外汇交易技术和市场外汇的行情,本身还须拥有相当的资历及良好的信誉,并经金融管理部门的批准。

(3) 交易者。即需要买卖外汇的进出口商、各种企业、组织和个人。

(4) 中央银行或其他政府指定的经营机构。它们参与外汇市场的交易,主要是出于干预外汇市场以谋求稳定汇率以及经营本国外汇储备这两方面的需要。

外汇市场的作用是:便利国际支付结算和国际资金的借贷转移,避免或减少国际经济交易中的外汇风险,促进世界经济的发展。世界上主要外汇市场分布在伦敦、纽约、苏黎世、巴黎、法兰克福、香港、新加坡、东京等地。科学技术的进步使得通信设备越来越完善和发达,以直接交易的方式,形成了全球24小时不间断的连续交易市场。

外汇市场的发育应具备一定的条件。在一个实行严格外汇管理的国家里,很难有真正的外汇市场。只有实行自由的或管制较松的外汇制度的国家,才能有较完善的外汇市场。我国目前基本上仍实行外汇管制,外汇的买卖还受到各种限制。但近年来,随着我国对外开放程度的扩大、外汇流量的增加,在上海、厦门、大连、北京等地开办了不同类型的公开外汇调剂市场,且已初具规模。今后的任务是进一步提高其市场化程度,扩大交易的范围,增加品种,为开放外汇市场积极创造条件。

4. 黄金市场

是指集中进行黄金买卖和金币兑换的交易场所。国际黄金市场的参与者,可分为国际金商、银行、对冲基金等金融机构、各个法人机构、私人投资者以及在黄金期货交易中有很大作用的经纪公司。

目前世界主要的黄金市场在伦敦、苏黎世、纽约、芝加哥、香港等地。2002年10月30日,坐落于上海外滩的上海黄金交易所正式开业,结束了中国黄金不能自由买卖的历史。

5. 金融衍生工具市场

(1) 远期。远期合约是交易双方约定在未来某个确定的时间,按照某个事先商定的价格买卖一定数量的某种资产的协议。

(2) 期货。期货合约是交易双方约定在将来某一特定时间,按照约定的条件,买入或卖出一定数量的某种资产的标准化协议。

(3) 期权。期权是指赋予其持有人在未来某一特定时间、以某一特定价格买卖规定数量和质量的基础资产的权利的合约。

(4) 互换。互换合约是交易双方签订的在未来某一时期内交换他们认为具有相等经济价值的现金流的合约。

城市金融市场的良好运作还离不开政府的监管。由于现实的市场并不是完全竞争的，会存在市场失灵的现象，所以政府的监管是必不可少的。金融的管制因各国政治、经济、历史、文化等因素而不同，但是管制目标大致相同，主要以信息披露、防止市场失败为目的。具体包括以下几个方面：防止金融资产的发行者隐藏信息欺骗投资者、促进金融市场的竞争和保证金融资产交易的公平性、维持金融市场的稳定。为达到上述的目标，通常采取的监管形式包括：信息披露的管制、金融交易行为的管制、金融机构的管制、银行货币的管制。

三、城市金融市场在城市经济中的作用

金融业是商品经济发展的产物，在市场经济的运行中发挥着极为重要的调节作用。城市金融业是城市经济的神经中枢，引导和控制着经济运行的方向、速度和规模。

1. 筹集资金，成为城市经济发展后盾

资金是生产要素之一，现代经济的一切领域都离不开资金运动。而资金运动所融通的资金数量、规模及范围，反映了一个城市经济发展的资金实力和物质实力。通过吸收存款，可以筹集大量社会闲置资金。马克思说："小的金额是不能单独作为货币发挥作用的，但是它们结合成巨款，就形成一个货币力量。"[①]这个力量，是城市经济发展最坚实的后盾。如果资金雄厚，城市就能引进先进技术和设备，获得能源与原材料的充足供应，改善生产环境，开拓新市场，使城市经济如虎添翼。

2. 调配资金，引导城市产业结构优化

资金的调配，是与国家的经济政策与产业政策密切相关的。对于那些关系国计民生、对城市发展有重大影响的基础产业，以及那些有比较优势的主导产业，应该给予有力的资金支持，使之尽快成长和壮大；反之，对于那些不具备比较优势，且污染重、耗能多、运量大的城市产业，则尽量约束其资金供给，从而引导城市产业结构的调整和优化。

3. 加强监督，促进企业改善经营管理

企业向银行贷款，必须还本付息。如果贷款数额多、期限长，则债务负担重。这使企业不得不改善经营管理、提高资金利用效益，从而保障还贷、减轻债务。同时，企业资金是一个整体，银行贷款与企业自有资金、其他资金有机联系着，并受到银行对资金运用的管理和监督。

4. 组织结算，保障商品经济顺畅运行

在商品交换中，购买者向售卖者交付货款和其他货币收付的行为，称为"结算"。它分

---

① 马克思.资本论.第3卷.北京：人民出版社，1975，453、454

成现金结算和转账结算两种，前者为双方直接用现金进行的支付；后者为由银行把资金从付款单位账户划转收款单位账户的行为。目前在商品经济发达的国家，转账结算的形式越来越占主导地位，现金只在个人消费的领域小范围地使用。

商品周转越快、流通时间越短，资金的生产效率和价值增值就越大。没有银行的转账结算，社会商品和货币就不能顺畅地流转，城市的商品交换和经济往来就不能更快地发展。

5. 灵活运用经济杠杆，参与宏观经济调控

市场经济是以平等竞争和等价交换为特征的，商品交换又首先表现为商品同货币的交换。银行通过增加或减少贷款、扩大和收缩货币供应，能最有效地影响生产与建设的投资规模；同时，银行通过利率杠杆，可以使社会的消费与积累比例关系发生变化，从而决定市场的兴衰。因此，准确把握经济发展变化情况，及时、正确地作出宏观经济决策，并采取相应的银行货币和利率措施，结合其他经济措施，就能防止通货膨胀，保证城市经济健康运转。

四、城市金融中心

狭义的金融中心，是指在商品货币的运行中处于中心地位的金融市场。广义的金融中心，则指在宏观地理区域内发挥金融活动中枢作用的大中城市。在此讨论的范畴，是仅就城市而言的。

1. 金融中心的形成条件

金融中心是商品经济高度发达的产物，它的形成必须满足以下条件。

(1) 金融中心是伴随经济中心的发展而形成，是经济中心的最高形态。当商品生产和商品流通的发展形成以某一城市为中心以后，一方面从生产流通领域游离出大量的货币资金需要寻求投资的场所；另一方面生产和流通领域又需要不断补充大量的货币资金进行运转。因此，只有一个城市的经济实力十分雄厚，已经成为一定区域的经济中心之后，它才可能产生、积聚和使用巨额资金，才使金融中心的形成有了基础。

但是，金融活动的复杂性和多样性以及金融力量对于经济发展的巨大作用，使得金融中心不可能像商业中心、贸易中心那样具有普遍性，即不是每一个经济中心都有金融中心的功能，只有少数经济中心才会发展成金融中心。从这个意义上说，金融中心是经济中心的最高形态。

(2) 金融中心要依托广阔的经济腹地，形成发达的资金市场网络。城市经济本身，尚不足以支撑金融中心的形成。因为资金作为一种资源，必须有十分坚实和可靠的资源供给地，才能集中起来形成巨大的资金运动，在运动中形成调节的中心。

同时，现代商品经济的发展使融资手段日益多样化，客观上要求建立完善的资金市场体系，并在区域内外形成发达的市场网络，使资金流通在更广泛的范围内进行，从而提高资金利用的效率。

(3) 金融中心要提供完善的基础设施,创造良好的流通环境。资金运动必须有充分和迅捷的信息服务为保障,因此要求城市提供完善的交通、通信等基础设施,创造良好的流通环境,吸引尽可能多的银行和金融机构在城市活动。否则,建立金融中心只能是城市一相情意的空想而已。

2. 金融中心分类

通常可以把金融中心划分为三级。

(1) 世界金融中心。如纽约、伦敦和东京,拥有先进的结算和支付系统,是大型的、全球化的、服务齐全的中心;能支持庞大的国内经济,拥有纵向的、流动的市场,在这个市场上,资金的来源和使用是多元的,法律与监管体系能充分保护重要的代理人关系的公正性和监管功能。

(2) 国际区域金融中心。如香港、新加坡和卢森堡,在区域内外发展其金融市场、金融基础设施与媒介资金,国内经济规模较小。

(3) 国家金融中心。如上海、首尔,主要是在国内发展金融市场,对于国际金融市场的影响力还比较弱。

3. 中国的金融中心——上海

上海作为我国最大的经济中心,已经将建设国际金融中心作为跨世纪的战略目标,并有了良好的开端。上海在金融规模上具有优势,在金融环境、金融效率和金融国际化方面,与世界级金融中心的差距也在逐渐缩小。

近年来,上海金融业以浦东综合配套改革为契机,紧紧围绕上海国际金融中心建设这一国家战略目标,不断加快市场化进程,金融改革开放稳步推进;金融运行态势良好,各项存贷款适度增长,银行业资产质量继续提高,中资银行不良贷款率稳步下降;金融要素市场加快创新,推出了沪深 300 指数、债券远期交易和企业短期融资券等产品。

截至 2005 年,上海共有各类金融机构 527 家;其中银行类机构 130 家,保险类机构 227 家,证券类机构 91 家,在沪经营性外资金融机构 123 家。在沪经营的 84 家外资银行及财务公司资产总计达到 484.33 亿美元,其中获准经营人民币业务的有 65 家,其人民币资产总额达到 1 144.44 亿元。有 29 家在沪外资银行被其总行确定为中国境内业务的主报告行。

2005 年 8 月 10 日,中国人民银行上海总部成立,这极大地扩大了上海对国内金融业乃至亚太地区金融业的整体影响力,从而有力地支持了上海国际金融中心的建设发展。上海应进一步整合浦东现代金融风格与浦西经典金融艺术,配以浦江两岸独特的金融建筑和以人为本的生态魅力,充分体现中国金融中心的软实力;深化上海证券交易所、上海商品期货交易所与上海金融期货交易所这三个标志性金融机构的联动与合作,作为国际金融中心机构聚集的标志,充分发挥其在要素市场的领导功能。

城市开发区的发展与建设

第一节　世界经济自由区的发展历程

一、世界经济自由区的发展与类型

在我国，"开发区"(developing area)是一个比较模糊的概念，内涵甚广。而在国际上，则一般称之为"经济自由区"(free economic area)，它和我们所说的开发区有相似之处。因此，若要追本溯源讨论开发区问题，还应从经济自由区谈起。

世界经济自由区最初的出现，是以国际贸易的发展为前提。其后的蓬勃兴旺，则是国际贸易推动世界市场一体化的必然结果。自由市场经济是近现代资本主义所推崇的理论。作为这一理论的指导产物，经济自由区和经济自由港也是最早发源于欧洲的。这些经济自由区的共同点都是以贸易自由为主要内容，包括金融自由、投资自由和运输自由，因此都位于交通便利的沿海港口地区。世界市场的形成和扩大，工业发展水平的提高以及现代化的交通、通信手段的进步，不仅把各种经济发展水平的国家卷入世界商品的流转中，而且将商品的生产、流通、分配和消费各个环节在不同程度和不同条件下联系起来。这时的世界市场正如马克思的论断："使一切国家的生产和消费都成为世界性的了。过去那种地方和民族自给自足和闭关自守的状态，被各民族的各方面的互相依赖所代替了。"

经济自由区对所在国内而言，实为一特别区域，通过实施减免税收为主要措施的优惠政策，以吸引国际商品、资金和人员的自由流动。经过数百年发展演变，今天的具体表现形式有自由港、自由贸易区、出口加工区、科学园区、保税区、自由边境区和旅游开发区。世界经济自由区的发展已有数百年的历史，根据研究世界经济自由区的专家美国人沃特·戴蒙的统计，截至1986年，世界上已有近90个国家和地区先后设立了自由港、自由贸易区、出口加工区和科学园区。法国经济学家帕斯卡·格罗指出，1986年世界贸易额的20%是经过经济自由区实现的，1990年增至33%。经济自由区正在世界经济中占有越来越重要的地位。

1. 经济自由区的初始形态——自由港

自由港(free port)，又称"自由口岸"，是指全部或绝大多数外国商品可以免税进出的港口。这种港口划在一国关税国境(即关境)以外，外国商品除进出港口时免缴关税外，且可在港内自由改装、加工、长期储存或销售。但若将货物转移到自由港所在国的国内消费者手中时，则需缴纳关税。自由港又分完全自由港和有限自由港，前者对一切外国商品统统免征关税；后者对绝大多数外国商品不征收关税，只对个别商品征收少量进口税或禁止进口。如香港就是一个有限自由港，它只对下列 6 种进口货物征税：酒类、烟草、某些碳氢油类、甲醇、不含酒精饮品和化妆品。

和自由港相类似的是自由贸易区(free trade zone)。它的不同之处在于不是把整个港口和城市都划为免征关税区，而是在港口内或其邻近地区划出一定区域，置于海关管辖范围之外。完全取消关税及复杂的海关手续，只办行政管理申报手续，外国船只可自由进出，外国商品可免税进口。

早在 16 世纪中叶，为适应国际经济贸易发展的需要，在意大利热那亚即出现了世界上第一个自由港。18 世纪工业革命导致了欧洲的工业化，使自由港的形式在一些贸易港口城市得到最初的发展，如汉堡、不来梅、的里亚斯特、敦克尔克、哥本哈根、波尔图等城市先后宣布为自由港或建立自由贸易区。随着殖民主义扩张，从地中海经印度洋到东南亚，许多被西方殖民者征服的城市先后被辟为自由港，包括直布罗陀、丹吉尔、亚丁、吉布提、果阿、新加坡、槟城、香港及澳门等。从 16 世纪产生的第一个自由港到第二次世界大战前，全世界先后有 26 个国家和地区设立了 75 个以发展对外贸易和转口贸易为主要活动内容的经济自由区。它们为促进资本主义世界市场的形成发展起了积极作用。

第二次世界大战以来，在新的科技革命的带动下，新技术和新产品大量涌现，跨国公司在世界经济贸易中的地位的加强，更加促进了国际贸易自由化以及世界经济一体化的进程。从贸易额的增长看，"二战"前 1910—1937 年的 27 年间，资本主义世界出口贸易额只增长了 2/3，而"二战"后的 1950—1980 年的 30 年内，世界出口贸易额从 603 亿美元上升为20 000 亿美元，增长了 32 倍。在贸易型的自由港和自由贸易区受惠于国际贸易而获得发展的同时，结合对外贸易而兴办加工业的工业型经济自由区开始出现。

2. 以加工工业为主的经济自由区——出口加工区

出口加工区(export processing zone)，是指一国专为制造、加工、装配出口商品而开辟的特殊经济区域，一般设在港口附近，生产的产品全部或大部分供出口。出口加工区内的工厂可享受各种优惠待遇，如原料进口或半成品出口免缴关税，国内捐税也酌予减免。区内外资企业的所得利润可自由汇出，不受当地外汇管制的限制。

生产的国际化、资本在国际范围内的迅速流动和扩展是出口加工区产生和发展的重要基础。"二战"以后，资本运动的国际化进程在直接生产领域内充分地展开，突出地反映在跨国公司对外直接投资的急速增长上。与此同时，一些发展中国家正进行从进口替代向出口导向经济战略的转变，特别是对于经济发展水平相对低下而且国内市场较小的发展中国家和地区，为推进出口导向的战略、发展出口加工业，必须解决资金、技术和市场问题。它们总是寻求与外国资本结合在一起。因此，出口加工区类型的经济自由区，正是发展中国家和地区实施经济发展战略转换的产物。

世界上第一个以出口加工为主要经济活动的现代“特区”，是1959年建立在爱尔兰的香农国际航空港自由贸易区，它是第一个工业型的现代经济自由区。香农国际航空港原是大西洋航线的中途站，50年代末大型喷气式飞机的出现使其加油站的功能失去了作用，为挽救香农机场的命运，爱尔兰政府在此发展了出口加工区，从而使其成为临空的对外开放的贸易加工区。60年代在亚洲地区出口加工区得到迅速发展，1966年我国台湾地区建立了亚洲第一个正式以出口加工区命名的高雄出口加工区，并获得成功。随后各种类型的出口加工区相继在发展中国家和地区出现。出口加工区的设立为发展中国家利用外国直接投资、增加出口创汇、扩大就业和促进国内经济发展起到积极的作用。据世界银行统计，到1980年，在出口加工区就业的人数达100多万人。建立出口加工区成为发展中国家致力于外向型经济的一条捷径。

3. 以高科技开发利用为主的经济自由区——科学园

科学园(science park)，亦称“科技园”、“科学城”或“科学工业园”，是指由若干所大学、科研机构和工业企业联合建立的，旨在将科研成果与工业开发结合起来的地区综合体。

资本主义生产的国际化和新技术革命的发展，促使各国的经济和产业结构不断调整和升级，并使经济自由区逐步向多元化、高层次方向发展。20世纪60年代初，一种将科研、教育、开发、生产与贸易紧密结合的新型经济自由区——科学园首先在美国脱颖而出，并很快发展到其他国家和地区。至20世纪90年代有：美国“硅谷”，又称斯坦福科学园区，以美国加州斯坦福大学为中心，聚集了3 000多家生产电脑、半导体的有关企业，该园区生产的电子集成电路产品约占世界总产量的25%，年产值达440亿美元；还有美国的“休斯敦研究中心”、“128号公路工业区”；日本的“筑波科学城”，它拥有日本国立研究所和大学46所，汇集了31万多名科研人员；俄罗斯的“新西伯利亚科学城”，是苏联一座综合性的科研基地，有20多个科研机构，科研人员1.8万多人；法国的“索菲亚·安蒂波利斯科学园”；英国的“剑桥科学公园”，它有300余家电子公司，生产占英国80%的集成电路和50%的电脑及其附属产品；新加坡的“肯特岗科学园区”，该园已有40余家公司，科研人员1万余人，主要从事生物技术、微电子学、机器人等方面的研究；以及我国台湾地区的“新竹科学工业园区”。

建立科学园，是以加速新技术研制及成果应用，服务于本国或本地区工业的现代化，并便利开拓国际市场为目的。通过多种优惠措施和方便条件，将智力与资金高度集中，其实质是建立一个最有效地利用各种资源的知识、技术与人才的密集区，发挥其“辐射器”与“孵化箱”的作用，使高、新、尖技术变成社会生产力。

4. 以保税仓储为主的经济自由区——保税区

保税区(bonded area),是指经一国海关批准在港口、机场或其他交通便利地区设立的,允许外国货物不办理进口手续就可延续长时间储存的区域。在储存期间,进口货物暂不缴纳关税,如再出口可予免税;但若输入国内市场销售,则必须照章纳税。对于存放于保税区内的货物最终处置,各国规定不一:有的只设置"保税仓库"(bonded warehouses),仅开办仓储业务,以赚取管理费和服务费;有的还设置"保税工厂"(bonded factories),进行来料加工,或免税出口外销,或纳税进口内销,赚取低成本、低税负条件下的高额利润。

5. 以开发边区经济为主的经济自由区——自由边境区

自由边境区(free perimeter),是指设在本国的边境地区或地带的某一地段,采取自由贸易区或出口加工区的优惠措施,吸引国内外厂商投资,以开发边区经济的区域。凡是区内使用的机器、设备、原料和消费品,都可以免税或减税进口;但商品从自由边境区运入海关管制区,则必须照章纳税。世界上的一些自由边境区都把发展出口加工工业置于重要地位,其中一个典型的例子是墨西哥的"边境客户工业区"。墨西哥是设置自由边境区最多的国家,目前已发展到全国的11个边境地区,其中较为著名的是墨美边境的提华纳、墨西卡利等自由边境区。

6. 以发展旅游经济为主的经济自由区——旅游开发区

旅游开发区即采取自由区形式的旅游区。要想发展旅游行业,首先必须保证旅客进出方便,并且要有适度发展的商业和服务业,而商业和服务业的发展,又需要各种配套服务,设立旅游开发区可以很好地适应旅游业发展的这些要求。墨西哥举办的旅游开发区——坎昆自由区,就是这样一个成功的范例。

总之,世界上各类经济自由区还有多种表现形式,它们因地制宜,各具特色。经济自由区范围可大可小;它的边界可隔离,也可不隔离;可以政府办,也可以民间办;可向综合型经营发展,也可以突出某一经营方向;可在港口、沿海地区,也可在内地;贸易关系上可以是外向或双向的,也可以是内向或单向的。

二、世界经济自由区的基本功能与设置条件

经济自由区作为国际经济活动中的"经济特区",发挥着越来越引人注目的作用,在一些国家取得了成功,但失败者亦不乏其例。究其根本,是对经济自由区的基本功能与设置条件把握不足,从而导致了决策的失误。

1. 经济自由区的基本功能

无论何种类型的经济自由区,其基本功能是一致的,差不多都包括以下内容。

(1) 扩大外资利用、引进先进技术。经济自由区以各种优惠政策博取外国投资者的青睐,使其直接或间接投资于区内。既可以缓解设区国的资金紧缺,又可以由此带来投资乘数效应,促进设区国经济发展。而且,外资企业在投入资金的同时,为了保证产品质量,提高国际竞争能力,必然带进一套严格的标准化、规范化、专业化的生产体系、技术设备,以及科学的管理经验,可以推动设区国的技术进步。

(2) 帮助出口扩张、增加外汇收入。发达国家设立自由港或自由贸易区的目的,基本上是为了发展对外贸易和转口贸易。而发展中国家设立的出口加工区或保税区,也均为实施出口导向战略的重要组成部分。因此,增加出口、换取外汇是经济自由区发展的一个主要内在动力。

(3) 调整产业结构、带动整体发展。20 世纪 70 年代以来,工业发达国家为了适应科学技术的革命性变革,不失时机地调整自己的产业结构,并将淘汰的产业转移到新兴工业化国家;新兴工业化国家则将自己的传统落后产业又转给发展中国家。经济自由区,既是从国外接受产业结构转移的"前沿",又是向国内传递产业结构转移的"热源",因此居中起着中转、枢纽作用。可以说,多数发展中国家建立和发展经济自由区的战略意图主要不在其本身,而是通过经济自由区带动周围地区乃至整个国民经济的发展。

此外,经济自由区在强化设区国的国际参与、提高设区国的民族素质以及增加就业机会等诸方面,也有着不可低估的作用。

2. 经济自由区的设置条件

经济自由区虽然有上述诸多好处,但并非是只要主观意愿、不顾客观条件就能办成的,它有一系列相关的制约因素,集中反映在经济自由区的设置条件上。①

(1) 区位选择。建立经济自由区首先要有理想的地址,一般而言,这些区位多分布在一国沿海、沿江(包括湖泊)、沿线(铁路,高速公路)和沿边(边境)地区;国际海运港口附近;国际航空港口附近;内陆交通发达地区和内陆大型城市附近。这些地方铁路、公路、水道、空运四通八达,通信设施、信息网络相对齐全,和国际有着广泛的经济联系,是区位选择比较理想的区域。

就各类经济自由区而言,贸易型经济自由区发展离不开港口和沿海城市;工贸型经济自由区逐步从沿海地区向内地大中城市,向着资源丰富的落后地区,向农村、边疆发展;科技型经济自由区一般设在著名高等院校和科研机构、信息集聚中心周围,这里生活服务设施齐全,空气清新,环境幽雅。

(2) 优惠政策。优惠政策是设置经济自由区的本质所在。为了吸引外资企业,各国经济性特区一般都制定了各种刺激投资、鼓励生产的优惠待遇。在税收征缴方面,免征包

① 运迎霞、严奉天. 世界经济性特区浅议,城市规划,1994,4

括进口原料、燃料、机器设备、加工产品、包装材料和各种出口加工产品的关税；减征企业所得税；延长企业免税期限；加速固定资产折旧等等。土地使用方面，降低土地收费标准，延长土地使用年限。劳动工资方面，能提供充足的廉价劳动力。

(3) 运行环境。运行环境指一国政治、社会、经济等方面的环境。政治环境由政权稳定程度、政策连续性、政府对外来投资的态度等因素组成；社会环境主要指社会治安状况、居民文化素质、居民对外资的态度等；经济环境主要可概括为基础设施、行政管理效率、市场条件、劳动资源及工资水平、物价水平等因素。其中，基础设施包括水力、电力能源供给，交通运输、电信网络、金融保险服务质量，文化、娱乐和市政设施等便于外商生产和生活的各项服务。行政管理效率，要求经济自由区建立独特的经济管理体制，这种机构权力集中、决策及时、统筹规划、集中办公、一次性解决问题。此外，物价稳定与否也很重要。物价不稳，发生严重的通货膨胀，会直接影响到成本和工人的工资水平，并使产品价格提高，削弱在国际市场的竞争力，不利于外商获利。

相比较而言，外商投资考虑的首要因素是设区国家的政治环境。因此，政局稳定和政策持久，是设置经济自由区的起码条件。

(4) 法律保障。经济自由区必须制定明确的投资法令和法律法规，从法律上肯定外国公民和外资企业在经济特区投资和其他形式经济合作的利益，增加其对投资活动的安全感和对前景的信心。按照国际惯例，这类法律法规一般包括三个方面：

- 行政管理方面：包括经济自由区设置、行政机构的设立与权限、海关管理、商品进出口管理、房地产、劳动工资、商标、广告、仲裁等。
- 外商权利义务方面：包括投资申请、审批程序、企业注册、合同、破产、财产所有权、资金转移、雇用和解雇工人、合理盈利、应缴纳的税金种类和比例等。
- 优惠待遇方面：包括投资奖励、税收减免、再投资鼓励、土地、厂房租金、外汇自由汇出、补贴、优惠贷款、加速折旧等。此外，为了保证和协调投资企业、设区国家和投资国家三者的利益，设区国家一般由政府出面与投资国家签订征税协议，避免投资企业向设区国家和投资国家交纳双重税收。

第二节　我国开发区的发展阶段与组成形式

一、我国开发区发展的背景与阶段

1. 创建与探索阶段——20 世纪 80 年代

(1) 兴办经济特区。1978 年，广东蛇口率先在我国创办了出口工业区。1979 年，党中央、国务院决定对广东、福建两省在对外开放经济活动中实行特殊政策和灵活措施。根据这一决定，从1980年开始，先后兴办了深圳、珠海、汕头、厦门4个经济特区。1988年，海南建省，成为我国的“特区省”。

1984年2月，邓小平同志在视察经济特区后指出，经济特区是社会主义的新生事物，特区是个窗口——技术的窗口、管理的窗口、知识的窗口，也是对外政策的窗口。从特区可以引进技术、获得知识、学到管理，管理也是知识。特区成为开放的基础，不仅在经济方面、培养人才方面使我们得到好处，而且会扩大我国的对外影响。

(2) 兴办经济技术开发区。为了推广经济特区取得的经验和成就，进一步加快对外开放的步伐，以便更大规模地利用国外资金、引进先进技术和管理经验，根据邓小平同志的战略思路，党中央和国务院决定进一步开放14个沿海港口城市和海南岛，并陆续批准了多个各类国家级经济技术开发区。根据这一决定，1984年9～12月，大连、秦皇岛、烟台、青岛、宁波、广州、湛江、天津、连云港、南通10个经济技术开发区相继经国务院批准建立；1985年1月，福州经济技术开发区获准建立；1986年8月，上海闵行、虹桥两个经济技术开发区获准建立；1988年6月，上海漕河经济技术开发区获准建立。到80年代末，上述14个国家级经济技术开发区，就其整体来说，开始不同程度地走上以发展现代工业、吸收利用外资、拓展外贸出口为主的道路。

(3) 兴办高新技术产业开发区。从20世纪80年代中期开始，在经济、科技和教育体制改革浪潮的驱动下，许多省市相继准备筹办高新技术产业开发区。在强调科学技术与经济建设紧密结合的社会背景下，特别是在遍及全国的对策研究和讨论的热潮中，有关专家和学者以美国“硅谷”经验为借鉴，提出在中国创办科学工业园区的建议。与此同时，一批有胆识、有探索精神的科技人员相继走出科研院所和高等学校，不要国家财政拨款和人员编制，创办了各种以科技为后盾、市场为导向的科技企业，探索出了一条科技成果商品化的道路。其中最具典型意义的是集结着大批科技企业的北京“中关村电子一条街”的崛起，为兴办高技术产业开发区奠定了重要的社会基础。1988年5月，在“中关村电子一条街”的基础上，国务院批准建立了中国第一个国家级的高新技术产业开发区——北京市新技术产业开发试验区，并给予18条优惠政策，从而奠定了中国高新技术产业开发区发展的基础。同年8月，以推动高新技术成果商品化、产业化和国际化为基本宗旨的“火炬计划”开始实施，高新技术产业开发区成为它的一个重要组成部分，从而拉开了在中国建设高新技术产业开发区的序幕。

2. 快速发展阶段——20世纪90年代

(1) 国家级经济技术开发区的成长。20世纪90年代，随着沿海地区发展外向型经济战略的快速推进，特别是市场经济体制目标的确立和对外开放步伐的进一步加快，各类开发区迅猛成长。尽管90年代初期全国一度出现各类“开发区热”，但是国家级的各类开发区却在清理、整顿中获得提高，并且快速成长。

1992 年 3～10 月，国务院先后批准兴办温州、营口、威海、福清融侨等 4 个经济技术开发区；1993 年 4～5 月，国务院又批准兴办东山、哈尔滨、长春、沈阳、杭州、芜湖、武汉、重庆、萧山、昆山、惠州大亚湾、广州南沙 12 个经济技术开发区；1994 年 8 月，北京、乌鲁木齐两个经济技术开发区获准建立。上述 18 个国家级经济技术开发区，多数都是贯彻以发展现代工业、吸收利用外资、拓展外贸出口为主的方针；少数另有特定目标，例如，建立现代创汇农业（东山经济技术开发区），振兴侨乡经济（福清融侨经济技术开发区）、促进地区综合开发（惠州大亚湾经济技术开发区、广州南沙经济技术开发区）等。至此，我国共建立了 32 个国家级经济技术开发区。

(2) 国家级高新技术产业开发区的成长。进入 20 世纪 90 年代以来，高新技术产业开发区在深化改革、扩大开放的有利环境中也获得了快速发展。1991 年 3 月，继北京高新技术产业开发试验区之后，国务院又批准建立了 26 个国家级高新技术产业开发区，并发布了第一个全国性的关于高新技术产业开发区的政策文件。1992 年 11 月，国务院再次批准建立 25 个国家级高新技术产业开发区，从而使高新技术产业开发区总数达到 53 个，分布在大陆除西藏、青海、宁夏以外的所有省（自治区）。1997 年 6 月，在全国高新技术产业开发区蓬勃发展的基础上，为推动农业高新技术产业的发展，解决干旱、半干旱地区的农业发展问题，国务院批准在北方农业科技、教育实力最为密集的陕西杨凌建立了国家农业高新技术产业开发示范区。

(3) 开办台商投资区。为了推进两岸经贸关系的发展，加快我国改革开放，1989 年 5 月国务院正式批准厦门市杏林地区、海沧地区及福州马尾经济技术开发区未开发部分 18 平方公里为台商投资区。1992 年 12 月国务院又正式批准厦门集美地区为台商投资区。国务院批准的 4 个台商投资区全部在福建省。

3. 稳定发展阶段——21 世纪以来

(1) 中西部地区经济技术开发区的发展。1999 年，为了发挥科技创新的主导作用，加快中西部的经济发展，党中央、国务院提出了实施西部大开发战略。随着西部大开发战略的启动，国家级经济技术开发区开始从沿海、沿江城市逐渐向内陆中心城市推进，并不断发展壮大。2000 年 2 月，国务院正式批准建设合肥、西安、郑州、成都、长沙、昆明、贵阳 7 个国家级经济技术开发区；2000 年 4 月，南昌、石河子两个国家级经济技术开发区获准兴建；2000 年 7 月，国务院批准设立呼和浩特、西宁两个国家级经济技术开发区；2001 年 5 月南宁，6 月太原、银川，9 月拉萨 4 个国家级经济技术开发区获准建立。上述 15 个国家经济技术开发区作为中西部建立起来的一种新型经济区，日渐成为中国内陆中心城市经济体制改革的“试验区”和对外开放的“窗口”，在启动西部大开发战略中具有重要的地位和作用。

2000 年，我国国家级经济技术开发区已经达到 54 个（含实行经济技术开发区政策的苏州工业园区、上海金桥出口加工区、宁波大榭经济技术开发区、厦门海沧投资区、海南洋浦开发区)。经济技术开发区在利用外资、出口创汇、发展工业等方面的规模不断扩大,日益成为带动和支撑地区经济迅速发展的重要增长极。

(2) 高新技术产业开发区的扩展。以发展高新技术、开拓高新技术产业为目标的高新技术产业开发区,不仅是知识、技术和人才高度密集的特定的空间地域,而且是促进科技与经济结合的一种新的社会组织形式。2000年,国家级高新技术产业开发区总数为53个,包括省市批准建立的园区在内,我国各级高新技术产业开发区总数已达到120个,从而在中国掀起了一股建设高新技术产业开发区的热潮。

(3) 出口加工区的建立。2000年4月27日,国务院正式批准设立出口加工区。为有利于运作,国家将出口加工区设在已建成的开发区内,并选择若干地区进行试点,首批批准进行试点的有15个出口加工区。2002年6月,经国务院批准,新增10个出口加工区。2003年3月,又新增了南京等13个出口加工区,至此,全国共有38个出口加工区。

二、我国开发区的数量增长与空间分布

1. 各类开发区数量的增长

开发区是指一个国家或地区,为了某种经济目的而设立的、在一定地域范围内实施各种优惠政策以吸引投资的特殊区域。因此,如果不能实施优惠政策或无权实施优惠政策,则不能算作开发区,而只能是城郊型工业新区、乡镇工业小区、旅游区等一般的集中建设区。

我国国家级开发区的发展,在20世纪80年代属于起步时期,重在探索和实验,种类不多,数量较少,总计有20个开发区,详见表12-1。到了90年代,随着改革开放的深化,开发区有目共睹的成效,外资涌入的强劲势头,各级政府兴办开发区的积极性高涨,除经济特区不再开辟外,各类开发区大量上马。从表12-1可看到,90年代建立的国家级开发区共119个,是80年代建立的开发区20个的近6倍。进入21世纪以来,在中西部地区增加了一批经济技术开发区,兴办了一批出口加工区,总体上进入稳定发展时期。

表12-1所显示的只是经国务院批准的各类国家级开发区共194个。由各省(自治区)批准的各类开发区有400多个,还有各市批准的和未被审批的开发区数量更大。据2004年7月统计,全国共有各类开发区6 866个,规划用地面积3.86万平方公里,超过了现有城镇建设用地3.15万平方公里的总面积。在党中央和国务院三令五申的严格控制下,当年经过清理被撤销的开发区有4 813个,占开发区总数的70.1%;核减规划用地面积2.49万平方公里,已清退开发区用地2 617平方公里。

2. 各类开发区的空间分布

世界各国经济自由区的空间分布,基本上都是先沿海后内陆。我国也不例外,各类开发区的空间布局与我国的地理区位密切相关,体现了“东部率先”、“中部崛起”、“西部开

表 12-1　国家级各类开发区的数量增长　　个

类　　型	20 世纪 80 年代建立	20 世纪 90 年代建立	2004 年前	合计
经济特区	5			5
经济技术开发区	14	18	17	49
高新技术产业开发区	1	52		53
保税区		15		15
边境经济合作区		14		14
旅游度假区		11		11
台商投资区		4		4
出口加工区			38	38
国家级工业园区		5		5
总计	20	119	55	194

资料来源：彭森主编. 中国开发区年鉴 2005. 北京：中国财政经济出版社，2005

发”、“东北振兴”的总体战略。各类开发区的建立在 20 世纪 90 年代中期前基本上集中在东部沿海，中部地区较少，西部地区更少。据 1996 年统计，各类国家级开发区在东、中、西部地区的分布比例为 70∶17∶13。经过 21 世纪以来的西部大开发和中部崛起的推动，全国各省(自治区)都有了经济技术开发区。省级开发区数量虽有较大的发展，但东、中、西部地区的空间分布比例为 52∶33∶15，也很不均衡。

中央政府为了加快中、西部地区的发展，进入 21 世纪以来，先后批准了 17 个省级经济技术开发区升格为国家级经济技术开发区，其中 15 个在中、西部地区。至此，实现了全国每个省、自治区至少有 1 个国家级经济技术开发区的总体布局。但全国 53 个国家级高新技术产业开发区中，东部沿海地区有 29 个，占 54.7%；中部和西部分别只有 14 个和 10 个，分别占 26.6%和 18.9%。至今，青海、宁夏、西藏三省区尚未建立国家级高新技术产业开发区。截止到 2004 年，我国各类国家级开发区的数量和所在地区详见表 12-2。

表 12-2　我国各类国家级开发区的数量与所在地区

类　　别	数量	开发区所在城市
经济特区	5 个	1980 年批准(4 个)：深圳、珠海、汕头、厦门 1988 年批准(1 个)：海南
经济技术开发区	49 个	1984—1988 年批准(14 个)：大连、秦皇岛、天津、烟台、青岛、连云港、南通、上海闵行、虹桥、漕河泾、宁波、福州、广州、湛江 1992—1994 年批准(18 个)：哈尔滨、长春、沈阳、营口、威海、昆山、杭州、萧山、温州、福清融侨、东山、惠州大亚湾、广州南沙、芜湖、武汉、重庆、北京、乌鲁木齐 2000—2002 年批准(17 个)：合肥、长沙、成都、贵阳、昆明、西安、郑州、南昌、石河子、西宁、呼和浩特、南宁、太原、银川、拉萨、南京、兰州

续表

类　别	数量	开发区所在城市
高新技术产业开发区	53个	1988年批准(1个)：北京中关村 1991年批准(26个)：武汉东湖、南京、沈阳、天津、西安、成都、威海、中山火炬、长春、哈尔滨、长沙、福州、广州、合肥、重庆、杭州、桂林、郑州、兰州、石家庄、济南、张江、大连、深圳、厦门火炬、海口 1992年批准(25个)：苏州、无锡(含宜兴环保工业园)、常州、佛山、惠州仲恺、珠海、青岛、潍坊、淄博、昆明、贵阳、南昌、太原、南宁、乌鲁木齐、包头、襄樊、株洲、洛阳、大庆、宝鸡、吉林、绵阳、保定、鞍山 1997年批准(1个)：陕西杨凌
保税区	15个	1990年批准(1个)：上海外高桥 1991—1992年批准(12个)：天津港、深圳福田、沙头角、大连、广州、张家港、海口、厦门象屿、福州、宁波、青岛、汕头 1996年批准(2个)：深圳盐田、珠海
边境经济合作区	14个	1992年批准(14个)：黑河、绥芬河、珲春、满洲里、丹东、伊宁、塔城、博乐、凭祥、天丽、畹町、河口、二连浩特、东兴
旅游度假区	11个	1992年批准(11个)：大连金石滩、青岛石老人、江苏太湖(苏州太湖、无锡太湖)、上海横沙岛、杭州之江、福建武夷山、福建湄州岛、广州南湖、昆明滇池、北海银滩、海南三亚亚龙湾
台商投资区	4个	1992年批准(3个)：厦门海沧、杏林、福州 1992年批准(1个)：集美
出口加工区	38个	上海金桥、大连、天津、北京天竺、烟台、威海、昆山、苏州工业园区(出口加工区)、上海松江、杭州、厦门、广州、武汉、成都、深圳、珲春、重庆、郑州、宁波、芜湖、无锡、秦皇岛、南通、西安、呼和浩特、上海青浦、漕河泾、闵行、南京、镇江、连云港、苏州高新区(出口加工区)、济南、青岛、沈阳、嘉兴、北海、乌鲁木齐
工业园区	5个	上海浦东新区、上海陆家嘴金融贸易区、苏州工业园区、宁波大榭经济技术开发区、海南洋浦经济开发区

资料来源：张召堂. 中国开发区可持续发展战略. 北京：中共中央党校出版社，2003

三、我国开发区的组织形式与经济特征

根据开发区的功能定位，我国把开发区分为经济特区、经济技术开发区、高新技术产业开发区、出口加工区、保税区、国家旅游度假区、边境经济合作区、台商投资区、工业园区等。在这些开发区中，影响最大、数量较多的是国家级经济技术开发区与国家级高新技术产业开发区。

1. 经济特区

截止到2004年,我国共有经济特区5个,都是早期在沿海地区开辟的"试验区"。经过20多年的实践,都取得了显著的成效。例如深圳市,由20世纪80年代初的一个小渔村,经过20多年的开拓和创新,已建设成为一个常住人口将近828万,暂住人口646万,基本实现现代化的特大城市;经济持续高速增长,2006年实现国内生产总值近5 684亿元,进出口贸易总额达2 374亿美元;其中出口1 361亿美元,占全国的1/6、广东省的2/5,连续14年居全国城市的首位。深圳市曾获得联合国"全球环境500佳"、"国际花园城市"、"国家绿化模范城市"等称号。深圳市的辉煌业绩,起到了改革开放窗口和基地的作用,发挥了重要的示范、辐射和带动的功能。

2. 经济技术开发区(包括工业园区)

经济技术开发区是我国最早兴办的一批开发区,其目的是引进我国急需的先进技术和设备,利用外资,集中举办中外合资、中外合作和外商独资等"三资"企业,发挥技术窗口、管理窗口、知识窗口和对外政策窗口等"四个窗口"的作用,以加速原有城市的技术改造和出口创汇。

截止到2004年,全国共有54个国家级经济技术开发区,其中国家级经济技术开发区49个,还有性质相近的5个国家级工业园区也包括在内,详见表12-2。这些开发区经过探索、提高,取得了经济持续、稳定、快速增长的态势。例如,2004年与2003年相比较,其国内生产总值、工业增加值、进出口总额、外商实际投资等指标,增幅均在31%以上,详见表12-3。

表12-3 2004年国家级经济技术开发区主要经济指标

经济指标	全国同比增幅/%	54个国家级开发区		16个中西部国家级开发区		5个国家级工业园区	
	2004年	2004年	比上年增幅/%	2004年	比上年增幅/%	2004年	比上年增幅/%
国内生产总值/亿元	9.50	6 601.44	32.43	649.05	38.71	1 121.87	33.45
工业增加值/亿元	11.50	4 855.62	34.80	409.56	40.99	868.65	41.34
税收收入/亿元	25.68	933.04	23.31	68.79	37.05	195.77	31.94
进出口总额/亿美元	35.69	1 662.08	64.78	27.64	52.29	422.75	74.21
外商实际投资/亿美元	13.32	136.07	31.74	7.08	5.12	27.98	65.28

资料来源:张召堂.中国开发区可持续发展战略.北京:中共中央党校出版社,2003

在54个国家级经济技术开发区中,经济效益最好的前6名是广州开发区、天津开发区、苏州工业园区、昆山开发区、上海金桥开发区、大连开发区。其GDP的增长率都在

20%～51%之间，工业总产值的增长率在49%～56%之间，远远高于全国平均水平。中西部地区的16个经济技术开发区，虽然建立较晚，但发展速度都很快，主要经济指标都以40%左右的超常规速度增长。

3. 高新技术产业开发区

建立高新技术产业开发区的目的，主要是依靠国内的科技力量，促进高新技术成果的商品化、产业化和国际化；并加快向传统产业的渗透和扩散，以带动地方的产业升级和科技进步。

自20世纪80年代以来，发达国家都把发展重点放在高新技术产业上。世界各国经济乃至综合国力的竞争，关键是科技实力的竞争。到90年代，全世界已有高新技术产业区802个，其中西方发达国家占80%以上，美国有358个，欧盟有229个。发展高新技术产业已成为当今世界经济发展的主旋律。

20多年来，我国国家级高新技术产业开发区，坚持"以工业项目为主、以吸收外资为主、以出口为主，致力于发展高新技术"的发展方向，艰苦创业、锐意创新，取得了很好的成效。

我国的高新技术产业开发区经过十几年的发展，在探索适宜高新技术企业发展的环境建设方面进行了成功的实践，推动了一批新兴企业、产业群的成长，为企业自主和国际化发展提供了良好的工业环境与政策条件。

4. 保税区

设立保税区，是为了拓展转口贸易、过境贸易和加工出口，以及开展为国际贸易服务的加工、包装、运输、仓储和商品展出等业务，直接面对国际市场，参与国际竞争，成为所在地区对外开放的前沿。

截止到2004年，我国共有保税区15个。保税区已成为推动所在地区经济增长的重要动力。实力最强劲的是上海外高桥保税区、深圳保税区和天津保税区。2004年上海外高桥保税区完成增加值456亿元，同比增长41.1%，占全国15个保税区经济总量的46.3%，占上海市和浦东新区增加值的6.13%和25.48%。天津保税区的增加值达到111.8亿元，同比增长34.7%，占全国保税区的11.3%。

保税区的科技创新能力不断提高。其中：宁波保税区成为全市高科技产业发展的重要区域，全区有10个项目列入国家级科技计划项目，24个项目列入宁波市科技计划项目；海口保税区是以生物医药制造为主的高新技术产业，2004年已实现工业产值10.73亿元，占全区产值的46.5%，工业产业逐步向高科技、高附加值方向发展。

5. 出口加工区

截止到2004年，我国共有出口加工区38个。它们已逐渐成为我国的出口创汇重点区、加工贸易示范区、对外贸易的增长点。有的加工区对周边的经济带动作用已露端倪；

有的加工区经济效益很突出。例如，昆山加工区和上海松江加工区，2002 年的出口额占全国加工区出口总额的 84.4%。但我国的出口加工区发展很不平衡，2002 年有 4 个出口加工区的进出口额均为零，甚至出现了“空壳”现象。

6. 边境经济合作区

边境经济合作区建区的目的是为了利用边境口岸优势和当地资源优势，采取多种形式与境外有关地方政府和企业合作，共同投资开发适用资源；大力发展双边或多边贸易，促进商品流通，以克服边境地区地理位置偏远、经济基础薄弱、交通条件落后的不利影响，使之成为推动当地经济发展的“生长点”。

截止到 2004 年，我国共有边境经济合作区 14 个。其中：黑龙江有黑河、绥芬河，吉林有珲春，内蒙古有满洲里、二连浩特，辽宁有丹东，新疆有伊宁、塔城、博乐，广西有凭祥、东兴，云南有瑞丽、畹町、河口。

我国边境经济合作区成立以来，从本地的实际条件出发，克服了资金、技术、人才、交通等不利因素，探索了各具特色的经济发展路径，经济效益不断提高。2004 年，据 14 个合作区的不完全统计，GDP 同比增长 58%，工业总产值同比增长 80%，出口创汇同比增长 30%。各合作区的主要经济指标，占所在城市的比重都达到 20%以上，成为所在城市的重要经济增长点。珲春、满洲里、东兴、瑞丽等合作区主要经济指标占所在城市的 40%～50%以上。

边境经济合作区的快速发展，带动了当地经济的增长，在兴边富民方面发挥了重要的作用。边境经济合作区的现代工业与商贸的发展和良好的工作、生活环境，已成为所在地区的示范亮点。同时，给边民增加了就业机会，也带来了新的思想和观念，使边境地区呈现出民族团结、社会稳定、安定和谐的局面。

7. 旅游度假区

旅游度假区是世界上一种新型的旅游组织模式。它的兴建不仅促进了旅游业的发展，而且还能增加外汇收入，提供就业机会，繁荣当地的第三产业和扩大国际贸易，从而带动整个地区的发展。我国建立旅游度假区，其宗旨是充分利用我国的自然风景条件，开发我国的旅游资源，进一步搞活开放、吸引外资，开发这些区域与国际大市场接轨。

截止到 2004 年，我国经国务院批准设立了 11 个国家级旅游度假区，即符合国际旅游度假要求、以接待海外旅游者为主的观光与度假相结合的综合性旅游度假区。其中，如海南的亚龙湾、江苏的太湖、大连的金石滩等国家级旅游度假区，都各具特色，名扬海内外。

8. 台商投资区

台商投资区 1989 年开始建立的有厦门海沧、杏林、福州；1992 年又建立了集美。这 4 个台商投资区全都设在福建省，这是福建省的区位优势所提供的条件。台湾省距福建省最近，同乡同根语言相通，便于来往经商。台商投资区的发展不仅在经济上起到了互利互惠的作用，更重要的是通过民间商业往来，促进了两岸人民的团结。

从以上各类开发区的性质看，可以将它们和经济自由区相对比。即经济技术开发区相当于工业型经济自由区；高新技术产业开发区相当于科技型经济自由区；保税区和边境经济合作区相当于商贸型经济自由区。至于旅游度假区，则与经济自由区有较大的差异。

第三节　我国开发区存在的问题和改进的对策

建立开发区是我国对外开放的重大战略步骤，是中国特色社会主义建设的一大创举。经过20多年的开拓，开发区的数量猛增、规模庞大，不仅开创了开发区的多种模式，促进了我国经济社会的发展，而且影响了国际资本在全球的流向，丰富了世界经济自由区发展的理论和实践，已有不少国家向我国借鉴和学习建立开发区的经验。

但是，为了迎接国际大形势的挑战，促进我国开发区的可持续发展，我们必须冷静思考和总结存在的问题，以利继续前进。

一、我国开发区建设和管理中存在的主要问题

1. 盲目上马，"开发区热"不断发"烧"

在20世纪80年代建立了经济特区和一批经济技术开发区之后，由于类似"小特区"的开发区可以享受到很多优惠政策，各级政府都争相建立开发区。在20世纪90年代初出现了全国范围的"开发区热"。据统计，1992年我国共有各级各类开发区8 700多个，相当于同期世界各国开发区总数的9.7倍。

为治理"开发区热"的混乱局面，国务院1993年4月发出了《关于严格审批和认真清理各类开发区的通知》。但是，由于受开发区土地转让费无须上缴而可用于滚动开发等利益的驱动，各级政府的"开发区热"持续不退"烧"，而且有些地方政府为了防止中央采取更加严厉的措施控制开发区的审批，大搞"圈地运动"，以期造成既成事实，争取得到上级政府或中央政府的认可。所以，在1997年中共中央和国务院又下发《关于进一步加强土地管理切实保护耕地的通知》。有的省份已认识到乱设开发区对本地经济发展的负面影响，着手进行了整顿，但多数省（自治区）仍按兵不动，以至于全国已批准的和未批准的各类开发区又达到8 000多个，经过撤并后合法的各类开发区缩减为3 600多个。

2. 开发区规模过大，经济效益不够高

我国开发区和国外同类型开发区相比，普遍存在用地规模过大问题，从表12-4中可以明显地看出这一点。

表 12-4　部分国家和地区高科技园区用地规模对比

国家或地区	一般规模/公顷	最大规模/公顷
美国	300～2 700	3 040
英国	0.5～40	52.6(剑桥)
日本	32	28 500(筑波)
韩国	17～660	660
中国台湾	238	2 100(新竹)
中国香港	76	90
中国内地	1 300	10 300(北京)

资料来源：开发区规划研究. 中国城市规划设计研究院,1994

我国较早设立的32个高新技术产业开发区的平均面积为1.3平方公里；而首批14个经济技术开发区的平均面积为1.41平方公里,其中最大的北海经济技术开发区规模竟达4.6平方公里,是当年北海市城市建成区面积的2倍。

由于开发区规模过大,投资密度较低,致使经济效益不高。例如,天津经济技术开发区属于我国开发区中起步较早、建设较好、效益较高的佼佼者之一。我们不妨将它与其他国家和我国的台湾地区的类似开发区进行比较,各项数据大多为20世纪80～90年代初的,详见表12-5。天津经济技术开发区的开发费用较高,而投资密度(反映吸引投资能力)、出口密度(反映出口创汇能力)和雇员密度(反映解决就业能力)等经济效益指标均较低,与我国台湾地区、韩国等有成熟经验的开发区相比,差距较大。

表 12-5　亚洲地区部分开发区经济效益比较

国家或地区	开发区名称	开发费用/万美元/公顷	投资密度/百万美元/公顷	出口密度/百万美元/公顷	雇员密度/人/公顷
中国台湾	高雄	6.38	2.2	7.4	470
	楠梓		2.6	4.4	300
	台中		4.7	8.8	500
韩国	马山	8.32	2.0	5.7	437
	里里	—	0.7	1.6	—
马来西亚	槟榔	—	0.6	0.5	—
菲律宾	巴丹	6.00	0.3	0.1	56
泰国	拉姆邦	—	0.4	1.5	116
中国大陆	天津	36.90	0.7	0.2	62

资料来源：王达明. 中国开发区经济动因研究. 清华大学硕士论文,1994

3. 开发区产业结构趋同,高新技术产业发展缓慢

我国的开发区是在世界产业结构调整转移过程中大量建立的,其入区的企业大部分是发达国家在产业升级过程中转移出来的劳动密集型企业,科技含量较低。同时,由于各地政府官员出于政绩的需要,饥不择食,“挖进筐里就是菜”,盲目引进许多技术含量低的企业。因此,各地区的开发区大多产业结构类同。有的企业严重污染环境,影响到开发区的可持续发展。

在现有的53个国家级高新技术开发区中,有25个是重点发展电子信息,10个是重点发展生物工程,10个是重点发展节能技术;而以海洋开发、空间开发和生态环保技术为重点发展的高新区几乎没有。现代高科技的开发创新需要集团的力量,配套协作。但我国高新区内的企业一般都规模较小,缺乏科技创新能力,国际竞争力比较差。

许多省市级开发区,其投资来源大多为周边国家的中小资本和华商资本,项目多为加工制造的劳动密集型企业,科技含量低,无力开展科技创新。它们主要是生产生活用品,其产品主要依附国内市场,不具备国际竞争能力。

4. 体制创新不够,影响管理效率

我国建立开发区的重要功能之一,是作为经济改革的“试验场”。我国如何从计划经济体制向市场经济体制过渡,政府如何定位和管理都需要探索。通过20多年的实践,开发区确实在体制改革方面作出了贡献,例如“小政府、大社会”,精简政府管理部门,实行“一条龙服务”、“一个窗口对外”等。

我国的各类开发区除经济特区外,仍然沿用建区之初的管理体制,即采用设立管委会的模式。开发区的管委会作为政府派出机构,代表政府全面管理开发区的建设和发展。当地政府的有关职能部门在开发区派驻办事机构,代行工商、税务、土地、公安等相应的管理职能。这种双重领导的管理体制,越来越不适应新形势下开发区发展的需要。其主要弊病表现为:开发区担负着经济职能和行政管理职能,但它又不是一级政府,只能是派出机构,没有与政府相应的事权。例如,外商来投资办企业,开发区没有审批权,仍要报上级管理部门层层审批。由于现行体制不顺畅,降低了管理效率。有的开发区就用非正常手段私下自行解决,结果出现了违规或腐败现象。

二、我国开发区改进的主要对策

1. 优化产业结构,提升产业国际竞争力

当前经济全球化的重要特征是,全球产业结构调整转移加速进行,跨国直接投资出现回升态势,并重点流向高新技术产业和现代服务业。更多的高科技含量、高附加值的高端制造业及研发环节,正在由美、日、欧等发达国家和地区向外转移,服务外包已成为当前世

界经济结构的重要内容。

但承接国际产业转移不会一帆风顺，许多国家放宽外资准入，扩大优惠措施，引资竞争空前激烈。这些国家还采取措施，大力促进工业园区的发展。例如，人口只有1 000多万的捷克已建工业园区60多个；马来西亚的人口2 500多万，现有各类工业园区200多个；匈牙利也只有1 000多万人口，却建有160个工业园区，2003年的工业销售收入占全国的26.3%，出口占全国的39%，经济效益不断上升。因此，我国必须努力引进技术含量高、附加值大、资源集约利用程度高、环境成本低的项目，增大高新技术产品的出口，增强国际竞争力。

加强开发区内软件园和各类专业孵化器的建设；培育自主知识产权和自有品牌。在有条件的国家级开发区内，引进更多跨国公司设立研发中心，形成具有世界水平的研发集群。在基础较好的开发区内实施产业集群战略，以发展大型成套装备制造业为龙头，扩展产业链，形成先进制造业基地，从而提升产业的国际竞争力。

2. 集约利用土地资源，挖掘存量用地的潜力

开发区用地要符合土地利用的总体规划和城市总体规划，坚决控制违规擅自下放土地审批权，提高集约利用土地的程度。现在很多开发区的土地利用率很低，要盘活现有建设用地，鼓励挖掘存量建设用地的潜力；要充分利用荒山、矿山废弃地、滩涂、低产盐田等进行开发，尽量少占耕地。要坚持土地有偿使用，实行供地量与投资额、产出效益、建筑密度、容积率等指标挂钩。对于土地利用规范高效、内外资密集、高新技术产业发展快、带动力强的开发区，在用地政策上继续给予支持。

3. “软硬兼施”，进一步完善投资环境

创造良好的投资环境，吸引更多的客商来开发区投资设厂，是办好开发区使潜在的效益尽快转化为现实效益的关键。不少开发区处在经济比较落后的地区，原有的基础较差，开发较晚，所以投资环境相对差一些，必须不断完善提高。这要从两方面入手。

(1) 筑实硬环境。搞好规划，与当地经济水平相结合，避免规模过大；搞好基础设施的建设，必须看到开发区的基础设施离实际要求的距离还较大，在目前资金紧缺的情况下，能暂时依托老城区的，尽量利用现有设施；分清轻重缓急，把有限的资金投到急需又重要的骨干工程中去；还要注意配套设施和服务机构的完善以及市场体系的建立和培育。

(2) 搞好软环境。各开发区要抓好法规和规章制度的建立，保障外商合法权益；重视人员的调配和培训工作，提高人员素质；要营造“九通一平”的软环境，即“人才通”、“金融通”、“物流通”、“科技通”、“房产通”、“管理通”、“法律通”、“财经通”、“贸易通”，努力打造综合政府的新平台；提高办事效率，提高服务水平，搞好社会治安的管理。

4. 理顺管理体制，处理好各方关系

(1) 处理好外引与内联之间的关系。经济技术开发区是对外开放的桥头堡，一方面要集中引进、消化、吸收、创新、推广新技术，发展外向型经济，避免与内地企业在技术、资金、市场、原材料等方面的竞争；同时带动内地企业向外向型发展。另一方面把内地的原材料、初级产品在这里精加工，“梳妆打扮”后再出口，打入国际市场，取得更好的效益；同时，引进技术和资金，不仅要对外，对内地的先进技术和资金也要引进。因此，应充分认识内联的重要性，以内联为依托，依靠和利用内地的资金、技术、设备、人才，促进开发区的基础设施建设和生产力的发展，增强对引进技术的消化、吸收、创新的能力（即资金和技术承受能力）。

(2) 处理好全面规划和分期建设之间的关系。要量力而行，坚持“开发一片，建成一片，收效一片，滚动发展”的原则。开发区要按照规划有计划有步骤地进行开发建设。要把有限的资金集中在主要的基础设施上，建一个，成一个，缩短建设周期；早投产，早收益，形成良性循环。同时，开发区的建设，既要考虑满足近期产业发展的需要，又要与全市乃至全省的规划衔接起来。有些基础设施的建设既要满足当前建设良好投资环境的需要，更要考虑到今后发展的需要，以收到投资省、收益快的效果。

(3) 处理好长远目标和近期效益之间的关系。在引进和开发新技术、新产业过程中要注意发挥效益，做到边开发、边收益、边积累，不断增强自身的发展能力。开发区在引进项目时不要饥不择食，降格以求；更不能好高骛远，脱离实际，盲目追求高新技术。要一方面不忘开发区的宗旨，眼睛盯准国际先进技术、瞄准国际市场，兴办先进技术型和出口创汇型项目，用新颖、优质、高档商品参与国际竞争；同时又不能不顾自身力量和客观条件，一味追求技术先进，热衷于上高技术、大项目；另一方面也不能只考虑眼前经济效益，把开发区降到一般的出口加工区或外贸出口基地水平。开发区建设要分步骤，技术要分档次，产业要分层次，高中低结合，大中小并举。在起步阶段，特别注意搞好一批创汇项目，以获得近期的最佳效益。

(4) 处理好经济开发与技术开发之间的关系。以经济开发促进和带动技术开发，经济与技术可以同步开发，但资金要与技术伴随项目一起引进。因为当今世界的先进技术大多垄断在发达国家的跨国公司手中，当前高新技术贸易战很激烈，先进技术外商不会轻易出手。经济开发与技术开发是两个不同概念：经济开发是在生产、流通和服务领域进行的生产要素活动，其目的在于形成生产力，创造物质产品，增加经济收入；技术开发则是着重于研究活动，目的是为了获得知识产品。进行技术开发需要科研机构、高等院校聚集大量的高素质的科学家和技术人员以及大量的资金，并且不一定很快获得经济效益。因此，除个别大城市的经济技术开发区外，大多数的开发区目前过分强调技术开发功能是不现实的。应当经济开发先行，在一定时期内，以创汇为主要目标，发展商品生产；在创汇的基础上，利用外汇、外资或举借外债的方式，购买国外先进技术，提高技术水平。

第四节 开发区建设与城市发展的互动性

一、开发区从"孤岛"到"区市合一"的动态

1. 独立型与远郊型开发区的形成

20 世纪 80 年代中期，尚处于改革开放的早期，限于当时观念和政策的局限性，最初一批开发区的选址、建设、管理都是以特区为参照系来进行的，带有很突出的特区模式烙印。即选址远离市区；独立、封闭，有明确的地理界线；管理上采取"开发区管理委员会"的方式，比较独立和集中化的行政机构。如 14 个沿海开放城市的经济技术开发区的地理位置，平均与原有城市的距离为 26 公里。其中，属于独立型的如青岛开发区建在黄海中的薛家岛上，距青岛市区海路虽只有 4.2 海里，但陆路却有 110 公里之遥，故称为"孤岛型"开发区（见图 12-1）。属于远郊型的如福州开发区（见图 12-2）和广州黄埔开发区距市区都在 30 公里以上，天津塘沽开发区距市区 50 公里。

图 12-1 独立型经济技术开发区（青岛）

资料来源：顾朝林，赵令勋等. 中国高新技术产业园区. 北京：中信出版社，1998

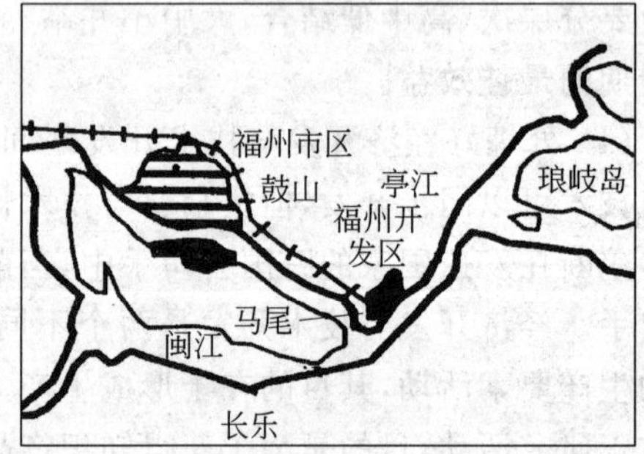

图 12-2 远郊型经济技术开发区（福州）

资料来源：顾朝林，赵令勋等. 中国高新技术产业园区. 北京：中信出版社，1998

这些封闭、孤立的特区型模式的开发区，发展日益出现困境，其主要原因在于：由于远离母城，难以借助原有的城市设施，一切白手起家，基础设施和生活设施点多线长、投资巨大，造成开发性投入过高，使开发成本上升，不利于引资；由于规模较大，生产、生活各项

建设周期过长，使开发区不能尽快形成规模经济和良好的人居环境，大量从业人员难以安居乐业。例如青岛市孤悬在黄海上的开发区，与市区的联系主要靠渡轮，单程耗时就要50分钟，且每天只有两个班次。故使投资者和高层次的技术人员与管理者望而却步。

2. 近郊型与市区型开发区的发展

烟台开发区属于近郊型的开发区，开发区与市区仅一水之隔，见图12-3。湛江开发区属于市区型的开发区，开发区与市区一路之隔，形成整体，见图12-4。

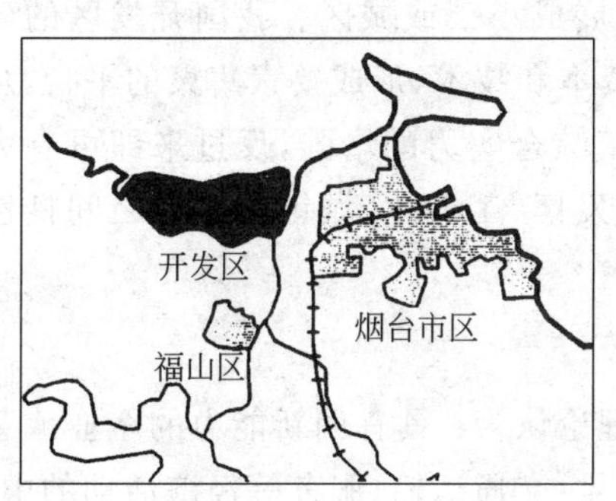

图12-3　近郊型经济技术开发区(烟台)

资料来源：顾朝林，赵令勋等. 中国高新技术产业园区. 北京：中信出版社，1998

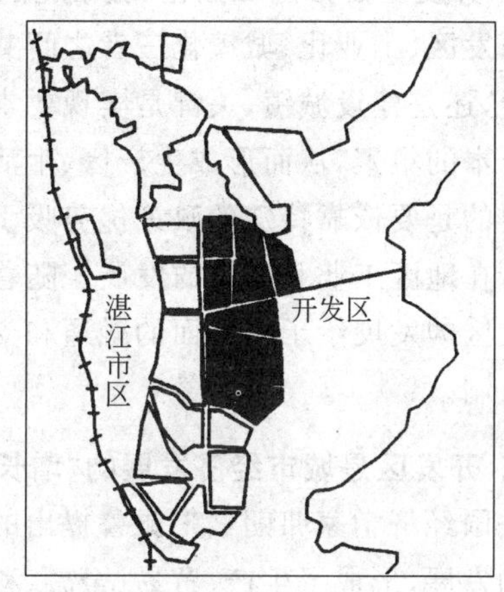

图12-4　市区型经济技术开发区(湛江)

资料来源：顾朝林，赵令勋等. 中国高新技术产业园区. 北京：中信出版社，1998

近郊型与市区型的开发区，与中心城市较近，联系方便，市区中的邮电通信、金融、商业、文教、卫生、体育等服务设施便于为开发区服务；同时，也带动了旧市区的改造与更新，这种相互带动达到了共同发展的目的。

到20世纪90年代中期之后，随着改革的深化，开发区作为“试验场”取得了成效，人们的观念有了更大的改变。不仅开发区进行了大规模的城市建设，而且出现了开发区建设向新城型的“区市合一”发展。例如：广州市提出把开发区建设成为以现代工业为主体、三大产业协调发展、经济与社会全面进步的广州新城区；大连市提出“开发区要以工业化促进城市化，通过城市化逐步实现现代化，建成以工业化、产业化为支撑的新市区”；天津市提出“开发区逐步建成以工业现代化为基础，以管理现代化为支撑，以城市现代化为标志的具有国际水准的现代化新城区”。特别是苏州市，改革开放20多年来总体布局发生了历史性的变化，发展成为“一个中心两个翼”的格局。具有2 000多年文化底蕴的老市区居中，重点在于保护；向西先建立开发区，很快就发展成为集工业生产、生活居住、金融贸易等多种功能的新市区；向东南在金鸡湖地区与新加坡合作，建立了苏州工业园区。该园区于1994年启动，高科技的外资企业迅速入驻，成为跨国公司争相投资的热土。到

2003 年，园区以不到苏州全市 3%的土地、3.5%的人口，创造了全市 16%的工业总产值；国内生产总值已达 365 亿元人民币，相当于苏南地区又涌出一个百强县。全市综合实力大增，跃居全国城市的前列，已成为上海以及全国各地和众多外籍人士理想的“人居天堂”。

二、开发区与工业化、城镇化的互动关系

1. 开发区是推进工业化、城镇化的良好载体

开发区、工业化、城镇化三者之间共同的特征是要素的集聚。无论是建立开发区、发展工业，还是建设城镇，关键是实现要素的集聚，即基础设施的集聚、工业资本的集聚和服务业资本的集聚，从而形成生产区、生活区，继而发展成小镇或城区。我国开发区的建设最重要的是要依靠特殊的政策优势吸引国内外的资本和技术，形成要素集聚的平台，从而加速所在地区工业和城镇的发展。随着该地区城镇综合实力的增强，反过来即可有力地对开发区的发展给予多方面的融通和支撑，形成开发区、工业化、城镇化三者之间良性的互动机制。

2. 开发区是城市经济发展的“增长极”

法国经济学家弗朗索·佩鲁提出的“增长极”理论认为：具有创新能力的企业或某个城市的发展，形成了生产、贸易、金融、科技信息、人才、交通运输、服务等经济活动的中心，好像一个“磁极场”，能够产生较强的吸引力和辐射能力，成为“增长极”。我国的开发区普遍具有“增长极”的功能，其功能的强弱取决于是否集聚了一批有竞争力的企业群、具有规模经济效益，是否集聚了高素质的科技人才和熟练工人，是否有良好的软环境和硬环境。

例如中关村科技园，已成为北京高科技发展的经济“增长极”。中关村科技园包括海淀区的海淀园、上地信息基地、永丰中试基地，丰台区的丰台园，昌平区的昌平园和高科技产业基地，朝阳区的电子科技城，以及崇文区的亦庄科技园。中关村科技园依托北京政治、经济、科技、信息和人才的突出优势，自 1988 年建园以来，与科研院所和大学合作，高新技术企业迅速发展，到 2001 年已超过 9 000 多家，其中海外留学生回归创办的企业就有 530 多家。在过去的十几年中，经济增长的速度始终保持在 30%以上。这些园区的所在地 20 多年前都是北京市的近郊或远郊区。现在园区及其生活区的建设已与老市区连成一片，也成为市区了。

3. 开发区是实现农村工业化的有效途径

我国设在县和乡一级地区的开发区数以千计，由于县、乡的综合实力有限，基础条件较差，所以对外资的吸引力很弱，大部分开发区发展缓慢，有的形同虚设。但有很多县、乡因地制宜，把开发区办成了乡镇工业的集聚区，取得了就地工业化、城镇化的效果。例如宁波市乡镇企业很多，据 1992 年统计，有 82%分散在村级，设在县和建制镇的仅有 18%。

这种“村村冒烟、户户点火”的农村工业化模式已走到尽头。乡镇企业由于技术水平低、规模小、粗放经营，不仅市场竞争力差、经济效益下降，还严重污染环境。在乡镇企业的“再次创业”中，这些不被外资看好的开发区很受乡镇企业的青睐。宁波市大批乡镇企业集聚到开发区之后，虽得不到各种政策的优惠，但现代化的工业园区促使企业积极进行技术改造、产品升级换代，实行股份制，组成现代企业集团，从而增强了企业的市场竞争力，提高了经济效益；而且节约了耕地、减少了环境污染；更突出的是随着工业的集聚，带动了人口的异地转移，形成了小城镇或扩大了旧市区，加快了该地区城镇化的步伐。

第十三章 城市经营的理念与模式

第一节 城市经营的概念、目标和领域

一、城市经营的概念及由来

1. 城市经营是我国城市发展建设理念的创新

随着社会主义市场经济体制的建立和完善,我国的城市作为市场经济的重要载体,人流、物流、资金流、信息流等,成为城市之间争夺的对象。城市的有形资产、无形资产从非经营性资产逐步转化为经营性资产,市场配置城市资源的范围不断扩大。因而,遵循市场经济规律、实现政企分开、引进竞争机制、对城市的各类资源实行市场化经营,已成为我国市场经济发展的客观要求。我国的许多城市运用市场经济手段,对城市的发展、建设大胆创新,已形成了自我积累、良性循环、"以城养城"、"以城建城"、"以城兴城"的全新思路和做法。这种创新的理念统称为"城市经营",或称为"经营城市"。

所谓城市经营,就是指从城市社会的整体利益出发,遵循市场经济的客观规律,通过科学合理的城市规划、投资、建设和管理等一系列有机联系的政府行为,将各种现实的或潜在的城市资源转化为城市资产;并以资产的保值增值为目的,实现城市经济、社会、环境的协调发展和综合效益的最大化。

20 世纪以来,城市经营成为热点问题,经过许多城市多方面的实践和学术界的探讨,人们对城市经营的内涵有了比较明确的认识,普遍认为:城市经营是在我国社会主义市场经济体制不断完善的条件下,应运而生的全新理念;是城市政府运用市场机制来调控城市发展目标与有限资源之间矛盾,运用市场手段对城市的各类资源、资产进行资本化运作与管理的一种经济活动;城市经营既有政府行为,又有市场机制,"两只手"相互影响,相互补充;城市经营是遵循市场经济规律,对计划经济体制下形成的城市发展、建设方式的深刻变革。

2. 国外有关城市经营的论述

城市经营的英文是"urban management",也常译为城市管理。美国从 20 世纪 70 年代末,始见有关城市经营的论述。1978 年威廉姆(William)提出:城市经营的本质是明确城市的性质、城市的经济结构和社会结构;明确城市内部的权力关系,即城市经营是由政府包揽还是应包括广泛的参与者。1989 年涉玛(Sharma)提出：城市经营是为了保证城市的基本服务功能和必要的供给，是政府对城市范围内的经济、社会活动所采取的一种干预方式。1998 年麦基尔(McGill)提出：城市经营的基本含义，首先是通过规划维护好城市的基础设施和公共服务；其次是对政府权限的合理定位，从组织和财政上确保城市基础设施和公共服务的供给与维护。日本在 1971 年已出现了《城市经营》的著作，介绍了神户市城市经营的范例。该市的基本做法是：高效地提供城市公共服务；涵养税源以确立城市的财政基础；与市场经济所导致的外部负效应相对抗，维护公共的利益。

二、城市经营的条件与主体

1. 城市经营的前提条件

城市经营需要具备三方面的条件：其一是社会主义市场经济体制的建立和完善，有了相应的市场，市政府才有可能运用市场机制进行经营活动；其二是城市政府职能的转变，彻底改变在计划经济体制下形成的"大政府、小社会"，"政企不分"，市政府统管一切、包揽一切，城市建设是无偿的供给与服务，只搞建设、不管经营的传统观念和做法；其三是健全城市的法律与法规体系，因为市场经济的本质就是法制经济，市场的运作靠法律和法规来约束与规范，促使城市政府对城市的经营管理纳入法治轨道。

2. 城市经营的主体

在社会主义市场经济条件下，城市政府承担着三种使命：一是作为建设者，要向市民提供城市基础设施等公共品；二是作为管理者，要调整和规范社会各阶层、各群体之间的利益关系；三是作为经营者，要实现城市公共资产的保值增值。城市政府是城市经营的主体，但并不是由市政府的各部门直接指挥物质生产与交换，而是通过市场进行资本运营。城市政府经营城市，在方式上要从计划经济时期的行政指令性分配，转向以法律为基础、以市场为导向的经营与管理；在对象上要从过去对企事业单位的微观管理，转向对城市资源的整体发掘利用和城市资产经营管理。城市经营的主体是城市政府，但参与经营者则是多元化的，为此就要有各种投资主体、各类企业和中介组织的参加，以及广大市民的参与。

三、城市经营的目标与作用

1. 城市经营的目标

城市经营的目标在于促进城市经济、社会和环境效益的综合优化与可持续发展，不仅要提供城市的生产、生活便利性、经济性，更要转向降低交易成本，广泛吸纳生产要素，完善市场机制，提高人文环境质量，以城市发展带动区域经济整体的发展，使城市成为整个区域经济的增长点。同时，城市经营还要从实物要素的单维度经营，转向物质资本与知识、信息、人才、文化、生态相结合的多维度经营方式，达到综合优化的目标。但少数城市在认识上存在误区：把城市经营的目标和作用单一化，只追求经济实惠，而忽视城市的社会与环境效益；把经营城市混同于经营企业。其实经营城市与经营企业有着本质的区别：经营企业的理念是以最小的成本获取最大的利润；而城市经营的理念应当是以最小的市民负担获取最大的市民福利。

城市经营目标定位的偏差会造成城市建设中的重大失误。例如，某风景旅游城市急功近利、盲目追求商业利润，在列为世界自然遗产的风景区建造了许多破坏景观、污染环境的宾馆、商店，造成景区的脏、乱、差，结果被联合国教科文组织评为"濒危景区"，被"黄牌"警告！为了景区的可持续发展和城市的综合效益，该市政府不得不拆除大量本不该建造的房屋和设施，造成很大的经济损失。

2. 城市经营的主要作用

城市经营的主要作用在于推进城市资源转化为资产，进而实现资产的保值和增值，扩大城市的经济实力，完善城市的多种功能，优化城市的生态环境，提高城市的品位，增强城市的综合竞争能力和知名度。

城市中的各类资产，由于不可避免的物理磨损和精神磨损，都会由于时过境迁而贬值。城市的资产如何从贬值走向保值和增值，关键在于城市政府制定正确的经营策略。城市资产的增值，一般是指原有资产由于经营得法内涵提升了价值量。例如大连市，20世纪90年代把一块地价仅为700元/平方米的海边荒滩地，开发建设成具有商贸与文化活动功能的星海广场，使地价上升到1万元/平方米。这块地皮的价值量很明显是通过内涵改造而有所提升的。

实践表明，发挥城市经营作用的关键在于与时俱进、因地制宜地制定符合本市特点的经营战略。例如，大连市经营城市的主要战略是：调整城市功能定位，从传统的工业城市提升为港口、贸易、旅游城市；整治环境，改变城市面貌，面向市场，走向国际。这些举措完善了大连市的城市功能，优化了城市生态环境，扩大了城市的吸引力与辐射力，增强了城市的综合竞争能力和知名度。又如温州市，虽区位濒海，却资源贫乏，原有经济基础薄弱；但温州人素有敢冒风险、能吃苦、会经商的人文优势；温州市政府因势利导，为发展民营企业提供宽松的空间、积极引导和优化服务的经营战略，促使温州市形成了专业鲜明的群体规模经济和高度发达的市场营销网络；其各种产品不断创新，具有很强的市场适应能力和较强的竞争力，因而在国内市场上有很高的占有率，在国际市场上的份额也日益扩大。温州开发的产品、温州的经济机制，形成了"温州模式"，并被联合国评为全球最具活力的城市之一。

四、城市经营的领域

1. 城市空间和城市功能载体是城市经营的重要领域

城市空间是指城市规划范围内的地上、地下所形成的多维空间，每座城市都是在一定范围的空间中生存发展的。城市空间中所拥有的自然生态资源——区位、土地、山丘、河流、森林等，都是城市经营的资本。城市功能载体是指在城市中具有某种使用价值的人力作用资产——道路、桥梁、房屋、车船等，用以满足城市生产与生活的物质需要和精神需求，也是城市经营的资本。

城市空间和城市功能载体在社会主义市场经济条件下，具有商品属性，在等价交换中实现其价值。城市中的自然生态资源和人力作用资产如果不进入市场，不进行交换，就不是商品，只有使用价值，而未实现其交换价值。城市土地转让其使用权，就成为商品，就有价格。以市场交换为目的的人力作用资产，如住宅、写字楼，不仅有使用价值，而且具有商品的交换价值。城市中的许多功能载体，如道路、桥梁等，是供市民大众公用的，有的也可以进入市场，作为商品来经营。但是城市的公共品，则不能统统纳入经营的范畴。

2. 城市无形资产的经营

城市资产是指城市在规划范围内各种资产的总和，按其形态分为有形资产与无形资产。有形资产系指城市中一切有形的实物，包括自然生态资源和人力作用资产；无形资产系指依附于有形资产之上的无实物形态的资产，如开发权、使用权、经营权、冠名权、广告权、特色文化等。

随着社会主义市场机制的建立，我国许多城市不仅狠抓有形资产的开发、使用，将其推向市场运作，盘活存量资产，使城市的实力不断增强；同时，也很重视挖掘无形资产的潜力，充分发挥其商业价值的作用，使城市既得实惠又增光彩。

需要强调的是，在知识经济时代，知识对经济的发展、社会的进步所起的作用越来越突出。智力资源成为城市经营的重要无形资产，必须加大开发、利用和保护的力度。因此，在制定城市经营战略时必须认识到当代国与国之间的竞争，城市与城市之间的竞争，最重要的是智力资源——这种流动性很大的无形资产的竞争。

第二节　城市经营的基本原则

一、城市经营必须坚持科学发展观，制定具有本市特色的经营战略

在计划经济体制下，资源的配置靠计划调拨，产品的分配没有市场调节，城市之间、城乡之间没有竞争的压力。无论大小城市，其功能定位基本上是生产性城市。而各具地方特色的城市，如何发挥优势扩大辐射能力和吸引力，都缺乏内在的动力和外部的条件。

例如，相距很近的北京、天津、唐山三个特大城市，在 20 世纪的下半叶，不仅产业结构

类似，而且竞相发展钢铁工业。科技界和政府部门普遍认为三大城市应各发挥其优势、分工协作，但虽经多次论证和协调，在各市自身利益的驱动下未能奏效。2004 年国务院对北京市总体规划的批复中指出："北京是中华人民共和国的首都，是全国的政治、文化中心，是世界著名的古都和现代国际城市。"对北京市的功能定位中没有提经济功能的要求。北京市政府坚持科学发展观，为建设新北京、迎接新奥运，确保城市主要功能的实现，在 2006 年对产业结构动了"大手术"——将位于北京上风上水、占地大、高耗能、高耗水、污染特别严重的首都钢铁公司，迁到唐山市海边的曹妃甸，组建新的首钢京唐钢铁联合有限责任公司。北京市这一重大的产业结构调整，虽然失去了一个利税大户，但符合首都的功能要求和长远利益。唐山市作为河北省的重要工业生产基地，通过开发曹妃甸的海滩、建设深水港，不仅钢铁生产上了新台阶，还带动了周围相关产业链的发展。

但是，有些城市在确定本市的经营战略时，不是实事求是地发挥本市的优势，拟定既有特色又有竞争力的经营战略，而是相互攀比，追逐时尚，照抄照搬别的城市的功能定位。例如某县级市目前科技力量薄弱，交通欠发达，缺少旅游资源，但在近期的功能定位中，提出要建成高科技中心、交通枢纽、旅游名城等等。这种缺乏科学分析论证的宏观性经营战略，不仅对当前的城市建设产生了误导，还会影响城市长远发展的方向。

二、城市经营必须坚持以人为本、构建和谐社会的原则

我国要构建和谐社会，最重要的阵地是构建和谐的城市。构建和谐的城市，必须按照民主法制、公平正义、诚信友爱、充满活力、安全有序、人与自然和谐相处的要求，以解决城市居民最关心、最直接、最现实的利益问题为重点，大力发展社会事业，完善城市管理，增强城市凝聚力，促进城市经济建设、政治建设、文化建设的协调发展。

1. 城市资源和公共品的共享应是以人为本的经营原则

社会主义城市中的全体市民都是城市的主人，城市中的各类资源、各种公共品——基础设施、社会设施等，市民均有享用的权利。但是，如果市政府对市场的监控失当，就会造成一部分人(主要是先富起来的少数人群)更多地获得享用的权和利，同时，必有一部分人(大多数是收入较低的市民)应当享受的权利受到侵犯。

例如，近几年许多城市出现开发区热、圈地卖地热等活动，有些市政府与开发商联手剥夺农民的耕地；对旧城区盲目地大拆大迁，使居民失去原有住宅和就业的场所。由于对农民的补偿标准过低，对旧城区居民的安置不到位，一些地方引发了尖锐的社会矛盾，形成了社会安定团结的隐患。

近几年城市的基础设施——交通、通信、给水、排污、热力、园林绿化等的建设水平有了很大的提高，社会设施——学校、图书馆、影剧院、体育馆等增加了许多。但是，在景色宜人、交通便捷的地方常建高档公寓或别墅，为少数先富起来的人们提供服务；而一般低

收入的居民，由于被迁到远郊区，不仅生活设施不配套，为买新房还欠了债，远距离上班、上学既费时间又增加了开支。这些状况又加大了城市中贫富的差距，影响到社会的和谐共处。

2. 城市建设多“雪中送炭”、少“锦上添花”应是以人为本的经营原则

经过二十多年的建设，我国众多的城镇经济普遍高速发展，社会明显进步，市容面貌一新。但还不同程度地存在一些“城市病”，诸如交通堵塞、水管爆裂、污水横流、供电中断、煤气泄漏等时有发生，给居民的工作、生活带来了个人难以克服的困难。这些问题的解决都需要市政府及时处理，做到“雪中送炭”。

但是，有的城市却热衷于搞政绩工程、形象工程、标志性建筑、大广场、宽马路，甚至严重缺水的城市还要到处种草皮。为了建设这些工程，不仅要大搞拆迁，严重扰民；而且耗资巨大，对提高市民的日常生活质量效益甚少。为防止城市经营活动中这种劳民伤财、“锦上添花”行为的泛滥，应组织社会力量广泛参与，建立群众监督机制，协助政府使城市的经营活动做到合民意、得民心，使构建和谐社会落在实处。

三、城市经营必须坚持珍惜资源、建设节约型城市的原则

1. 珍惜资源是建设节约型城市的经营原则

党的十六届五中全会明确提出：要“加快建设资源节约型、环境友好型社会”。构建节约型城市首先是节约城市用地、节约资金；同时要降低各类资源的单位产出消耗水平，提高资源的利用率，发展循环经济，促进城市的可持续发展。

城市经营是以城市资源为对象，市政府运用市场手段对城市资源进行优化组合和市场化运作，从而实现资源的合理配置和高效使用。城市可利用的资源大多数是有限的，因而既要大力开发可利用的资源，又要保护和节约各类资源，实现城市资源利用的可持续发展。所以，城市经营必须珍惜资源，坚决杜绝竭泽而渔的短期行为，特别是对不可再生的资源要有长远的使用规划，使城市的发展步入可持续的、良性循环的轨道。

我国在实现工业化、城市化、现代化的过程中，需要占用大量的土地。土地是不可再生的、稀缺的资源。而我国人多地少、土地资源十分紧缺，土地的供需矛盾日益突出。重要的出路在于制止浪费，最大限度地节约使用土地。但近些年来，我国许多城市规划的人口规模不断扩大，人均用地面积过大，使城市生活用地过多。同时大搞工业开发区、休闲旅游度假区等，使城市的用地不断外延扩张，大量征用农民的耕地，加剧了城乡不和谐的矛盾。节约城市用地是缓解矛盾的重要途径：首先是节约工业用地，要尽量限制重复建设、外延扩张地发展工业；同时发展工业要着重在内涵的提升上，提高工业用地的建筑密度。现在珠江三角洲和长江三角洲地区，已经对大片的单层厂房进行改造，建设多层工业楼。例如香港的轻工业“向空中、向地下”要地，工业用地的利用率很高；有座 15 层的工业

大楼,内有 9 家工厂,从事电子、制衣、印刷等生产,不仅节约了用地,还降低了运营成本。

2. 端正资金的投向,是建设节约型城市的经营原则

城市的财政收入是纳税人的"血汗钱",城市经营必须端正投资方向,把财政开支首先用于为纳税人谋福利。有许多城市确实是把困难留给政府机关,而把改善市民生存环境放在首位。

如某市政府在讨论如何提升本市的竞争力,扩大吸引外资的力度时,有的领导提出,由市财政出资,建一座高档次的政府大楼,既可树立本市经济实力雄厚的形象,又可解决目前办公室不足的需要。但多数领导认为,增强本市对外资的吸引力,绝不在于市政府有无漂亮的大楼,而在于有无服务到位的基础设施和社会设施。市财政目前已入不敷出,应当盘活市政府闲置的资产,向市场筹集资金。通过在市场上运作的结果是:由该市广告总公司出资 400 万元,将闲置的原市政府招待所改造成办公室,解决了办公室不足的矛盾;将市政府大院的占地面积缩小一些,划给市中心区的广场,供市民晨练和休闲活动;在主干道和市中心广场连接处竖起 24 根悬挂广告的金属旗杆,该公司一次性买断其广告使用权。此创举曾引起激烈的争论,最终受到市内外广泛的赞同。

但是,有的城镇还沿袭着传统观念走着老路。如某省有个省级贫困县,2004 年该县的农民人均纯收入仅为 1 515 元人民币(当年全国的人均 GDP 为 1 300 美元)。但该县政府竟耗资近 2 亿元,建了一座高 60 米、16 层的豪华大楼,供县委县政府办公使用。为此,在县城里拆迁了许多正在使用的民居和公用建筑,引起居民的不满。

第三节 城市经营在城市规划、建设和管理中的运用

城市经营不是独立于城市规划、建设和管理之外单独运作的一种手段和程序,而是一种观念和做法。它渗透、贯穿于城市规划、建设和管理的全过程,即以经营的观念规划城市,以经营的手段建设城市,以经营的方式管理城市。

一、以经营的观念规划城市

我们现在所进行的城市规划,是在实现小康社会的基础上,规划现代化城市建设的蓝图。规划 21 世纪的现代化城市,仅有工程技术知识是不够的,必须强化城市经营的理念;遵循市场经济规律,做到城市资源的优化配置,为城市经营创造良好的经营环境。城市规划与城市经营是相辅相成的关系,城市规划利用其综合的观点和整合的能力,规划好城市

的整体布局，就有助于防止城市经营中某些不顾大局片面追求经济利益的短期行为；而城市经营则发挥其驾驭市场的能力，成为贯彻实施城市规划的重要手段。在市场经济条件下，城市规划的实施，虽有城市政府行政力量的保证，但常会受到市场经济利益的冲击。解决矛盾最好的办法不是简单的行政命令，而是通过正确的经营策略，既保证城市长远的整体利益，又使得当前的局部利益得到满足。

市场经济体制的国家常用 TOD（transit-oriented development）和 SOD（service-oriented development）的方式通过城市规划进行城市经营。所谓 TOD，就是政府利用掌控城市规划带来的信息优势，对规划发展区的用地以相对低的价格征用；接着进行基础设施的建设，使土地升值；然后出售基础设施完善的“熟地”，利用“生地”与“熟地”的地价差，平衡建设成本。所谓 SOD，就是通过社会服务设施引导开发建设的模式，政府利用行政垄断权的优势，通过城市规划对城市功能进行空间调整和迁移，使老市区和新开发区通过地价差，都获得更新与发展的资金保障。例如青岛市就是成功的案例：市政府开发海滩荒地、出让老城区用地，市委市政府机关率先迁入新区，达到了城市功能的转移、空间的疏解与优化和政府财政状况改善等目的。

二、以经营的手段建设城市

在市场经济条件下，要确保城市建设有投入、有收益，进入良性循环的状态，必须运用市场经营的手段来运作，其主要做法有以下几方面。

1. 开发和盘活城市土地资源

在城市的国有资产中，数量多、增值潜力大、市政府能直接控制的资产就是城市的国有土地。市政府可以开发荒滩和废弃的土地，也可以收回闲置的土地，又可以收购破产企业已贬值的国拨土地以及低效益使用的土地，经过内涵技术改造，使许多存量土地资产升值。

城市土地市场化，明显提高了土地的市场配置规模，使大量土地得到合理利用，并且释放出原来长期积压或不合理使用的土地资源，为城市建设提供了资金。但是，在实际操作中存在不少违规行为，严重扭曲了城市经营的初衷，也影响了城市经营的声誉。例如，不按《土地管理法》及相关的规定，违法批地、未批先用、越权批地等；土地交易秩序混乱，有些国拨土地和集体土地非法入市、隐形交易，造成了土地收益的流失和腐败的滋生。针对这些现象，国家主管部门已在制定有关的法规，以强化管理、完善城市政府经营土地的机制。

2. 建立基础设施项目投资回报补偿机制

城市的基础设施建设项目，由于投资数量大、建设周期长、价格定得低、投资回报少等因素，制约了以追求利润最大化为目标的国内外资本进入这一领域，使城市政府在力图缓解城市基础设施的压力和建设资金不足的矛盾中处于两难的境地。现在许多城市运用城市经营的手段，建立基础设施项目投资回报补偿的办法，即谁投资、谁受益，有效地吸引了国内国外的资金投入到基础设施的建设中。实践表明，城市经营的手段，必须符合市场经济规律，建立等价交换的机制，在城市得到投资实惠的同时，使投资者有利可图，就能够吸引国内外的资金注入城市建设之中。

例如上海市，为开发浦东需要建设跨越黄浦江的大桥三座、隧道两座、环城高速公路等耗资巨大的工程项目。钱从何来？上海市面向国际市场，大胆利用外资，采用特许权的办法，授权外企自行融资、建设、经营工程项目，外企自负盈亏、自担风险、自己受益，已取得了较好的投资回报率。

又如长沙市，为在湘江上建两座大桥，凭借城市政府的信誉，依据经济合同，与香港长江实业公司签订协议，采用BOT(build-operate-transfer)的方式，由该公司负责融资、建设大桥，建成后由该公司经营收取商业利润，按协议50年后无偿归还市政府。长沙市需要建第八水厂，市政府通过协议授权由乡镇企业长大集团公司筹资建设。一座供水能力25万吨的水厂两年建成，经营17年后归还市政府。

3. 大力推行无形资产的商业化运作

随着人们物质生活的不断丰富，精神需求也日益高涨。城市的历史古迹、特色文化、生态环境、建设风格等精神资源——依附于有形资产之上的无形资产，成为城市升值的重要源泉。城市形象是重要的无形资产，每个城市都有自己的形象。它是城市历史文化积淀的具有深厚底蕴的客观反映，是以城市物质环境为载体的各种信息的综合体现。同时，又可以通过城市形象的设计、城市现代化的建设、市容环境的美化、服务功能的完善，提升城市的文化品位，创造出有特色的新的城市品牌。

很多城市善于经营无形资产，通过商业化运作获益匪浅。例如大连市，利用其区位优势，大搞服装节、博览会，还举办过12次赏槐节。北方的城市都有许多槐树，都开花，但人们并不在意。而大连市善于商业化运作，“借景生财”，通过赏花、过节丰富人们的精神生活，既繁荣市场，又增加经济收益，提高城市的品位，扩大了城市的知名度，同时还显示出太平盛世的社会效益。

又如南京市，素有“四大火炉”之称，炎热的气候使投资者望而却步。市政府近几年下决心经营生态环境，引长江水进城，改善河道水质；每年净增绿化面积120公顷，绿化覆盖率达40%以上，使南京市区夏天的平均气温逐年下降，甩掉了我国“四大火炉”的帽子，成为投资的热点城市，使城区的土地价格平均每年涨幅超过30%，城市资产显著升值。

但是，有的城市急于改变城市面貌，大搞形象工程，不切实际地提出了“一年一变样、三年大变样”的口号。其结果是建了许多属于同一时代的建筑，形成同一风格，缺乏个性和多样性，造成“千城一面”的乏味景观；甚至大量拷贝西方建筑风格、迷恋欧陆风情，粗暴地把具有地方特色和历史文化的古老旧城大面积地破坏。有鉴于此，在城市经营中必须充分利用城市原有的文化资源，发挥其地方特色。

4. 开辟多元化投资渠道

随着市场机制的建立，我国已经基本改变了计划经济体制下形成的城市政府“独家投资”为社会“多方聚资”，形成了若干种为城市发展和建设融资的渠道。诸如：结合城市产业结构的调整，出售国有和集体企业；拍卖、转让城市公共设施——道路、桥梁、公交线路、商业网点、公厕、路灯、报刊亭等有形实物的经营权，以及依附于其上的冠名权；发行城市基础设施建设债券和股票；组建城市建设信用社，建立城市建设发展基金；成立中小企业担保中心，经营资产抵押、担保，向金融机构融资，对中小企业进行投资、信贷、参股、控股，扶持中小企业，特别是民营企业的发展。

三、以经营的方式管理城市

1. 建立管理首先是服务的新观念

在社会主义市场经济条件下，城市管理的本质是服务，而不是关、卡、压。以经营的方式管理城市，就是要运用行政、经济和法律的多种方式、方法，为促进商品生产、市场发育和社会稳定服务。许多城市把旧城改造与老企业的技术改造相结合，把改善居民生活环境与土地功能转换相结合。运用经营的方式对市区、郊区、企业、居民的需求统筹管理服务到位，从而各得其所需，达到了经济、社会和环境效益的综合优化。

例如，杭州市为吸引科技人才在杭州创业，全方位地为智力和资本的投资者服务，大力改善硬件环境、体制环境、法治环境、治安环境、政策环境、人文环境、人居环境等几个方面，其中最核心的是优化人文环境。因此，提高了全市为生活、生产服务的质量，对智力和资本的投资者有很强的吸引力。“创业在杭州”成了该市的经营战略和城市的品牌。

2. 转变城市政府职能，实行城市资产所有权与经营权相分离

在市场经济条件下，城市资源的配置方式已从计划经济体制下的行政调拨向市场调节转变。因此，城市政府必须明确政府的主要职责是：对经济的宏观调控、对市场的监督和管理、对公共活动的服务。凡是应由市场解决的问题和处理的事务，政府就必须放权。但是，我国长期存在的政企不分的体制，严重制约着城市资源的市场化运作。例如城市的公用事业，以前都是市政府一元化投资形成的国有资产。公用事业管理局垂直领导其所属企业，并垄断公用事业所有环节的经营权，以致出现公用事业的经营者凭借其垄断优势，按企业的个别成本报价，而不按社会的平均成本报价。结果企业既没有降低成本的压力，又缺乏激励提高运营效率的机制。因而使企业长期处于低效率、低效益、微利甚至亏损的状态。这表明，必须用竞争的、市场经营的机制来改革现行的管理体制。

例如青岛市，把城市基础设施推向市场后，实现了城市基础设施的所有权与经营权的有效剥离，促使城市资产重新配置和优化组合。曾经使青岛市政府最“头痛”的“路线少、车辆少、乘车难”的公共交通，组建股份制集团公司后，实行市场化经营、多元化融资，使长期靠“输血”的服务行业，实现了自我积累的“造血”功能，公交公司自筹资金开辟了新的路线、购置了新车辆，有效地缓解了交通压力。

第四节　城市经营的多种模式

近年来，我国的许多城市大胆探索城市经营的方式、方法和切入点，并在不同程度上取得了经营的综合效益和经验。纵观其城市经营的方式和方法，可归纳出以下几种主要模式。

一、实施治理环境改变城市面貌的经营模式

大连市以整治城市环境为突破口，推动城市经济、社会与环境的协调发展，增强了城市的吸引力与辐射能力，使之走向国际市场成为名牌城市，成为实施环境经济经营城市的先进范例。大连有着得天独厚的区位优势，但在计划经济时期，它只是一个传统的工业城市。到 20 世纪 90 年代初，随着对外开放和经济体制改革的深化，大连市政府认识到，在社会主义市场经济条件下，必须冲破传统观念，用全新的视角来确定城市的功能。在制定城市的总体发展战略时，就明确提出“要面向市场、面向国际，把大连建设成现代化的国际性城市。城市的主要功能是旅游、商贸和港口”。大连为改变城市面貌采取的主要措施是美化城市，实现城市的“绿、透、通”：其一是对城市进行绿化，铺草地、栽大树，街道成了绿色的长廊，居住区内都有了街心花园，全市的绿化率达到了 40%；其二是拆除大院的围墙，装上通透的新式栏杆，庭院绿地与沿街绿地连成了绿化系统；其三是拆除棚户与临时建筑，清理马路市场，使道路通畅，改变了脏、乱、差的市容面貌；其四是把老市区的工厂迁至郊区，通过设备更新和技术改造，使老企业蓬勃发展；其五是老市区上百万居住拥挤的市民，迁进花园式小区，提高了生活质量。

通过大量城市土地功能的置换，利用级差地租以地生财，政府获得了大量的城市基础设施建设资金，从而就有能力改善投资环境，“巢”筑得好，“凤”就蜂拥而至。通过招商引资，使大连的工业、港口交通都得到了发展；更为突出的是建设了一大批高档的旅游宾馆、贸易中心、展览馆等公共设施，增强了城市对外开放的功能。截止到 1999 年，全世界有 150 多个国家和地区与大连有贸易关系；146 个跨国公司在大连开办了 175 个项目；全世

界的500强企业有53家在大连有分公司。1993年以来,先后举办过326次各类展览会,12次国际服装节,14次出口商品交易会,还有12次赏槐节和4次烟花爆竹节。由于对国际、国内市场的不断拓展,大连的投资回报率高达216.5%。现在大连市的城市综合实力已跃居全国前列。

二、建立土地储备中心盘活存量资产的经营模式

我国从20世纪80年代以来,城市土地的使用制度发生了本质的变化,由无偿占用改为有偿使用。但是,由于管理体制滞后,各个城市都存在着许多土地使用的弊端。其一先是城市土地的多头经营,造成国有资产的严重流失。那些拥有城市土地的村镇、工厂、机关和学校,都可以随意定价,卖地生财。城市土地成为单位所有,城市政府难以控制,也聚不到财。其二是城市规划对城市用地功能的失控,由于市政府控制不住土地的买卖权,也就难以控制每块土地的实际使用功能,因而造成不按城市规划进行建设和布局的混乱局面。

有鉴于此,杭州市政府进行了城市土地管理制度的创新。1997年设立杭州市土地储备中心——由市政府授权成立经营土地的公司。市政府先注入一定的资金,对全市的土地实行统一收购、统一规划使用功能、统一招投标与拍卖,市政府完全垄断城市土地的一级市场。这种城市土地使用制度的创新,其效益是多方面的。其一,"金饭碗"内的"油水"不再流失,市政府真正实现了以地生财。1999年至2001年,就比按协议批地多收回地价8.4亿元,有力地支持了基础设施的建设。其二,为实现城市规划确定的用地提供了保障。由于城市土地的买卖全部控制在土地储备中心,市政府手中有了地,也就有了按规划配置土地的实权,可以根据旧城改造、生产、生活用地的各种需求,做到对城市用地的规划、开发、建设、配套、经营、销售的六统一,从而使城市土地的管理由无序经营转化为有序经营,促进了城市土地资源的优化配置。其三,通过垄断土地的一级市场,就可以控制城市土地周转的总量,并提供每年可出售的各类土地的数量。根据供需制定合理的土地价格,可以防止由于城市土地价格偏低或过高而造成的后遗症;同时,因城市资产升值而产生的级差地租,也由储备中心替市政府及时收回。杭州市建立城市土地储备中心的制度创新战略,受到国土资源部的重视,在2001年已确定为全国土地资本运作的试点城市。现在全国的大中城市都已实行城市土地储备制度,建立了城市土地储备中心。

三、实施名牌产品战略占领国际市场的经营模式

经营名牌产品对加强市场竞争能力、扩大城市经济实力与提升知名度起着重要的作用。一个城市要想在国内、国际市场上有一定的知名度,关键在于经营名牌产品,在竞争

中占有一席之地。我国目前最突出的实例是青岛市和绵阳市,城市经营实施的是名牌产品战略。

青岛市下大力气培育了海尔、海信、青啤、澳柯玛、双星等一批享誉海内外的名牌企业。在国家公布的57个“中国名牌产品”中,青岛市就拥有10个,特别是青岛市的“海尔”家电产品更是驰名世界,在13个国家建立了分厂,在160个国家和地区销售“海尔”产品,电冰箱就占美国全年销售量的50%。青岛的名牌产品生产已成为城市的支柱产业,带动了二产、三产的全面发展,已形成互动的产业链。青岛市实施名牌产品战略,构建了城市强有力的总体美誉度,极大地提高了城市的吸引力。世界500强企业纷纷登陆青岛,仅2002年上半年就有1 000多个海外投资的项目签约。

四川绵阳市的名牌产品是长虹电视机,在发展中国家很受欢迎,这促使长虹电视机厂不断扩大规模,现已成为全世界规模最大的电视机厂,年产1 200万台。绵阳市政府制定了产品经济经营战略,围绕电视机发展其他电子产品,从而使该市成为以电子产品为支柱的新兴高科技城市。

四、实施创新战略为中心城市服务的经营模式

地处北京市北部山区的密云县,为保护首都的水源——密云水库,工业长期不发达,经济增长一直处于北京市所属区县的末位。自21世纪以来密云县制定了为首都服务,走环境立县、科技兴县、依法治县的创新战略,取得了突出的业绩,经济增长、城镇建设跃居北京所属各县前列。主要的创新举措是:把困难留给自己,为投资者提供服务,将县政府30多处分散的办公楼、县委招待所等拍卖给投资者;招标拍卖街道和建筑物上的广告使用权,道路、桥梁、雕塑的冠名权;用盘活这些存量资产所得的30亿元资金,用于整治环境、建设基础设施,引进高科技,从而吸引来30多个省市的投资者,资产增量共达120多亿元。

密云县快速发展的核心在于创新,无论是经济发展、环境治理都有新思路、新举措,并且善于经营和推销本县的优势,从而获得15项桂冠,如全国生态环境示范县、中国第一个绿色产业园区和示范基地、全国无公害蔬菜基地示范县、科技部火炬计划北京绿色科技产业基地、首都饮用水源基地、中国高校产业基地、北京市园林卫星城镇等。

五、大力发展非公有制经济的经营模式

我国经过多年的理论探讨和实践普遍认识到个体、私营等多种形式的非公有制经济是社会主义市场经济的重要组成部分,必须毫不动摇地鼓励、支持和引导非公有制经济的发展,非公有制经济对于中小城镇的发展起着极为重要的推动作用。

例如河南省的长垣县，在既无外资又无国家投资的情况下，大力扶持非公有制经济的发展。县政府具有明确的人民城市人民建的观念，对该县外出经商务工的人员，特别是富裕大户和经济技术能人，动员其回乡创业；创办“回归工程”，为其引进资金、技术、项目、信息创造条件，现已建成“回归”企业 580 多家，仅 2000 年新上的投资在 100 万元以上的项目就有 59 个。全县现有个体、私营、股份制企业 1 000 多家，个体和私营业主的投资在全县的固定资产投资中已占 60%以上；在新城区建设的总投资中占 98.9%，成为投资的主力军。从而使长垣县形成了经济发展和城镇建设互动的良好局面，在短短的 6 年时间里，就建成了一座环境优美、市容整洁、具有现代气息的新县城，被赞誉为河南的“小温州”。

六、凭借大交通发展大市场的经营模式

我国有许多城市既不通铁路，又无高速公路，长期发展缓慢，实践表明，“要想富，先修路”已成为城乡发展的普遍规律。这几年我国的铁路、高速公路建设快速发展，有效地带动了一批城镇的大发展。

例如河北的衡水市，这几年抓住京九铁路穿越该市、贯通南北的机遇，拟定了凭借大交通发展大市场的经营战略。首先是建设大市场，组织专门队伍到各地招商引资，很快就使衡水成为北京、天津、重庆、广州等地大公司的投资热点，经营服装、食品、化妆品等，各种市场兴旺繁荣；同时制定政策鼓励农民进城务工经商，使城市经济活跃、人气很旺。近几年老城区全面改造的总投资高达 23 亿元，其中 98%的资金是通过经营大市场获得的。

七、突出城市特色经营文化名城的模式

1994 年山东曲阜市的孔庙、孔林、孔府入选《世界遗产名录》。曲阜市充分发挥孔子故里和历史文化名城的特色优势，把城市个性、城市文化作为城市重要的无形资产来经营。曲阜市的经营战略是：建设“现代化历史文化名城、世界儒学研究中心和生态旅游城市”。围绕孔庙、孔府、孔林文化古迹建设富有特色的城市街区，吸引世界各地的游人；建立孔子研究院，邀请世界各地教育家来此办学、举行学术活动；举办“中国曲阜国际文化节”，弘扬民族文化和儒家思想；组建以孔子系列书籍为主要内容的出版事业，从而形成了城市的特色，提高了文化品位，也吸引了各方的投资者。曲阜市由于城市经营得法，获得了较前大为充裕的城市建设资金，仅 2002 年上半年，全市的城建投资就有 3.2 亿元，其中市政府的财政支出只占其中的 1.3%。

八、实施利用外部资源经营城市的模式

我国许多城市所在地区的可加工资源相当稀缺，但居民务工经商的素质较高。这些城市就创造性地实施“两头在外”的经营战略，即利用外来的资源，经过精细的加工制造成为名牌产品；然后建立国内外的销售网络，推向广大的国内、国际市场。这种经营战略不仅使城市财政和居民获得丰厚的经济收益，而且促进了当地社会的安定和文化教育事业的发展。众所周知的温州市、昆山市就是此种模式的范例。

现以被经济学界称为“零资源”现象的浙江古城嘉兴市为例：嘉兴市的城市经营战略是“无中生有、两头在外”，创造了“无皮成为皮革之都、无布成为服装之乡、无木成为木业大县”的奇迹。其中嘉兴市所属的县级市海宁，有 6 000 多家皮衣生产企业，从外地购进大量皮革，加工成高档皮衣，远销国内外，故海宁被誉为“皮革之都”；县级市平湖从外地购进各种面料，加工成服装，每年出口量达 1 亿件以上，被称为全国服装出口“第一县”；嘉善镇从林区购进大量木材，所生产的胶合板就占全国同行业市场份额的 30%，被称为木业大县。

第十四章 城市现代化

研究城市现代化问题，首先应了解现代化的基本理论、世界现代化的进程以及中国现代化的总体水平。在此基础上，才能对我国城市现代化的现状和发展有较明确的认识。

第一节 现代化理论

一、现代化的定义

20 世纪以来，现代化的大潮席卷全球，许多国家或地区将现代化作为发展奋斗的目标。但是，人们对现代化的理解不尽相同，迄今没有统一的定义。

1. 现代化的基本词义

现代化一词的英文是 modernization，产生于 18 世纪，是从英语 modern 和 modernize 衍生而来的。modern 是形容词，产生于 16 世纪，有两层含义：表示性质，即现代的、时髦的；表示时间，即新近的，指从大约公元 1500 年到当前这段历史时间。modernize 是动词，产生于 18 世纪，其含义是使之现代化、适合现代需要。概括起来，现代化的基本词义是：实现现代化的过程以及实现现代化后的状态；发达的、先进的、适合现代需要的，就是现代化的。

2. 现代化的理论含义

多数学者对现代化的含义有以下认识：现代化是指 18 世纪工业革命以来人类社会所发生的深刻变化，是传统经济向现代经济、传统社会向现代社会、传统政治向现代政治、传统文明向现代文明转变的历史过程及其变化；现代化并非是个别国家和地区所特有的现象，而是具有世界普遍性的发展趋势；一个国家和地区的现代化不仅要实现科学技术的现代化，而且要实现社会制度和人们观念的现代化；现代化是内容丰富、多层次、多方面、连续不断的社会文化变革过程；现代化的基本因素是人的现代化，是人的素质的提高。

二、现代化理论的发展阶段

1. 现代化理论的萌芽阶段

从16世纪欧洲文艺复兴时期到20世纪上半叶，将近500年的历程是现代化理论的萌芽阶段。文艺复兴是一个思想大解放的时期，在打破封建和宗教专制的革命过程中，人文主义、世俗主义等现代的思想得到广泛传播。随后科学知识、科学思想和科学方法在欧洲不断涌现，为现代化理论的形成做好了知识准备。英国的工业革命和法国的思想革命、理论创新，为现代化的理论提供了诸如宽容、正义、理性、自由、平等、民主和法制等丰富的内容。

2. 经典现代化理论的形成阶段

西方学者从20世纪50～90年代开展现代化的研究，并形成了现代化的理论体系，被认为是用来阐述工业革命以来人类文明革命性变化的有力理论，统称为经典现代化理论。该理论在不同领域具有不同的特点，详见表14-1。

表14-1 不同领域经典现代化的特点

领　域	主要特点
政治现代化	民主化、法制化、科层化(官僚化)
经济现代化	工业化、专业化、规模化
社会现代化	城市化、福利化、流动化
人的现代化	开放性、独立性、参与性、平等性
文化现代化	宗教世俗化、观念理性化、教育普及化

资料来源：中国科学院中国现代化研究中心，中国现代化战略研究课题组. 中国现代化报告2001—2006. 北京：北京大学出版社，2001—2006

美国哈佛大学塞缪尔·亨廷顿教授，在20世纪70年代把经典现代化理论的基本内涵归纳为9个方面：

- 现代化是革命的过程，即从传统社会向现代社会转变；
- 现代化是复杂的过程，包含着人类从思想观念到行为准则一切领域的变化；
- 现代化是系统联动的过程，一个因素的变化将影响其他因素的变化；
- 现代化是全球化的过程，现代化起源于欧洲，现在已成为世界各国发展的必然趋向；
- 现代化是长期的过程，由于现代化所涉及的广泛性与深刻性，需要相当长的时间才能实现；

- 现代化是分阶段实现的过程，由于发展的水平有差异，从而形成不同的发展阶段；
- 现代化是趋同的过程，传统社会存在不同的类型，而现代社会却基本是相似的；
- 现代化是不可逆的过程，现代化的过程中可能出现挫折和暂时的倒退，但整体上是持续发展的趋势；
- 现代化是进步的过程，在社会转型时期所付出的代价是巨大的、痛苦的，但从长远来看现代化给人类带来的是物质和文化方面的幸福。

3. 新现代化理论出现的阶段

从20世纪70年代到现在，是现代化理论深化发展，并出现新现代化理论的阶段。

(1) 后现代化理论。西方学者对发达国家未来的发展进行研究，提出了许多新理论，如后资本主义社会、后工业社会、后现代社会、知识社会、信息社会、网络社会和数字化社会等。在此基础上形成了后现代化理论，认为后现代化的核心目标是使个人幸福最大化，追求专业化、世俗化、个性化和高质量生活。

(2) 第二次现代化理论。中国科学院现代化研究中心主任何传启研究员，在1998年发表的"知识经济与第二次现代化"一书中，提出了"第二次现代化理论"。该理论认为，人类文明的发展在历史上发生过四次革命，其进程可划分为四个时代：

- 第一次是工具制造革命，使人类区别于动物，进入原始社会、工具时代；
- 第二次是农业革命，人类从食物采集者变成生产者，进入农业文明时代；
- 第三次是工业革命，人类从手工生产变为机器大生产，进入工业文明时代；
- 第四次是知识革命，人类从物质消费主导型转向知识消费主导型，进入信息社会、知识时代。详见表14-2。

表 14-2　人类文明进程的四个时代

时代	工具时代	农业时代	工业时代	知识时代
大致时间	250万年—6000年前	公元前4000年—公元1763年	公元1763年—公元20世纪70年代	公元20世纪70年代开始
主要特征	工具制造革命 没有文字 原始社会	农业革命 文字和国家产生 奴隶制与封建制 农业文明	工业革命 机械化与电气化 城市化浪潮 工业文明	知识革命 计算机与互联网 人与自然协调相处 知识经济

资料来源：中国科学院中国现代化研究中心，中国现代化战略研究课题组. 中国现代化报告2001—2006. 北京：北京大学出版社，2001—2006

现对第一次现代化与第二次现代化的特征进行比较：

- 第一次现代化是从农业社会向工业社会的过渡即经典现代化，它以工业革命为启动标志。

- 第二次现代化是从工业社会向知识社会的过渡，德国学者称为再次现代化，它以知识革命为启动标志。两次现代化的特征，见表 14-3 所示。

表 14-3 两次现代化的特征比较

比较内容	第一次现代化	第二次现代化
启动标志	工业革命(始于公元 1763 年)	知识革命(始于 20 世纪 70 年代)
政治领域	民主化、法治化、科层化	国际化、平权化、个性化
经济领域	工业化、专业化、机械化、自动化	信息化、全球化、智能化
社会领域	城市化、福利化、家庭小型化	社区化、网络化、家庭多样化
文化领域	宗教世俗化、经济意识普遍化	文化多元化、自然生态意识强化

资料来源：中国科学院中国现代化研究中心，中国现代化战略研究课题组. 中国现代化报告 2001—2006. 北京：北京大学出版社，2001—2006

第二节　世界现代化的进程

一、世界现代化经历的四次浪潮

现代化运动是波浪式向前发展的。从 18 世纪工业革命以来 300 多年的历史进程中，世界现代化运动经历了四次大的浪潮。

1. 世界现代化的第一次浪潮

现代化的第一次浪潮出现在 18 世纪后期到 19 世纪前半叶。它的动力是第一次科技革命和第一次工业革命。1763 年瓦特发明蒸汽机，使现代大工业迅速发展，这是人类发展史上的一个里程碑。到 19 世纪 30 年代，英国率先完成了第一次工业革命。随后美、法、德、俄、日等主要资本主义国家，在 19 世纪内相继完成了第一次工业革命。

伴随着工业化的发展出现了城市化的浪潮，城市化的进程日渐加快。

2. 世界现代化的第二次浪潮

从 19 世纪的后期到 20 世纪的初期，随着科学技术的重大进步，引起了第二次工业革命，其主要标志是新式炼钢法和电力的广泛应用。第二次工业革命使先进国家的产业结构发生了重大变化，原来占优势的轻工业部门，让位给冶金和制造业等重工业部门，铁路建设成为新兴工业化的重点，社会化的大生产规模不断扩大，银行的作用越来越重要。西欧和北美地区已完成了初步的工业化。

随着工业化的实现，城市化进程的加速趋势更为明显。20 世纪初英国的城市化水平已达到 78%，美国和法国的城市化水平也分别达到 46% 和 44%，伦敦的人口已超过 400 万。

3. 世界现代化的第三次浪潮

第二次世界大战后，人类社会又发生了以核能、电子计算机和自动化技术发明及其应用为主要标志的第三次科学技术革命和工业革命。这次革命是在 20 世纪 40 年代末首先从美国开始，逐步扩展到欧洲、日本，并在 60 年代达到高潮。第三次科技革命使高分子合成工业、核工业、电子工业、半导体工业、航天工业和激光工业等许多新兴工业部门迅速崛起。航天工业的发展是科技革命和工业革命的综合性产物，揭开了人类向宇宙空间迈进的序幕。世界工业的生产能力继续以几何级数增长，1945—1970 年的 25 年时间里，世界工业的总产量相当于前两次工业革命所经历的近两个世纪的工业总产量之和。

第三次现代化浪潮进一步引起了世界经济和社会格局的结构性变化：巨型跨国公司和全球产销网开始出现，先进的工业国从初级工业化向高级工业化升级，大批欠发达国家也进入现代工业经济增长的过程，世界现代化出现了多样性、广泛性的格局。

城市化的进程迅猛发展，先进的工业国家城市化水平已达到 70% 以上。发展中国家随着工业化的进展，城市化水平也在明显提高。世界出现了一批人口达 800 万至 1 000 万的超大规模都市。

4. 世界现代化的第四次浪潮

第四次现代化浪潮以信息化技术应用和知识经济为标志，以高科技产业群为特点。信息技术的广泛应用加速了经济社会发展向知识化、智能化的步伐。新材料技术产业、光机电一体化技术产业、新能源技术产业、生物技术产业、环保技术产业、航天航空技术产业、海洋技术产业等高科技产业群，为现代化的发展进程注入了新的强劲动力。

第四次产业革命与前三次产业革命有着显著的不同，工业化在经济发展中的核心地位受到挑战，工业经济在发达国家国民经济中的比重持续下降，第三产业的比重不断上升。

世界各国的城市化出现了两种趋向：发达国家城市人口的比重呈现出在高位平台上缓慢增长的趋势，大城市的人口向郊区或小城镇迁移，形成了“逆城市化”现象；而欠发达国家随着工业化的加速发展，城市化的进程也显著加快。

二、世界现代化进程的评价

1. 现代化的评价指标体系

(1) 英格尔斯指标体系。20 世纪 80 年代初，美国斯坦福大学社会学教授英格尔斯访问北京大学，提出现代化的 11 项评价指标和标准，见表 14-4。

表 14-4　英格尔斯指标体系

指　标	标　准
1. 人均国民生产总值(GNP)	3 000 美元以上
2. 农业产值占国内生产总值比例	15％以下
3. 服务业产值占国内生产总值比例	45％以上
4. 农业劳动力占总劳动力比例	30％以下
5. 成人识字率	80％以上
6. 在校大学生占 20～24 岁的人口比例	10％～15％
7. 每名医生服务的人数	1 000 人以下
8. 婴儿死亡率	3％以下
9. 人口自然增长率	1％以下
10. 平均预期寿命	70 岁以上
11. 城市人口占总人口比例	50％以上

资料来源：中国科学院中国现代化研究中心，中国现代化战略研究课题组. 中国现代化报告 2001—2006. 北京：北京大学出版社，2001—2006

(2) 中国科学院提出的评价指标体系。中国科学院现代化研究中心编写的《中国现代化报告 2002 年》一书，提出了第一次现代化与第二次现代化的评价指标，详见表 14-5、表 14-6。

第一次现代化的评价指标是参考英格尔斯关于衡量现代化的 11 项指标而形成的。各项指标的数值都做了换算和调整，例如英格尔斯拟定的人均 GNP 为 3 000 美元，这是根据当时世界银行制定的世界发展指标而定的，已不符合现时情况。

表 14-5　第一次现代化评价指标与标准

指标分类	指　标	标　准	备　注
经济指标	人均国民生产总值(GNP)	＞6 261 美元	正指标
	农业增加值比重	＜15％	逆指标
	服务业增加值比重	＞45％	正指标
	农业劳动力占总劳动力比重	＜30％	逆指标

续表

指标分类	指　　标	标　准	备　注
社会指标	城市化水平	>50%	正指标
	每千人口中的医生数	>1人	正指标
	婴儿存活率	>97%	正指标
	平均预期寿命	>70岁	正指标
	成人识字率	>80%	正指标
	大学普及率	>15%	正指标

注明：①1999年全世界19个市场化国家的人均GNP为6 261美元；②婴儿存活率=1－婴儿死亡率；③大学普及率是指在校大学生占20～24岁人口的比重。

资料来源：中国科学院中国现代化研究中心，中国现代化战略研究课题组．中国现代化报告2001—2006．北京：北京大学出版社，2001—2006

表14-6　第二次现代化评价指标

指标分类	评　价　指　标	备　注
知识创新	知识创新经费投入(R&D/GNP)	正指标
	知识创新人员投入(科技人员/万人口)	正指标
	居民专利申请(申请数/百万人口)	正指标
知识传播	中学普及率(在校中学生/适龄人口)	正指标
	大学普及率(在校大学生/适龄人口)	正指标
	电视普及率(电视机台数/千人)	正指标
	互联网普及率(互联网用户/万人口)	正指标
知识应用Ⅰ(生活质量)	城镇人口比重	正指标
	医疗服务(医生数/千人口)	正指标
	婴儿存活率	正指标
	平均预期寿命	正指标
	人均能源消耗(千克石油当量/人)	正指标
知识应用Ⅱ(经济质量)	人均国民生产总值(GNP)	正指标
	人均购买力	正指标
	物质产业增加值比重(农业和工业增加值的比重)	逆指标
	物质产业劳动力比重(农业和工业劳动力占总劳动力比重)	逆指标

资料来源：中国科学院中国现代化研究中心，中国现代化战略研究课题组．中国现代化报告2001—2006．北京：北京大学出版社，2001—2006

2. 2000 年的世界现代化评价结果

2000 年,在参加评价的 131 个国家中,有 24 个国家进入第二次现代化,约占国家样本总数的 18%;27 个国家全面完成第一次现代化,34 个国家基本实现第一次现代化,已经完成和基本实现第一次现代化的国家约占国家样本总数的 47%;49 个国家分别有 1~5 个指标达到第一次现代化标准,约占国家总数的 37%;21 个国家没有一个指标达到第一次现代化标准,约占国家总数的 16%。同时有一些国家处于传统农业社会,若干民族生活在原始社会。

第三节 中国现代化的历程和总体水平

一、中国现代化的三次探索与发展

世界各国的现代化分为两种类型:一种是由本国长期创新推动的"内源"型现代化;另一种是受外力的刺激和挑战而推动的"外源"型现代化。中国的现代化属于"外源"型现代化。中国的现代化历程是一部中华民族为改变贫穷落后面貌,在艰难曲折的道路上不断探索、追赶发达国家前进步伐的历史。在 100 多年里,中国的现代化运动经历了清朝末年、民主革命和新中国三个阶段、三次探索与发展的过程。

1. 中国现代化的第一次探索与发展

即 1860—1911 年清朝末年对现代化的探索,主要有三次运动:1860—1894 年的洋务运动,主张制造近代军事设备,建立近代工业,学习西方近代科学技术,提出了"中学为体、西学为用"等主张。1895—1898 年的维新运动,传播达尔文的生物进化论,组织开展传播科学与民主的启蒙运动,提出维新变法,推行"新政",废除八股,兴办新式学堂。1905—1911 年的立宪运动,废除科举考试制度,颁布《钦定宪法大纲》,发布《宪法重要信条十九条》等立宪活动,直至 1911 年清朝灭亡。

这个阶段的探索是在清朝统治者外受帝国主义的侵略,内有爱国仁人志士敦促的情况下进行的。但由于是在清皇朝的体制框架内的探索,没有进行政治、经济和社会制度的根本变革,因此,没有取得成功。只是中国在顺应世界发展潮流的方向上迈出了现代化的第一步。

2. 中国现代化的第二次探索与发展

即 1912—1949 年民国时期的现代化努力。1911 年孙中山领导的辛亥革命是中国现代化进程的重要转折点,第一次用西方民主共和的思想打破了中国封建社会改朝换代的历史循环规律。孙中山提出的三民主义是关于中国现代化制度变革的全新纲领，是当时关于中国现代化的最先进、最完整的理论。在三民主义的旗帜下，革命党人推翻了清王朝的统治，结束了中国延续两千多年的封建帝王专制制度。

1919 年“五四”新文化运动，是一次具有伟大历史意义的中国现代化思想启蒙运动。它以民主和科学为宗旨，形成了各种新思潮百家争鸣的局面，使马克思主义在中国很快得到了传播。

1927 年北伐战争结束至 1937 年的 10 年中，中国的现代化建设取得了不少进展。但是，中国的现代化进程被日本侵略者的炮火打断了。

20 世纪 40 年代初，毛泽东把马克思主义与中国的实践相结合，形成了适合中国国情的新民主主义理论，提出了“使中国由农业国变为工业国”的纲领，为新中国的现代化建设进行了思想和理论准备。

3. 中国现代化的第三次探索与发展

1949 年新中国的成立，标志着中国的现代化进程进入了全新的发展时期。在中国共产党的领导下，中国进行了社会主义现代化发展道路的探索。这次探索前后经历了两个不同的阶段。

(1) 第一个阶段是 1949—1976 年。建国初期制定的新民主主义经济政策体现了中国共产党对现代化建设模式的最初思路。1953 年，党中央提出“党在过渡时期的总路线和总任务，是要在一个相当长的时期内逐步实现国家的社会主义工业化，并逐步实现对农业、手工业和资本主义工商业的社会主义改造”，这是新中国最早的一个国家现代化纲领。

1956 年党的八大指出国内的主要矛盾“已经是人民对于先进的工业国的要求同落后的农业国的现实之间的矛盾，已经是人民对于经济文化发展的需要同当前经济文化不能满足人民需要的状况之间的矛盾。”这表明，党和全国人民的主要任务是集中力量发展社会生产力，尽快从落后的农业国建设成先进的工业国。

但是 1957 年后，从反“右派”、“大跃进”到“文化大革命”等一系列严重错误，使我国的现代化建设事业遭受了严重的挫折，拉大了中国与世界发达国家现代化发展水平的差距。1964 年第三届全国人民代表大会上，周恩来总理在政府工作报告中提出要在 20 世纪末实现工业、农业、国防和科学技术现代化的奋斗目标。但在阶级斗争为纲的形势下，未能取得显著成效。

(2) 第二阶段是我国现代化辉煌发展的时期。1978 年中国共产党的十一届三中全会，是中国现代化第三次探索道路上的重要转折点。以邓小平为领导核心的党中央在总结我国现代化建设的经验与教训的基础上，重新规划了中国现代化的宏伟蓝图。根据中国的国情，设计了“三步走”的现代化总体战略：第一步从 1981 年到 1990 年，实现国民生产总值翻一番，基本解决人民的温饱问题；第二步从 1991 年到 2000 年，实现国民生产总值再翻一番，使人民过上小康生活；第三步到 21 世纪中叶，达到中等发达国家水平，基本实现现代化。在党的正确政治路线指引下,随着改革开放的深化,我国的国民经济持续增长,现代化建设取得了巨大成就。到1988年,提前实现了国民生产总值翻一番的第一步目标;到1995年,又提前5年实现了原定2000年达到的国民生产总值比1980年翻两番的目标。

1997年党的十五大政治报告中明确提出:"东部地区要充分利用有利条件,在推进改革开放中实现更高水平的发展,有条件的地方要率先基本实现现代化。"之后在世纪之交的几年中,许多省、市相继提出了本省、本市率先基本实现现代化的战略构想,对当地的发展和建设起到一定的引导作用。

二、对中国现代化进程的评价

1. 对"率先基本实现现代化"的理解

任何一个国家或地区实现现代化都是上百年的漫长过程,需要分阶段评价其进程,一般分为初步现代化、基本现代化、全面现代化三个阶段。各阶段常用的划分标准是:某年度各项评价指标的综合实现值达到50%以上时,即为初步实现现代化;达到70%以上时,即为基本实现现代化;达到90%以上时就认为已全面实现现代化。

至于"率先",指的是实现现代化的时间在全国处于领先的时间和名次。我国各省市都在加快现代化的步伐,有些省市还提出率先于某年实现现代化的目标。但是,值得重视的是切莫盲目追求"率先"而造成失误。

2. 对国家和地区现代化的评价

(1) 指标体系。从20世纪90年代以来,我国的许多省(自治区)拟定过本省实现现代化的指标体系。有的指标体系比较简单,只有十多项指标,不分大类,也不设权重;有的指标体系相当复杂,分成经济、社会等若干大类,其中包含30～40项指标,并且每项指标都设定了权重。

北京现代化进程评价研究课题组编写的《北京现代化报告2003》,对现代化评价指标体系的研究比较深入,系统地提出了一套包括国家和地区、城市、区县三类现代化指标体系。其指标的构成、标准值和权重的设定都比较适度,具有可操作性。现列出该报告拟定的国家和地区(省、自治区、直辖市)现代化评价指标体系,详见表14-7。

(2) 评价结果。表14-7的特点是将基本实现现代化的标准值与全面实现现代化的标准值分别列出,而不是按实现现代化的指标值达到70%时称为基本实现现代化。现用表14-7对我国世纪之初的现代化水平进行评价。

将2000年中国的实际数据对照表14-7中的各项指标,经过加权计算,即可得知:我国基本实现现代化的程度为48.45%,全面实现现代化的程度为36.34%。这表明,就全中国现代化的总体水平来评价,2000年我国距基本实现现代化还差20多个百分点,距全

表 14-7　国家和地区现代化评价指标体系

	指　　标	指标权重/%	基本现代化标准值	现代化标准值
经济发展水平(52%)	1. 人均 GDP/当年美元价	8	4 640 以上	9 266 以上
	2. 人均购买力/当年美元价	8	9 210 以上	15 960 以上
	3. 第三产业增加值占 GDP 比重/%	6	55 以上	60 以上
	4. 第一产业增加值占 GDP 比重/%;逆	5	8 以下	6 以下
	5. 第三产业劳动力比重/%	5	55 以上	60 以上
	6. 第一产业劳动力比重/%;逆	5	13 以下	11 以下
	7. 研究与发展(R&D)支出占 GDP 比重/%	5	1 以上	1.5 以上
	8. 居民专利申请量/项/万人	5	60 以上	145 以上
	9. 每万人拥有科学家和工程师数/名	5	10 以上	20 以上
社会发展水平(32%)	10. 城市化水平/%	6	64 以上	67 以上
	11. 平均预期寿命/岁	6	70 以上	75 以上
	12. 千人拥有医生数/名	5	2 以上	2.5 以上
	13. 婴儿死亡率/‰;逆	5	14 以下	8 以下
	14. 大学普及率/%	5	20 以上	35 以上
	15. 人均能源消费/千克石油当量/人	5	2 500 以上	2 800 以上
信息化水平(16%)	16. 国际互联网普及率/户/万人	4	1 000 以上	1 300 以上
	17. 居民电脑普及率/台/百人	4	10 以上	15 以上
	18. 居民电视普及率/台/千人	4	300 以上	450 以上
	19. 电话普及率/部/百人	4	50 以上	80 以上
合　计	19 个指标	100	—	—

资料来源：北京现代化进程评价研究课题组. 北京现代化报告 2003. 北京：学苑出版社，2003

面实现现代化还差得很远，但已接近初步实现现代化的程度，属于初步实现现代化的阶段。

三、中国现代化总体水平的国际比较

根据中国科学院中国现代化研究中心编写的《中国现代化报告 2001　2006》，对所提出的现代化评价方法和指标体系进行比较。

1. 中国现代化总体水平的提高

第一次现代化是从农业社会向工业社会的转变，主要特征是工业化、城市化和民主化；第二次现代化是从工业社会向知识社会的转变，主要特征是知识化、信息化和全球化。发达国家在1960年前后完成第一次现代化，1970年以来先后有24个国家进入第二次现代化；中国和绝大多数发展中国家一样，迄今尚没有完成第一次现代化，但受到第二次现代化的影响。所以，第一次现代化实现程度和第二次现代化指数的数值和世界排名，可以反映中国现代化的总体水平，见表14-8。

表14-8 中国现代化总体水平的提高

指标		1950年	1960年	1970年	1980年	1990年	2000年	2003年
第一次现代化	实现程度/%	26	37	40	54	63	76	82
	世界排名	—	70	71	65	64	61	60
第二次现代化	指数/分	—	—	21	25	26	31	33
	世界排名	—	—	58	63	71	58	55

注：第一次现代化包括10类评价指标：人均GDP、农业劳动力比重、农业增加值比重、服务业增加值比重、城市化、医生数/千人、预期寿命、婴儿存活率、成人识字率和大学入学率，评价标准为1960年工业化国家平均值。第二次现代化包括4类评价指标：知识创新、知识传播、生活质量和经济质量，评价标准分别为2000年和2003年发达国家平均值。

资料来源：中国科学院中国现代化研究中心，中国现代化战略研究课题组. 中国现代化报告2001—2006. 北京：北京大学出版社，2001—2006

新中国建立以来，现代化的水平有很大的提高。

(1) 中国第一次现代化的实现程度。从1950年的26%提高到2000年的76%，50年提高了50个百分点。过去50年间有三个高峰期，分别是1950—1960年(提高11%)、1970—1980年(提高14%)和1990—2000年(提高13%)，分别对应于新中国成立、改革开放、市场经济和全球化。

(2) 中国第一次现代化水平的世界排名。从1960年的第70位提高到2000年的第61位，上升了9位。1950—1990年中国属于欠发达国家。2000年中国属于初等发达国家，但距离世界中等发达国家和发达国家的差距仍然较大(欠发达、初等发达和中等发达国家都属于发展中国家)。

(3) 中国第二次现代化的实现程度。2003年中国尚没有进入第二次现代化，但已经具有第二次现代化的许多成分，如信息化和全球化等。过去30年中国第二次现代化指数在稳步提高，而且第二次现代化指数的世界排名好于第一次现代化的排名。这显示中国正在抓住第二次现代化的历史机遇。

2. 中国与世界现代化水平的差距

中国与世界现代化先进水平的横向比较见表 14-9。

表 14-9　2001 年中国现代化水平的世界差距

指　　标		世界水平		中　国	中国与先进水平差距		中国与平均水平差距	
		先进	平均	实际值	相对差/倍	绝对差	相对差/倍	绝对差
综合指标	第一次现代化实现程度/%	100	90	78	—	10	1.2	12
	第二次现代化指数/分	100	46	31	3.2	69	1.5	15
经济指标	人均 GDP/美元	33 802	9 611	911	37	32 890	11	8 699
	农业生产率/美元/农业劳动力	35 125	12 269	481	73	34 643	26	11 788
	农业增加值比重[a]/%	2	13	15	8	−13	1.2	−2
	农业劳动力比重[a]/%	4	24	50	13	−46	2.1	−26
社会指标	城市化/%	75	58	37	2	38	1.6	21
	预期寿命/岁	78	67	70	1.1	8	1.0	−3
	大学入学率/%	59	34	13	4.7	46	2.7	21
	互联网普及率/‰	408	129	26	15.9	382	5	103

注释：相对差＝世界水平值/中国实际值，绝对差＝世界水平值－中国实际值，a 为逆指标，数据越小越好。

资料来源：中国科学院中国现代化研究中心，中国现代化战略研究课题组. 中国现代化报告 2001—2006. 北京：北京大学出版社，2001—2006

从表 14-9 可知如下结果。

(1) 2001 年中国现代化水平低于世界先进水平和平均水平。例如，中国第一次现代化实现程度低于世界先进水平 22 个百分点；中国第一次现代化实现程度低于世界平均值 12 个百分点；第二次现代化水平不到世界先进水平的三分之一。

(2) 中国经济效益与世界先进水平的差距比较大。例如：人均 GDP 的世界先进水平是中国的 37 倍；农业生产率的世界先进水平是中国的 73 倍。

(3) 中国产业结构和就业结构与世界先进水平相比都有较大差距。例如：农业劳动力比重的相对差距约为 12 倍；农业增加值比重的相对差距约为 7 倍。

(4) 中国社会指标与世界先进水平有较大差距。例如：互联网普及率的相对差距约为 15 倍；大学普及率的相对差距约为 4 倍；城市化水平的相对差距约为 1 倍。

第四节　城市现代化的理念

城市是人类文明的集约形式，是人类经济社会发展的历史产物，又是推动人类历史前进的动力。城市现代化是人类继城市化之后面临的又一重要历史转折，尤其是发展中国家，21 世纪是走向城市现代化的世纪。实现城市现代化是新世纪中国经济社会发展的重要目标之一。

一、城市现代化的概念与特征

1. 城市现代化的基本概念

城市现代化的概念有广义与狭义之分。广义的城市现代化是指城市的经济、社会、文化及生活方式等，由传统社会向现代社会的转变过程。具体表现在城市的生产、生活及社会活动中，广泛应用现代化科学技术，体现了现代社会生产力的水平和精神文明的水平。狭义的城市现代化主要是指城市各项设施建设的现代化。

城市现代化的水平，不仅取决于国家和地区科学技术和经济实力的水平，而且受地理、历史、民族、文化、社会经济制度等因素的制约。各个国家由于社会生产力和科学技术发展水平不同，城市现代化的演进过程和水平也不尽相同。中国城市现代化的道路和目标具有自己的特点，这是中国的国情所决定的。

2. 城市现代化的特征

(1) 经济的现代化。城市具有先进的生产力水平、经济实力雄厚、经济功能全面、产业结构合理、市场竞争力强；微观经济主体富有创造力和开拓力，从而使城市的宏观经济充满活力与张力；并建立起良好的自我更新机制和完善的内部协调机制；城市的第三产业高度发达，并成为较大区域范围内的经济中心、商业中心、金融中心和服务中心。

(2) 社会的现代化。城市的社会发展与经济发展协调同步，并相互促进，表现为和谐的社会环境、健康的社会心理、进步的社会舆论和文明的社会风气；市民对城市有较大的认同感、安全感和信任感。

(3) 环境的现代化。城市的环境包括两个方面，即自然环境与人工环境。自然环境现代化要求有完善的环卫设施和优美的园林绿化，无污染、无公害，保持生态平衡和良性循环；人工环境的现代化主要是指城市建筑的艺术化、田园化、宜人化，做到建筑空间丰富多彩、建筑风格和谐统一、建筑审美高雅大方，使城市设计与细部处理既有地方个性，又有时代特性。

(4) 基础设施的现代化。基础设施是城市的骨架，城市必须骨骼强壮，才能肌肉丰满(经济发展)和血气充沛(精神文明)。现代化的基础设施必须有便捷通达的内外交通、高效优质的通信服务、充足的水电供给、良好的废污处理和可靠的防灾系统。

(5) 科学技术的现代化。建立起高质量的科研机构并拥有相当规模的科技人员；有充足稳定的科研投入和发育良好的科技市场，能追踪、引进和吸收世界最新科技成果；科技进步对经济增长的贡献份额不断扩大。

(6) 文化的现代化。形成富有地方与民族特色的城市文化；并具有积极的扩张力和强大的吸引力，能促进市民的文化素质和道德水平的不断提高。

(7) 教育的现代化。拥有发达而全面的教育体系、完善而先进的教育设施；具备一流水准的高等教育和普及深入的职业教育。

(8) 居住方式的现代化。城市能为不同收入的市民提供较好质量的居住条件，具有舒适、安全、私密性好和服务方便的居住环境。

(9) 政府管理的现代化。城市政府拥有高效率的行政机构、高水平的管理手段、高层次的公众参与，以及科学的决策系统和民主的监督方式。

(10) 人的现代化。人的现代化是人的思想观念和素质的现代化，这是最关键的特征。它是其他现代化的前提，是城市现代化的保证。城市的一切活动，都归结于为了人的发展；而人的发展，又是推动城市前进的根本动力。

二、对城市现代化的评价

1. 指标体系

城市现代化与国家、地区现代化一样，都是一个动态的发展过程。无论是从纵向上研究一个城市现代化的发展过程，还是要在横向上了解一个城市在同一时期中与其他城市现代化水平的差距，都需要建立指标体系进行评价。近些年我国的许多城市都拟定过评价城市现代化的指标体系，但不尽相同。评价城市现代化指标体系的结构类型大体有三种。

第一种是参考英格尔斯的现代化评价指标体系（见本章表 14-4），只有十多项指标，不计权重，操作简便，评价的结果近似评估。

第二种是指标分为几大类，每类中包括若干项指标，指标总量较多，设权重，研究工作比较深入，但收集大量数据较困难。例如，深圳市拟定的现代化评价指标体系，共分为四大类，由 42 项指标组成。其中经济发展类和社会进步类各有 10 项指标，生活水平类与可持续发展类各有 11 项指标。深圳市原定的奋斗目标是要在 2005 年率先基本实现现代化。但在 2005 年召开的党代会上明确提出，根据对城市现代化的进一步认识以及本市发展的新情况，将本市基本实现现代化的时间表改为 2010 年；并对部分指标过低或过高的数值进行了调整。这种与时俱进、实事求是的科学态度，很值得学习。

第三种是按城区、郊区县和县城分别设置指标体系，分别进行评价。这种方法是北京现代化进程评价课题组编写的《北京现代化报告 2003》中所提出的。现将其中城区现代化评价指标体系列在表 14-10 中。

表 14-10 城区现代化评价指标体系

	指　标	指标权重/%	基本现代化标准值	现代化标准值
经济发展水平(36%)	1. 人均 GDP/当年美元价	6	4 640 以上	9 266 以上
	2. 人均购买力/当年美元价	6	9 210 以上	15 960 以上
	3. 第三产业增加值占 GDP 比重/%	4	60 以上	65 以上
	4. 第一产业增加值占 GDP 比重/%;逆	3	6 以下	3 以下
	5. 第三产业劳动力比重/%	3	65 以上	70 以上
	6. 第一产业劳动力比重/%;逆	3	6 以下	3 以下
	7. 研究与发展(R&D)支出占 GDP 比重/%	4	1.3 以上	1.8 以上
	8. 居民专利申请量/项/万人	3	147 以上	357 以上
	9. 每万人拥有科学家和工程师数/名	4	20 以上	25 以上
社会发展水平(26%)	10. 城市化水平/%	5	75 以上	80 以上
	11. 平均预期寿命/岁	5	70 以上	75 以上
	12. 千人拥有医生数/名	4	3 以上	3.5 以上
	13. 婴儿死亡率/‰;逆	4	10 以下	7 以下
	14. 大专以上人口占总人口比重/%	4	16 以上	25 以上
	15. 恩格尔系数/%;逆	4	30 以下	20 以下
人居环境水平(26%)	16. 人均住房使用面积/平方米	5	20 以上	30 以上
	17. 人均生活用电/千瓦小时/年	4	780 以上	920 以上
	18. 人均拥有铺装道路面积/平方米	4	8 以上	10 以上
	19. 人均拥有公共绿地面积/平方米	2	10 以上	12 以上
	20. 绿化覆盖率/%	2	35 以上	45 以上
	21. 年均空气质量综合指数/逆	3	2.93 以下	1.83 以下
	22. 污水处理率/%	3	85 以上	95 以上
	23. 生活垃圾、粪便无害化处理率/%	3	100	100
信息化水平(12%)	24. 国际互联网普及率/户/万人	3	1 500 以上	2 000 以上
	25. 居民电脑普及率/台/百人	3	10 以上	25 以上
	26. 居民电视普及率/台/千人	3	300 以上	450 以上
	27. 电话普及率/部/百人	3	50 以上	80 以上
合　计	27 个指标	100	—	—

资料来源：北京现代化进程评价研究课题组．北京现代化报告 2003．北京：学苑出版社，2003

2. 评价结果

北京现代化进程评价课题组认为：北京是拥有 1 600 多万人口的大都市，行政辖区包括城区（有 14 个区）、郊区（有 4 个县），其现代化水平差别很大。因此，应当分层次进行评价：①地区现代化水平（即行政辖区）；②每个城区的现代化水平；③各县的现代化水平；④各县县城的现代化水平。它们都分别拟定了现代化的评价指标体系。

用表 14-10 所列的指标体系，对北京市 2001 年城区的各分区现代化水平进行评价，所得的结果是：14 个城区中，基本实现现代化达标程度为 100%的有东城区、海淀区等 10 个区，达到 70%以上的有昌平区、通州区等 4 个区。这表明，北京 14 个城区已全部率先基本实现了现代化。

再用评价郊区县的指标体系（未列出），对 4 个郊区县进行评价。其结果是：除怀柔县已达到基本实现现代化指标的 79%外，其余密云等县均未达到。这表明北京市郊区县实现现代化的程度相当低，与市区的差距很大。

北京市针对首都地域大、现代化水平差距明显的特点，进行分层次评价的方法很有创造性。这种评价方法可以深入了解一个大城市中心区与近郊区、远郊区现代化水平的差距，有利于制定城乡一体化协调发展的政策。

三、我国实现城市现代化应有的认识

1. 我国实现城市现代化的艰巨性与长期性

我国的总体目标是实现全国从城市到乡村的现代化。但要把预期约 14 亿～15 亿人口（目前发达国家的总人口约为 10 亿，西欧 16 国的总人口约 4 亿）和 960 万平方公里的陆地疆域，全部推上国际水准的现代化水平，是极其艰巨的任务，需要相当长的时间，不能操之过急。当今欧美经济发达国家所拥有的城市现代化水平，是从近代产业革命就开始建设的，经历了 200 多年的时间。由于科学技术的进步和我国社会制度的优越性，实现城市现代化的进程肯定要快于当前的发达国家。

城市现代化的进程与所在地区的现代化水平密切相关，是既相互推进又相互制约的关系。从表 14-9 中可以看到：2001 年我国的人均 GDP 仅为世界先进水平的 1/37；城市化水平是世界先进水平的 1/2；农业劳动力比重比世界先进水平高 46%。而城市现代化基本上是工业化、城市化高度发达的标志。因此，加速推进我国工业化和城市化的进程，是尽快实现城市现代化的关键。

现以北京为例，与世界著名大城市进行比较。北京是我国现代化水平比较高的城市，但与发达国家同类型的城市相比较，其差距非常大，详见表 14-11。北京的主要差距有以下几方面：经济水平差距很大，人均 GDP 是伦敦、巴黎的 1/8，纽约、东京的 1/10；居民生活水平差距明显，恩格尔系数高出 4 城市的一倍左右，人均住房面积仅为 4 城市的 1/2；

表 14-11　北京与世界著名大城市现代化水平比较

	北京行政区	北京市区	纽　约	伦　敦	巴　黎	东　京
1. 人均 GDP/当年美元价	3 062	3 473	33 744(1998)	27 500(1992)	24 090[法]	32 350(1998)
2. 人均购买力/当年美元价	14 361	16 288	33 744(1998)	32 897(1992)	24 420[法]	23 180(1998)
3. 第三产业增加值占 GDP 比重/%	61	69.06	88.8(1996)	87.5(1994)	85(1997)	82.79(1996)
4. 第一产业增加值占 GDP 比重/%	3	0.35	0	0.1(1994)	0.1	0.06(1996)
5. 第三产业劳动力比重/%	56.8	71.76	88.7(1993)	86.2(1997)	81.0(1996)	93.0(1996)
6. 第一产业劳动力比重/%	10.50	1.94	0	0.1(1994)	0.1	0.1
7. 城市化水平/%	77.95	93.19	100	99.2(1993)	99.6(1996)	99.8(1996)
8. 平均预期寿命/岁	77.52	77.52	78.7(1998)	78.9(1996)	78.7(1998)	80.8(1998)
9. 每千人拥有医生数/名	3.80	5.68	4.8(1998)	6.4(1997)	9.1(1992)	4.9(1996)
10. 婴儿死亡率/‰	5.12	5.88	9.5(1997)	9.1(1995)	10.2(1998)	3.9(1997)
11. 每万人口大学生数/人	273	421	556(1994)	532(1995)	1 245(1996)	662(1997)
12. 恩格尔系数/%	36.09	36.31	14(1993)	12(1993)	16(1992)	19(1992)
13. 人均住房使用面积	17.6 平方米，2.2 间	16.3 平方米，2 间	5.2 间(1993)	4 间(1993)	30 平方米(1993)	4.2 间(1995)
14. 人均生活用电/千瓦小时/年	481	481	1 152(1989)	1 143(1994)	2 471(1989)	2 543(1998)
15. 人均拥有铺装道路面积/平方米	5.40	2.89	28(1991)	26.4(1997)	30(1993)	28(1998)
16. 城市人均公共绿地面积/平方米	10.10	9.0	14.4(1988)	65.8	24.7(1992)	4.2(1990)
17. 年均空气质量综合指数(逆)	3.61	3.61	2.705	2.645	1.725	2.245
18. 国际互联网普及率/户/万人	2 434	2 434	7 080	3 020	2 110	3 711
19. 居民电脑普及率/台/百人	15	15	85	37	30	43
20. 居民电视普及率/台/千人	480	495	854[美]	653[英]	628[法]	725[日]
21. 电话普及率/部/百人	64	64	131(1999)	136(1999)	125(1999)	77(1999)
现代化综合指数	67.39	70.40	93.75	91.43	91.46	90.64

注：北京为 2001 年数据，国外城市未注明年份的为 2000 年数据；数据后的[美]、[法]、[英]、[日]指此数据为其国家统计数据，而非某城市数据。

资料来源：北京现代化进程评价研究课题组. 北京现代化报告 2003. 北京：学苑出版社，2003

城市交通设施水平差距很大,人均拥有铺装道路仅为 4 城市的 1/10 左右;生态环境质量有一定差距,城市人均绿地高于东京,但明显低于其他 3 个城市,空气质量与巴黎的差距最大。要将北京市的现代化水平赶上发达国家首都的水平,个别指标可能是十几年的时间,但是现代化的总体水平要赶上去,需要几十年的时间。

2. 我国城市现代化总体进程的“地域差”和“时间差”

我国幅员辽阔,从沿海到内地、从平原到山区,无论是自然条件还是经济基础,存在着极大的“地域差”。由于地域差别的存在,必然影响整个地区和城市现代化的进程,从而出现“时间差”。西部的大开发、振兴东北老工业基地和中部的崛起,全国的发展都在加快步伐。但是要改变现实存在的差距,还需要较长的时间。

由于存在“地域差”和“时间差”,我国各地区城市现代化的进程必然有快有慢。在同一时期内,各地区城市现代化的水平可能有较大的差距。所以,随主观愿望拟定一些不太可能达到的指标;或者进度定得很快,指标定得较低,客观上降低了城市现代化的标准和先进性。这都是缺乏理性判断和科学分析的表现。

3. 城市现代化的区域性与整体性

(1) 我国的城市现代化应在区域现代化的基础上实现。因为我们的目标是实现全国的现代化,包括广大的乡村,并不仅仅是城市的现代化。也就是说,是在农村工业化、城市化、城乡一体化、全地区现代化的基础上,实现城市的现代化。城市的现代化在一个地区起着先导和全面推动的作用,在现代化的程度上要比周围农村更高一些,更快一些。

就全国范围来说,沿海地区,特别是长江三角洲、珠江三角洲、京津唐地区、辽东半岛四个城镇密集区,实现现代化的步伐要快于全国;相应地,这些地区现代化的进程也必然处于先行地位。对于中部欠发达地区和西部少数后进地区,由于全地区经济发展的缓慢,城市现代化的进程将会处于相对滞后的状况。

(2) 我国的城市现代化应当是城市整体的现代化。如前所述,城市是一个包括经济、社会、建设、生态环境的大系统,各个系统均实现现代化,才能构成整个城市的现代化。因为城市的各子系统是相互依存、相互协调而存在和运转的,任何子系统的一枝独秀、畸形繁荣都不能促使城市整个系统的良好运行。当前在我国城市现代化建设中,最需要引起重视的倾向是“重物轻人”,误以为现代化就是“西化”、“洋化”。无论是新城或老城,到处是“水泥的森林”——越造越高的奇形怪状的大厦;原已很少的绿地和学校的操场被挤占,生活环境被严重破坏。城市现代化之目的,从根本上来说是为了人,应“以人为本”。因此,在评价一个城市现代化的程度时,应从城市的整体来衡量是否符合现代人所需要的物质文明和精神文明。

4. 城市现代化量化指标的可行性

城市现代化量化指标的制定,应当结合国情、市情,实事求是,抓住重点、宜简不宜繁。

有的省、市把指标体系分为若干大类、数十项指标，相当全面。但是由于我国许多城市的基础资料十分短缺，很多项目无数据可查，使评价工作难以进行。有的城市抓住城市现代化的主要标志来制定评价指标，虽然只分为经济社会和城市建设两大类共 20 多项指标，但所需数据来源可靠，方法简单易行，所得结果和人们的直观状况相近，能够得到地方政府和有关部门的认同。

另外，各国和各地区的经济、社会、自然条件千差万别，城市现代化的水平不仅应有其共性，即先进性；还应有其特殊性，即从国情、市情出发的可行性。因此，拟定城市现代化的指标，既要参考国外的先进水平，又不能盲目照抄照搬国外先进城市的指标。由于我国地域差异很大，也不应用完全相同的指标来评价全国各地区的大中小各类城市。

现代化的城市是由多种要素构成的，其先进性表现在整体素质上，并不是各项指标都要最拔尖、最先进。例如，中国香港和新加坡是当代的现代化城市，但都缺乏水源，前者是由广州供水，后者是由马来西亚供水，所以人均用水量都低于广州。又如，人均城市建设用地，是城市规划和现代化建设中的重要指标，一些发达国家高达人均 200 多平方米，人均绿地 30 多平方米。但我国人口众多，可耕地和建设用地少，即使经济达到发达国家的水平，上述指标也是不可能达到的。日本的东京，可谓当代的现代化城市，20 世纪 80 年代人均城建用地仅 72.6 平方米，这是由日本人多地少的国情决定的。就我国全国范围来看，东北、西北的城市人均用地指标就有可能比沿海城市宽松些，但为了节约耕地，城建用地的指标宜紧不宜松。

参考文献

1. 中共中央关于完善社会主义市场经济体制若干问题的决定. 2003
2. 中华人民共和国国民经济和社会发展第十一个五年规划纲要. 2006
3. 邓小平文选(第三卷). 北京：人民出版社，1993
4. [美]沃纳·赫希. 城市经济学. 刘世庆等译. 北京：中国社会科学出版社，1990
5. 郑云斌. 中国城市发展若干问题研究. 厦门：厦门大学出版社，2006
6. 王放. 中国城市化与可持续发展. 北京：科学出版社，2000
7. [美]刘易·芒福德. 城市发展史——起源、演变和前景. 倪文彦、宋俊岭译. 北京：中国建筑工业出版社，2005
8. 沈玉麟. 外国城市建设史. 北京：中国建筑工业出版社，1989
9. [美]阿瑟·奥沙利文. 城市经济学. 苏晓燕等译. 北京：中信出版社，2003
10. 国家建设部编写组. 国外城市发展概况. 北京：中国建筑工业出版社，2003
11. 刘勇. 中国城镇化战略研究. 北京：经济科学出版社，2004
12. 中国市长协会. 中国城市发展报告(2003—2004). 北京：电子工业出版社，2005
13. 胡欣，江小群. 城市经济学. 上海：立信会计出版社，2005
14. 谭纵波. 城市规划. 北京：清华大学出版社，2005
15. 周一星. 城市地理学. 北京：商务印书馆，1995
16. 周伟林，严冀. 城市经济学. 上海：复旦大学出版社，2004
17. 冯云廷. 城市经济学. 大连：东北财经大学出版社，2005
18. [美]埃德温·S. 米尔斯著，郝寿义等译. 区域和城市经济手册. 北京：经济科学出版社，2003
19. 黎诣远，李明志. 微观经济分析(第二版). 北京：清华大学出版社，2003
20. 杨重光，梁本凡. 中国城市经济创新透视. 北京：中国社会科学出版社，2002
21. 中共中央关于建立社会主义市场经济体制若干问题的决定. 北京：人民出版社，1993
22. 黎诣远主编. 西方经济学(第二版). 北京：高等教育出版社，2005
23. 朱铁臻. 城市现代化研究. 北京红旗出版社，2002
24. 李仲生. 人口经济学. 北京：清华大学出版社，2006
25. 世纪之交的中国人口总编委会. 世纪之交的中国人口. 北京：中国统计出版社，2006
26. 北京市人口和计划生育委员会，北京市人口学会. 人口与发展——首都人口与发展论坛文辑. 北京：清华大学出版社，2006
27. 崔传义. 我国农民进城就业社会管理的重大转变. 北京：国务院发展研究中心调查研究报告. 2005
28. [英]A. 马歇尔. 经济学原理. 北京：商务印书馆，1991
29. 周诚. 土地经济学原理. 北京：商务印书馆，2003
30. 李建建. 中国城市土地市场结构研究. 北京：经济科学出版社，2004

31. 蔡兵备、欧阳安蛟. 城市地价评估方法. 北京：社会科学文献出版社，2002
32. 潘世炳. 中国城市国有土地产权研究. 北京：企业管理出版社，2006
33. 邓卫. 住宅经济学. 北京：清华大学出版社，2007
34. 张仙桥、洪民文. 住宅社会学概述. 北京：社会科学文献出版社，1993
35. 包宗华. 住宅与房地产. 北京：中国建筑工业出版社，2002
36. 金俭. 中国住宅法研究. 北京：法律出版社，2004
37. George Fallis. Housing Economics. Toronto：Buttenworth & Co. (Canada) Ltd. 1985
38. Randall J Pozdena. The Modern Economics of Housing. New York：Quorum Books，1989
39. 张伟、周鲁柱. 中国城市的基础设施建设，中国城市年鉴 2005. 北京：中国统计出版社，2005
40. 陆化普，毛其智等. 城市可持续交通：问题、挑战和研究方向. 北京：城市发展研究，2006，(5)
41. 国家环保总局. 中国环境状况公报，2003、2004
42. 水利部《中国水资源公报》编委. 2003 年中国水资源公报. 北京：中国水利水电出版社，2004
43. 王庚辰. 大气臭氧层和臭氧洞. 北京：气象出版社，2003
44. 自然之友编 2006. 中国环境的转型与博弈. 北京：社会科学文献出版社，2007
45. Nick Hanley，Jason F. Shogren. An Introduction to Environmental Economics. Oxford University Press，2001
46. 刘玲玲. 公共财政学. 北京：清华大学出版社，2000
47. 周顺明. 公共财政导论. 北京：经济科学出版社，2004

340
48. 杜莉. 城市财政学. 上海：复旦大学出版社，2006
49. 国家信息中心资源开发部主编. 2004 年中国开发区发展报告. 北京：中国市场经济出版社，2004
50. 张召堂. 中国开发区可持续发展战略. 北京：中共中央党校出版社，2003
51. 厉无畏、王振. 中国开发区的理论与实践. 上海：财经大学出版社，2004
52. 杨东峰、殷成志、史永亮. 从沿海开发区到外向型工业新城. 北京：城市发展研究，2006(6)
53. 仇保兴. 当前经营城市的基本矛盾及对策研究. 北京：城市发展研究，2001(3)
54. 谢文蕙. 城市经营初探. 北京：北京规划建设，2002(3)
55. 张敬淦. 关于《城市经营及其在城市规划、建设和管理中的运用》研究报告. 北京：城市科学研究会，2003
56. 王洪钟. 经营城市. 北京：中国人事出版社，2002
57. 王志欣主编. 领跑——中国城市卖点圣经. 北京：清华大学出版社，2004
58. 中国科学院中国现代化研究中心，中国现代化战略研究课题组. 中国现代化报告 2001—2006. 北京：北京大学出版社，2001—2006
59. 北京现代化进程评价研究课题组. 北京现代化报告 2003. 北京：学苑出版社，2003
60. 广东社会科学院. 广东现代化进程 2002. 广州：广东人民出版社，2002